GUÍA DE NUEVOS TEMAS DE LITERATURA ESPAÑOLA

HOMERO SERÍS

GUÍA DE NUEVOS TEMAS
DE
LITERATURA ESPAÑOLA

TRANSCRITA, EDITADA Y COTEJADA

POR

D. W. McPHEETERS

EDITORIAL CASTALIA

MADRID

IMPRESO EN ESPAÑA

PRINTED IN SPAIN

I.S.B.N. 84-7039-144-5

DEPÓSITO LEGAL: V. 1.799 - 1973

ARTES GRÁFICAS SOLER, S. A. - JÁVEA, 28 - VALENCIA (8) - 1973

NOTA DEL EDITOR

Para el que conocía personalmente a D. Homero Serís (1879-1969) como yo y tuvo la oportunidad de tratar con él como colega en la Universidad de Syracuse durante muchos años, ha sido una labor grata editar las materias que él había reunido durante tanto tiempo para esta *Guía de nuevos temas de literatura española*. El propósito que le animaba siempre era el de indicar a los investigadores, sobre todo los jóvenes, materias de tesis y monografías o de llamar la atención a temas desconocidos aun a los especialistas en la literatura española. Es de advertir que sin duda habría ampliado algunos temas, tal vez todos, si no hubiera sufrido una caída en julio de 1966 lo que le imposibilitó la salida para visitar sistemáticamente las bibliotecas de Nueva York como solía en años anteriores. Sin embargo, en unos dos años y medio pudo terminar varios escritos gracias a los ficheros, libros y fotocopias que ya poseía en casa.

Se advertirá que alguna sección, aunque bien nutrida como la de las jarchas, quedó incompleta o que, tratándose de Fernando de Rojas y *La Celestina*, D. Homero ha escogido de una bibliografía reciente e inmensa sólo lo que le parecía más novedoso. No obstante, siempre sorprende que muchos temas diversos citados por él hayan quedado sepultados en el olvido por tanto tiempo.

A veces el editor ha agregado entre corchetes un dato a fin de orientar al lector un poco más sobre asuntos de actualidad o para señalarle cierto libro o artículo que pueda interesar. Cuando falleció el autor, menos de una tercera parte de la materia estaba ya en galeradas, y ha sido preciso corregirlas con todo el esmero posible y aun copiarlas de nuevo. El sistema de abreviaturas y la forma de las citas se basan en el *Manual de bibliografía española* que D. Homero elaboró en una época en que no existía ninguna de las normas tan corrientes hoy en día. En esto, como en tantos otros aspectos de la metodología bibliográfica, era precursor. Se recomienda la consulta del *Manual* ya referido para el desarrollo de las citas que se proporcionan en esta *Guía*.

El año de 1970 fue funesto para todos los amigos y colaboradores de don Homero y de la H. S. A., con el fallecimiento de don Antonio Rodríguez-Moñino el 20 de junio, y el de la Srta. Clara L. Penney el 18 de octubre. El primero, en colaboración con su esposa doña María Brey Mariño, publicó el monumental *Catálogo de los manuscritos poéticos castellanos existentes en la biblioteca de The Hispanic Society of America,* en tres tomos, New York, 1965-1966, y la Srta. Penney, Curator of Manuscripts desde 1935, había reeditado con muchos datos nuevos *Printed Books, 1468-1700, in the Hispanic Society of America,* New York, 1965. Estas obras se citan a menudo en las páginas que siguen.

Para terminar, quisiera expresar mi agradecimiento más sentido a mi señora, Anna B. McPheeters, cuya transcripción y ordenación del texto, mucho de ello escrito a mano, que dejó D. Homero ha hecho posible la publicación de esta obra. Con una habilidad asombrosa pudo descifrar los apellidos y títulos de letra más vacilante, y ha trabajado con mucho esmero en la confección de los índices. Además la ayuda de la Sra. Marna Serís de Santullano y del Sr. Felipe Maldonado en la corrección de pruebas ha sido muy valiosa. El editor se hace responsable de cualesquier errores subsistentes que serán menos por esta ayuda tan valiosa.

D. W. McP.

ABREVIATURAS

AABA *Anuario del Cuerpo Facultativo de Archiveros, Bibliotecarios y Arqueólogos.* Madrid.
ABC *ABC.* Madrid (Diario).
AEA *Archivo Español de Arte.* Madrid.
AH *Archivo Hispalense.* Revista histórica, literaria y artística. Sevilla.
AIHist *Archivo de Investigaciones Históricas.* Madrid.
AJPh *The American Journal of Philology.* Baltimore.
A.L.A. *American Library Association.* Chicago.
Al-An *Al-Andalus.* Madrid.
ArA *Archivo Agustiniano.* Madrid.
Arb *Arbor.* Madrid.
ARom *Archivum Romanicum.* Genève-Firenze.
Asom *Asomante.* Universidad de Puerto Rico. San Juan, Puerto Rico.
AST *Analecta Sacra Tarraconensia.* Tarragona.

BAAL *Boletín de la Academia Argentina de Letras.* Buenos Aires.
BAbr *Books Abroad.* Norman, Oklahoma.
BAE *Boletín de la Academia Española.* Madrid.
BAH *Boletín de la Academia de la Historia.* Madrid.
BBC *Butlletí de la Biblioteca de Catalunya.* Barcelona.
BBMP *Boletín de la Biblioteca de Menéndez y Pelayo.* Santander.
BBNMéxico *Boletín de la Biblioteca Nacional de México.* México.
BC *Bulletin of the Comediantes.* Madison. University of Wisconsin.
B.Colom. Biblioteca Colombina. Sevilla.
B. de P. Biblioteca de Palacio. Madrid.
BH *Bibliografía Hispánica.* Madrid.
BHi *Bulletin Hispanique.* Bordeaux.
BHS *Bulletin of Hispanic Studies.* Liverpool (cont. del BSS).
Bibl. Aut. Esp. Biblioteca de Autores Españoles. Rivadeneyra. Madrid.
Bibl. Rom. Hisp. Biblioteca Románica Hispánica. Madrid.
Biblióf. Andal. Sociedad de Bibliófilos Andaluces. Sevilla.
Biblióf. Esp. Sociedad de Bibliófilos Españoles. Madrid.
BICC *Boletín del Instituto Caro y Cuervo.* Bogotá.

BIEL *Boletín del Instituto Español.* Londres.
BILE *Boletín de la Institución Libre de Enseñanza.* Madrid.
B.M.M. Biblioteca Municipal. Madrid.
B.M.P. *Biblioteca de Menéndez y Pelayo.* Santander.
B.N.M. Biblioteca Nacional. Madrid.
B.N.P. Bibliothèque Nationale. Paris.
B.P.L. Boston Public Library.
B.P.T. Biblioteca Provincial. Toledo.
Br. Mus. British Museum. London.
BSS *Bulletin of Spanish Studies.* Liverpool.
BUG *Boletín de la Universidad de Granada.* Granada.
BUIE *Boletín de la Unión de Intelectuales Españoles.* Paris.
ByN *Blanco y Negro.* Madrid.

Cab *Cabalgata.* Buenos Aires.
CD *La Ciudad de Dios.* El Escorial, Madrid.
CL *Comparative Literature.* Eugene, Oregon (University of Oregon).
Clás. Cast. Clásicos Castellanos. La Lectura. Madrid.
Clav *Clavileño.* Madrid.
Col. Doc. Inéd. Hist. Esp. Colección de Documentos Inéditos para la Historia de España. Madrid.
CuadAm *Cuadernos Americanos.* México.
C.U.L. Columbia University Library. New York.
CyR *Cruz y Raya.* Madrid.

EEABonilla *Estudios eruditos "in memoriam" de Adolfo Bonilla y San Martín, 1875-1926.* Madrid, 1927-1930, 2 v.
EM *La España Moderna.* Madrid.
EspPer *España Peregrina.* México.
EUC *Estudis Universitaris Catalans.* Barcelona.

Hisp *Hispania.* Londres.
HispCal *Hispania.* Estados Unidos.
HispM *Hispania.* Madrid.
HMPidal *Homenaje ofrecido a Menéndez Pidal.* Madrid, Librería y Casa Editorial Hernando, 1925, 3 v.
Hom. a Alarcos Homenaje al Excmo. Sr. D. Emilio Alarcos García. Valladolid, Univ. de Valladolid, Fac. de Filosofía y Letras, 1965-1967, 2 v.
Hom. a Benardete Studies in honor of M. J. Benardete. New York, Las Américas Publishing Co., 1965, 1 v.
Hom. a Dámaso Alonso Studia Philologica; homenaje ofrecido a Dámaso Alonso. Madrid, Gredos, 1960, 1961, 3 v.
Hom. a Huntington Estudios hispánicos. Homenaje a Archer M. Huntington. Wellesley College, Wellesley, Mass., 1952, 1 v.
Hom. a Martinenche Hommage à Ernest Martinenche. Études hispaniques et américaines. Paris, 1939, 1 v.
Hom. a Moñino Homenaje a Rodríguez-Moñino. Madrid, Castalia, 1966, 2 v.
Hom. a M. Pelayo Homenaje a Menéndez y Pelayo. Estudios de erudición española. Madrid, 1899, 2 v.
Hom. a Morley Investigaciones de literatura española por emprender. Homenaje a S. Griswold Morley, en MLJ, 1952, XXXVI, 265-267.
Hom. a Sarrailh Mélanges a la mémoire de Jean Sarrailh. Paris, 1966.
HR *Hispanic Review.* Philadelphia.

HS *Hispania Sacra.* Revista de historia eclesiástica. Madrid.
H.S.A. The Hispanic Society of America. New York.
H. y P. Hurtado y Palencia, *Historia de la literatura española,* 5.ª ed., Madrid, 1943.

ICC Instituto Caro y Cuervo. Bogotá.
Ide *Idearium.* Bilbao.
IEA *La Ilustración Española y Americana.* Madrid.
IL *Investigaciones Lingüísticas.* México.

JS *Journal des Savants.* Paris.

L.C. Library of Congress. Washington, D. C.
Lect *La Lectura.* Madrid.
LGRPh *Literaturblatt für Germanische und Romanische Philologie.* Leipzig.
LNL *Les Langues Neo-Latines.* Bordeaux.
LR *Les Lettres Romanes.* Louvain.

MLA The Modern Language Association of America. New York.
MLF *The Modern Language Forum.* Los Angeles, California.
MLJ *The Modern Language Journal.* Menasha, Wisconsin.
MLN *Modern Language Notes.* Baltimore.
MLQ *Modern Language Quarterly.* Seattle, Washington.
MLR *The Modern Language Review.* Cambridge, England.

N *Neophilologus.* Amsterdam.
Nac *La Nación.* Buenos Aires.
NBAE Nueva Biblioteca de Autores Españoles. Madrid.
ND *La Nueva Democracia.* New York.
Nos *Nosotros.* Buenos Aires.
NRFH *Nueva Revista de Filología Hispánica.* México.
NT *Nuestro Tiempo.* Madrid.
N.Y. P.L. New York Public Library. New York.

Paraula *La Paraula.* Barcelona.
PhQ *Philological Quarterly.* Iowa City, Iowa.
PhSK Voretzsch *Philologische Studien aus dem romanisch-germanischen Kulturkreise Karl Voretzsch.* Halle (Saale), 1927.
Pl *La Pluma.* Madrid.
PMLA *Publications of the Modern Language Association of America.* New York.

Quinz. Litt. *La Quinzaine Littéraire.* Paris.

RABM *Revista de Archivos, Bibliotecas y Museos.* Madrid.
RAg *Revista Agustiniana.* Valladolid.
RBC *Revista Bimestre Cubana.* La Habana.
RBD *Revista Bibliográfica y Documental.* Madrid.
RBi *Revue des Bibliothèques.* Paris.
RBN *Revista de Bibliografía Nacional.* Madrid.
RCEE *Revista del Centro de Estudios Extremeños.* Badajoz.
RCont *Revista Contemporánea.* Madrid.
RCu *Revista Cubana.* La Habana.
RDM *Revue des Deux Mondes.* Paris.

RDTP *Revista de Dialectología y Tradiciones Populares.* Madrid.
RE *Revista de España.* Madrid.
REEx *Revista de Estudios Extremeños.* Badajoz (cont. de RCEE).
REH *Revue des Études Historiques.* Paris.
REHisp *Revista de Estudios Hispánicos.* Río Piedras, Puerto Rico-New York.
RELOR *Revista Española de Laringología, Otología y Rinología.* Madrid.
RevBAM *Revista de la Biblioteca, Archivo y Museo del Ayuntamiento de Madrid.* Madrid.
Rev. Bib. Nac. *Revista de la Biblioteca Nacional.* Madrid.
RevInd *Revista de las Indias.* Bogotá.
RF *Romanische Forschungen.* Erlangen.
RFE *Revista de Filología Española.* Madrid.
RFH *Revista de Filología Hispánica.* Buenos Aires-New York.
RFLCHabana *Revista de la Facultad de Letras y Ciencias.* La Habana.
RHA *Revista Hispano-Americana.* Madrid.
RHE *Revue d'Histoire Ecclésiastique.* Louvain.
RHi *Revue Hispanique.* Paris-New York.
RHiM *Revista Hispánica Moderna.* New York.
RLComp *Revue de Littérature Comparée.* Paris.
RMHA *Revista Musical Hispano-Americana.* Madrid.
Ro *Romania.* Paris.
ROcc *Revista de Occidente.* Madrid.
RomPh *Romance Philology.* Berkeley, California.
RPe *Revue Pédagogique.* Paris.
RR *The Romanic Review.* New York.
RUC *Revista da Universidade de Coimbra.* Coimbra.
RyF *Razón y Fe.* Madrid.

SAB *South Atlantic Bulletin.* Chapel Hill, North Carolina.
Sef *Sefarad.* Madrid, Barcelona.
SPh *Studies in Philology.* Chapel Hill, North Carolina.
StMed *Studi Medievali.* Torino.
Sy *Symposium.* Syracuse University, Syracuse, New York.

TF *Tierra Firme* (Centro de Estudios Históricos). Madrid.

Ult *Ultra.* Cultura contemporánea. La Habana.
Univ *Universidad.* Revista de cultura y vida universitaria. Zaragoza.

VKR *Volkstum und Kultur der Romanen.* Sprache, Dichtung, Sitte. Hamburg.

ZBF *Zeitschrift für Bücherfreunde.* Leipzig.
ZBW *Zentralblatt für Bibliothekswesen.* Leipzig.
ZRPh *Zeitschrift für Romanische Philologie.* Halle.

ÍNDICE GENERAL

PRÓLOGO

En el volumen *Hom. a Huntington* (Wellesley, Mass., 1952, p. 541-569), di una primicia del presente libro. Al comienzo escribí lo siguiente:

A lo largo de la dilatada pesquisa bibliográfica efectuada para el acopio de los materiales del *Manual de bibliografía de la literatura española* (Centro de Estudios Hispánicos, Syracuse University, Syracuse, New York, 1948 [1954, 2 fascs., 1086 p.]), he tenido ocasión de notar los huecos y lagunas que todavía existen en las investigaciones y estudios de nuestra literatura. En el transcurso de varios años de rebusca, he allegado no pocas papeletas acerca de asuntos y autores que no han sido aún explorados o que lo han sido de un modo insuficiente, dejando puntos para investigar o dilucidar y datos por describir o analizar.

Además han aparecido nuevas doctrinas y nuevas disciplinas y aun nuevos géneros, tales como la generación literaria, la estilística artística, la historia ilustrada de la literatura, la geografía literaria, el folclor, la biografía novelada, la cinegrafía, la literatura de la radio y de la televisión, etc., que deben ser objeto de estudio. Igualmente, se ha acentuado la utilización de las memorias y autobiografías; se ha facilitado el trabajo para el conocimiento de los cancioneros y de las leyendas, etc.

Todas estas materias pueden proporcionar temas para futuras tesis doctorales, monografías, artículos y otros trabajos. También pueden suministrar temas las indicaciones de manuscritos inéditos, ediciones primitivas por reeditar, obras desaparecidas por buscar, ejemplares raros o únicos por localizar, fechas por fijar, biografías por redactar o ampliar, paternidad literaria por determinar, cuestiones oscuras por esclarecer, fuentes e influencias por rastrear, estilo estético por revelar, etc.

En las fichas que pueblan las páginas que van a continuación se señalan tareas como las que acabo de enumerar; se da la base bibliográfica de donde proceden; se esboza su topografía; se traza el camino ya recorrido, si le hubiere; se abre la senda que conduzca al futuro; y se guía en ella para posibles sorpresas, hallazgos y descubrimientos.

Ahora bien, no se garantiza, no puede garantizarse, el feliz éxito del resultado de la nueva investigación, forzosamente fluctuante entre lo favorable y lo adverso. No se puede ser responsable del valor del final obtenido.

Como ampliación de las ideas anteriores, creo oportunas y ajustadas a tema análogo las que escribí como introducción al *Hom. a Morley*, con el subtítulo de *Investigaciones de literatura española por emprender*, incorporadas por primera vez en MLJ, 1952, XXXVI, 265-267, y ahora en la presente *Guía*. Decía yo:

> En mis lecturas y andanzas bibliográficas por bibliotecas y archivos, con objeto de recoger materiales para mi *Manual...*, he hallado abundancia y excelencia en libros, monografías y artículos de revistas consagrados a estudios y textos de ciertos literatos, y, en cambio, escasez, mediocridad y, en ocasiones, ausencia total de trabajos acerca de otros escritores. Algo semejante me ha ocurrido con las obras destinadas a las materias en general: géneros literarios, épocas, orígenes, generaciones, movimientos, escuelas, fuentes, influencias, crítica, estilística, metodología, etc.

He anotado, pues, lo que existe y al mismo tiempo lo que no existe. He logrado reunir una información bibliográfica positiva y otra negativa. Todo ello con las limitaciones que una bibliografía impone, ya que jamás ha de resultar completa.

Con las papeletas de la segunda clase, o sea de las omisiones, vacíos o lagunas que aún se observan en nuestra historia literaria,[1] he formado un fichero, del cual he entresacado ya un montoncito de fichas con destino al volumen del citado *Hom. a Huntington*, y ahora extraigo

---

[1] R. Schevill, *Desiderata in our histories of the Spanish language and literature*, MLF, 1934, XIX, 9-17.

otro montoncito del *Hom. a Morley*. Se podrán utilizar esas fichas, creo yo, para señalar algunos asuntos vacantes, algunos sectores nuevos o poco explorados, y franquear campos desconocidos a futuras investigaciones. Podrán además sugerir temas para la redacción de tesis doctorales, ensayos, artículos, conferencias, cursos y otros trabajos, como ya se ha sugerido.

A veces un hueco o vacío se hallaba tiempo atrás ocupado y cubierto; pero luego cesó de acudir al llamamiento del escritor o del investigador, y se le consideró perdido, palabra que no debía figurar en el vocabulario del bibliógrafo. Véase *El caso de los manuscritos perdidos*, por José Juan Arrom, en su ed. de la *Historia de la inuención de las Yndias* por Hernán Pérez de Oliva, cuyo manuscrito del siglo XVI desapareció y se dio por perdido durante cuatro siglos, para reaparecer en nuestro siglo XX. Hay otros casos semejantes; por ejemplo, el del manuscrito de una colección de poesías de Andrés de Uztarroz, recuperado después de creerlo perdido (Eunice Joiner Gates, PMLA, 1963, LXXVIII, 50-59).

En la presente *Guía* se introducen y analizan asuntos divididos en temas generales y particulares. Los generales se desarrollan por orden alfabético. Los particulares van designados por nombres de autores, ordenados por siglos, y dentro de cada siglo también colocados por orden alfabético para más comodidad y pronta consulta. Se trata de un avance provisional, sujeto, como toda labor de este género, a revisión o corrección. Como se verá, muchas de las investigaciones que propongo se pueden realizar en la rica bibl. de la H.S.A. Todas las obras citadas abreviadamente se hallan al principio de esta *Guía*. Las bibliografías indicadas no aspiran a ser completas; se concentran sólo en lo que atañe al punto principal de cada asunto, con particular atención a las obras inéditas y a las que ofrezcan en su conjunto, como se ha insinuado, una información del estado a que han llegado los estudios sobre el tema. A fin de no repetir la bibliografía publicada en el *Manual* citado, se remitirá al lector a las págs. de éste o bien a su índice alfabético. Por otra parte, se pondrá al día, añadiendo lo nuevo pertinente al caso.

En HispCal se publica anualmente una lista con los títulos de las disertaciones sobre temas de lengua y literatura hispánicas, en curso de preparación, en las universidades de los Estados Unidos y del Canadá. Otra lista se acompaña referente a las ya completadas. Deben consultarse estas útiles listas a fin de evitar duplicación.

Este libro no pretende más que sugerir temas nuevos que puedan conducir a la obtención del doctorado, y es preciso que el tema sea examinado y aprobado por la universidad correspondiente, a cuyo Departamento de lenguas y literaturas románicas, o de español, en América, o a la Facultad de Filosofía y Letras, en España, haya solicitado el doctorado el candidato. Éste además debe haber aprobado las asignaturas graduadas respectivas.

Me es grato dar la bienvenida al primer candidato al doctorado que ha elegido, como asunto de su tesis, uno de los temas expuestos en la presente *Guía*. Se llama Louis Saraceno, del Departamento de Lenguas Románicas de la State University de Nueva York, situado en New Paltz, New York. El tema consiste en el estudio crítico de las poesías de José Delitala y Castelví, poeta español residente en Cerdeña a fines del siglo XVII. Saraceno ha realizado un viaje a Cerdeña, a fin de investigar en sus bibliotecas y archivos, y ha sido tan abundante su cosecha que ha desarrollado el título al de "La literatura española en Cerdeña". Ha efectuado descubrimientos literarios que han enriquecido su tesis proyectada.

Llega el momento más grato, y al mismo tiempo el cumplimiento de un deber, mostrando el agradecimiento a las personas que han auxiliado al autor de este libro, desde el Presidente de la H.S.A., Mr. A. Hyatt Mayor, y el Director, Dr. Theodore S. Beardsley, Jr., hasta los miembros del personal técnico, encargado de los distintos Departamentos: Miss Clara Louisa Penney, Libros Antiguos y Manuscritos; Mrs. Martha Narváez, Auxiliar de Libros Antiguos y Manuscritos; Miss Jean R. Longland, Directora de la Biblioteca; Miss Alice J. McVan y su sucesora Miss Susanne Weiss, Registro de los Socios; Mrs. Edith A. Bane, Administración de Publicaciones; Mrs. Eleanor Font, Iconografía; Miss Amelia Slater, Revistas; Miss Betty Gall, Depósito de Libros; y Mrs. Luisa O'Hea, Secretaria del Director.

Me place además dar las gracias a las siguientes personas por su valioso auxilio: Antonio Rodríguez-Moñino, T. Navarro Tomás, J. F. Montesinos, Yakov Malkiel, Jenaro Artiles, Jaime Ferrán, Daniel P. Testa, John E. Alden, Manuel Cardenal, Ricardo Florit, A. Redondo, A. Rumeau y Juan Marichal. A todos mi perenne gratitud.

PRIMERA PARTE

METODOLOGÍA

Destinada esta *Guía* principalmente a los jóvenes estudiosos, empezando por los estudiantes universitarios, sería de utilidad ofrecer unas ideas sobre metodología bibliográfica, ya que no todos habrán tenido ocasión de asistir al curso de "Metodología y bibliografía" que se explica en las universidades, aunque no en todas todavía. Para suplir, pues, esa carencia que se nota en el programa de ciertas universidades, voy a permitirme insertar aquí el texto que he redactado expresamente para esta sección, porque estoy convencido de que será de provecho para quienes se dediquen a los trabajos de investigación, como he experimentado en mis clases de dicho curso, profesado por mí en la Universidad de Syracuse, New York, durante los años de 1943 a 1953; y en su instituto de investigación, Centro de Estudios Hispánicos, que tuve la fortuna de fundar.

La investigación literaria. Se entiende por investigación literaria el trabajo que los historiadores de la literatura, los profesores de esta asignatura, los críticos literarios y otros eruditos, sin olvidar a los estudiantes del doctorado, suelen realizar en sus estudios sobre la historia de la literatura de un país determinado o de varios países, en los casos de literatura comparada o literatura universal, con el fin de completar datos o llenar lagunas, rectificar errores o realizar descubrimientos de hechos histórico-literarios desconocidos.

Como en toda investigación, es útil y necesario en la literaria establecer reglas y formular normas, si bien flexibles, constituir, en una palabra, un método para emprender, desarrollar y llevar a feliz término la labor investigadora.

En español poseemos un libro que hace época, concerniente a la labor investigadora en general, aunque se dirije con especialidad a las ciencias. Me refiero a la obra de Santiago Ramón y Cajal, *Los tónicos de la voluntad, Reglas y consejos sobre investigación científica*, 2.ª ed., Buenos Aires-México, 1943. Contiene una serie de sabios consejos y advertencias orientados preferentemente hacia el aspecto moral de la cuestión. Entre otros puntos interesantes, trata de la infecundidad de las reglas abstractas, de la necesidad de ilustrar la inteligencia y de tonificar la voluntad; de las preocupaciones del principiante; de la marcha de la investigación; de sus tres operaciones sucesivas: observación y experimentación, suposición o hipótesis y comprobación; y, por último, de la redacción del trabajo científico, dice Cajal lo siguiente: "Asegurémonos, ... merced a una investigación bibliográfica cuidadosa, de la originalidad del hecho o idea que deseamos exponer, y guardémonos ... de dar a luz prematuramente el fruto de la observación" (p. 111).

Mas en lo que atañe particularmente a la investigación literaria, y en especial a la de la literatura española, contaba España con una institución y un maestro, que han sido escuela viva para los modernos investigadores, tanto en filología como en literatura. Me refiero al Centro de Estudios Históricos de Madrid y a su director, Ramón Menéndez Pidal. Este sabio filólogo e historiador, investigador y crítico, ha sido en España el fundador e iniciador de los métodos científicos y rigurosos, de la técnica y mecánica, pudiera decirse, de estos trabajos, de la precisión y minuciosidad, del respeto al hecho histórico, de la exactitud en aplicar las leyes lingüísticas y los descubrimientos histórico-literarios. Poseedor de una ciencia cabal, de un exquisito gusto literario, de un juicio crítico justo e imparcial, de una delicadeza y sensibilidad extremas, de una gran finura y penetración de análisis, sin olvidar las ideas generales, el examen de conjunto, la labor de síntesis y la amplitud de miras, ha sabido marcarnos, a los que nos hemos honrado con el título de discípulos suyos, el camino recto, aunque a veces árido y trabajoso, que conduce a la meta.

Américo Castro, uno de los alumnos predilectos de Menéndez Pidal, ha redactado un valioso ensayo sobre *La crítica filológica de los textos*, publicado primero en el BILE, 1916, IV, 26-31, y 1917, y reproducido más tarde en su libro titulado *Lengua, enseñanza y literatura*, Madrid, 1924, p. 171-197.

A la par, Tomás Navarro Tomás, otro discípulo predilecto de Menéndez Pidal, es el creador de los estudios experimentales de la fonética española, fundador del laboratorio de fonética del Centro de Estudios Históricos, y autor del afamado *Manual de pronunciación española*, considerado como la autoridad para la pronunciación del español en todos los países hispánicos. También formó discípulos con tan buen éxito que se convirtieron en colaboradores suyos en los arduos y técnicos trabajos que produjeron el *Atlas lingüístico de la Península Ibérica*.

La historia literaria ha de servir de base a la crítica literaria. Ha de suministrar a ésta verídicos hechos históricos, exacta cronología, textos depurados y biografías completas y veraces. Para ello es preciso resolver diversas cuestiones y problemas que pueden reunirse en los siguientes grupos principales: bibliografía, biografía, edición y crítica de textos, comentario y explicación de los mismos, fuentes e influencias, paternidad, atribución y autenticidad, y cronología.

Por consiguiente, los asuntos más generales, objeto de una investigación literaria, pueden ser la bibliografía de un género literario, de una época, de una generación o de un solo literato; la biografía de un autor; la edición crítica de una obra; el vocabulario de la misma o de todas las obras de un escritor; el estudio de su lenguaje y estilo; el establecimiento de la cronología de su producción; el examen de la autenticidad, atribución o paternidad de un escrito; la indagación de las fuentes, de las influencias, imitaciones, traducciones y adaptaciones, y de la relación de una obra literaria, o de la historia de la literatura en general, con la historia de las ideas y de la civilización.

Ante todo, se hace imprescindible conocer la bibliografía acerca del asunto objeto de nuestra investigación. Cada autor, obra o género debe tener su bibliografía especial y completa en lo posible, y, en caso contrario, debe compilarse por el indagador interesado. De modo que la bibliografía nos sirve para dos fines: para ilustrarnos sobre las obras que han de valernos de base a nuestro estudio, y para informarnos si el trabajo que deseamos emprender es original o no; si se ha realizado ya o no. En nuestra *Guía* se cree haber insertado en cada caso la bibliografía con ambos objetos. Además, a fin de cumplir con el segundo requisito, sólo se recomiendan labores inéditas.

"La historia de la literatura española —dice Castro— se convierte en una ciencia cada vez más complicada. Nos va a tocar vivir en tiempos de revisión y de mucho discutir. Quizás de todo ello surjan posibilidades de nuevas actitudes para la nueva generación de estudiosos" (A. Castro, RFE, 1928, XV, 77).

Esto representa una gran ventaja para los nuevos investigadores, ya que les abre insospechados horizontes y les da motivos para modernas investigaciones. De ellas surgirán algunas observaciones originales y algunos esclarecimientos positivos. Esa es la finalidad que persigue la presente *Guía*.

Todo este trabajo de búsqueda es arduo, penoso y engorroso. Al contrario, para quien siente vocación, es grato, sencillo y fascinante. Es preciso, sin embargo, estar dotado de paciencia y fuerza de voluntad para llevarlo a cabo. La paciencia y la voluntad pueden educarse. A más del libro de Cajal ya mencionado, recomiendo la lectura del de Jules Payot intitulado *Le Travail intellectuel et la volonté*, suite à *L'Éducation de la volonté*, Paris, 1921, xv, 272 p. Hay traducción inglesa por R. Duffy, *Will power and work*, New York and London, 1921, xi, 422 p.

CÁTEDRAS DE METODOLOGÍA Y BIBLIOGRAFÍA. [Sin duda el primero en dar alguna orientación sistemática de bibliografía para estudiantes avanzados —escuelas graduadas no existían todavía— fue George Ticknor durante su cátedra en Harvard, 1819-1835. Recomendaba la admisión de estudiantes con bachillerato a las conferencias universitarias y preparaba listas de libros para su uso en la biblioteca (S. M. Waxman, *George Ticknor. A pioneer teacher of modern languages*, HispCal, 1949, XXXII, 430). Debía utilizar también Ticknor la magnífica colección suya de libros españoles para aconsejar a los estudiantes.] Una de las primeras cátedras en el nivel graduado cuya tradición perdura fue la regentada por el eminente hispanista J. P. W. Crawford y continuada por M. Romera-Navarro y hasta hace poco por Otis H. Green en la Univ. de Pennsylvania, Philadelphia. Sus alumnos difundieron la buena nueva, y entre sus enseñanzas merecen citarse las que forman parte del curso de verano de la Univ. de New York, a cargo del Dr. Theodore S. Beardsley, Jr., antiguo discípulo de Green y hoy director de la H.S.A. Con anterioridad tuve la fortuna de fundar la organizada por el Centro de Estudios Hispánicos en la Univ. de Syracuse, Syracuse,

New York. Se aprovechó como libro de texto, el único que existía entonces, lo que mucho me honra y satisface, el *Manual de bibliografía*. Otras cátedras de metodología y bibliografía se han multiplicado, y hoy los estudiantes graduados tienen dónde elegir. Nos abstenemos de enumerar aquí la lista. [Una consulta de los catálogos de 61 de las universidades de mayor prestigio indica que unas 42 cuentan con tales cátedras.] En las universidades del área de la ciudad de New York, se anuncian cursos de índole bibliográfica. He aquí el programa de una serie de conferencias que puede servir de ejemplo, anunciado por el Dr. Beardsley para su curso de verano de 1968 en la Univ. de New York, denominado "Seminar in Research Methods":

1. La investigación literaria científica: teorías, métodos y materiales (Introducción). 2. Las grandes bibliotecas: públicas y privadas. 3. Bibliografías y catálogos. 4. La imprenta en España: libros antiguos. 5. Manuscritos y paleografía. 6. Filigranas y encuadernaciones: plagios y falsificaciones. 7. La inquisición y la censura. 8. Revistas y periódicos. 9. Tesis doctorales y homenajes. 10. *Opera omnia*, antologías y biografías. 11. Ediciones críticas. 12. Los hechos y su interpretación.

Libros de texto: H. Serís, *Manual de bibliografía española*, fascículos I-II (Syracuse, New York, 1948, 1954).—René Wellek and Austin Warren, *Theory of literature*, 3.ª ed., New York, Harcourt, Brace & World, Inc., 1962; hay ed. española de Gredos.—*MLA style sheet*, New York, Modern Language Assn. of America, ed. rev., 1970. Además de las conferencias, hay horas de laboratorio, mientras los estudiantes en el local de la H.S.A., bajo la vigilancia del profesor, preparan un estudio bibliográfico de su propia especialidad.

Enseñanza de la bibliografía. Según mis noticias personales, ahondando en el asunto, puedo precisar que en la Univ. de North Carolina, Chapel Hill, figura un curso de bibliografía temprano a cargo de Gregory Payne, quien firma un breve artículo en SAB, abril, 1937, III, 4, 14, en el cual cita al bibliógrafo Henry Van Hoesen de la Univ. de Brown, quien divide la enseñanza de la bibliografía en cuatro grupos, a saber: 1) "Bibliografía bibliotecaria", que trata de la colección, preservación y organización de los libros en las bibliotecas; 2) "Bibliografía enumerativa", que consiste en estudiar las listas de todas clases que sirvan de introductoras de otros libros, a su vez necesarios, como manuales, bibliografías generales o universales, de incunables y libros antiguos; bibliografías nacionales, catálogos literarios, bibliografías de materias y bibliografías especiales; 3) "Bibliografía histórica", o sea de la historia de la producción del libro: la escritura, la imprenta, la encuadernación, ilustración, grabados, la edición en una palabra. Recomienda como obra bien apropiada a este grupo la de Douglas McMurtrie, *The golden book*; 4) "Bibliografía práctica", los métodos y las técnicas de trabajo a que ha de ajustarse el estudiante, el futuro bibliógrafo; el acopio de sus apuntes, su clasificación y ordenación, la comprobación de las referencias; hermanar los combinados materiales a fin de preparar el manuscrito para la imprenta, previo el examen del profesor en la copia limpia del mecanógrafo, la composición en la imprenta, la corrección de pruebas, hasta que, al fin, se siente la caricia del libro en las manos.

El trabajo de Van Hoesen es aún útil pero está superado. Se le unió luego F. K. Walter, y en colaboración dieron a la publicidad *Bibliography: practical, enumerative, historical*, New York, 1928. Más adaptable a nuestra época es el del bibliotecario del Br. Mus., Arundell Esdaile, *A student manual of bibliography*, New York, 1931, obra más sugestiva y significativa; el mismo Esdaile, en otro libro escrito bajo su dirección por M. Burton, *Famous libraries of the world*, London, 1937, desconoce y no incluye la famosísima Colombina de Fernando Colón de Sevilla; la del Monasterio de Montserrat de Barcelona; la del Palacio Real de Madrid; ni la Nacional (*Manual*, I, 149).

La bibliografía que ha abierto el camino de otros estudios como los señalados por Miss Jean R. Longland, Bibliotecaria de la H.S.A. en favor de los temas hispano-portugueses y brasileños y los propuestos y semiadjuntos por el autor de la presente *Guía*, en beneficio de la inmensidad y quilates de los temas hispanoamericanos, ya se halla en borrador, consagrado a las obras generales de las literaturas hispanoamericanas, en forma bibliográfica, anotado con idéntico sistema al empleado en el *Manual*. No existe hasta hoy ninguna bibliografía anotada de esta materia sobre Portugal, dentro del ámbito ibérico, ni sobre Hispanoamérica.

He aquí una obra reciente sobre literatura portuguesa: *Selections from contemporary Portuguese poetry*, a bilingual selection, foreword by Ernesto Guerra Da Cal, Irvington, N. Y., 1966. Poesías de poetas portugueses contemporáneos traducidas en verso inglés por Jean Longland.

BECAS. Existen becas para estudiantes norteamericanos que sean candidatos al doctorado en estudios hispánicos (Edad Media, Renacimiento y Edad de Oro). Una de ellas merece especial mención por sus favorables condiciones; es la llamada "Archer M. Huntington Pre-Doctoral Fellowship", que ofrece abonar los gastos de alojamiento y manutención por un período determinado, durante el cual realice el becario trabajos suplementarios de investigación para su disertación, en la bibl. y museo de la H.S.A.

BIBLIOGRAFÍA SELECTA DE LA METODOLOGÍA

Averitte, Ruth. *Let us review a book,* a practical analysis of reading and reviewing. Dallas, Texas, 1938, 233 p. Reglas y consejos para reseñar un libro.

Ballesteros, A. y P. *Cuestiones históricas.* Edades antigua y media. Madrid, 1913. Metodología.

Binkley, R. C. *Manual on methods of reproducing research materials.* Chicago, M.L.A., 1936, 221 p.

Castro, Américo. *Metodología de la enseñanza de la lengua y literatura españolas,* en *Conferencias dadas en la Universidad de Chile en 1923.* Santiago de Chile, Anales de la Univ., 1924.

Chavigny, P. M. *Organización del trabajo intelectual,* trad. del francés e introd. y notas por Jenaro Artiles. Barcelona, Labor, 1932, 173 p.; 2.ª ed., 1936. Adaptación de los métodos bibliotecarios modernos al trabajo de investigación, incluyendo el sistema de clasificación decimal.

Foerster, N. *Language and literature,* en *Trends in graduate work.* Univ. of Iowa Studies, Series on Aims and Progress of Research N.º 33. Iowa City, 1931.

García Villada, Z. *Instrumentos de trabajo científico. Las enciclopedias modernas inglesas y españolas.* RyF, 1915, XLII, 67-75; XLIII, 171-179.

———. *Metodología y crítica históricas.* 2.ª ed., refund. y aum., Barcelona, 1921, 383 p. y xxv láms.

Gosnell, Ch. F. *Spanish personal names: principles governing their formation and use.* New York, 1938, xii, 112 p. Reglas para catalogar los nombres españoles.

Hoyos Sáinz, Luis de. *Los métodos de investigación en el folklore.* RDTP, 1945, I, 455-490, il., y en el *Manual de folklore,* Madrid, ROcc, 1947, p. 1209.

Madariaga, S. de. *Aims and methods of a chair of Spanish studies.* Oxford, Oxford Univ. 1928, 28 p.

Morize, A. *Problems and methods of literary history, a guide for graduate students.* Boston, New York, 1922, p. 289-299. Chap. XII, "Preparation and redaction of a thesis".

Ramón y Cajal, S. *Reglas y consejos sobre investigación científica. Los tónicos de la voluntad.* 1.ª ed., 1897; trad. alemana de la 6.ª ed. por D. Miskolczy, München, 1933, 134 p.; 7.ª ed., Madrid, 1935, 301 p.; 1.ª ed. de la Colec. Austral, Buenos Aires-México, 1941; 2.ª ed., 1943, 169 p. Puede aplicarse a cualquier materia.

Raney, M. L. *Microphotography for libraries.* Chicago, A.L.A., 1936, 138 p.; 1937, 99 p.

Serís, H. "Investigación bibliográfica", *Manual de bibliografía,* 1954, II, 1002, 1019.

————. *Normas para dar y ordenar los nombres de los autores de la literatura española,* RFE, reproducidas ampliadas en la presente *Guía.*

————. "Técnica bibliográfica", en el *Manual,* I, 175-176; II, 760.

Solalinde, A. G., y Reyes, Alfonso. *Reglas bibliográficas.* Madrid, 1917. Reglas para la redacción de la bibliografía de la RFE del Centro de Estudios Históricos.

Wellek, R. *A bibliography of methodology (1904-1941).* Chapel Hill, Univ. of N.C., 1941, p. 238-255.

LA NUEVA BIBLIOGRAFÍA

Con vista de poner al corriente a los utilizadores de esta *Guía*, en el conocimiento de las nuevas tendencias y avances que se observan en el estudio de la bibliografía en general, y en especial en la que tiene a su cargo la historia de la literatura española, reproduzco, refundido y aumentado aquí, un resumen, si bien extenso, del artículo con que contribuí al *Hom. a Moñino*, Madrid, 1966, II, 189-197.

En contraste —decía— con la que podría denominarse "la antigua bibliografía", hora es ya de que surja una "nueva bibliografía". Por la extensión creciente de los campos de investigación y estudio de las humanidades hispánicas, por la multiplicación inusitada del número de investigadores y profesores hispanistas, tanto en España e Hispanoamérica como en los países extranjeros, y por el apremio de emplear, como en todos los órdenes de la actividad intelectual moderna, nuevos métodos y nuevas técnicas, se requiere la creación de la que llamaremos "la nueva bibliografía". Es preciso que ésta satisfaga las necesidades y exigencias de los estudiosos e historiadores literarios de nuestros días. En el presente artículo nos proponemos someter a los hispanistas algunas ideas acerca de las condiciones y requisitos que juzgamos indispensables para resolver el actual problema bibliográfico.

Pueden considerarse como pertenecientes a la "antigua bibliografía" la serie de admirables repertorios presidios por la inimitable obra de Nicolás Antonio, la primera europea en mérito, según el acertado juicio del eminente hispanista francés, Raymond Foulché-Delbosc, él mismo distinguido bibliógrafo, quien se expresa en los siguientes términos: "Par l'abondance, la variété, et l'exactitude des renseignements, cette œuvre est infiniment supérieure à toutes celles publiées à la même époque sur la littérature d'aucun pays" (*Manuel de l'hispanisant*, 1920, I, 52). Al citar el nombre de Nicolás Antonio, es justo e ineludible añadir los de Manuel Martí, Pérez Bayer, Tomás Antonio Sánchez, Juan José Antonio Pellicer y Rafael Casalbón, sus adicionadores, como se sabe. Igualmente caben en aquella denominación de "antigua" las especiales de Fernando Colón, León Pinelo, Tamayo de Vargas, Fr. Miguel de San José, Alonso y Padilla, Pellicer y Saforcada, Rodríguez de Castro, Caballero, Méndez-Floranes, Hidalgo, Martín F. de Navarrete, Latassa, Rodríguez, Ximeno, Fuster, Serrano y Morales, Martí Grajales, Barrantes, Jiménez Catalán, Toda y Güell, Bonsoms; las insuperables bibliografías generales de Gallardo y Salvá, sin olvidar los nombres de Gayangos, Zarco del Valle y Sancho Rayón, aumentadores y editores de la obra de aquél, junto con Menéndez Pelayo. Asimismo, las regionales premiadas y publicadas por la B.N.M., de las cuales son dechado las tres de Pérez Pastor, y las más modernas de Alenda, Barrera, Viñaza, Paz y Melia, Muñoz, Sánchez Alonso, Vives, Rubió, Aramón, Givanel, Ríus, Río y Rico, y para los incunables Haebler, García Rojo y García Romero. Por último, los extranjeros Thomas, Peeters-Fontainas, Vaganay, Whitney, Penney, Buchanan, Grismer. Finalmente, los catálogos de los libreros Vindel, Palau, Quaritch, Hiersemann, Rosenthal, etc.

Toda la producción de esa imponente y valiosa masa de bibliógrafos no basta en nuestros días para cumplir con los requerimientos de los nuevos y numerosos hispanistas e investigadores. Falta todavía por llenar muchas lagunas. Aún existen abundantes fondos de bibliotecas y archivos sin catalogar. Además, no son incontables los catálogos a nuestra disposición de los libros impresos y manuscritos españoles conservados en los depósitos públicos y privados de España, Hispanoamérica y otros países.

La carencia de catálogos apuntada anula todo trabajo de investigación. Los magníficos catálogos impresos en numerosos tomos de la B.N.P. y del Br. Mus., éste en su segunda ed., son hoy incompletos, pero su utilidad es inmensa. La B.N.M. carece de catálogo general similar, el cual, aunque resultaría incompleto a raíz de su terminación, auxiliaría en extremo a los investigadores hispanistas que actualmente lo echan de menos. No es menester ponderar su necesidad y recomendar que se empiece su compilación cuanto antes, a pesar de la repulsa de que fue objeto por el ilustre bibliotecario Paz y Melia, quien favorecía unos catálogos decenales (*La cuestión de las bibliotecas nacionales*, Madrid,

1911, p. 103). Ni uno ni otro se emprendieron. En este punto, sin embargo, ha dado un gran paso de avance la B.N.M., imprimiendo sus papeletas en cartulinas del tamaño internacional, y por ello merece plácemes. Pero no debe desechar la idea de la impresión del catálogo general, aun cuando requiera largos años. Podían aprovecharse las cédulas ya redactadas del índice de libros impresos. Parece ser que el primer bibliotecario que usó cédulas o papeletas sueltas en España fue Leandro F. de Moratín (1811), quien las vio de esa manera en la de Parma (noticia de H. y P., *His. de la lit. esp.*, 5.ª ed., 1943, p. 786).

Otro catálogo de imperiosa necesidad es el de la Reserva, o sea de los libros raros y preciosos, que englobaría los de los siglos XVI y XVII. Podría dársele la forma de un catálogo abreviado, al estilo del *Shorttitle catalogue ... of Spanish books ... before 1601 ... in the British Museum*, por Henry Thomas, London, 1921, vii, 101 p., y de *Printed books, 1468-1700 in the Hispanic Society of America*, por Clara L. Penney, New York, 1965.

Excelentes son los repertorios parciales que ya posee la B.N.M. de algunas de sus secciones, como el de incunables por García Rojo y Ortiz de Montalván, el monumental de Cervantes por Río y Rico, el de la sala general, anónimo, los de las colecciones del Duque de Osuna, Marqués de la Romana, Estébanez Calderón, Böhl de Faber, Velasco y Ceballos (camarista de Castilla), Marqués de Santillana y Gayangos, debidos a distintos autores (*Manual*, I, 152-153), y respecto a la sección de mss., los inventarios por varios bibliotecarios, desde Iriarte hasta Paz y Remolar y López de Toro (*Manual*, I, 153; II, 744).

Según se advierte, mucho se ha realizado en la B.N.M., pero mucho también está por realizar. Ya en 1867, el bibliotecario que prestaba sus servicios en la propia Nacional, Jenaro Alenda, redactó y elevó al Ministro de Fomento un *Proyecto de una Sala de Varios*, que dio después a la publicidad en un folleto (Madrid, 1867, 51 p.). Vamos a copiar textualmente sus palabras para que no se nos reproche de errónea interpretación. Lamentaba el "deplorable estado de las hojas sueltas y de los folletos que atesora nuestra casa, el estado de abandono en que yacían arrinconados y cubiertos de polvo, sin orden ni concierto alguno, apilados en los sótanos y desvanes, sin constar en ninguna suerte de inventarios ni mucho menos, en los índices del servicio ... una verdadera riqueza, aunque en la actualidad lastimosamente perdida ...". Y añadía: "No es posible hoy saber la multitud de tratados que aquí se esconden pertenecientes a las artes y a las ciencias... . Tampoco tienen guarismo nuestros opúsculos literarios, sobresaliendo en esta clase los discursos, las piezas de teatro, las academias, los certámenes y justas poéticas y todo género de poesías sueltas... pero es sin duda la historia la que cuenta mayor número de documentos ..., hallándose a su lado y en abundancia, relaciones de solemnidades religiosas, cívicas y jurídicas, descripciones de fiestas, juegos y regocijos públicos ... noticias de sucesos locales ... y datos relativos a la biografía nacional". Y terminaba: "Dos gravísimos males resultan del estado de abandono en que se encuentran: primero, el ningún provecho que de ellos se saca ... por no estar catalogados; el segundo, el riesgo de que se extravíen y se pierdan" (p. 7-8). Calculaba que habría cerca de 200.000. Él mismo formó un *Guión* provisional.

Por fortuna, si bien después del prolongado transcurso de setenta y un años (más vale tarde que nunca), se empezó a corregir algunas de estas deficiencias por el experimentado bibliotecario Julián Paz, con la publicación del importante y utilísimo *Catálogo de tomos de varios*, Madrid, 1938, 343 p. (B.N.M., Dept. de Manuscritos). Se trata del tomo primero de una serie proyectada, único aparecido hasta ahora (1965), es decir, durante los veintisiete años transcurridos. En la Colección de Varios existen tomos que contienen piezas en prosa y en verso, manuscritas e impresas, juntas y entremezcladas, aunque algunos encierran sólo poesías. Los comprendidos en este catálogo son de impresos y manuscritos en prosa y muy contados con algunas poesías por añadidura. Abarca hasta unos 50 volúmenes de unas 400 p., como promedio, cada uno, o sea, unas 20.000 p. en total, encuadernados en pasta española en el siglo XIX; pero la colección se formó en el XVII, y se atribuye a Jerónimo de Mascareñas, muerto en 1671.

Paz analiza cada uno de los cincuenta tomos, documento por documento, de los años 1598 a 1666, con expresión de los asuntos, número de signatura del Dept. de Mss., y al final índices alfabéticos de personas, lugares, materias, primeros versos y cronológico. Obra de la más alta calidad, que honra a la B.N.M. y al autor. Ojalá no quede interrumpida y se prosiga la labor y la impresión de los restantes tomos. Paz recomendaba que se consagrara un catálogo especial a los tomos de varios con poesías únicamente, adicionándolo del indispensable índice de primeros versos. "De ellas hay muy copiosas ... unas procedentes del antiguo fondo de la Casa y otras de la Biblioteca de Osuna ... así como del fondo de Gayangos" (p. vi).

Es esencial estructurar la nueva bibliografía construyendo un plan nuevo, con nuevas normas, con riguroso método si bien flexible, y con técnica moderna. Un breve ensayo de normas bibliográficas parciales expuse en una reseña publicada en la RFE (1931, XVIII, 66-73), de la *Spanish bibliography* (Oxford Univ., 1925), de J. Fitzmaurice-Kelly. Reproduzco, revisadas, estas normas bibliográficas a continuación del prólogo.

Deben modernizarse, unificarse y fijarse las normas bibliográficas y catalográficas, teniendo en cuenta catálogos como los excelentes de Paz y Remolar, López de Toro y Julián Paz mencionados, y las necesidades y características de las diferentes bibliotecas del Estado y de instituciones particulares, incluso de las colecciones privadas de nobles y próceres. La negativa de permisos para utilizar las bibliotecas de los magnates, clausura ese cauce tan fructífero en hallazgos. Recientemente ha aparecido un artículo, primicia de una tesis doctoral, por Fernando Huarte Morton, sobre *Las bibliotecas particulares españolas de la Edad Moderna*, en la RABM, 1955, LXI, 555-576. Es el esquema de un plan de investigación, de estudio y fuentes, además de guía bibliográfica, que debe tener en cuenta la sección de "Collections privées" del *Manuel de l'hispanisant* (pp. 343-376 y 491-495) y la de "Bibliotecas particulares" del *Manual* (I, 159; II, 746, 841 y 954). Se propone el autor emprender esta útil búsqueda, a fin de llegar a la reconstitución de las bibliotecas particulares hoy dispersas. Nos es grato alentarlo para llevar a cabo su tarea, ya que vendrá a cerrar un vacío de la antigua bibliografía, o sea, uno de los objetos de la nueva bibliografía.

En general, no han de circunscribirse cualesquiera de las pesquisas de la nueva bibliografía al interior del país, como se las había solido encastillar, desentendiéndose de las bibliotecas y entidades extranjeras o desestimando sus caudales. El bibliógrafo moderno ha de viajar, ha de trasladarse a las ciudades cuyas bibliotecas y centros culturales, academias, etc., sean poseedoras de libros españoles, a fin de estudiarlos personalmente. No desconocemos el medio de obtener reproducciones por la fotografía o la microfotocopia, mas el examen del original satisface en mayor grado al bibliógrafo. Éste ansía tener en sus manos el libro buscado. Item más, la presencia en el local permite consultar directamente el catálogo manuscrito o en fichas, lo cual es indispensable en las bibliotecas que no han impreso sus catálogos. Es más, al hacerlo hay la posibilidad de realizar hallazgos aun en organismos de menor cuantía.

Se han de compilar, en una palabra, los nuevos catálogos e inventarios de impresos y de manuscritos, con descripciones plenas, con expresión de sus procedencias e historias individuales, con la localización y número de los ejemplares existentes, con copia del primer verso, y aun mejor, de los dos primeros, en los manuscritos poéticos, y cerrar con índices alfabéticos detallados y completos.

El modelo del bibliógrafo moderno lo encarnaba Antonio Rodríguez-Moñino, autor de sinnúmero de publicaciones bibliográficas de la mayor perfección, pródigas en novedades y descubrimientos; dotado de una gran fecundidad, viajero pletórico de actividad; dueño de una privilegiada memoria, ostentaba una brillante erudición y dominaba la información bibliográfica. De él son los siguientes términos, abundando en estas ideas de progreso, enunciados, aunque con distinto motivo, en *Construcción crítica y realidad histórica en la poesía española de los siglos XVI y XVII*, Madrid, 1965, discurso presentado al IX Congreso, International Federation for Modern Languages and Literature, Nueva York, 1963. Dice que falta registrar "amplias fuentes documentales, importantes masas de impresos y manuscritos que existen todavía", y más adelante, al ocuparse de los pliegos sueltos, añade que "... ni hay hecho un catálogo general de ellos ni han sido exploradas las bibliotecas donde pudieran hallarse los de los siglos XVI y XVII" (p. 17, 49). Él mismo ha publicado varias series o colecciones de pliegos poéticos sueltos, y el ilustre hispanista inglés Edward M. Wilson, un grupo de la rica selección de pliegos sueltos de Samuel Pepys. Reitera Rodríguez-Moñino la recomendación de que se efectúe "una intensísima búsqueda, catalogación y estudio de los muchos manuscritos e impresos desconocidos que andan aún sueltos por las bibliotecas del mundo" y "una investigación a fondo en los depósitos bibliográficos" (p. 56, 57).

Por suerte, ya se ha dado principio a esta labor innovadora, y reparadora, y es grato recoger algunos notables ejemplos. En la B.N.M. se ha emprendido la catalogación técnica total de la sección de manuscritos, con la publicación del *Inventario general de manuscritos de la Biblioteca Nacional*, por Paz y Remolar y López de Toro (8 t. publicados, Madrid, 1953-1965). De esta obra dice, con suma razón, Francisco Sintes y Obrador, quien firma el "Prólogo", que "la visión parcial y de detalle, por muy amplia que fuera, nunca podía abarcar toda la amplitud panorámica de las aspiraciones de los investigadores, cuyas necesidades informativas requieren la utilización de procedimientos exhaustivos". Y más adelante confirma lo incompleto de los catálogos especiales y bibliografías existentes, que "no bastaban a llenar este vacío y esta necesidad. ... Faltaba, en suma, unificación y sistematización". Esperamos que esta espléndida obra no quede paralizada.

Asimismo es digna de aplaudirse la aparición del repertorio, arquetipo de plan y de método, *Catálogo musical de la Biblioteca Nacional de Madrid*, por Higinio Anglés y José Subirá, Barcelona, 1951, 3 v. Reúne las condiciones y características exigidas en la actualidad para obras de esa envergadura.

Otra nueva magna empresa de inconmensurable beneficio para los investigadores es el ingente *Índice de la Colección de D. Luis de Salazar y Castro*, por Antonio de Vargas-Zúñiga y Montero de Espinosa, Marqués de Siete Iglesias, y Baltasar Cuartero y Huerta, Madrid, Acad. de la Hist., 1949-1965 34 t. publicados, y continúa la publicación.

Bien conocida es la enorme riqueza histórica de esta famosa colección, cuyos fondos "a pesar de haber sido muy explorados y saqueados", aún ofrecen campo inapreciable de investigación, "de intensificación de labor especial, para estudiar, esclarecer, completar, remodelar o revisar la historia de España, desde la Reconquista hasta 1734", como dicen los autores. El original depositado en la Acad. de la Hist. alcanza la inmensa cifra de 1.619 volúmenes, legajos y adiciones. De todos dan y darán primero el índice topográfico, con su numeración correspondiente y luego, dentro de ella, el contenido de cada tomo, con minucioso sumario del asunto, numerando éstos en serie única hasta el fin, como signatura. En el último tomo publicado, llega al 55.127. Comprenden documentación de la Edad Media cristiana y musulmana, historia política y diplomática, biografía, genealogía, instituciones, sucesos "mal conocidos o inéditos", etc. Cada tomo lleva sus índices de nombres, lugares, cronológico y general, y algunos van precedidos de una introducción-resumen. Es de esperar que en el último tomo se acumulen y fusionen en uno solo los índices parciales.

También es indispensable la catalogación de las restantes numerosas colecciones particulares que atesora la Acad. de la Historia. Véase la lista de ellas, así como las de otras que pueden adicionarse, en el catálogo de *La colección de manuscritos del Marqués de Montealegre (1677)*, Madrid, 1951, por Rodríguez-Moñino (p. 7, n.), 36 colecciones con un total de 617 v., en su mayoría sin catalogar, verdaderos tesoros "casi desconocidos, por la falta de guía" (p. 8).

Monumental es el catálogo edificado sobre los más seguros cimientos, por Clara L. Penney, *Printed books*, 1965. La ilustre autora, con su acostumbrada modestia lo llama "A listing"; pero en realidad es un catálogo abreviado, similar al de Henry Thomas, *Short-title catalogue*. La diferencia, a favor del de Miss Penney, estriba en que el de Thomas abraza sólo los siglos XV y XVI, y el de ella abarca los tres siglos XV, XVI y XVII, con doce mil volúmenes o sean diez mil libros y dos mil folletos. La autora ha fundido en el presente los dos catálogos anteriores, en un solo alfabeto, con los aditamentos de las adquisiciones subsiguientes. Le precede una docta introducción, una lista de nombres antiguos de ciudades con sus equivalentes modernos, un registro de libros de consulta correspondientes a las referencias que se hacen en el texto, es decir una verdadera bibliografía de bibliografías con un total aproximado de 625 títulos, los cuales se hallan en la sala de trabajo de la bibl. a la disposición de los investigadores. No existe en el mundo hispánico catálogo de impresos de los siglos XV, XVI y XVII de estas dimensiones, ni de esta valía. La B.N.M. carece de él. Por ello hemos recomendado su compilación abreviada, como trasunto de los del Br. Mus. y de la H.S.A.

Un adelanto más para colmar las justas ansiedades de los jóvenes hispanistas y de los investigadores en general se debe a Rodríguez-Moñino y a María Brey Mariño, autores de otra obra, en esta serie modelo de lo que debe ser la bibliografía moderna. Nos referimos al magno *Catálogo de los manuscritos poéticos castellanos existentes en la Biblioteca de The Hispanic Society of America (Siglos XV, XVI y XVII)*, New York, 1965, 3 v., segura guía que abre el camino y facilita el estudio de la grandiosa y riquísima colección de manuscritos de poesías líricas, reunida y custodiada en la sección correspondiente de la H.S.A. Su número se eleva a unos doce mil. Obra ejemplar, sobresaliente y utilísima, llevada a cabo con talento y competencia. En los dos primeros tomos se desmenuza el contenido íntegro de cada manuscrito, individualizando todas sus composiciones, con la reproducción de los dos primeros versos, con la procedencia y otros detalles que pueden servir para la identificación del autor. Más de 400 páginas de tipo pequeño, a dos columnas, contienen los detalladísimos índices de autores, primeros versos, personas citadas, obras teatrales, trabajos en prosa, procedencias, correlación de los números del *Catálogo* con las signaturas actuales, etc. Una extensa y erudita introducción histórico-literaria acrecienta el valor de este catálogo excepcional. Tal es la enorme labor realizada por Rodríguez-Moñino y Brey Mariño.

Para concluir, si bien en otro orden de ideas, pero siempre en nuestro afán de colmar una laguna más de la bibliografía antigua, nos satisface sacar a la superficie la aparición de un libro, no tan voluminoso como los anteriores, mas de un extraordinario interés para los exploradores de nuevas áreas de rebusca; de una considerable trascendencia para llegar a lo más hondo del conocimiento de la vida pública y privada de los españoles; de las costumbres del pueblo y de las biografías de políticos y literatos. Nos referimos a la obra intitulada *Reflejos de siete siglos de vida extremeña en cien documentos notariales*, Madrid, 1965, por Miguel Muñoz de San Pedro. Forma la sección 1.ª del vol. II de los *Estudios jurídicos varios*, editado por la Junta de Decanos de los Colegios Notariales de España. De sobra se sabe que los archivos de protocolos son fuentes inagotables de datos históricos y sociales, auténticos tesoros documentales; pero es indispensable catalogarlos. Ahora empieza Cáceres a organizar sus protocolos con la creación en 1944 del Archivo Histórico Provincial de Cáceres, con su instalación en la Biblioteca Pública Municipal, con la publicación de su guía por Natividad de Diego Rodríguez (Madrid, 1962), y el catálogo de los 2.161 legajos del mismo, por Juan Martínez Quesada (Cáceres, 1960).

Agustín G. Amezúa, en sus *Opúsculos histórico-literarios*, Madrid, 1953, III, 307, había propuesto la investigación sistemática y organizada de los Archivos históricos de protocolos y la formación de índices e inventarios de todos los protocolos españoles. Ya comenzó Cáceres; deben imitarla las restantes provincias de España.

En resumen, la nueva bibliografía aspira a colmar los huecos que ha dejado la antigua bibliografía, la cual, además, no basta hoy para satisfacer las crecientes apetencias de los cada día más numerosos hispanistas. Para ello, es preciso realizar la catalogación de masas de libros y folletos, impresos y manuscritos desconocidos, que se hallan sin catalogar en bibliotecas y archivos de España, Hispanoamérica y países extranjeros; imprimir esos nuevos catálogos y algunos antiguos que existen en cuadernos escritos a mano o en papeletas; examinar directamente también los fondos españoles de las bibliotecas y de los archivos del extranjero que carezcan de repertorios impresos. La B.N.M. debe publicar su catálogo general de impresos y el de la reserva. Los archivos de protocolos deben imprimir sus índices, como acaba de hacer el de Cáceres. Se han de modernizar y fijar las normas bibliográficas y catalográficas. Se dan finalmente ejemplos de modernos catálogos e inventarios.

Tampoco debe olvidarse el investigador de archivos y fondos como los siguientes: 1) LA DISCOTECA NACIONAL. Discos editados en España guarda La Discoteca Nacional, que nació con una ley publicada en 1938. 2) ARCHIVO DE LA PALABRA. Una de las secciones más importantes de La Discoteca Nacional es la de "El Archivo de la Palabra", fundado en el Centro de Estudios Históricos por Tomás Navarro y Eduardo Torner, que agrupa desde discos y cintas con voces de hombres célebres que han contado de algún modo en nuestra historia, hasta los discos para aprendizaje de lenguas vivas, o cuentos, narraciones infantiles y recitales de poesía u otros modos literarios. Allí se guardan las voces de Unamuno, Ortega y Gasset, Azorín, Baroja, Benavente, Valle-Inclán, Juan Ramón Jiménez, Menéndez Pidal, Cajal, Torres Quevedo, Margarita Xirgú y otros. 3) HEMEROTECA MUNICIPAL DE MADRID. Contiene colecciones de periódicos: diarios y revistas. Fue creada en octubre de 1918 y sus primitivas existencias las constituían unos 900 tomos. A los diez años ya superaba 35.000 tomos, que representaban unos 5.000 títulos diferentes de periódicos madrileños, de provincias y del extranjero. Actualmente hay más de 400.000 volúmenes, según sus noticias. En 1968 cumplió cincuenta años. Está abierta al público.

José F. Montesinos recomienda la catalogación de los manuscritos: "Reneguemos de la erudición cuanto nos plazca, pero antes cataloguemos los manuscritos existentes, sus variantes, las atribuciones que contengan. Gran día para los críticos de buena fe aquél en que aparezca un super-Lachèvre de la literatura española. Ese día poseamos indicios sobre la autoría de mil piezas y reseña de los muchos textos que de cada poema existen, y mil cosas más" (cita de J. H. Silverman en su ed. de los *Ensayos y estudios de literatura española*, por J. F. Montesinos, México, 1959, p. 14, con miras a "los intereses vitales y las orientaciones críticas" del autor). Me limito a reproducir aquí la parte que concierne a los intereses bibliográficos. En la nueva bibliografía ocupa un lugar importantísimo, como se observará, la catalogación de tantas piezas, que no lo están. Empecemos por catalogar y además por aplicar la metodología moderna y las normas bibliográficas nuevas, más prácticas y eficaces.

ALGUNAS NORMAS BIBLIOGRÁFICAS

Es conveniente a todas luces, reproducir en este lugar el artículo que firmó quien escribe estas páginas, si se desea familiarizar al joven estudioso o investigador con las normas o reglas bibliográficas, hijas de la experiencia de muchos años. Al revisarlas las he puesto al día. Las di a luz en la RFE, 1931, XVIII, 66-73, de donde se pudieran reproducir sin solicitar autorización.

Me dio ocasión de redactar estas normas, la publicación del librito de J. Fitzmaurice-Kelly: *Spanish bibliography*, Oxford, University Press, 1925, 16.º, 389 p. (H.S.A.) La crítica es útil también pues indica, al lado de lo que debe hacerse, lo que no debe hacerse.

COLOCACIÓN. En un libro de consulta dispuesto por orden alfabético es de capital importancia ajustarse a un criterio uniforme para la colocación de cada artículo, a fin de no desorientar y hacer perder tiempo al consultor. Esa unidad de criterio se echa muy de menos en la obrita de F.-K. Ya sabemos que el fijar el lugar alfabético que corresponda al nombre de un autor español no es tarea fácil. Es menester, para ello, resolver previamente, entre otros de menor importancia, los siguientes puntos: 1) determinar cuál de los apellidos ha de utilizarse para alfabetizar, 2) decidir cómo han de colocarse los nombres de santos y religiosos, 3) disponer lo que atañe a los seudónimos, 4) tener presente el uso del título o cargo cuando un autor es más conocido por éste que por su nombre, y 5) elegir entre la ortografía antigua y la moderna. También para situar los títulos de obras anónimas se presentan problemas, tales como el de señalar la palabra principal por la cual deba alfabetizarse y el mencionado de la ortografía. Para todos estos casos existen reglas bibliográficas más o menos buenas, pero ninguna perfecta. Lo más conveniente es adoptar un método práctico y de resultado rápido y seguro en lo posible.

1) En el problema de los apellidos, lo correcto es servirse del primero; pero se nota la tendencia a desecharlo (mostrada en varios manuales de historia literaria y en sus bibliografías) cuando se trata de un patronímico, como Fernández, Gómez, Pérez, etc., por muy corriente, y echar mano del segundo. Por ejemplo, Argensola, Hermosilla, Moratín, Quevedo, Tassara, para no citar sino unos pocos, son conocidos por estos apellidos, a pesar de no ser los primeros, y por los mismos deberían ordenarse si presidiese en toda catalogación la idea de ahorrar tiempo al que busca. No lo hace así F.-K., sino que coloca a los Argensola en la *L* (Leonardo de Argensola); Hermosilla en la *G* (Gómez Hermosilla); Moratín en la *F* (Fernández de Moratín); Quevedo, el autor del *Buscón*, en la *G* (Gómez de Quevedo); Tassara en la *G* (García y Tassara). Del mismo modo alfabetiza por el primer apellido a Cienfuegos (Álvarez de), Gómara (López de), Quintero (Álvarez), etc.; pero deja de seguir éste, que parece ser su criterio, en Diego Hurtado de Mendoza, a quien lleva a la *M* (Mendoza), contradicción aún más patente al dejar a Antonio Hurtado de Mendoza en la *H* (Hurtado). En otros casos, lo más recomendable sería respetar el uso para la mayor prontitud en el hallazgo, como en Garcilaso, ya que a la *G* acudirá la mayoría de los lectores en vez de a la *L* (Lasso de la Vega, Garci), según se ve en F.-K. Desde luego, éste da referencias, aunque no siempre (faltan, por ejemplo, las de Hermosilla, Quintero, Tassara), lo cual es imperdonable.

2) Respecto a los santos, observamos en F.-K. que a San Juan de la Cruz hemos de buscarle en *Cruz*, mientras que a Santa Teresa de Jesús, en *Teresa*. Vacilación que se evita teniendo en cuenta únicamente el primer nombre propio del santo. Igual titubeo notamos en lo tocante a los nombres de religiosos: Sor Juana Inés de la Cruz se encuentra en *Juana*; Sor María de Jesús de Ágreda, en *María*; en cambio, Juan de los Ángeles se halla en *Ángeles*. Lo usual, siguiendo una regla generalmente aceptada, es colocar los nombres de religiosos en el sitio que le corresponda al primero, si no llevan un apellido o un apelativo geográfico, el cual da la pauta en este caso, según el mismo F.-K. hace con Juan de Ávila, Fray Luis de Granada y Fray Luis de León.

3) En cuanto a los seudónimos, los datos bibliográficos de Leopoldo Alas los reúne F.-K. en *Clarín*; por el contrario, los de *Azorín* se

hallan en Martínez Ruiz, José, si bien en la sección II (p. 15) se recogen bajo el seudónimo. Por otra parte, a *Fernán Caballero* y *Jorge Pitillas* los encontramos en *Caballero* y en *Pitillas*; pero a *Juan Poeta* y *Prete Jacopín*, en *Juan* y en *Prete*. Continúa la disparidad de criterio. Cualquiera que sea el que se adopte habrán de hacerse tantas referencias como sean necesarias. En el librito de F.-K. no aparecen como referencias: Leopoldo Alas, *Azorín*, Cecilia Böhl de Fáber, ni Juan Fernández de Velasco, conde de Haro, verdadero nombre de *Prete Jacopín*. Sólo hay una llamada en Hervás y Cobo de la Torre (José Gerardo de), en la que se remite al lector a *Pitillas*.

Judas Abrabanel fue más conocido en España por el nombre de León Hebreo. Pues bien: este último no aparece en la bibliografía y sí sólo el de Abrabanel. Esta falta ha sido ya subsanada en *A new history of Spanish literature* por el mismo F.-K. (Oxford, 1926), en cuyo índice, pues en esta edición se da la bibliografía al pie de las páginas del texto, se registra el apellido Abrabanel únicamente como referencia a León Hebreo. También se han hecho otras correcciones en dicho índice.

4) Constituyen otro grupo los autores más generalmente nombrados por sus cargos o títulos, como el Arcipreste de Hita, el Arcipreste de Talavera, el Arcediano de Toro, el Comendador Griego, el Marqués de Santillana, el Duque de Rivas, el Conde de Toreno, el Conde de Villamediana, etc. Veamos cómo los considera F.-K. Los dos primeros están encasillados por sus nombres (Ruiz, Juan, y Martínez de Toledo, Alfonso), sin referencias en sus dignidades; el tercero en Toro, Arcediano de, y en su apellido (Rodríguez, Gonzalo) y, caso curioso, con los datos bibliográficos en ambos; el cuarto, en su nombre (Núñez de Toledo, Hernán), sin referencia alguna, y los restantes en los apelativos de sus títulos (Santillana, Rivas, Toreno, Villamediana), con llamada únicamente al primero en su apellido (López de Mendoza, Íñigo); mas a la inversa al Marqués de Valdeflores lo coloca en su nombre: Velázquez de Velasco, Luis Josef, sin cita alguna en su título nobiliario. Debía habérseles aplicado un mismo sistema a todos.

5) Tampoco guarda uniformidad en el empleo de la ortografía. Conserva a veces la antigua, y a veces la moderniza. Así, escribe: "Johan Ferrandez de Heredia", "Feyjoo", "Lebrixa", "Mexia", "Ximenez", y sin embargo "Rua" de Rhua, "Cadalso" de Cadahalso. Y no es indiferente uno u otro uso para la ordenación y, por consiguiente, para la búsqueda.

En vano se buscará a Nebrija en la *N* en F.-K., quien ni aun lo consigna allí como referencia. Para dar con Feijoo es preciso volver cinco páginas de más, pues no va después de Fadrique (p. 182), sino a continuación de Ferruz (p. 187). Y en la *J* no se cita sino a Jiménez, Juan Ramón; los demás Jiménez (Jiménez de Enciso, Jiménez de Rada, Jiménez de Urrea), han de ir a buscarse, sin ninguna llamada que lo indique, a la X, es decir, mediante un salto desde la página 218 a la 382. Por último, Jaime de Huete está en la *G* (Güete). Nada de esto facilita el manejo. Más ventajoso es adoptar la ortografía moderna con llamadas en las formas antiguas.

Otro hecho desconcertante respecto a la colocación, aunque de distinto tipo, se observa en la sección VI (p. 54-71), en la cual, si bien es cierto que se agrupa bajo sus respectivos nombres la información bibliográfica de Isidoro de Sevilla (San), Julián de Toledo [San], Turmeda y Turpín, en sus lugares correspondientes, no se hace lo mismo con otros autores, como Averroes, Gabirol y Maimónides, cuyos datos bibliográficos se hallan desperdigados en distintos sitios, de los cuales señalamos las páginas a continuación, para ayudar a suplir de algún modo dicha deficiencia:

AVERROES: p. 55 (bajo Asín Palacios), 60 (Gauthier), 64 (Mandonnet) y 67 (Renan).

GABIROL: p. 60 (Geiger), 61 (Guttmann, J.), 63 (Kaufmann) y 70 (Wittmann).

MAIMÓNIDES: p. 55 (Bacher), 56 (Berliner), 62 (Guttmann, M.), 63 (Kroner), 64 (Lévy), 66 (Münz), 67 (Rohner) y 71 (Yellin).

De algunos de los citados hay varios datos agrupados y varios no:

ISIDORO DE SEVILLA (San), se halla en la p. 62, y deben verse además las p. 56 (Beeson y Brehaut) y 66 (Philipp).

TURMEDA, se encuentra en la p. 69, y se añaden trabajos acerca de él en las p. 55 (Asín), 57 (Calvet), 65 (Miret) y 67 (Probst).

PEDRO ALFONSO figura en la p. 66 ("Petrus Alphonsus"), y en la sección VII, p. 289 ("Pedro Alfonso").

Y pasamos, por último, a las obras anónimas o de atribución dudosa. *La leyenda de los Infantes de Lara* se anota en *Lara* con llamada en *Infantes*, y la *Leyenda del Abad Don Juan de Montemayor*, en *Leyenda*, sin llamada alguna; el *Libro de los Tres Reyes de Oriente*, en *Reyes*, y el *Auto de los Reyes Magos*, en *Magos*; el *Libro de miseria de homne*, en la *M*: *Nuevo poema por la cuaderna vía*; *La Celestina*, en *Calisto y Melibea*, con referencias en *Celestina* y en Rojas, Fernando de. Continúa, como se ve, la vacilación y arbitrariedad.

Como complemento y para ampliación de los asuntos tratados en esta Primera Parte, consúltense los siguientes datos bibliográficos, algunos entresacados del *Manual*:

Aubrun, Ch.-V. *Thèmes amorfes de travaux, idées a creuser*. BHi, 1957, LIX, 76-98.
Bédier, J. *Réflexions sur l'art d'éditer les anciens textes*. Ro, 1928, LIV, 161-196; 321-356.
Chavigny, P. M. *Organización del trabajo intelectual, v. p.* 25 de esta *Guía*.
Greg, W. W. *The function of bibliography in literary criticism*. N, 1933, XVIII, 241-262.
Lasso de la Vega, J. *La clasificación decimal*. 2.ª ed. corr. y aum., seguida de las marcas para alfabetizar los nombres de autor,... . Madrid, 1950, xv, 390 p., il.
——. *Cómo se hace una tesis doctoral*, en *Manual de técnica de la documentación científica y bibliográfica*. San Sebastián, 1947 [Madrid, 1946].
Leland, Waldo G. *Bibliography and scholarship*, en *Proceedings of the Second Convention of the Inter-American Bibliographical Library Association*. New York, 1939, p. 25-33.
López de Haro, Alfonso. *Nobiliario genealógico de los reyes y títulos de España*. Madrid, 1622, 2 v.
Reyes, Alfonso. *Sobre crítica de los textos*, en *La experiencia literaria*. Buenos Aires, 1942, p. 173-183.
Sabor, Emilia. *Manual de fuentes de información*. Buenos Aires, 1957; 2.ª ed. ampliada, 1967, 341 p.
Serís, H. *El arte de manejar los libros*. RBC, 1937, XXXIX, 178-196; 2.ª ed., La Habana, 1937, 25 p. (distribuida por la A.L.A., Chicago).
——. "Crítica textual", *Manual*, I, 78; II, 707. "Manuscritos", I, 167; II, 753, 1013. "Metodología", I, 72-74; II, 699-701. "Obras inéditas", I, n.º 3004 a adición, p. 843; II, n.ºˢ 7725, 7737, 7741, 7742, 7744, 7746, 7748, 7750, 7782, 7978, 8106, 8657, 8718; mss. de refranes, II, 636-638. "Preparación de tesis doctorales", I, 77; II, 704. "Técnica bibliográfica", I, 175-176; II, 760.
Vicéns, J. *Manual del catálogo-diccionario*, catálogo de autores, títulos y materias en un solo alfabeto. México, 1942. Redacción de fichas, consejos prácticos.

Muy útiles para la exactitud de las reproducciones de los textos antiguos son las excelentes ediciones facsímiles dadas a la estampa por Antonio Pérez Gómez, de Cieza (Murcia), de las cuales formó un Catálogo (1966), en el cual se asientan 89 obras desde 1949. Comprende las colecciones siguientes bajo los lemas de "... la fuente que mana y corre ..., ejemplares únicos"; "Incunables poéticos castellanos"; "Duque y Marqués"; "Romances"; "El aire de la almena"; "Libros sobre libros"; y "Pliegos conmemorativos de la Navidad".

Dentro de la "Investigación" en general, *v.* el índice del *Manual*, II, 1002; y particular biografía en "Biografías", p. 954: "Genealogía", p. 989; para "Genealogía histórica" se recomienda Francisco Fernández de Bethencourt, *Historia genealógica y heráldica de la monarquía española, casa real y grandes de España*, Madrid, 1897-1920, 10 v.; Alberto y Arturo García Carraffa, *Enciclopedia heráldica y genealógica hispanoamericana*, Salamanca, Madrid, La Habana, 1920-1950, 66 v. compl. 75 v., con el *Diccionario heráldico y genealógico de apellidos españoles y americanos*. Para "Órdenes militares", *Manual*, I, 125; II, 727-728. Aprovecho esta oportunidad para citar la rarísima obra *Principio de la Orden de Santiago*, Madrid, 1599 (con el catálogo de los Caballeros de Santiago), pues no he logrado verla ni localizarla.

BIBLIOGRAFÍA DE TESIS DOCTORALES

Más cercana todavía a la presente *Guía* es esta sección de bibliografía de tesis doctorales, cuyo detalle, hasta la fecha, se encuentra en el *Manual*, I, 107-108, n.ºs 1049-1052, y II, 719, n.ºs 7014-7017, 8646, 8647. Es conveniente consultar las listas de temas de cada una, a fin de evitar repeticiones o duplicados. Aquí sólo caben los títulos y fechas de cada tabla. La revista norteamericana *Hispania* (HispCal) publica todos los años una lista escueta de títulos.

Barret, L. Lomas. *Theses dealing with Hispano-American language and literature-1944.* HispCal, 1945, XXVIII, 210-211; 1946, XXIX, 220-221.
Chatham, James R. and Ruiz-Fornells, Enrique. *Dissertations in Hispanic languages and literatures. An index of dissertations completed in the United States and Canada, 1876-1966.* Lexington, The University Press of Kentucky, 1970.
Crawford, J. P. W. *Degrees of doctor of philosophy with majors in modern foreign languages conferred 1921-1922, 1924-1925.* MLJ, 1922-1925, VII-X.
Dissertation abstracts international. Ann Arbor, Michigan, 1938—. University microfilms.
Doyle, H. G. *Doctors' degrees in modern foreign languages, 1925-1926.* MLJ, 1926, XI y años 1937-1938. Antes, hasta 1926-1927, se publicó sin título en el n.º de oct. de cada año en la sección de "News and Notes".
Gerig, J. L. *Advanced degrees and doctoral dissertations in the Romance languages at the Johns Hopkins University.* RR, 1917, VIII, 328-340.
———. *Doctoral dissertations in the Romance languages at Harvard University.* RR, 1919, X, 67-78. Desglosadas las españolas bajo el título de *Tesis doctorales sobre filología española*, RFE, 1919, VI, 312-313.
———. *Doctoral dissertations in the Romance languages at Yale University.* RR, 1920, XI, 70-75.

Gerig, J. L. *Doctoral dissertations in the Romance languages at Columbia University*. RR, 1921, XII, 73-79.

Gilchrist, D. B., luego Trotier, A. H., Henry, E. A., y Harman, Marian. *Doctoral dissertations accepted by American universities*. New York, desde 1933-1934. Con sección de "Romance Literature". Algunas erratas en los nombres propios y en los títulos.

Leavitt, Sturgis E. *A bibliography of theses dealing with Hispano-American literature*. HispCal, 1934, XVII, 169; 1943, XXVI, 163.

Library of Congress. *List of American doctoral dissertations printed*. Washington, D. C., desde 1912.

Merrill, R. M. *American doctoral dissertations in the Romance field, 1876-1926*. New York, Columbia Univ. Institute of French Studies, 1927, 87 p. V. O. Towles, RR, 1928, XIX, 49-51.

Miller, Wm. M. *American doctoral degrees granted in the field of modern languages in 1950-1951*. MLJ, 1951, XXXV, 567-574.

Smither, W. J. *Doctoral theses in the Hispanic languages and literatures, 1951*. HispCal, 1952, XXXV, 173-178, y años sig.

OTRO MÉTODO DE INVESTIGACIÓN

Tengo para mí que no existen ideas más a propósito ni más oportunas para cerrar, con broche de oro, esta Primera Parte, que las ofrecidas por el ilustre hispanista Yakov Malkiel en un práctico y utilísimo artículo intitulado *Cómo trabajaba María Rosa Lida de Malkiel*, en *Hom. a Moñino*, Madrid, 1966, I, 371-379. Sin duda alguna él me permitirá compendiar y, a veces, parafrasear su trabajo para mayor seguridad y exactitud. Cierto es que la protagonista que escoge es el investigador del más alto grado de capacidad mental que conozco y de la más elevada y valiosa calidad de intelecto y naturaleza. De ahí la importancia del trabajo descriptivo de Malkiel, de su extensión y de su meticulosidad y precisión.

Debe leerse íntegro. Mi redacción se circunscribe a los puntos capitales e indispensables, que expondré de una manera escueta. Se concretarán muy principalmente a los requisitos que se recomiendan cumplir para el estudio fructífero de obras de erudición, siguiendo como modelo el método empleado por María Rosa Lida de Malkiel.

"Me he detenido en el aspecto técnico de la labor de María Rosa [porque] … no se puede apreciar su obra, y muy especialmente el aspecto moral de su obra (el más importante de todos), sin que se preste atención constante a la gran originalidad de su modo de trabajar —otra faceta de su marcado individualismo" (p. 379).

El primer requisito de todos es la erudición. Se requiere desde luego la lectura y conocimiento de la Biblia, las literaturas antiguas, los más importantes textos en latín medieval y en *langue d'oïl*, el "tesauro" completo, poemas, prosa, didáctica, etc., de lo que se conserva del español antiguo, la comedia del Siglo de Oro. De todo ello desligar los pasajes que parecen útiles para la revisión de las pesquisas anteriores.

El segundo es la bibliografía. Papeletear alguna buena revista. A María Rosa le tocó, por su labor de bibliotecaria del Instituto de Filología de Buenos Aires, el papeleteo de la ZRPh; pero su bibliografía carece de pesquisas que se limiten a la erudición pura (catálogos, registros, índices, glosarios, etc.).

La tercera fuente es la lectura amena y un poco al azar, necesitada "por curiosidad espontánea y para escaparse del grave peligro de especialización estrecha" (p. 378).

Esas tres corrientes poderosas confluían en María Rosa, a fin de dar vida a cada una de sus obras, en colaboración con el tiempo, o sean quince años para la madurez del *Arcipreste de Hita*; otros quince para *La Celestina*; y diez para la terminación de sus otros libros uno por uno, para la revisión de un solo análisis; además para la publicación de sus famosas *Notas* (1940), utilísimas para fijar la base de la crítica textual, sobre la docta monografía de Lecoy (1938), tocante al *Libro de Buen Amor*, con el fin "de establecer un texto claro y atractivo para el lector medio y de comentar o subsanar sus dificultades, de una manera escueta pero nada evasiva" (p. 372).

Tanta resonancia tuvieron luego sus *Selecciones* (1940) que, aun hacia 1955, María Rosa contaba con una segunda ed. puesta al día y revisada, y las *Nuevas notas* salieron en 1959, fruto de casi 20 años. Éstas agrupaban así un arsenal de armas nuevas. Son indispensables y un verdadero tesoro para los trabajos de los investigadores en general.

Por último, "el ingrediente erudito nunca aparece aislado, sino que se amalgama con la originalidad del pensamiento crítico y con la elegancia de la presentación" (p. 371).

De acuerdo con todo lo anterior, excepto con la bibliografía, que se resentiría de la omisión de las pesquisas aludidas, si se suprimieran por nuestros investigadores futuros.

Para finalizar, transcribiré otro rasgo personal que recoge Malkiel y que merece reproducirse íntegro, porque nos pinta de mano maestra su honradez: "Me parece que el rasgo esencial de su actitud ante un problema científico que se planteaba —y para ella la filología era una ciencia— era la honradez, que a su vez le aconsejaba un ritmo lento y una manera cautelosa en su 'modus operandi'. ... Después del momento de la intuición, María Rosa tenía en reserva suficiente tesón para elaborar tranquilamente las primeras ideas, negándose a publicar meros borradores o esbozos ... por una cadena de trabajos sucesivos, todos ellos dedicados, a lo largo de quince o veinte años, a la aclaración de un solo libro que la inquietaba ..." (p. 371).

Últimamente han aparecido de ella unos *Estudios de literatura española y comparada*, Buenos Aires, 1966, y, en francés *L'Idée de la gloire dans la tradition occidentale: Antiquité, Moyen Age Occidentale, Castille*, trad. por Sylvia Bonlaud, con "postface" por Yakov Malkiel, Paris, 1968.

Para una evaluación de eds. antiguas, apelo también al consejo de un investigador experimentado; léase lo que dice James O. Crosby: "Los que estudian y editan textos antiguos se preocupan mucho por distinguir las buenas ediciones antiguas de las malas. Al establecer estas diferencias deben agregarse todos los detalles o matices que convengan al caso, porque la más afinada evaluación de la edición antigua importa mucho para el editor moderno, para el crítico de textos y para el crítico literario. De tal evaluación depende el grado de confianza que nos merece la edición, y que su texto sirva o no para fundamentar estudios críticos tan delicados como los de la estilística moderna" (*La huella de González de Salas en la poesía de Quevedo editada por Pedro Aldrete*, en *Hom. a Moñino*, I, 111). Estudio comparativo arquetipo.

Una última nota me parece caber en este sitio —la que atañe a la pesquisa de las fuentes literarias de un texto. Cree Marcel Bataillon que podría considerarse como una pedantería cuando no sirva para esclarecer un tanto del misterio de la creación literaria. "Felizmente ya va perdiendo su prestigio la creación muerta, que en el caso de una comedia o una novela amontonaba referencias a obras de igual o análogo asunto, y comparaba situaciones paralelas sin averiguar siquiera qué materiales manejó efectivamente el escritor" (*"La desdicha por la honra", génesis y sentido de una novela de Lope*, NRFH, 1947, I, 13).

Debe aprovecharse, sin embargo, y el mismo Bataillon la emplea y declara: "No desprecio —admiro enormemente— la paciente investigación de las fuentes literarias (la practico cuando me viene a la mano). Lo importante, en última instancia, es el designio del escritor, sin el cual queda ineficaz todo el peso, toda la variedad de sus lecturas" (su ensayo-reseña de *La originalidad artística de "La Celestina"*, NRFH, 1963-64, XVII, 275; *v.* p. 142-146 de esta *Guía*).

SEGUNDA PARTE

TEMAS GENERALES

Academia del Buen Gusto

(1749-1751)

Actas. Manuscrito en la B.N.M., procedente de la de Gayangos. *V*. M. Menéndez Pelayo, *Ideas estéticas*, 2.ª ed. aum., 1903, V, 234-238.

Academias

El primer estudio bibliográfico general sobre las academias de España se publicó en el *Manual*, II, 437-458. Se abría con los siguientes términos:

> Faltan estudios particulares correspondientes a muchas de las academias que se registran en este capítulo. Para elaborar estos estudios, los investigadores deberían indagar quiénes fueron los individuos de las corporaciones, redactar la biografía y compilar la bibliografía de los mismos, editar sus discursos de recepción y otros escritos literarios leídos en las sesiones académicas, publicar los estatutos, las actas y memorias, reconstruir la vida y la historia de la academia, con indicación de las fechas de fundación y extinción, descripción de actos académicos, justas, vejámenes,

concursos, certámenes y sus fallos, con la reproducción de los trabajos premiados, etc.

Esperamos que faciliten la tarea de quienes se propongan emprender tales pesquisas los datos bibliográficos que hemos logrado acopiar que exponemos a continuación.... [Se subdividen en los apartados de "Academias en general" y "Academias en particular".] (p. 437-438)

Para estudiar las academias en general, se han colocado en el *Manual*, II, 438-439, ante los ojos del indagador, nueve obras, de los n.ᵒˢ 4031 al 4039. Para las academias en particular se muestra un desfile, por orden alfabético de sus nombres o títulos, o de su localidad, con sus fechas y asuntos. Algunas ostentan el nombre de su fundador o presidente y el de sus académicos. En total, se consignan cincuenta y tres academias, II, 439-458, n.ᵒˢ 4040-4198, o sean 158 papeletas de publicaciones sobre su creación, historia, biografías de sus socios, descripción, extinción, etc. Como suplemento, ha aparecido una curiosa y antigua disquisición por Martín F. de Navarrete (n.º 8562, p. 906): *La afición a la literatura ... propagó en este siglo ... el gusto a las academias*, en *Juicio crítico o análisis del "Quijote" y Vida de Cervantes*, con varias noticias y docs. inéditos, Barcelona, 1834, p. 387-388.

Últimamente surgieron los escritos de Salvá, Sempere, Hazañas y La Rúa, Pérez de Guzmán, Serrano y Morales, Henri Mérimée, Cotarelo, y Romera-Navarro, y la 2.ª ed. del *General catalogue of printed books*, Br. Mus., London, 1931. En nuestros días los muy notables estudios de Mrs. Willard F. King, *Prosa novelística y academias literarias en el siglo XVII*, Madrid, 1963 (anejo del BAE), y de María Soledad Carrasco Urgoiti, *Notas sobre el vejamen de Academia en la segunda mitad del siglo XVII*, RHiM, 1965, XXXI, 97-111. Estas dos disertaciones se muestran ligadas al parecer, pues la segunda se asemeja a una reseña de la primera. Mas no es tal. Se trata de un estudio en su totalidad independiente, aunque originado en su comienzo por el libro de la Sra. King. Así más tarde lo voy a analizar en esta sección de temas generales.

V. **Ensayo-reseña, Vejamen.**

Biblioteca de autores españoles, de Rivadeneira

La eximia erudita D.ª Carolina Michaëlis de Vasconcellos echa de menos la inclusión de poetas, "como Fernan de Acuña (o da Cunha), Ramirez Pagan, Gregorio Silvestre, Jorge de Montemór, Padilla, Figueroa, o Conde de Salinas (Marques de Alenquer)". Se queja de ello: "Exames como aquele a que procedi, tornam cada vez mais sensívil a falta de reimpressões de poetas notáveis ... superiores a muitos que tiveram a fortuna de entrar na Bibl. de Aut. Esp. Oxalá com eles se constitua um volume da preciosa *Nueva Biblioteca,* destinada a preencher as lacunas daoutra. Oxalá tambem publiquem ahi o *Cancioneiro de Faria e Sousa*" (RHi, 1910, XXII, 514, n. 5).

La crítica más antigua la dio a la estampa F. Wolf, en su *Bibliothek spanische Schriftsteller,* en *Jahrbücher der Literatur,* Wien, 1848, CXXIII, 76-125, quien redactó un análisis crítico y una bibliografía. En 1880 compiló los *Indices generales* I. Rosell y Torres, Madrid, xxix, 349 p., con algunas lagunas. En 1908 Rufino José Cuervo, autor del *Diccionario de construcción y régimen de la lengua castellana,* comenzado a imprimirse en 1885, proclamó verbalmente la interrupción de la obra. En dicho año de 1908, hallándose el que suscribe ampliando estudios en París, visitó con su profesor de la Sorbona, Ernest Martinenche, al Sr. Cuervo para ofrecerle, en nombre de toda la clase la ayuda que creíamos necesitaba. El sabio filólogo se excusó de aceptar el ofrecimiento, alegando con amargura que escarmentado, muy a su costa, de haberles tenido confianza a las ediciones modernas de nuestros buenos libros antiguos, y con algún despecho de pensar que, con toda su cautela, ha podido todavía citar como genuino lo que es pura falsificación reciente, obedece ante todo al amor de la verdad y de la exactitud científica al descubrir estos peligros y aconsejar a los principiantes la más cauta desconfianza. Estas razones las publicó después en un nuevo prólogo redactado con destino a una futura edición de sus *Apuntaciones,* que él ya no vio. Ese prólogo se imprimió póstumamente en la 7.ª ed., Bogotá, 1939; también se podrá leer en las *Disquisiciones,* ed. de R. Torres Quintero, Bogotá, 1950, p. 406-486, y en las *Obras,* Bogotá, ICC, 1954, I, 19-101. He relatado asimismo esta inolvidable entrevista en mi *Bibliografía de la lingüística española,* Bogotá, ICC, 1964, p. 432-433.

Bibliotecas particulares

Existen bibliotecas particulares grandes o pequeñas, pero algunas con sorpresas bibliográficas, como sucede con toda biblioteca. Su paradero se ignora hoy, por haber cambiado de dueño y haberse perdido la pista de su recorrido. Las noticias referentes a su compra o venta, a su reunión o dispersión, a su nuevo local, a sus catálogos manuscritos o impresos si los poseen, etc., son valiosísimas y exhortamos a sus actuales propietarios a darles publicidad. Para ello les abrimos esta sección, que ponemos enteramente a su disposición. No las llamo ocultas porque sus dueños las oculten por su voluntad, sino porque permanecen ocultas a las miradas del público.

BIBLIOTECA DE BONILLA

La biblioteca de Adolfo Bonilla y San Martín se halla ahora en las manos de un antiguo discípulo suyo, en Valencia.

BIBLIOTECA DE FERNÁN CABALLERO

La biblioteca particular que poseyó Fernán Caballero está hoy en poder de Manuel Borrero, rico y conocido industrial de Sevilla.

BIBLIOTECA DE MENÉNDEZ PIDAL

La rica biblioteca que llena la estantería fabricada expresamente para ella, en su casa propia, construida para el sabio español, en Chamartín de la Rosa, Madrid, continúa en su sitio, aumentada con una rama en la "Fundación de Menéndez Pidal de la Universidad de Madrid".

BIBLIOTECA DE RODRÍGUEZ-MOÑINO

Calle de San Justo, 1, Madrid. Una de las mejor nutridas y montadas, con valiosas colecciones.

BIBLIOTECA DE SERÍS

Los libros que reunió en sus viajes Homero Serís antes de la guerra civil fueron donados, junto con su estante tallado, al Instituto Internacional de Señoritas de Madrid, calle de Miguel Ángel, 8.

Sobre las bibliotecas modernas, consúltese Fernando Huarte Morton, *Las bibliotecas particulares españolas de la Edad Moderna*, RABM, 1955, LXI, 555-576, primicia de su tesis doctoral. *V.* también esta *Guía* "La nueva bibliografía", p. 27-36, y el *Manual*, índice, II, 953-954.

Bibliotecas particulares antiguas

El Sr. Augustin Redondo, miembro de la Sección Científica de la Univ. de Orleáns-Tours, ha empezado a estudiar el tema concerniente a las bibliotecas particulares antiguas españolas. Con sólida preparación y muy concienzudamente ha publicado ya un extenso opúsculo en la colec. de *Mélanges de la Casa de Velázquez*, Paris, 1967, III, 147-196. Se titula *La Bibliothèque de Don Francisco de Zúñiga Guzmán y Sotomayor, troisième Duc de Béjar (1500?-1544)*.

Con sobrada razón manifiesta el autor que Miguel Herrero, nuestro colaborador del antiguo Centro de Estudios Históricos de Madrid, dio a conocer en la revista *Bibliografía Española*, 1942, XXXVII, 18-33, el interés y la utilidad de conocer y de estudiar los inventarios o catálogos de las bibliotecas de los siglos XVI y XVII, o en su defecto, las informaciones aunque fueran incompletas correspondientes a los fondos particulares de dicha época. También cita Redondo a Rudolf Beer, acaso el primero en reunir una lista de los catálogos e inventarios de bibliotecas antiguas españolas, conocidas al escribir su obra *Handschriftenschätze Spaniens*, Wien, 1894. Esta gran obra de Beer se empezó a publicar en 1891, en *Sitzungsberichte der K. Acad. der Wiss. Phil.-Hist. Cl.*, Wien, 1891-1894. Cita igualmente a Jorge Rubió, abundando en la misma idea de la necesidad de un *corpus* de catálogos o inventarios de las antiguas bibliotecas barcelonesas, en su introducción, p. 99, al libro de *Documentos para la historia de la imprenta y librería en Barcelona (1474-1533)*, recogidos y transcritos por José M.ª Madurell Marimón, anotados por Jorge Rubió y Balaguer, Barcelona, 1855 (gremios de editores, de libreros y de maestros impresores). Contiene una quincena de inventarios de bibliotecas particulares de 1500 a 1546. Por último, para finalizar esta especie de introducción, nombra al autor del artículo citado, Fernando Huarte Morton. Uno de los planes nuevos que propone éste sería la rebusca en los archivos notariales que rendirían, entre otros muchos hallazgos, los inventarios de colecciones privadas. Yo mismo he alentado y recomendado el rebusco y utilización de las ricas bibliotecas particulares de los nobles y otros magnates, cuya negativa de permiso clausura ese cauce tan fructífero en hallazgos, según atestiguo en mi opúsculo sobre *La nueva bibliografía*, Madrid, 1966, p. 5. Allí me hago eco igualmente de las quejas a este respecto de Foulché-Delbosc y Barrau-Dihigo, formuladas en su *Manuel de l'hispanisant*, Paris-New York, 1925, "collections privées", p. 343-376 y 491-495.

Fundamentándose en estas ideas, tuvo Redondo el acierto en elegir este básico tema para sus investigaciones y alcanzó el logro de descubrir y estudiar la Bibl. del tercer Duque de Béjar (siglo XVI), D. Francisco de Zúñiga Guzmán y Sotomayor, nacido hacia 1500 y fallecido el 4 de nov. de 1544, en Belalcázar. Había hecho testamento y fue abierto el 5 día siguiente, y en el que se procedió por los ejecutores testamentarios el 24 del mismo mes a levantar el acta e inventario de los bienes del difunto, entre ellos los libros, algunos ricamente encuadernados, que formaban un total de 251 volúmenes (p. 150-152), más dos envoltorios con ejemplares de la *Via spiritus* de Bernabé de Palma o Sicilia sobrantes de la edición que mandó imprimir en Flandes en 1533 y 1534. Este mecenazgo recuerda el título de Duque de Béjar, posterior, que aparece en la portada del *Quijote*.

Redondo transcribe a continuación el inventario de los libros y más adelante desarrolla su estudio bibliográfico. La descripción de los fondos de la biblioteca se limita más bien a las tres quintas partes, únicas que le fue dable estudiar (p. 158-165). Mas, en cambio, ha tenido la fortuna de encontrar las actas en que se hacen constar los libros vendidos desde el 19 de febrero de 1545 al 10 de agosto de 1546, en la venta pública en la plaza de Belalcázar, en presencia del notario Pedro Gutiérrez, en total 168 volúmenes de los 251 que componían la biblioteca de Don Francisco. Ha descubierto Redondo estos datos en dos registros del fondo Osuna en el Archivo Histórico Nacional de Madrid, leg. 327, n.ºs 8 y 11. De ellos reconstruye la lista e identifica no pocos (p. 165-195). Termina con un índice alfabético de autores y obras anónimas. La labor de identificación llevada a cabo por Redondo muestra una notable erudición y una práctica bibliográfica nada común en el conocimiento de los libros antiguos españoles.

Respecto al dueño de la biblioteca, deduce nuestro bibliógrafo que era un acabado humanista. Los autores clásicos ocupaban los estantes en respetable grupo. He aquí la relación que escojo entre los que nos señala el hispanista francés: 8 vol. de Plutarco, 4 de Plinio el Joven, 4 de Cicerón, 3 de Tito Livio, 3 de Séneca, 3 de Salustio, 2 de Ovidio, 2 de Esopo, 2 de Virgilio, etc., algunas de las cuales estarían en latín. Para su estudio figuraba la gramática latina de Nebrija, así como de Lorenzo Valla, *De elegantia linguae latinae*; de Erasmo, *De duplici copia verborum ac rerum*, etc.; en italiano poseía un Salustio, un Maquiavelo, un Leonardo Aretino, la *Arcadia* de Sannazzaro, el *Cortesano* de Castiglione y los *Triunfos* de Petrarca. Sobre los países exóticos figuran el *Itinerario* de Ludovico de Varthema y *Asiae Europaeque*. Las obras religiosas, como el *Carro de las donas* de Fr. Francisco Eximenis; cuatro ejemplares del *Enchiridion* de Erasmo; cinco obras de Alfonso de Madrigal (El Tostado) y un manuscrito con una colección de sermones. De literatura española: *Las trescientas* de Juan de Mena; el libro de caballerías *La demanda del Santo Grial*; la *Segunda comedia de Celestina*, que Feliciano de Silva había dedicado al Duque. Por otra parte: el *Tratado de la miseria de los cortesanos* de Eneas Silvio Piccolomini y el *Cortesano* de Castiglione; el *Libro de la montería* de Alfonso XI, y el *Libro de juego del axedrez*, iluminado y de letra de mano, que no debe ser una copia del de Alfonso X, sino acaso una copia de la obra ricamente iluminada de Luis de Lucena, *Repetición de amores e arte de axedrez con cl* [*150*] *juegos de partido*, y cita a Haebler, n.º 371.

De todo ello, infiere Redondo y ratifica la condición que ha adjudicado al Duque de Béjar de humanista, por la adición de haber recibido una carta de Luis Vives, a quien conoció personalmente en Flandes, acontecimiento orientador en su vida.

La presente relación bibliográfica, pálido resumen mío, con supresiones necesarias por falta de espacio, haría hoy las delicias del más exigente bibliófilo. La publico así incompleta en esta *Guía* a fin de llamar la atención de los jóvenes investigadores, mientras no la puedan completar con la lectura del original inserto por Redondo en los *Mélanges de la Casa de Velázquez*, de corta difusión y no fácil acceso.

BIBLIOGRAFÍA

La bibliografía general de las bibliotecas particulares antiguas, la hemos compilado en colaboración el Sr. Redondo y yo. Comprende un vasto campo de información conjunta, que dará una idea de la enorme riqueza inexplotada todavía por los hispanistas nacionales y extranjeros.

Empezaremos por la más importante biblioteca particular del siglo XVI de quien puede llamarse el primer bibliógrafo y bibliófilo español de la Edad Moderna en España: Fernando Colón, *Registrum librorum* [Sevilla, 1530], ms. reproducido por Archer M. Huntington, con el título de *Catalogue of the library of Ferdinand Columbus*, reproduced in facsimile, New York, 1903, 3 h., 260 p. (H.S.A.), ed. de 300 ejemplares. Contiene 4.231 números.—Con anterioridad había transcrito y publicado Gallardo 349 números solamente en su *Ensayo*, 1866, II, col. 514-557.—E. Cotarelo y Mori dio a la estampa, en su *Catálogo de obras dramáticas impresas pero no conocidas hasta el presente*, en *Teatro antiguo anterior a Lope de Vega*, Madrid, 1902, más papeletas transcritas por Gallardo y no incluidas en su *Ensayo. V.* A. Bonilla y San Martín, reseña en sus *Anales de la lit. esp.*, 1900-1904, p. 236-242.—Por último, el hispanista francés Jean Babelon publicó *La Bibliothèque française de Fernand Colomb*, Paris, 1913, xliv, 340 p. (RBi, Supplément X). Abarca 276 números correspondientes a los libros en francés que pertenecieron a F. Colón. *V.* H. Dehérain, *Fernand Colomb et sa bibliothèque*, en el JS, 1914, 342-351.—Henry Harrisse, *Excerpta colombiana: bibliographie de 400 pièces gothiques françaises, italiennes et latines du commencement du XVIᵉ siècle*, non décrites jusqu'ici, précédée d'une histoire de la Bibliothèque Colombine et de son fondateur, Paris, 1887, xxv, 316 p.— Catálogo moderno: *Biblioteca colombina. Catálogo de sus libros impresos*, publicado por primera vez ... bajo la dirección de Servando Arbolí y Faraudo ... con notas bibliográficas de Simón de la Rosa, Sevilla, 1888-1894, y 1915-1916, 6 v. (El v. IV bajo la dirección de J. Roca y Ponsa, y los v. V y VI bajo la de J. Moreno Maldonado. Sin terminar).— Según Joseph E. Gillet, en su *Propalladia* de Torres Naharro, 1943, I, 18, n. 39, el catálogo ms. de F. Colón, reproducido por Huntington, debe designarse más propiamente como *Registrum B*, y añade que existen también el *Abecedarium A* y el *Abecedarium B* (p. 87 y 19 respectivamente).—J. Torre Revello, *Don Hernando Colón, su vida, su biblioteca, sus obras*, RHA, 1945, n.º 8, 1-59.

Véase R. Menéndez Pidal, *Crónicas generales*, 3.ª ed., Madrid, 1918, p. x.—Clara L. Penney, *Printed books*, 1965, "Referencias", p. xvii-xlii.—A. Rodríguez-Moñino y María Brey Mariño, *Catálogo de los manuscritos poéticos...*, 1965, 3 v.—Tomás Navarro, *Revista Interamericana de Bibliografía*, Washington, 1968, XVIII, 61-62.—*Catalogue de MSS. de M. Morel-Fatio*, BHi, 1921, XXIII.—Como cont. de la Biblioteca de Mayáns y Siscar, puedo añadir que el Br. Mus. adquirió libros impresos y manuscritos de la misma; *v.* L. Usoz y Río, en su ed. del *Diálogo de la lengua* de Juan de Valdés, Madrid, 1960, p. vii.—L. Klaiber, *Adolf Schaeffer und seine Bibliothek altspanischer Drucke*, ZBW, Leipzig, 1931, 8-25. *V.* M. A. Buchanan, HR, 1933, I, 83.—A. Rodríguez-Moñino, *Catálogos de libreros españoles (1661-1798)*, Madrid, 1942, e *Historia de los catálogos de librería españoles (1661-1840)*, Madrid, 1966.—*Biblioteca de Antonio Agustín*, el catálogo lo publicó Baillus Martinus [Bailó, Martín], *Ant. Augustini (1517-1586) bibliotheca ... mixta ...*, Tarragona, 1586, ejemplar en el Br. Mus. y en El Escorial; *v.* Serís, *Manual*, I, n.ᵒˢ 1601 y 1665.—Mario Schiff, *La Bibliothèque du Marquis de Santillane*, Paris, 1905, xci, 509 p. *V.* A. Farinelli, en *Dante in Spagna*, Torino, 1922.—F. Rodríguez Marín, *La librería de Barahona* en *Luis Barahona de Soto (1548-1595)*, Madrid, 1903, p. 520-551.—Julio González, *El Maestro Juan de Segovia y su biblioteca*, Madrid, 1944, 213 p. *V.* R. Ricard, RHE, 1946, XXII, 107-109.—R. del Arco, *Noticias inéditas acerca de la famosa biblioteca de D. Vicencio J. de Lastanosa*, BAH, 1914, 316.—Juan Jacobo Fugger, *Catálogo de los libros españoles adquiridos y reunidos para J. J. Fugger de Munich, de 1552? a 1582*; *v.* L. Pfandl, *Hist. de la lit. nac. esp. en la edad de oro*, tr. de J. Rubió y Balaguer, 1933, p. 43.—M. Alonso, *Bibliotecas medievales de los Arzobispos de Toledo*, RyF, 1941, n.ᵒˢ 3 y 4.—C. Pereyra, *El Dr. Monardes, sus libros y su museo*, BBMP, 1922, 321.—P. Galindo, *La biblioteca de can. Bartolomé Llorente (1587-1592)*, Univ, 1933, 49.—F. J. Sánchez Cantón, *La librería de Juan de Herrera (1530-1597)*, Madrid?, 48 p.—G. Mayáns y Siscar (1699-1781), *Specimen Bibliothecae hispano-majansianae ... quae habet in sua bibliotheca ...*, Hannoverae, 1753, 4 h., 171 p. y 16 p. de índice (Ex Museo Davidis Clementis [David Clemens]); hay ejemplar en N.Y.P.L., sign. *GO).—*Libros españoles en la biblioteca de Benito de Spinoza*, por H. V. Besso, rev. ND, 1949, XXIX, n.º 2. *La biblioteca del Duque de Uceda*, por J. A. Tamayo, Madrid, 1944, Rev. Bib. Nac., V, 149-152.—La bibl. del Marqués de Santillana también fue objeto de estudio en sus *Obras* editadas por J. Amador de los Ríos, Madrid, 1852, p. 591-645. (*V. ut supra*, Mario Schiff).—*Biblioteca Heberiana, Catalogue of the library of the late Richard Heber*, London, 1834-1837, 13 v. en cuatro (ejemplar en la N.Y.P.L.).—Luis Usoz, *Noticia sobre manuscritos españoles* en el *Catálogo de manuscritos de la biblioteca de Ricardo Heber*, RABM, 1906, XIV, 378-

385.—Otto von Schleinitz [descripción de las obras más importantes de la biblioteca de la Holland House] en *Zeitschrift für Bücherfreunde*, 1899, III.—M. Gascón, *En el palacio y biblioteca Díaz de Arce de los Fernández de Velasco*, Santander, 1943, 31 p., il. y facs. de los incunables.—P. Aguado Bleye, *La librería del historiador Jerónimo de Zurita*, en Ide, 1917, II, 77-80. G. Mazzatinti, *La biblioteca dei Re d'Aragona in Napoli*, Rocca S. Casciano, 1897.—H. Omont, *Inventaire de la bibliothèque de Ferdinand Ier d'Aragon roi de Naples (1481)*, Bibliothèque de l'Ecole des Chartes, Paris, 1901-1909, LXII-LXX (parte se conserva en la B.N.P.).—T. De Marinis, *La biblioteca napoletana dei Re d'Aragona*, Milano, 1947, 4 v. (ej. en la Bibl. de Morgan, New York, con un tomo de facs.).—R. d'Alós, *Documenti per la storia della biblioteca di Alfonsi* [V de Aragón], Roma, 1924.—J. Alcina Franch, *Manuscritos de la biblioteca de Alfonso V de Aragón, que pertenecieron a los reyes de Nápoles, Alfonso V, Fernando I y Alfonso II*, RBD, 1948, II, n.º 4 (la serie más importante se encuentra hoy en la Bibl. de la Universidad de Valencia).—A. Rodríguez-Moñino, *La colección de manuscritos del Marqués de Montealegre (1677)*, Madrid, 1951, 231 p. (se publicó antes en el BAH). *V.* Barrantes, *Índice de la biblioteca extremeña*, Madrid, 1881, 400 p.—J. Lázaro Galdeano, *Catálogo de la exposición de un centenar de libros* [de su biblioteca], Paris, 1936.—*Inventario de los libros de D. Agustín Durán*, en la *Memoria anual de la Bibl. Nac.*, Madrid, 1865.

La biblioteca de Durán fue adquirida por el Gobierno español en 1863 y trasladada a la Nacional, *v.* A. Bonilla, RHi, 1912, XXVII, 393, n. 1.—Pedro Fernández Durán poseyó una rica biblioteca, que donó al morir al Círculo de la Gran Peña de Madrid.—*Biblioteca particular de Fr. Alonso de la Vera Cruz.* Su copiosa librería la trasladó de España a México, y se halla hoy en San Agustín de México, que es la Biblioteca Nacional. Estuvo en el Museo Michoacano de Morelia.—M. A. Buchanan, HR, 1941, IX, 229-230. Un ej. del *Catalogue* de la venta de la 1.ª parte de la biblioteca de Foulché-Delbosc, con notas mss. acerca de los actuales poseedores de los libros, se encuentra en la Univ. de Toronto a la disposición de los investigadores. La Biblioteca Nacional de Buenos Aires adquirió un extenso lote. La 2.ª parte de la bibl. se puso a la venta y se publ. un catál. por la Dolphin Booksellers, London.—*Catalogue of ... [a] collection of Spanish books*, the property of W. B. Chorley ... which will be sold by auction, London, 1846, 58 p. Hay ej. en la

L.C., Washington, con los nombres de los compradores y los precios (1167 lotes).—*Biblioteca de Morel-Fatio*. Donada por él a la Bibliothèque Municipale de Versailles.—A. Millares Carlo, *La biblioteca de Gonzalo Argote de Molina*, RFE, 1923, X, 137-152.—A. Rodríguez-Moñino, *La biblioteca de Benito Arias Montano, noticias y documentos para su reconstitución, 1548-1598*, con dos inventarios, RCEE, 1928, II, 555-598.—Fernando del Valle Lersundi, *Testamento de Fernando de Rojas, autor de "La Celestina"*, RFE, 1929, XVI, 381-383.—F. J. Sánchez Cantón, *La librería de Velázquez* [1599-1660], en *HMPidal*, 1925, III, 379-406.—Marcel Bataillon, en *Erasmo y España*, trad. de A. Alatorre, México, 1950, II, 88-89 (sobre los inventarios de 1574 y 1552 de las librerías de los Portonariis en Medina del Campo y Salamanca).—Irving A. Leonard, *Una venta de libros en México, 1576*, NRFH, 1948, II, 174-185.

En el libro de Madurell Marimón y Rubió se encierran varios inventarios, como los de la librería de Pere Posa en 1506 (p. 404 y 426) y de libros vendidos en 1527 por Joan Bages (p. 685) entre los que le entregó el librero Juan Trinxer en 1524; y otro inventario (p. 787) de 1538 del librero Miguel Cabrit, a su muerte en ese año.—Los inventarios de los fondos de los importantes libreros e impresores de Sevilla de la primera mitad del siglo XVI, Jacobo y Juan Cromberger, a su fallecimiento ocurrido respectivamente en 1528 y 1540, publicados por José Gestoso y Pérez, en sus *Noticias inéditas de impresores sevillanos*, Sevilla, 1924, p. 37-41 y 87-98.—Joaquín Hazañas y La Rúa, en *La imprenta en Sevilla*, Sevilla, 1944-1949, p. 48-56, con el inventario de la viuda de Monardes en 1525.—C. A. de la Serna y Santander (1752-1813), *Catalogue des livres de la Bibliothèque de feu Don Simón de Santander*, par son neveu, Bruxelles, 1792.—Otra ed. más completa?, Bruxelles, 1803, 4 v., ej. en la H.S.A., el v. IV es un *Supplément*.—J. M.ª Andrade, *Catalogue de la riche bibliothèque de Maximilien ... du Méxique (1832-1867)*, Leipzig, Paris, 1869.—J. Gómez de la Cortina, Marqués de Morante (1808-1868), *Catalogus librorum*, Matriti, 1854-1870, 8 v.—J. I. Miró, *Catalogue de la bibliothèque espagnole de D. José Miró*, Paris, 1878.—J. Espinosa y A. Lamas, *Catálogo de la biblioteca de D. Antonio Cánovas del Castillo (1828-1897)*, Madrid, 1903, 3 v.—*Catálogo de la biblioteca que fue de don Emilio Castelar (1832-1899)*; pról. en esp., fr. e inglés, Madrid, Librería de García Rico.—*Catalogue de la bibliothèque hispanique de M. R. Foulché-Delbosc, livres-manuscrits*, Paris,

1920, 558 col., unos 11.000 títulos. Otra ed. para la venta, 1936, 203 p., 1.600 títulos *(v. infra)*.—Stephen Gaselee, *The Spanish books in the library of Samuel Pepys*, London?, 1921 (Oxford Univ. Press).—Vicente Castañeda, *La biblioteca del Marqués de Moya*, AABA, 1934, I, 10 p.

Diego Clemencín, *Inventario de la biblioteca de la Reina Isabel I, la Católica*, en *Elogio de la Reina Católica*, Madrid, *Memorias de la Acad. de la Historia*, 1821, IV, 434-480; el original del inventario se conserva en el Archivo de Simancas, *ap*. E. de Ochoa, en su ed. del *Cancionero de Baena*, p. vii. Este cancionero pertenecía a la bibl. de la Reina. Reproduce los inventarios de libros F. J. Sánchez Cantón, en *Libros, tapices y cuadros que coleccionó Isabel la Católica*, Madrid, 1950, 214 p., il. Recoge y amplía los datos de Clemencín, Francisco Hueso Rolland, en *Exposición de encuadernaciones españolas, siglos XII al XIX, Catálogo general ilustrado*, Madrid, 1934, p. 157-159.

L. Delisle, *Recherches sur la librairie de Charles Quint*, Paris, 1907.— L. P. Gachard, *Retraite et mort de Charles Quint au Monastère de Yuste*, Bruxelles, 1854, II, 80.—A. Morel-Fatio, *Historiographie de Charles Quint*, Paris, 1914, 174. Para la parte histórica respecto al tercer Duque de Béjar, *v*. la *Historia del Emperador Carlos V*, por Pedro Mexía, ed. de Juan de Mata Carriazo, Madrid, 1945.—F. J. Sánchez Cantón, *La biblioteca del Marqués de Cenete iniciada por el Cardenal Mendoza (1470-1523)*, Madrid, 1942, 136 p.—Marqués de Laurencín, *Documentos inéditos referentes al poeta Garcilaso de la Vega*, Madrid, 1915, p. 126, 128 y 133-135 (sobre la minúscula biblioteca de la madre del poeta, D.ª Sancha de Guzmán).—Vicente Vignau, *Inventario de los libros del duque de Calabria* (1550), RABM, 1874, IV, *passim*.—Tomás Marín, *La biblioteca del obispo Juan Bernal Díaz de Luco (1495-1556)*, en HS, 1952, V, 263-326 y 1954, VII, 47-84. *Bibliotheca erasmiana, Listes sommaires* (1re série), Gand, Bibliothèque de l'Université de l'Etat, 1893.— *Catálogo del libro impreso en Zaragoza durante la época de Fernando el Católico*, Zaragoza, 1952.—Ludwig Hain, *Repertorium bibliographicum*, Milano, Görlich, 1948, 4 t., nueva ed.—W. A. Copinger, *Supplement to Hain's Repertorium bibliographicum*, Milano, Görlich, 1950, nueva ed.—F. J. Norton, *Printing in Spain*, Cambridge (Univ.), 1966.— J. Peeters-Fontainas, *Bibliographie des impressions espagnoles des Pays-Bas méridionaux*, Nieuwkoop, 1965, 2 t.—A. Paz y Melia, *Biblioteca fundada por el Conde de Haro* [Pedro Fernández de Velasco (1399-1470)], *en 1455*, RABM, 3.ª serie, 1897-1909, I-XXI; su Catálogo de

1553 se conserva en la B.N.M. *V. D. W.* McPheeters, *Catalogue n.° 54*, H. P. Kraus, New York, 1950, VII, 1-6.

Biblioteca selecta del Conde-Duque [*de Olivares*] *de Sanlúcar (1587-1645)*, ms. en fol. de 506 h., copia de 1744 por Manuel Angulo, Bibl. Acad. Hist. (sign. Z.72 y D. 119), con el título de *Biblioteca olivariense*. Gallardo, *Ensayo*, IV, n.° 4541, col. 1479-1527, entresaca del tomo III del ms. los artículos de literatura e historia. Una parte de los libros pasó a la Bibl. de la Univ. de Copenhague, *v.* E. Gigas, RHi, 1909, XX, 429-438; Nicolás Antonio, *Nova*, II, p. 117, 2.ª col.—J. F. Andrés de Uztarroz, *Diseño de la insigne i copiosa Bibliotheca de Francisco Filhol*, Huesca, 1644, 8 h. y 32 p. Es libro rarísimo. Gallardo, I, n.° 193, col. 197-198; Palau, 12277; Jerez, p. 119, ej. hoy en la H.S.A.—J. de Entrambasaguas, *La biblioteca de* [*Don Lorenzo*] *Ramírez de Prado*, *1661*, Madrid, 1943, 2 v.—*Biblioteca de Manuel Gámez, Catálogo*, Madrid, 9 enero 1836, *ap.* Gallardo, II, 1866, col. 557, n.° 1872.—Pérez Bayer, Biblioteca de, *Memoria que dedica ... Valencia a Francisco Bayer, por la donación de su librería*, Valencia, 1785, 40 p.—A. Marichalar, *Los libros de la "Librería de Batres"*, Clav, 1951, II, n.° 7, 21-22. Inventario ms. 5938 de la B.N.M., procedente de la bibl. de Fernán Pérez de Guzmán, copia del ms. de El Escorial que perteneció a Ambrosio de Morales.—*Catálogo de la biblioteca de Enrique Flórez*, BAH, 1951, CXXVIII, 299-378 continúa.—*La biblioteca* [*de*] *Dalmases* (*v.* BBC, 1916, III, 28-57). Sobre esta biblioteca particular y sus catálogos, *v.* el *Manuel de l'hispanisant* por Foulché-Delbosc y Barrau-Dihigo, 1920, I, n.°ˢ 1268, 1269 y 2911.—*Cien obras y XX incunables de la Colección* [*de*] *Massó*, por F. Vindel, Madrid, 1948. La colección se halla en el Museo de Massó de Vigo.—*Biblioteca de D. Manuel de Roda*, en el Seminario Sacerdotal de San Carlos, de Zaragoza (*v. Manuscritos e incunables de la Biblioteca del Seminario de San Carlos de Zaragoza*, por L. Latre, Madrid?, 1943, 168 p.).

Nicolás López Martínez, *La biblioteca de Don Luis de Acuña en 1496*, en Hisp, 1960, XX, 81-110.—Bartolomé Bennassar, *Valladolid au Siècle d'Or; une ville de Castille et sa campagne au XVIᵉ siècle*, Paris-La Haye, 1967, 634 p.; p. 519-529: indicaciones de conjunto sobre las bibliotecas de varios vallisoletanos del siglo XVI; p. 525-527: estudio rápido de la bibl. de Pedro Enríquez, catedrático de la Univ. de Valladolid (el inventario de sus 852 libros se hizo en 1584); p. 528-529: localización en el Archivo Histórico Provincial de Valladolid de 45 inventarios de bibliotecas particulares hechos entre 1536 y 1599.—Narciso Alonso Cortés, *Miscelánea vallisoletana*, Valladolid, 1955, 2 t., 651 y 853 p.; I, 633-635: se reproduce el inventario, hecho en 1570, de los 78 libros de Pedro López Henríquez de Calatayud, en el artículo *El traductor de Ludovico Dolce* (I, 629-645).

Irving A. Leonard, *Los libros del Conquistador*, México-Buenos Aires, 1953; p. 191-201, *Una biblioteca particular, Manila, 1583*; en el apéndice, p. 299-302, está la lista de los libros (55), y también figuran varios documentos sobre ventas de libros.—Henri Lapeyre, *Une Famille de marchands: les Ruiz*, Paris, 1955, 671 p.; p. 98: datos sobre la biblioteca de Vitores Ruiz, que contenía más de 200 v., según el inventario de 1603.—Antonio de León Pinelo, *Epitome de la Biblioteca Oriental y Occidental*, Madrid, 1629, [sig. 5 verso]: "... la libreria de don Ivan de Saldierna, en que avia, en lengua Castellana, quatro mil volumines. De los quales, i de otros muchos darà docta noticia (como suele) don Tomas Tamayo de Vargas..." [en *Junta de libros la maior que España ha visto en su lengua hasta el año de MCD.XXIV.* (2 tomos MS 9752-9753: Biblioteca Nacional de Madrid)].—Georges Demerson, *Don Juan Meléndez Valdés et son temps (1754-1817)*, Paris, 1961, xv, 655 p., 2 lám.; p. 61-78: catálogo de la bibl. de Meléndez Valdés; p. 78-89: comentarios sobre esta biblioteca.—Marcelin Défourneaux, *Pablo de Olavide ou l'Afrancesado (1725-1803)*, Paris, 1959, xi, 500 p., 1 lám.; p. 476-491: *La bibliothèque française d'Olavide — Essai de reconstitution.*— Robert Marrast, *Espronceda — Articles et discours oubliés. La Bibliothèque d'Espronceda (d'après un document inédit)*, Paris, 1966, 64 p.; p. 43-62: la bibl. de Espronceda.—*Collections privées*, por Foulché-Delbosc y Barrau-Dihigo, *Manuel de l'hispanisant*, p. 343-376 y 491-495.—T. Carreras y Artau y J. Carreras y Artau en su libro *Historia de la filosofía española*, Madrid, 1939, I, 78-97, dan bastantes informes sobre bibliotecas particulares como las de Alfonso X, Arnaldo de Vilanova, Pedro IV de Aragón, D. Carlos, el Príncipe de Viana, D. Pedro, el Condestable de Portugal, y Enrique de Villena.

Cancioneros

Existen numerosos cancioneros inéditos. Los que conozco los señalo y describo en la sección de "Cancioneros" del *Manual*, I, 217-270. Ahora añadiré que la H.S.A. posee varios cancioneros inéditos, procedentes de la bibl. del Marqués de Jerez de los Caballeros, de Sevilla, quien a su vez los adquirió a la muerte del conocido bibliófilo y bibliógrafo, José Sancho Rayón, junto con su riquísima colección de manuscritos. *V.* A. Rodríguez-Moñino, *Curiosidades bibliográficas*, Madrid, 1946, p. 81-82.

En carta de 30 de julio de 1967, que recibo de Rodríguez-Moñino, me dice: "Sigo acabando el *Manual de cancioneros*, que no sé si se publicará algún día. A menos que no surja un editor con empuje, se quedará inédito". Aviso señores editores.

Otro cancionero ms. inédito, cuya publicación se sobreentiende es el de la B.N.M., n.º 5.593, de hacia 1600, citado por Pedro Henríquez Ureña, *Versificación irregular*, 2.ª ed., Madrid, 1932, p. 88-89.

Otro cancionero ms. inédito en la B.N.M., n.º 3.795-97 (Usoz), *ap.* Bonilla y San Martín (RHi, 1902, IX, 297), contiene poesías de Góngora, los Argensolas, Jáuregui, Lope, Liñán, Salas Barbadillo, Villamediana, Quevedo, Vélez de Guevara, Miguel Sánchez, Rey de Artieda, Juan de Salinas, Espinel, Calderón, Villegas, Solís, Luis de León, Alcázar, y otros.

Cancionero colombino. *Cancionero musical de los siglos XV y XVI*, códice que pertenecía a la B.Colom., sign. E-AA.144, 18 de 191 es inédito. Poseía fotocopia íntegra el Centro de Estudios Históricos de Madrid. Una copia ms. incompleta e incorrecta del siglo XVIII se guarda en la B.N.M., sign. ant. D.d-61, hoy Ms. 13.042, fol. 123 y sig. Otra copia más exacta del Marqués de Jerez debe hallarse actualmente en la H.S.A. *V.* Menéndez Pelayo, *Antología castellana*, del siglo XV o a lo sumo de los primeros años del subsiguiente, VI, xxxviii; H. R. Lang, *The Cancionero de la Colombina at Sevilla* en *Transactions of the Connecticut Academy of Arts and Sciences*, New Haven, 1909, XV, 87-108, con la descripción completa, lista del contenido y concordancias del original y las dos copias. Lang (p. 87, n. 1) menciona además otras tres colecciones en la B.Colom. de poesías de los siglos XVI y XVII, sign. 5.3.35 (ant. 145, 10); 83.3 (ant. 141-5); y 7.1.19 (ant. 141-55). "En el Cancionero colombino se encuentran canciones que no constan en el texto de Palacio (Barbieri), a pesar de figurar en el índice del mismo. De suerte que el de Sevilla viene a completar el de Palacio. La fecha de ambos es la misma aproximadamente" (de una carta de E. M. Torner). ¿Dónde dormirá hoy este *Cancionero*?

Cancionero del Conde de Haro. Manuscrito del siglo XV de la bibl. de Pedro Fernández de Velasco, primer Conde de Haro (1399-1470), hallazgo realizado por D. W. McPheeters. Este cancionero, ignorándose el nombre de su primer poseedor, se puso a la venta en Inglaterra, no hace mucho [1954?], en la pública subasta de la rica bibl. de Henry Richard Vassal Fox, 3.er Lord Holland (1773-1840). El librero H. P. Kraus lo adquirió y lo llevó a los Estados Unidos.

¿Cómo llegó a manos de Lord Holland? Él mismo lo hace constar de su puño y letra en la primera hoja de guarda del códice, en los términos que traduzco aquí del original inglés: "Este manuscrito me lo donó Don Gaspar Melchor de Jovellanos, en Sevilla, el 25 de marzo de 1809". Había pertenecido a Alvar García de Santa María, del Consejo del rey Don Juan II de Castilla, según se lee en la primera página, donde se lo dedica el colector o el copista. Por consiguiente "el códice debe ser de mediados del siglo XV. Sevilla, Marzo de 1809. [Firmado] Vassall Holland". ¿Cómo se hallaba en posesión de Jovellanos? Se ignora. Lo cierto es que el prócer español obsequió al prócer inglés con tan espléndido regalo. Por ello, no nos parece bien que los herederos de Lord Holland hayan vendido ahora el cancionero que su antepasado recibió como donativo. Si no les interesaba conservarlo, hubiera sido un noble rasgo, de su parte, donarlo a su vez a la B.N.M., devolviendo a España una de sus más valiosas joyas bibliográficas. El precio que el librero Kraus fijó por ella en su *Catalogue No. 54*, 1950, fue de $4.800. Corre el rumor de que lo cedió en casi la mitad a un título español que se halla en París. El códice, al parecer, ya ha cruzado de nuevo el Atlántico. Ojalá la persona que lo haya adquirido lo done a la B.N.M.

No se tiene noticia de haber sido descrito ni estudiado el presente cancionero antes de que McPheeters escribiera un estudio, publicado como introd. al referido *Catalogue No. 54* de Kraus. De pasada fue mencionado indirectamente por Otto von Schleinitz quien describió las obras más importantes de la bibl. de Lord Holland, en ZBF, 1899, III, 32, y Paz y Melia reprodujo los tres renglones que se encuentran en el antiguo catálogo ms. de 1553 de la bibl. del Conde de Haro (RABM, 1909, XX, 281), catálogo y biblioteca actualmente en la B.N.M.

McPheeters ha examinado con detenimiento el precioso códice, del que hace una pormenorizada descripción y un erudito estudio en inglés. A los datos que expongo al principio, añade que la letra gótica parece trazada en Italia en un papel con filigrana que se usó en Roma, alrededor de 1470 (Briquet, n.º 7834). Acaso se compiló y copió en Nápoles como otros que ya se conocen. Cuenta 300 hojas, con tres estrofas sólo por página, lujo que únicamente se ve en otro ms., el del *Cancionero de Stúñiga*.

La dedicatoria que aparece en la primera página, a Álvar García de Santa María, pudiera hacer creer, y así creyó Lord Holland, que se había recopilado el cancionero para ofrecérselo a aquel magnate, pero dicha dedicatoria figura al frente de las *Coplas de vicios y virtudes* de Pérez de Guzmán, no sólo en este manuscrito, sino en otros que las incluyen igualmente. No se refiere, pues, al cancionero, sino a las *Coplas*. Éstas, llamadas también las *Sietecientas*, encabezan la colección. Siguen unas composiciones devotas, y más adelante los *Proverbios* del Marqués de Santillana y las *Trescientas* de Juan de Mena. Los demás poetas son Juan Agraz, Diego del Castillo, Juan de Dueñas, Fernando de Escobar, Gómez Manrique, Alfonso de Montaños, Suero de Ribera, Juan Rodríguez de la Cámara y Juan de Valladolid. Doce poetas y 43 composiciones. McPheeters da el índice de las poesías con el título y el primer verso de cada una. Como curiosidad, agregaré que se tropieza con 7 fols. de prosa; o sean dos *Cartas de Breseyda y Troilo*, apócrifas, inspiradas en la *Crónica troyana* y escritas, según algunos creen, por Rodríguez de la Cámara o del Padrón. Por último, McPheeters hace un estudio comparativo y de concordancia con otros cancioneros, e indica cuáles son, al parecer, algunas de las poesías inéditas, acaso 180 estrofas con un total de 1335 versos aproximadamente. Respecto a las variantes, encuentra pocas, pero significativas. Finalmente, por acertadas razones que aduce, fija la fecha del códice entre 1454 ó 1458 y 1470.

Permítanseme ahora unas ligeras observaciones de detalle. El autor del hallazgo habla de un Monasterio de Gor en Granada; se trata en realidad de la bibl. del Duque de Gor en aquella ciudad. El Marqués de Santillana no fue suegro del primer Conde de Haro; éste casó con Doña Beatriz Manrique, hija del Adelantado Pedro Manrique (*v.* la *Vida del Conde de Haro*, por Hernando del Pulgar, al frente del *Seguro de Tordesillas*, por Pedro Fernández de Velasco, 2.ª ed., Madrid, 1784, p. iv, en la *Colección de Crónicas de Castilla*, t. V, pte. 2.ª). Quien contrajo nupcias con una de las tres hijas de Santillana fue el hijo del primer Conde de Haro, que llevaba el mismo nombre del padre, o sea Don Pedro Fernández de Velasco, segundo Conde de Haro. Éste casó

con Doña Mencía de Mendoza, hija segunda de D. Íñigo López de
Mendoza, Marqués de Santillana (*Vida* ..., cap. "Sucesión del Conde
de Haro", por Pedro Mantuano, secretario, p. xvi).

Para comodidad del consultor e investigador, he reunido aquí los
datos dispersos que se publicaron por McPheeters y por mí, poniéndolos
al día. *V.* H. Serís, *Investigaciones de literatura española por emprender*,
MLJ, 1952, XXXVI, 266; y *Un nuevo cancionero del siglo XV*, BHi,
1951, LIII, 318-320; *Manual*, II, 808-810, n.º 7725. D. W. McPheeters,
*The Cancionero of Pedro Fernández de Velasco, first Count of Haro,
statesman, man-of-letters, and bibliophile. A newly discovered Spanish
XVth century codex*, en H. P. Kraus, *Catalogue No. 54 Spain, Italy,
France*, New York, June, 1950, VII, n.º 1, 1-4.

Es lastimoso presenciar todavía inéditas las poesías que lo son y que
contiene este cancionero. Aquí poseemos materias para pesquisas.

Centones

"Son abundantes e inestudiados los centones o ensaladas", A. Rodríguez-Moñino, *Centón de Diego Sánchez*, en *Anuario de Letras*, México, 1962, II, 18-20. Muy conocido es el *Centón epistolario*, que se
atribuye al Conde de la Roca, Juan Antonio de Vera y Zúñiga. *V.* la
impresión de *Las ensaladas* hecha por Higinio Anglés, Barcelona, 1955.

Dice Rodríguez-Moñino en *Tres romances de la "ensalada" de Praga*
(siglo XVI), HR, 1963, XXXI, 1-7: "Mucho hay que hacer todavía
en cuanto se refiere a la recolección de textos romanceriles, pues si bien
se han explorado a fondo, multitud de fuentes vivas de la tradición
oral, no ha sucedido así con respecto a bibliotecas; bibliográficamente,
poco hemos avanzado desde los tiempos de Durán o de Salvá. No cree-
mos aventurar mucho si aseguramos que aún han de reservarnos
sorpresas importantes los impresos y manuscritos que están por desem-
polvar". Escribe con sobrada razón Moñino y agrega: "Como prueba
de lo que todavía está guardado, vamos a exhumar hoy unas notas sobre
romances viejos cuyos textos fueron mencionados en el siglo XVI, pero
que por no hallarse en los pliegos sueltos conservados ni en el *Cancionero* de Anvers, s.a., o la *Silva* de Zaragoza, figuran en la lista de lo
que se considera perdido" (p. 1).

V. **Ensaladas.**

Ciudades

Temas madrileños. Ramón Paz y Remolar tuvo una feliz idea en fundar una sección bibliográfica de asuntos madrileños en la RevBAM. Empezó en 1944. Se titula "Bibliografía madrileña" y se divide en dos partes: las "Obras bibliográficas de carácter general" y otra de materias en particular, como "Heráldica", "Archivos", "Bibliotecas", etc. Las papeletas no están numeradas. La presentación tipográfica es clara y bien dispuesta.

Esta bibliografía de la capital de España es un rico manantial de noticias que proporcionan temas madrileños de interés para ser investigados y desarrollados. Antonio Sierra Corella, por ejemplo, tiene a su cargo los *Anales bibliográficos de Madrid. Continuación abreviada de la obra de Pérez Pastor*, BH, 1944, III, n.º 7, 503-516. Ángela González Simón ha compilado el *Índice* de la RevBAM, 1924-1935, I-XII; 1944, XIII, n.º 50, 473-498. — J. de Entrambasaguas, *Un famoso folleto bibliográfico* [*Noticias para literatos acerca de los archivos públicos de la hoy extinguida Sala de Alcaldes de Casa y Corte*, por José María de Zuaznavar], Rev. Bib. Nac., 1942, III, 234-247. — Ramón Paz, *Archivo Histórico Nacional, Índice de relaciones de méritos y servicios conservadas en la Sección de Consejos*, Madrid, 1943, 200 p. — F. J. Sánchez Cantón, *Cómo vivía Velázquez*, inventario, descubierto por F. Rodríguez Marín, transcrito y publicado por AEA [Archivo de Protocolos], 1942, XV, n.º 50, 69-91.

Comediantes

Genealogía, origen y noticias de los comediantes de España, manuscrito de la B.N.M., en dos vol. del siglo XVIII, 954 y 1.505 fols. Ff. 3, 4, anónimo. El vol. I comprende las comediantes y el II los comediantes. *V*. Gallardo, *Ensayo*, I, cols. 667-690, n.º 554. Él mismo publicó algunos artículos. *V*. además A. Restori, RHi, 1902, IX, 569 (*Cofradía de la Novena*); y Serís, *Manual*, I, 310-313; II, 835-836, 998-999.

V. Comedias, Histrionismo, Teatro, Entremeses.

Comedias

Siglo xvii. Examinar, estudiar e investigar la paternidad de algunas de las rarísimas comedias que se hallan en *Doce comedias de varios autores*, Tortosa, 1638, ej. de la B.N.M., sign. R.23135. *V*. Orgaz, *El primer Conde de Orgaz*, en *Condes de Orgaz, Memorial genealógico de...*, s.l., *ca*. 1650, ej. en la H.S.A.

Siglo xviii. *Índice general alfabético de títulos de comedias*, Madrid, 1735, 4.º, 136 p. El ej. de la H.S.A. tiene multitud de notas mss.

V. **Teatro.**

Crónicas

Crónicas en general. *V*. el *Manual*, índice, II, 970: *Crónicas generales*, ms., I, n.º 1537; impr., n.ᵒˢ 3077, 3079. *Primera crónica general*, n.º 3481 y p. 402. *Cuarta crónica general*, n.º 1975. *Crónica del Rey Don Fernando IV*, n.º 8122. *Primera crónica de Juan II de Castilla*, n.º 2484. *Crónica de Miguel Lucas de Iranzo*, n.º 2485. *Crónica mozárabe pseudo isidoriana*, n.º 7473. *Crónica najarense*, n.ᵒˢ 3360, 3361. *Crónica de Rasis*, n.º 3487. *Crónica de Sampiro*, n.º 7473. *Crónica de San Juan de la Peña*, n.º 8112. *Crónica troyana*, n.º 7725 y p. 809. *Crónica Wisigothorum de Alfonso II*, n.º 7473. Crónicas y romances, n.º 1972. Versificación, n.º 2107.

R. Menéndez Pidal, *Catálogo de la Real Biblioteca, I: Manuscritos. Crónicas generales de España*, 3.ª ed., con notables enmiendas, adiciones y mejoras, Madrid, 1918. *V*. los nuevos trabajos de Diego Catalán y de Cintra.

Ensaladas

"Con el nombre de *Ensalada de Praga* se conoce una composición poética burlesca existente en uno de los cancionerillos góticos españoles de la Univ. de Praga, el que lleva el número 1 de la colección. Titulada *Ensalada de muchos romances viejos y cantarcillos*, consta de trece estancias con varias cuartetas, cada una de las cuales comienza con dos versos de un romance viejo". Son palabras de Rodríguez-Moñino (HR,

1963, XXXI, 7) quien ha dicho: "Descubierto y publicado parcialmente el plieguecillo de Praga por Wolf, en 1850, este insigne crítico señaló quince textos que no había logrado identificar" (p. 2). Menéndez Pelayo y Menéndez Pidal identificaron algunos, Moñino identifica el resto menos uno y da a luz varias transcripciones. Esperemos que nuestros jóvenes identifiquen el que falta.

V. Centones.

Ensayo-reseña

La Dra. María Soledad Carrasco ha iniciado en España, dentro del área de la crítica literaria, un nuevo género o modo, en el cual se dedica a reseñar con hondura y espacio las obras descollantes de la última hornada editorial. Yo llamo a este ramillete de juicios críticos un *ensayo-reseña*. Hay quien lo denominó "artículo-reseña". La diferencia estriba en la extensión y mérito del escrito y también en la personalidad, competencia y fama del crítico. Éste, desde luego, ha de ser especialista y autoridad indiscutible en la materia. La crítica francesa, por ejemplo, ha venido empleando este procedimiento en las revistas más serias y acatadas. De esa manera, se encontrarán artículos con títulos tan explícitos, como "La prose moderne à propos d'un livre récent", "La poésie espagnole contemporaine d'après une anthologie récente", etc. En revistas españolas han aparecido colaboraciones precedidas de un rótulo con los claros términos de "artículo-reseña".

Pues bien, la primera reseña que conozco de la Dra. Carrasco, con el carácter que adjudico a un ensayo-reseña, es la que dedicó a los trabajos recientes por José F. Montesinos sobre los novelistas españoles del siglo pasado.

En la ROcc, 1965, n.° 26, 253-261, publicó su estudio crítico la Dra. Carrasco con el título de *La obra de Montesinos en torno a novelistas españoles del siglo XIX*. Emplea y desarrolla su amplio plan de desenvolver el tema en sus más incógnitos pormenores, en sus más trascendentales consecuencias, en su más profunda filosofía y en su más pura literatura. Desentraña y nos muestra intrincados problemas. Resuelve felizmente algunos y nos pone en la pista a fin de desenredar otros. Conoce perfectamente la erudición, mas la usa tasada con discreción, arropa todo ello con un manto de amenidad, fino, delicado, femenino, poético, en una palabra. Y nos hallamos entonces en presencia de un maridaje difícil de vislumbrar, es decir, la erudición y la poesía del brazo, en un estudio de crítica y de historia literarias del más elevado valor, del más completo conocimiento, del más imparcial juicio y de la más fácil y fructuosa lectura.

Reúne en apretado haz y pasa revista, a la presentación del asunto, su llegada al punto culminante; después de su desenvolvimiento paulatino, hace hincapié en los nuevos rumbos abiertos, en los cambios de influencias, en la mudanza de los gustos, en las novedosas tendencias, en los modernos descubrimientos, en la invasión de las ideas a la moda, en los recodos formados de repente, en el choque de pareceres, en la controversia, en las discusiones —todo ello con honradez científica, a la par que con fascinantes imaginación e intuición. He ahí lo que revela y representa ese elaborar del ensayo-reseña. El conjunto responde en un principio a la materia de la obra reseñada, pero se extiende a sus afines. Es un trozo cabal en sí que marca el avance de la crítica y de la historia de la literatura.

La misma autora de esta disertación crítica, que puede servir de modelo para el ensayo-reseña, nos ha regalado con otra, cuya noticia se enseña en el apartado rotulado **Vejamen** de esta sección, y atañe a *Notas sobre el vejamen de academia en la segunda mitad del siglo XVII.*

Otro ejemplo de ensayo-reseña de gran valía, muy digno de citarse en este lugar, es el denso opúsculo de portentosa erudición, exquisito estilo e inquebrantable imparcialidad, por Eugenio Asensio, bajo el epígrafe de *Américo Castro, historiador, reflexiones sobre "La realidad histórica de España"*, en MLN, 1966, LXXXI, 595-637. Hay tirada aparte de 42 p. Enhiesto perfil crítico-histórico-literario, verdadero ensayo-reseña.

Otro ejemplo además, *hors concours*, es el modelo desarrollado por M. Bataillon acerca de la obra cumbre de María Rosa Lida de Malkiel sobre *La originalidad artística de "La Celestina"*; v. p. 142-146 de esta *Guía*.

Epistolarios

Colección de cartas mss. de diferentes literatos, Ms. n.º 10499 de la B.N.M. Analícese y publíquese. De otros epistolarios faltan todavía por publicar: *Cartas de Böhl de Faber* (HispCal, 1931, XIV, 509), y *Cartas de Wolf* sobre Fernán Caballero, que se hallan en la Hamburger Staats und Universitäts-bibliothek (*Thes. Epist.*, 57), *v. ibid.*, p. 512, n. 12.

Un epistolario erudito del siglo XIX BBMP, 1921, III, 27-43. *V.* Penney, *Printed books*, 1965, p. 94-95, Cartas; p. 185, Epístolas tr.; Serís, "Epistolarios", *Manual*, I, 418, y n.ᵒˢ 1421, 3270; II, 897; P. Salinas, *Carta y lenguaje*, BIEL, feb., 1948; A. Rubió y Lluch, ed., *Cartes literaries del segle XIV*, EUC, 1907, I, 40-42; E. Gigas, ed., *Lettres inédites de quelques savants espagnols du XVIᵉ siècle* [P. Chacón, Francisco Rojo, Ambrosio de Morales, Juan Alonso de la Serna, Francisco Albornoz y Antonio Agustín], RHi, 1909, XX, 429-458; *Cartas de Indias*, publicadas por primera vez por el Ministerio de Fomento, Madrid, 1877, xvi, 877 p. y 134 p. de facsímiles, docs. y firmas autógrafas [cartas de Colón, Las Casas, Díaz del Castillo, religiosos, prelados, clérigos, virreyes, gobernadores, caciques, justicias y particulares. Con notas, vocab. geográfico, datos biográficos y glosario. Incluye Filipinas. 108 cartas de 1496 a 1586. Ej. en la Rochester Public Library, New York]. Francesillo de Zúñiga, *Cartas inéditas*, ed. de Juan Menéndez Pidal, RABM, 1909, XX, 182; XXI, 72. J. F. Montesinos, *Cartas inéditas de Juan de Valdés al Cardenal Gonzaga (1535-1537)*, introd. y notas, con copiosa bibliogr., Madrid, 1931, cxix, 127 p. (anejo RFE); *v.* M. Bataillon, BHi, 1932, XXXIX, 76-80. Más bibliogr. en Serís, *Manual*, II, 898-903.

Fiestas

Un atractivo y hermoso tema pintoresco por continuar es el de las fiestas públicas y otras festividades reales o populares. Jenaro Alenda se limitó a las festividades y otras ceremonias reales y religiosas de los siglos XV, XVI y XVII en *Solemnidades y fiestas públicas de España*, Madrid, 1903, 2 v., 527 p. y 224 p.; el ej. en la N.Y.P.L. describe 2589 títulos. Yo lo he continuado en el *Nuevo ensayo de una biblioteca española de libros raros y curiosos*, New York, 1968, 2.º fasc., p. 357-370. Hay más publicaciones en Penney, *Printed books*, 1965, *passim*. Yo estoy dispuesto a pasar la antorcha de esta investigación y busca de esas obras impresas y de otras, sin duda, conservadas en otras bibliotecas españolas, hispanoamericanas y demás países de Europa y América.

Por otra parte se hallarán informaciones bibliográficas acerca de las pintorescas fiestas de nuestros días en la Bibl. del Ateneo de Madrid. Organizada y servida con los mejores métodos modernos, con abundancia de los últimos libros y revistas, el catálogo, alimentado siempre al día, compilado desde su fundación en papeletas o fichas de tamaño internacional, fue el primero en España que se puso a la disposición directa de los lectores. Abierta hasta altas horas de la noche, fácil es de consultar. Su dirección y funcionamiento se debió a su jefe, el enterado, competente y erudito bibliotecario Jenaro Artiles.

Algunas páginas adelante en el libro de Miss Penney se encontrarán piezas raras y curiosas con la descripción de fiestas antiguas en ejemplares rarísimos que atesora la H.S.A. Ninguna de ellas se halla en la compacta y valiosa bibliografía de Alenda. En el magnífico catálogo de Miss Penney, no se hallan registradas todas las publicaciones de "Fiestas" en la F sino también en otras letras, en que figuran las palabras "Relación" de las fiestas; "Feste", "Festivas", "Descripción", "Memorias", "Recibimiento", etc., y en varios nombres propios como en Jaime de Rebullosa, *Relación de las grandes fiestas*, o en Alonso Enríquez, *Honras y obsequias*. Quien desee integrar el tema de las Fiestas ha de recorrer las 614 p. de la obra de Miss Penney.

Moros y cristianos. Con los elementos que se han acumulado, ya es hora de que se escriba la historia de las fiestas de moros y cristianos en España. El trabajo más reciente, animado de la vida misma de estas fiestas celebradas todavía en España, es el muy notable y vivaz de la Dra. Carrasco, *Aspectos folclóricos y literarios de la fiesta de moros y cristianos en España*, PMLA, 1963, LXXVIII, 476-491. M. Bataillon ha dedicado su atención a estas festividades en *Por un inventario de las fiestas de moros y cristianos: otro toque de atención*, en la revista *Mar del Sur*, Lima, 1949, oct.-dic., n.º 8, 1-8. Existe una bibliografía abundante. Véase una muestra: T. García Figueras, *Notas sobre las fiestas de moros y cristianos en Benaladid (Málaga)*, Larache, 1939, 68 p., il. (*v.* R. Ricard, BHi, 1940, XLII, 166). — J. Ramón y Fernández, *Combate entre moros y cristianos en la Sainza, Orense*, RDTP, 1945, I, 554-560, il — R. Ricard, "*Maures et chrétiens" au Brésil*, BHi, 1949, LI, 334-338. — H. Serís, "Fiestas" en *Nuevo ensayo*, 2.º fasc., p. 353-366, la especial de moros y cristianos en la p. 354, n.º 77, *Fiesta en Cádiz*, Sevilla, 1631. Estas fiestas fueron celebradas en Cádiz el 8 de sept. de 1630, a instancias de Felipe IV y de la Reina Isabel de Borbón y del Emperador Ferdinando, en honor de la beatificación de San Juan de Dios por el Papa Urbano VIII. A más de los números religiosos del programa, organizado por Fr. Alonso de la Concepción, administrador del Hospital de la Real Armada del Mar Océano, "gastando gran cantidad de ducados", hubo otros profanos y populares, como toros y cañas, torneos, máscaras, carreras y juego de moros y cristianos, "fingiendo cautivar la imagen del Santo y volverlo a librar". Éste es un ejemplo más que confirmó la persistencia de esta fiesta desde remotos tiempos, según demuestra la Dra. Carrasco en su estudio ya citado.

Relación de la fiesta ... a la beatificación del glorioso San Ignacio [por] el Lcdo. Francisco de Luque Fajardo, Sevilla, 1610. Composiciones poéticas de Góngora, Jáuregui, Arias de Valdivieso, Francisco de Villalón y otros. Hay 2 ej. en la H.S.A, uno de ellos con correcciones a pluma.

Epitalamio real a las bodas de Carlos II y Maria Lvisa de Borbon Stuart y Avstria, por Juan de Vera Tassis y Villarroel, Madrid, 1680 (Jerez, p. 175, H.S.A., Penney, *Printed books*, 1965, p. 591).

Además, en el *Manual* se adiciona bibliografía copiosa de las fiestas, como "Fiestas populares", II, 608, catorce papeletas o fichas; "Relaciones de fiestas", I, 349; II, 854-855, diez papeletas; *Historial de fiestas y donativos*, II, n.° 7224; "Festejos públicos", II, n.° 5856; y "Folklore", II, 984.

Generaciones

El estudio de las generaciones literarias, aplicado a la historia de la literatura española, constituye un tema atrayente y, en la actualidad, de moda con motivo de la aceptación de la de 1936. Una de las más antiguas es la de 1580, creada por J. F. Montesinos. Otra generación antigua, de la que se habla muy poco y apenas se cita, es la de 1635.

Al frente de la bibliografía de Montesinos, ha de figurar el trabajo bibliográfico de conjunto de Raimundo Lida, *Bibliografía sobre la teoría de las generaciones*, RFH, 1941, III, 176-177, n. Después se destacan J. Ortega y Gasset, *La idea de las generaciones*, en *El tema de nuestro tiempo*, Madrid, 1924 (trad. al inglés como *The modern theme*, New York, 1933); 3.ª ed., Buenos Aires, 1941, p. 9-96; luego en *Ideas sobre las generaciones decisivas en la evolución del pensamiento europeo*, en *Esquema de las crisis y otros ensayos*, Madrid, 1942, p. 13; W. Dilthey,

Teoría de las generaciones, en *El mundo histórico*, trad. de E. Imaz, México, 1944; suplemento en *Psicología y teoría del conocimiento*, trad. de E. Imaz, México, 1945, p. 433-476, y en *Ensayo sobre Novalis*, en *Vida y poesía*, trad. de W. Roces, pról. y notas de E. Imaz, México, 1945, p. 341-402. Es preferible glosar a Julius Petersen, en Emil Ermatinger, *Philosophie der Literaturwissenschaft*, Berlin, 1930, y mejor P. Salinas, *El concepto de generación literaria aplicado a la del 98*, ROcc, 1935, CL, y en su libro *Literatura española: Siglo XX*, México, 1941, p. 43-58. — Henri M. Peyre, *Les Générations littéraires*, Paris, 1948, 230 p. (con índice alfabético y bibliogr.). — J. Marías, *El método histórico de las generaciones*, Madrid, ROcc, 1949, 192 p. (*v.* W. C. Atkinson, BHS, 1950, XXVII, 48-50). — Antonio S. de Bustamante y Montoro, *Ironía y generación*, La Habana, 1937, y *Las generaciones literarias*, discurso de ingreso en la Acad. Nac. de Artes y Letras, contestación por M. A. Carbonell, La Habana, 1937, 44 p. — J. J. Remos, *La teoría de las generaciones*, en su *Hist. de la literatura cubana*, La Habana, 1925. — F. Baldensperger, analizado y resumido por R. Lida, RFH, 1941, III, 169-171. — *El método de las generaciones; El concepto de la generación; Las cinco edades del hombre*, tres artículos en Nac, 1933, 27-VIII; 10-IX, 24-IX; y 8-X. Y. Renouard, *La Théorie des générations de J. Ortega y Gasset*, BHi, 1951, LIII, 413-421 (a propósito del libro de J. Marías). — W. Dilthey, *Begriff der Generation*, en su *Gesammelte Schriften*, Leipzig, 1921, Bd. 4, p. 562-564 (frente a las teorías positivistas, la doctrina más importante histórico-romántica. Su doctrina aparece de modo más acabado en su Vida de Schleiermacher).

Después de esta bibliografía seleccionada por mí de la que me extiendo en el *Manual* (I 74-75; II, 701-704), voy a hacer algunos comentarios tomados también del *Manual*, II, 702-704. La obra original de Petersen es *Die literarischen Generationen*, en E. Ermatinger, *Philosophie der Literaturwissenschaft*, Berlin, 1930, p. 130-186. Trata de la clasificación por generaciones literarias, lo que se viene adoptando por algunos profesores de historia literaria, entre ellos Peyre, con buen éxito. El trabajo de Petersen ha sido traducido al español por R. Silva Castro, *Las generaciones literarias*, en *Filosofía de la ciencia literaria*, recopilación de Ermatinger, México, 1946, p. 137-193. El libro de Peyre es un brillante y extenso estudio, en el que se clasifican por generaciones las literaturas francesa, española, inglesa, alemana, italiana, rusa y norteamericana. Lástima que se note falta de familiaridad con la literatura española. Estimo una equivocación básica de la doctrina de tan excelente libro, cuya introd. se halla rebosante de originales ideas y luminosos argumentos, el considerar la generación como un hecho fisiológico, en vez de ideológico. Asienta la generación en la fecha precisa del nacimiento de sus miembros y no en la de un acontecimiento cultural o sangriento, como requiere Petersen y como ha acontecido en España con las llamadas generaciones de 1868, de 1898 y de 1936, a cuyos miembros los ha unido la misma ideología, aunque hayan nacido en años distintos, si bien no distantes. Es, pues, la ideología y no la edad lo que determina y caracteriza a una generación literaria. Ya Baldensperger afirmaba que las generaciones literarias no son hechos físicos.

A continuación, marco en el *Manual*, en la misma p. 702 seis reseñas del libro de Peyre: la de H. C. Lancaster, MLN, 1950, LXV, 264-266, dice [traduzco]: "Su método está limitado en su aplicación por nuestro conocimiento de las fechas de sus nacimientos. ¿En qué generación pondremos la *Ilíada*, o El Cantar de los Cantares, o *La canción de Rolando*? Las fechas no están definitivamente establecidas para todos los autores, aun en los siglos XVI y XVII. ... Cuando los españoles se refieren a la Generación de 1898, significan los literatos que empezaron a producir hacia la época en que sucedió un acontecimiento importante de su historia". Mary H. Marshall, en su excelente resumen crítico de todo el libro, Sy, 1949, III, 140-145, escribe [traduzco]: "La elección de los nombres de los jefes de una generación parece a veces basada en razones desconocidas. El libro abunda en generosas sugerencias para nuevas investigaciones". *V.* por último el interesante artículo de Fidelino de Figueiredo, *Do conceito de geração*, en *Motivos de novo estilo*, 1.ª ed., Lisboa, 1930, y 2.ª ed., Coimbra, 1944, p. 61-77.

LA GENERACIÓN DE 1580

José F. Montesinos, *La generación de 1580*, BHi, 1952, LIV, 387: "Aquel romancero (nuevo o artístico) que empieza a afirmarse hacia 1580 ... y la completa transformación del género, ya género lírico, abandonado al canto, difundido por la música, primera hazaña poética de la generación de 1580". *V.* también RomPh, 1953, VI, 231, n. 1: "El romancero de la generación de 1580, el que aquí nos ocupa, necesita de un título nuevo". Pedro Flores, *Varios romanceros nuevos,* por..., pte. 6, Çaragoça, 1596, ej. H.S.A., Sánchez, n.º 792 (Penney, *Printed books*, 1965, p. 207). *Ramillete de flores*, ptes, 4-6, Lisboa, 1593 (H.S.A.); *Flor de romances nuevos*, Alcalá, 1595 (H.S.A.); sexta parte de *Flor de romances nuevos*, Toledo, 1594, ej. Colec. de Ticknor, B.P.L., *v.* Whitney, p. 140.

V. Romancero nuevo.

LA GENERACIÓN DE 1635

José María Jóver, *1635: Historia de una polémica y semblanza de una generación*, Madrid, 1949, 565 p., y Juan Sánchez Alontes, en Arb, jun. 1949, XIII, n.º 42, 358-365. Es más bien de historia política, sin embargo figuran en ella algunos literatos.

Benito Sánchez Alonso, *La generación de 1635*, RFE, 1950, XXXIV, 312-314: "Año en que apareció el famoso manifiesto francés y se iniciaron las respuestas hispánicas, cobra en ella posición axial, que forma un eje, y confiere a los hombres en él vivientes la categoría de una de las generaciones más dignas de estudio". ¡Manos a la obra! Deben, pues, estudiarse.

LA GENERACIÓN DE 1868

La del período revolucionario de 1868 a 1875, nutrida por reformadores y educadores. J. B. Trend, *The origins of modern Spain*, Cambridge, 1934, 220 p., es el primero y único hasta hoy que describe esta generación, presidida por Francisco Giner de los Ríos y formada por hombres de la talla de Joaquín Costa, Ángel Ganivet, Manuel Bartolomé Cossío, José Castillejo, Gumersindo de Azcárate, E. Castelar, Sanz del Río, Pi y Margall y otros.

Mucho más provechosa y beneficiosa para la vida intelectual y cultural de España fue la Generación de 1868, que la tan cacareada de 1898. El nivel de la cultura española subió muchos puntos. La educación, tanto la elemental como la superior, fue objeto de una mejora tan notable que la elevó a la altura de la de los mejores países de Europa, principalmente Inglaterra, Francia y Alemania. Es preciso conocer los detalles que se enumeran por Trend en su bien informado e imparcial libro. Esta obra es la primera que debe leerse y meditarse por aquellos indagadores jóvenes o viejos, que deseen enterarse de lo que en realidad fue la Generación de 1868, de cómo se formó, de quiénes fueron sus ilustres corifeos, de la obra patriótica, desinteresada, altruista, en favor del país, de la educación del pueblo desde la niñez hasta la edad madura. Con esa información podrán redactar una tesis o disertación doctoral interesante y verídica acerca de aquel período de la historia de la educación y del progreso de España.

En Europa repercutió este adelanto tan notable y sorprendente. Además de Trend, se hizo eco el educador francés P. Jobit en *Les Educateurs de l'Espagne contemporaine, I, Les Krausistes*, Paris, 1936; *Lettres inédites de J. Sanz del Río*, en *Les Educateurs de l'Espagne, II*, Bordeaux, 1936; y *Saint François de Sales et les influences espagnoles*, LR, 1947-1949, I-III.

G. Compayré, *Le Mouvement pédagogique en Espagne, l'Institut Libre d'Enseignement de Madrid*, RPe, 15 juillet, 1886, IX, 1-18: "En Espagne ... il y a des symptômes heureux à recueillir, des entreprises louables et fécondes qui témoignent de la vitalité ... . De ce nombre, et au premier rang, est assurément l'Institut Libre d'Enseignement" (p. 1).

M. B. Cossío, *Las misiones pedagógicas*, Madrid, 1931. En ellas participaron el poeta García Lorca, el dramaturgo Alejandro Casona, el musicógrafo Eduardo Torner y los estudiantes de la Univ. de Madrid. *V.* además P. Laín Entralgo, *La generación de Menéndez Pelayo, Revista de Estudios Políticos*, Madrid, 1944, año IV, vol. VII, n.º 13, 1-22 (*v. Manual*, II, 703, n.º 6884).

Miembros de la Generación de 1868; *Manual*, II, índice: Francisco Giner de los Ríos, p. 990; Julián Sanz del Río, p. 1053; Joaquín Costa, p. 969; Emilio Castelar, p. 963; Nicolás Salmerón, p. 1050; Gumersindo de Azcárate, p. 948; Manuel Bartolomé Cossío, p. 969; José Castillejo, p. 963; Rafael Altamira, p. 943; Fernando de los Ríos, p. 1044; Ángel Ganivet, p. 987; Macías Picavea, p. 354.

Se ha reeditado en Madrid, 1967, el *Epistolario de Giner de los Ríos, Azcárate y Salmerón*, publicado primero en 1876. Contiene las cartas cruzadas entre Francisco Giner de los Ríos, confinado en Cádiz, y Azcárate (en Cáceres), y Salmerón (en Lugo).

LA GENERACIÓN DE 1898

La guerra con los Estados Unidos y sus consecuencias, la pérdida de las colonias, dio origen a la formación de la Generación de 1898. De todas las generaciones literarias de España en la que más tinta se ha gastado es ésta. Su bibliografía es enorme; hay bueno y hay malo.

Como en todo movimiento, desarrollo o revolución de la literatura de un país, se producen trabajos de muy variable y variado mérito y trascendencia. En ésta no ha surgido ninguna obra que pueda calificarse ni clasificarse de trascendental. La biografía es harto abundante. La inicia Pedro Salinas, con *El concepto de generación literaria aplicado a la del 98*, ROcc, 1935, CL, y en su libro, *Literatura española, Siglo XX*, Madrid [1941], p. 43-58. Rosa Seeleman, *The treatment of the landscape in the novelists of the Generation of 1898*, HR, 1936, IV, 226-238. Hans Jeschke, *Die Generation von 1898 in Spanien*, 1934, trad., v. *Manual*, I, 74-75, n.ᵒˢ 312, 783, 785-786a, 3784, y II, n.ᵒ 6884. "Quienes han tratado, en nuestra lengua, ... como el español Pedro Salinas o el cubano Antonio de Bustamante y Montoro, han preferido glosar a Julio Petersen, desdeñando la fuente misma de la doctrina en las obras de Dilthey. En el ensayo sobre Novalis alcanza su más espléndido desarrollo" (J. A. Portuondo, CuadAm, 1945, IV, n.ᵒ 5, 112). El libro de Ángel del Río y M. J. Benardete, *Antología de ensayos (1895-1931)*, Buenos Aires [1946], contiene un apartado con la rúbrica de "La generación de 1898 y sus continuadores". *V. Manual*, I, n.ᵒˢ 3311 y 3784; Luis Granjel, *Le generación del 98*, Madrid, 1966. Y últimamente, *Competencia*, un artículo publicado por Ortega y Gasset en el diario *El Imparcial*, Madrid, 8 y 9 de feb., 1913, reprod. en *Mélanges de la Casa de Velázquez*, Paris, 1967, III, 469-471.

LA GENERACIÓN DE 1936

Mucha discusión ha suscitado la idea de la existencia en España de una generación literaria de 1936, desde que yo lancé la idea en 1945 en inglés en BAbr, 1945, XIX, 336-340, que luego, traducido al español con adiciones en un folleto titulado *La generación española de 1936*, vio la luz en Syracuse, New York, 1946, 6 p., en cuya univ. profesaba por aquel entonces. La llamo también "Generación de la guerra o del destierro"; fue reproducido el folleto en Ult, 1947, XIX, n.ᵒ 126, 69-72, y ampliado en Sy, 1948, II, 305. Origina la siguiente bibliografía: Guillermo de Torre, crítica desfavorable en Cab, 1.ᵒ jun., 1946; réplica favorable por el poeta J. Herrera Petere, proponiendo aumento de nombres, Cab, 15 oct., 1946; E. G. Nadal, BUIE, enero, 1947; G. Cirot, *Les Noms nouveaux de la génération de 1936*, BHi, 1945, XLVII, 154; Ch.-V. Aubrun, en *Iberia*, Bordeaux, 1947, II, n.ᵒ 2, 17-19; C. Clavería, HR, 1948, XVI, n.ᵒ 3, 168.

Me fundaba en la existencia de los siete requisitos que el crítico alemán Julius Petersen exigía para considerar formada una generación literaria: 1) coincidencia en nacimiento en el mismo año o en años muy poco distantes; 2) homogeneidad de educación; 3) relación personal entre los hombres de la generación; 4) acontecimiento o hecho histórico —éste lo tiene Petersen como el decisivo e indispensable; 5) el caudillaje —éste no existía en la generación del 98, sin embargo, se acepta la subsistencia del grupo; no es, pues, imprescindible; 6) lenguaje, considerado indispensable asimismo; y 7) anquilosamiento o parálisis de la generación anterior. Al lado de cada uno de estos siete elementos hacía yo un estudio comparativo entre los miembros de la generación, cuyos nombres sugería y las condiciones y características que exigía Petersen. Todos las cumplían.

¿Existe una generación de 1936? Un grupo de profesores y literatos ha contestado afirmativamente. Bajo la dirección y organización de Jaime Ferrán (director) y Daniel P. Testa, catedráticos de literatura española en la Univ. de Syracuse, New York, y una Comisión, compuesta por Tomás Navarro Tomás (vicepresidente), Dámaso Alonso, Germán Bleiberg, Camilo José Cela, Carlos Clavería, Alfred Cope (decano), Albert J. George, Juan Marichal, Martín de Riquer y Antonio Rodríguez-Moñino, asistidos por Myron I. Lichtblau, se celebró en dicha universidad un Simposio literario con el objeto de discutir el tema. Duró dos días, el 10 y 11 de noviembre de 1967. Fueron participantes los Sres. Jenaro Artiles, Juan Cano Ballesta, Willis Barnstone, Manuel Durán, José Ferrater Mora, E. Inman Fox, José R. Marra-López, Frederick H. Jackson, Paul Ilie, John W. Kronik, Jaime Ferrán, Enrique Ruiz, Roberto Ruiz. Ponencias: *Sobre la Generación del 36*, por Ildefonso-Manuel Gil; *Visión del teatro en la Generación del 36*, por Gonzalo Torrente Ballester; *Características del pensamiento en la Generación del 36*, por José Luis L. Aranguren; *La Generación de 1936, casi desde dentro*, por José María Valverde; *La renovación poética de los años treinta y Miguel Hernández*, por Juan Cano Ballesta; *Miguel Hernández, poeta del barro y de la luz*, por Manuel Durán; *Germán Bleiberg: poeta de la existencia*, por E. Inman Fox; *Miguel Hernández: sangre y guerra*, por Javier Herrero; *Cela, Buero y la Generación del 36, raigambre de una visión histórica*, por John W. Kronik; *En torno a la esfera de Ramón J. Sender*, por Helmy Giacomán.

Se cumplió este programa con la cooperación y bajo los auspicios del Departamento de Lenguas Romances y del Centro de Estudios Hispánicos de la Univ. de Syracuse, y con la colaboración de la H.S.A. Las ponencias y discusiones se acordó publicarlas en Sy, 1968, XXII, n.º 2. El consenso resultó afirmativo. Existe la Generación de 1936.

El eminente crítico español, radicado en Buenos Aires, Guillermo de Torre, renueva ahora con menos ardor su oposición a aceptar la existencia de la generación de 1936, en un capítulo de *Al pie de las letras*, Buenos Aires, 1967, 245 p. El ejemplar con que me obsequia su autor trae la siguiente dedicatoria autógrafa que mucho agradezco: "A don Homero Serís, recordado en un capítulo de este libro y siempre presente en la admiración de Guillermo de Torre". El capítulo se titula "La Generación de 1936 ... por segunda vez" (p. 88-95). Después de un preambulito con algunas notas irónicas que forma un marcado contraste entre lo impreso y lo manuscrito de la dedicatoria autógrafa, entra en materia con alguna substancia. Reincide en su impulsivo artículo negativo de Cab, 1945, "La supuesta generación española de 1936"; pero calla, como antes, la vigorosa y bien fundada y cortés réplica del poeta Herrera Petere, en Cab igualmente, y los escritos de Nadal, Cirot y Aubrun ya aludidos. Petersen requiere siete "elementos constitutivos" para formar generación, según detallamos más arriba. Yo los he analizado y aplicado todos. Torre se fija en uno solo, el de la guerra, y se desentiende de los seis restantes, sin aducir razón alguna.

En cambio, con buen acuerdo, ya ha comenzado a admitir a un poeta en la generación: "Miguel Hernández —dice— el único que podría incorporarse a la de 1936" (p. 91). Pero ahora encuentra algo en que utilizar mi lista: "Aquel agrupamiento pudo valer, en todo caso, aunque incompleto, como índice de los escritores exiliados" (p. 92). Se equivoca Torre; para ese menester, contaba Bergamín con la revista EspPer, cuyos redactores eran todos los emigrados (o exiliados, como escribe Torre). De esta inolvidable publicación mensual de la Junta de Cultura de España en Méjico, conservo, rareza bibliográfica, los n.ᵒˢ 8 y 9 del tomo II, octubre de 1940. El año anterior, en 1939, había publicado yo una reseña encomiástica del libro de Miguel Hernández, *Viento del pueblo*, en BAbr, XIII, 100-103.

Y llegamos al nuevo sesgo más importante del asunto que el ingenio y el patriotismo de Torre han descubierto como un término y fin de "una característica muy elogiable", o sea "el deseo de conciliación entre los españoles". Y quien ha dado con este desenlace es el ya ilustre escritor y profesor de la Univ. de Tejas, Ricardo Gullón, y lo ha hecho público en un admirable artículo de la revista Asom, 1959, n.º 1. Éste convalida dos artículos insertos en *Insula* Madrid, julio-agosto, 1965, n.º 224-225. Por lo tanto, "aunque la fecha persista —como confiesa Torre— sus componentes y características son otras" (p. 92), y al levantar nuevamente la cabeza, entra en la historia literaria, continuando con la misma etiqueta. Existe, pues, la Generación de 1936. ¡Victoria!

Seis páginas repletas de substancia y de conceptos de las cuales no hay nada que desperdiciar. Digno de reproducir íntegro, la falta de espacio nos obliga a limitar su texto a las siguientes frases que podrían subscribir todos los españoles cultos y rectos: "La generación de 1936 no puede ser considerada 'de derecha' ni 'de izquierda', según las dañinas clasificaciones... es moderada, tolerante, y comprensiva, enemiga de convencionalismos y banderías.... Creyentes o incrédulos propugnan, con raras excepciones, la concordia y la tolerancia.... Son patriotas, como la generación del 98.... Literariamente, sin aceptar en su totalidad las actitudes (y menos fórmulas de los escritores precedentes), no son revolucionarios ni innovadores, al modo como lo fueron los vanguardistas.... El libro *Abril* de Luis Rosales, aparecido en 1935, es la señal del retorno a la tradición; pero una tradición de fértiles novedades y vigorizada por las experiencias brillantemente llevadas a cabo por generaciones anteriores". Nos recuerda que al año siguiente, en 1936, Juan Panero y Luis Felipe Vivanco produjeron libros estimables. Cita la aparición algo anterior de Miguel Hernández, y luego de Germán Bleiberg y Dionisio Ridruejo.

Al mismo resultado afirmativo, aun conservando sus características primitivas y fundamentales, pero cambiando los nombres de sus miembros, llega Jenaro Artiles en su interesante y bien poblado ensayo, bajo el atrayente título de *Telón de fondo de una generación literaria*. Como testigo de mayor excepción, por considerarse como uno de los jóvenes escritores de aquella era, cita los nombres de sus compañeros, redactores de los diarios más serios y más respetados, *El Sol* y *La Voz*, de Madrid, dirigidos por Félix Lorenzo, por los años precursores de la segunda República española, y después, hasta los últimos y aciagos de su martirio. "Se reunieron en *El Sol* y escribían en él todos, o los más de los miembros que podríamos agrupar en la tal generación [de 1936]. Los jóvenes que tomaron parte activa y se dieron a conocer como escritores, en las luchas por la república... y mantuvieron el fervor republicano hasta el final angustioso de la guerra civil".

Respecto a las características comunes a los miembros de dicha generación del 36, expone primero que son hijos de las enseñanzas de los del 98, se formaron en sus aulas universitarias muchos de ellos, otros siguieron las ideas que expusieron los maestros fuera de las aulas, o vivían literariamente a su sombra. Y cita los nombres de una multitud con la cual estaba en contacto Artiles desde su puesto de director, con Fernando Vela, de la plana de la sección de libros de *El Sol*. Y también le proporcionaba el conocimiento de aquéllos su cargo, al mismo tiempo, de director de la bibl. del Ateneo; así como Vela era además secretario de la ROcc.

Cita luego los nombres de Sender, Bacarisse, Garfias, Viñas, Manent, Corpus Barga, Baráibar, Adolfo Salazar, Espina, Jarnés, Domenchina, Francisco Ayala, Montesinos, Salazar Chapela, el mismo Artiles, y otros. "La mayor parte de aquellos jóvenes escribían también en la ROcc. Repasando con tristeza hoy la colección, parece que asistimos a un desfile de los redactores y colaboradores jóvenes de *El Sol*. Y mirando a mi alrededor, ¡cuántos claros noto en el grupo de aquellos amigos y compañeros en tareas literarias de juventud!"

Estimo que por ajustarse a la certeza de los hechos históricos trascendentales de la instauración de la República y del estallido de la guerra, la ponencia de Artiles, escritor, intelectual, bibliotecario, representa muy acertadamente el justo medio en que nació y se desarrolló la generación de jóvenes poetas y periodistas de 1936. Léanse los textos completos de los ensayos y estudios presentados en el Simposio.

Sobre la Generación de 1936, el docto crítico José Luis Cano publicó un extenso y bien escrito artículo en la revista *Insula* (Madrid, sept., 1968), refiriéndose al "Homenaje a Homero Serís" que ocupa la revista entera Sy. El Sr. Cano se expresa en un sentido muy elogioso, que es de agradecer hondamente. Pasa en revista los textos de las intervenciones en el Simposio. Por haber llegado tarde a la imprenta quedaron sin publicar los trabajos de José Ramón Marra-López y Gonzalo Torrente Ballester. No se extraña de que figuren tres magníficos trabajos acerca de la poesía de Miguel Hernández, a quien tiene, con suma razón, como "la personalidad poética más intensa de la Generación". Por otra parte hace Cano hincapié muy oportunamente y con claro y elegante estilo, en las declaraciones de Gil, Durán y Aranguren, que "no dejaron de subrayar las consecuencias dramáticas que tuvo para los miembros de esa generación la guerra civil de 1936, que dispersó y, en parte, destruyó a la Generación —el caso de Miguel Hernández es el más trágico— y ello explica que los críticos la llamen también 'Generación de la guerra civil' ". Yo mismo lo he hecho alguna vez; pero el hecho de distinguirlas por una fecha, por un año, es general. Así se clasifican y dice "la generación de 1635, la de 1650, la de 1868, la de 1898 o la del 98, y la de 1936". El dilatado y pormenorizado artículo del respetado y ecuánime crítico Cano ha dado una idea completa, justa y minuciosa del Simposio sobre la Generación de 1936, y la brillante y leída revista *Insula* ha sido el mejor campo para su difusión.

Gestas

Debería hacerse un estudio comparativo de los estilos poemático e histórico de las gestas y de sus prosificaciones en las Crónicas.

"La Crónica despoja a las gestas que prosifica de su estilo épicomítico, como es natural. Un estudio de ambos estilos —el poemático y el histórico— ilustraría mucho cuanto vengo diciendo [de la poesía y realidad en el *Poema del Cid*]", Américo Castro, TF, 1935, I, 29, n.

Joaquín Costa ha publicado *Introducción a un tratado de política, sacado textualmente de los refraneros, romanceros y gestas de la Península*, Madrid, 1831: elementos artísticos de la poesía popular española, génesis y desarrollo de la poesía popular, historia de la poesía española en la edad antigua celto-hispana, hispano-griega e hispano-romana.

Historiografía de la literatura española

En *Hist. gen. de las lit. hisp.* (Barcelona, 1949), I, lxxiii, n. 1, Guillermo Díaz-Plaja se queja de que "No existe todavía —y es uno de nuestros más caros propósitos— una historiografía de la literatura española, entendida en su exenta personalidad. Sí existe en Italia, donde puede consultarse la excelente y compendiosa obra de Giovanni Getto: *Storia delle storie letterarie*, Milano, 1942, y subsidiariamente los importantes estudios de Croce, *Per la storia della critica letteraria italiana*, en

'Saggi Filosofici', Bari, 1910, I, 428-464. Análogamente para Portugal, F. de Figueiredo, *História da critica literária em Portugal da Renascença a actualidade* (Lisboa, 1916). Tenemos, naturalmente, la *Historia de las ideas estéticas* [por Menéndez Pelayo 1883-1891], pero el tema no aparece tratado con la apetecible independencia", y está incompleta. No cita la *Historia de la crítica literaria en España desde Luzán hasta nuestros días*, por F. Fernández y González, Madrid, 1867, 74 p. (*v.* G. Laverde, *Ensayos críticos*, Lugo, 1868, p. 468-469). Tampoco menciona los *Estudios sobre la historia de la crítica literaria en España*, por P. Sáinz Rodríguez, RHi, 1921, LI, 211-595; ni *Un epistolario erudito del siglo XIX*, BBMP, 1921, III, 27-43 (docs. para la historia de la crítica literaria en España, I). Díaz-Plaja se propone escribir un libro (*v.* E. A. Peers, BHS, 1950, XXVII, 109-112).

Histrionismo

Los dos tomos de la *Cofradía de la Novena*, ms. de la B.N.M., deben publicarse íntegros. *V.* Gallardo, I, col. 667-670, n.º 554, "Comediantes". Pérez Pastor imprimió parte, al parecer, en su *Nuevos datos acerca del histrionismo español en los siglos XVI y XVII*, Madrid, 1901, 419 p., y segunda serie, BHi, 1906-1915, IX-XV. Índice por G. Cirot, tirada aparte, con el índice, Bordeaux, 1914. *V.* además A. Restori, RHi, 1902, IX, 569-572.

Casiano Pellicer, *Tratado histórico sobre el origen y progresos de la comedia y del histrionismo en España*, Madrid, 1804, 2 v. [El verdadero autor es su padre, Juan Antonio Pellicer.]

Histrionismo, siglo XVII. Gallardo da cuenta de un manuscrito inédito anónimo, cuyo contenido cae dentro del siglo XVII, y consiste en breves datos concernientes a las vidas y andanzas de comediantes de la época. Estas noticias fueron recogidas alrededor de 1721, y consisten en multitud de documentos útiles para conocer las biografías de aquellos actores, tales como contratos, escrituras notariales, pagarés, etc. Gallardo publica extractos de interés para la historia del histrionismo en España. La Dra. Hannah E. Bergman se ha fijado en uno de los más aplaudidos cómicos de entonces, el *gracioso*, cuyo nombre era Cosme Pérez, pero se le conocía con el de "Juan Rana". De éste se conserva un retrato al óleo perteneciente hoy a la Academia Española. La

Dra. Bergman traza la carrera teatral de Pérez y su retrato en un ameno y a la par erudito artículo bajo el epígrafe de *Juan Rana se retrata*, contribución al *Hom. a Moñino*, I, 65-73. Al mismo tiempo estudia tres de los entremeses asociados con el citado retrato, dos de ellos indicados rápidamente ya en su docto y original libro, rico de fondo y forma, sobre *Luis Quiñones de Benavente y sus entremeses*, Madrid, 1965. *V*. Gallardo, I, 668, 670, 672.

El autor de la presente *Guía* aplaudiría del mismo modo la publicación, en su integridad, del manuscrito inédito de Gallardo, anotado y comentado como esta parte. ¡Ojalá la propia Dra. Bergman se encargara de continuar la tarea!

V. Comediantes, Comedias, Teatro.

Inquisición

"Los archivos inquisitoriales prácticamente inexplorados —por ejemplo el de Cuenca, cuyos depósitos casi intactos acaban de ser catalogados y abiertos al público— esperan al genealogista y sobre todo al sociólogo. Porque los procesos permiten seguir la historia de familias enteras, acompañar sus destinos durante generaciones, obtener certezas sobre su cripto-judaismo, sobre su asimilación, sobre la persistencia de usos y costumbres judiegas, etc. Es senda laboriosa, pero imprescindible. I. S. Révah, superando la historia del individuo, ha estudiado enteras dinastías eslabonando la experiencia individual con la de la familia y el grupo. Sus hallazgos han sido particularmente fecundos al estudiar los destinos de la familia de Luis de León y Antonio Enríquez Gómez en España, de Uriel da Costa, Garcia da Orta y Spinoza, en Portugal" (Eugenio Asensio, en *Américo Castro, historiador*, MLN, 1966, LXXXI, 621-622 y n. 51).

Libros de caballerías

Atractivo y fascinante capítulo de la historia de la literatura española, y a la par complicado y confuso a veces, por su abundancia de textos y carencia de estudios particulares. La bibliografía de ellos, aunque incompleta, se destaca en obras como la de Gayangos, *Catálogo razonado de los libros de caballerías hasta 1800*, Bibl. Aut. Esp. XL, 1857; la de Bonilla y San Martín, NBAE, VI y XI, 1907-1908; la de Gallardo, I, 1863, sección de "Anónimos"; la de Menéndez Pelayo en *Orígenes de la novela*, 1905, NBAE, I, cxxv-ccxcix, dxxii-dxxx "bibliografía", cclxxxii y sig. "testimonios de críticas contra los libros de caballerías"; y en el *Catálogo de la exposición en la Biblioteca Nacional de Madrid*, 1905; Américo Castro, en el *Pensamiento de Cervantes*, 1925, p. 26, 27; Henry Thomas, *Spanish and Portuguese romances of chivalry*, Cambridge, 1920, trad. esp. por Esteban Pujals, Madrid, 1952; W. J. Entwistle, *The Arthurian legend in the literatures of the Spanish peninsula*, London, 1925; y Serís, *Manual*, "Libros de caballerías", I, 321-323, n.ᵒˢ 2926-2944, 3320, 3470a; II, 840-842, n.ᵒˢ 7904-7908. Además, una buena bibliografía elemental y escueta, muy útil como clave, ofrecen H. y P., *Hist. de la lit. esp.*, 5.ᵃ ed., 1943, p. 108-111, 367-368, y 1047.

Como ejemplo de la utilidad de toda esta masa de bibliografía, presento los siguientes datos que podrían dar una idea a los investigadores jóvenes y a los estudiantes hispanistas recién salidos de las aulas universitarias, que se sintieran tentados a emprender un estudio que les sirviera de base para formular su tesis doctoral.

Amadís de Gaula. ¿Montalvo autor o refundidor del Amadís IV y V? El autor de la ed. que se cree definitiva del *Amadís de Gaula*, Edwin B. Place, ha llamado obras originales de Garci Rodríguez de Montalvo, con arreglo a la crítica tradicional, al Libro IV y al *Esplandián*. Pero contrapone Place en el *Hom. a Moñino*, II, 77-80, un comentario de cuatro páginas: "ya salidos los Tomos I, II y III de mi edición del *Amadís* (C.S.I.C. de Madrid, 1959, I; 1962, II; 1965, III), y el cuarto casi preparado para la imprenta, me parece dudosa esta atribución total al regidor medinense. De hecho, tan dudosa parece que me siento impulsado a ponerla a discusión en este breve artículo dedicado al ilustre descubridor de fragmentos del único MS del *Amadís* hoy día conocido" (p. 77). Repasa primero la crítica reciente porque sus "dudas estriban en gran parte en trabajos ya publicados... no plenamente aprovechados...". Y pasa revista a las críticas de Gili Gaya (1947), María Rosa Lida de Malkiel (1953), el descubrimiento sensacional de Rodríguez-Moñino, con los estudios de Lapesa y de Millares Carlo. "Ahora

—finaliza Place— es fácil resolver este enigma: ya lo tendría casi todo a la mano en el MS de Y3" (p. 80).

Aprovecho esta oportunidad para apuntar la conclusión a que llegó Place atañedera al lugar geográfico en que se verificó el *Amadís*. Es decir, dónde está situada la afamada *Gaula. V. Fictional evolution: the old French romances and the primitive "Amadís" reworked by Montalvo*, PMLA, 1956, LXXI, 521-529, y sobre *Gaula* como región geográfica, HR, 1955, XXIII, 99-107.

Florando de Inglaterra, hijo del nobre y esforçado Principe Paladino, Lisboa, 1545. Se ignora el nombre del autor, aunque por lo que declara el prólogo, se sabe que fue portugués; *v.* Domingo Garcia Péres, *Catálogo razonado biográfico y bibliográfico de los autores portugueses que escribieron en castellano*, Madrid, 1890, p. 601. Debe emprenderse una indagación siguiendo el modelo establecido por el hispanista inglés W. E. Purser, *Palmerin of England*, Dublin, 1904, quien descubrió, después de extensa y detenida averiguación, el nombre del escritor portugués Francisco de Moraes, como el del verdadero autor del original *Palmerín de Inglaterra*, 1567. También poseemos el *Florando de Castilla*, escrito en verso, por Jerónimo de Huerta, Alcalá, 1588. No confundir estos dos con *Don Florindo*, Zaragoza, 1526, por Fernando Basurto.

Palmerín de Inglaterra. Traducirlo del portugués nuevamente, pues la traducción de 1547 con que se viste hoy es tan detestable, tan deficiente, que basta para prueba la ed. de Bonilla, Madrid, NBAE XI, 1908, n. de las p. 47, 93, 171, 303 y 328.

Primaleón, 1.ª ed., 1512. Se ignora el lugar en que se esconde el único ej. conocido. Se vendió en París en 1865, procedente de la bibl. de M. Chedeau. *V.* su *Catalogue*, Paris, 1865, X, n.º 990, y Henry Thomas, *Transactions*, 1916, III, 104 y n. Hoy se desconoce su escondite.

Misterios

Están por descubrirse los textos de los primitivos autos o misterios, manifestaciones del teatro religioso en lengua vulgar, que adquirió amplio desarrollo en España. Decíame Gustave Cohen que era preciso fomentar la búsqueda de las piezas dramáticas de la liturgia española, que deben hallarse en algunos códices o manuscritos ocultos en los archivos eclesiásticos de catedrales, monasterios o iglesias en general. De allí han de exhumarse algún día, como él exhumó los textos de los misterios franceses.

"Que en España fue abundantísima y extensa esta literatura es incuestionable; nos faltan los *textos*, que o se perdieron o están todavía por descubrir en el fondo de nuestros archivos" (H. y P., *Hist. de la lit. esp.*, 5.ª ed., 1943, p. 98).

V. la sección de "Misterios" en el *Manual* I, 283, n.ᵒˢ 2487-2490, 2644, 3930; II, 916, n.ᵒˢ 8663a-8663b. Acerca de la obra de Cohen, *Histoire de la mise en scène dans le théâtre religieux français du Moyen-Age*, Paris, 1926, declara L. P. Thomas: "Cet ouvrage, trop peu connu en Espagne, mériterait d'y être lu et médité. Les sources de la création dramatique y sont identiques [en France et en Espagne] et l'on peut, jusqu'à un certain point, combler les lacunes documentaires du drame espagnol à ses débuts par une comparaison prudente avec le drame liturgique français" (RFE, 1928, XV, 298-300). [La colección de oficios litúrgicos de Pascua por C. Lange, *Die lateinischen Osterfeiern*, Munich, 1887, contiene dos textos españoles; hay dos más en Karl Young, *The drama of the medieval church*, Oxford, 1933, 2 v. (Richard B. Donovan, *The liturgical drama in medieval Spain*, Toronto, 1958, p. 1).]

V. El Mascarón (Siglo XIII).

Pasillos

"No se ha estudiado a fondo este capítulo de nuestra bibliografía", A. Rodríguez-Moñino, en *Los pliegos sueltos de la colección del Marqués de Morbecq*, Madrid, 1962, p. 11, n. 1.

Picaresca

La vida del pícaro. La 1.ª ed. se imprimió en Valencia, 1601, según Salvá, que afirmó haberla visto, *Catálogo*, p. 154-155, n.º 71. Bonilla y San Martín, RHi, 1902, IX, 295-296, no conoció ningún ejemplar.

[L'Abbé Lambert], *Mémoires et aventures de Dom Iñigo de Pancarilla en Espagne*, Paris, 1764, 2 ptes. Novela en francés, publicada sin el nombre del autor. Br. Mus. y B.N.P. Palau, V, 131, para un estudio de la influencia de la picaresca en Francia.

V. Manual, I, n.º 2775 "Pícaro en el teatro"; I, 325 y n.ᵒˢ 372, 2911, 2965, 2980, 3004a, 3006; II, 842, 1027.

Pliegos sueltos

Su publicación comienza hacia 1518, según Menéndez Pelayo, *Antología castellana*, 1907, I, xi. Merced a la perseverante búsqueda y labor bibliográfica de Rodríguez-Moñino, se ha llegado a reunir buen número de pliegos poéticos sueltos.

Con anterioridad poseíamos las noticias de las existencias de A. Durán, *Catálogo, por orden alfabético, de varios pliegos sueltos que contienen romances impresos (siglos XVI-XIX)*, en Bibl. Aut. Esp. X, 1849, p. lxvii-xcvi; *Catálogo de los documentos, orígenes y fuentes de donde se han tomado los romances de esta colección*, Bibl. Aut. Esp. XVI, 1851, p. 678-695; *Catálogo de códices*, Bibl. Aut. Esp., XVI, p. 695.—E. Porebowicz [descripción de una colec. de pliegos sueltos impresos en Granada y existentes en la Bibl. Universitaria de Cracovia], Kraków, 1891.—C. Fass, *Ueber eine Sammlung spanischer Romanzen auf fliegenden Blättern in der Göttinger Universitätsbibliothek*, Halberstadt, 1911, ej. Columbia Univ., New York: es un folleto con las variantes de los romances de los pliegos de Praga con relación al texto del *Romancero general*, ej. B.N.M.—F. J. Sánchez Cantón, *Un pliego de romances desconocidos*, RFE, 1920, VII, 37 [de los primeros años del siglo XVI, no muy posterior a 1506, entre ellos uno sobre la muerte de Felipe el Hermoso, 1506, único que se conoce sobre este tema].— Rodrigo de Reynosa, pliego suelto, letra gótica, siglo XVI, B.N.M. y B.N.P., reimpreso por Gallardo, IV, n.º 4487, ed. por John M. Hill.— Sir Stephen Gaselee, *The Spanish books in the library of Samuel Pepys* [London?], Oxford Univ., 1921, magnífica colec. de pliegos sueltos; y el ilustre hispanista Edward M. Wilson da un grupo de la rica selección de pliegos sueltos de Pepys.—J. E. Gillet, RHi, 1922, LVI, 434-457, y *Postscript*, RHi, 1924, LX, 37-39, describe una colec. de pliegos sueltos de la B.N.M. que parece llenar la laguna de Durán.— V. Castañeda y A. Huarte, *Colección de pliegos sueltos*, agora de nuevo sacados, recogidos y anotados, Madrid, 1929, xxiv, 232 p. (reprod. facs.).

de eds. del siglo XVI, publicadas primero en RABM, 1925-1929); *Nueva colección de pliegos sueltos*, RABM, 1933, xv, 141 p. facs.; *v.* además Gallardo, p. 279; Salvá, I, 55-56, n.º 23, y Heredia, n.º 1754.

R. Menéndez Pidal, *Hist. y epopeya*, Madrid, 1934, p. 181, declara: "La literatura vulgar española inspiró a la portuguesa, transmitiéndole los pliegos sueltos 'do Conde Fernão Gonçalves e dos sete Infantes de Lara', 'Carlos Magno', 'la donzella Theodor', 'a formosa Magalona' y tantos otros". Th. Braga [sobre los pliegos sueltos], *O povo portuguez*, Lisboa, 1885, II, 460, 466, 473, y en la revista *Portugalia*, Porto, 1902, I, 497 y sig. *V.* sobre pliegos sueltos antiguos, la introd. amplia de la nueva ed. facs. de Menéndez Pidal, en el *Cancionero de romances impreso en Amberes sin año* [entre 1547 y 1549], Madrid, 1945; y Penney, *Printed books*, 1965, *passim*. Según Serís, *La nueva bibliografía*, *Hom. a Moñino*, II, 194, Rodríguez-Moñino recuerda que "ni hay hecho un catálogo general de [pliegos sueltos] ni han sido exploradas las bibliotecas donde pudieran hallarse los de los siglos XV y XVII". *V.* también de Rodríguez-Moñino *La colección de mss. del Marqués de Montealegre, 1677*, Madrid, 1951, p. 7, n.; *Los pliegos poéticos de The Hispanic Society of America (Siglo XVI)*, noticia bibliográfica, Madrid, 1961, 23 p., tir. de 50 ej. (publ. antes en *Hispanófila*, 1961, XIII, 53-73); *Los pliegos poéticos de la colección del Marqués de Morbecq (Siglo XVI)*, ed. en facs. precedida de un estudio bibliog., Madrid, 1962, 356 p., con multitud de facs., tir. de 300 ej. num.; *Doscientos pliegos poéticos desconocidos, anteriores a 1540*, noticias bibliog., México, 1961, 28 p., tir. 100 ej., tirada aparte de la NRFH, 1961, XV, 81-106; *Los pliegos poéticos de Oporto (Siglo XVI)*, Coimbra, 1963, 32 p., tir. de 25 ej., publ. antes de Arquivo de Bibl. Portuguesa, Coimbra, 1963; *Los pliegos poéticos de la colección Campo de Alanje en la Biblioteca Nacional de Madrid (Siglo XVI)*, Berkeley, 1963, 8 p., tir. 100 ej. publ. antes en RomPh., 1963, XVII, 373-380.

Protocolos

Mina de vetas abundantes y de gemas sorprendentes e inacabables, como es la vida humana de donde proceden, exploradas sólo en un principio en España, con parquedad, por la carestía de mineros adecuados y experimentados, y por la insuficiencia de ingenieros especializados que tracen los planos de las galerías y reúnan los datos ya conocidos y preparen los por conocer.

Tales pensamientos sugieren a la imaginación la palabra "protocolos" de un país. No se trata de una divagación o ensueño de la fantasía. Léase, por ejemplo, lo que escribe Amezúa sobre su magnífico proyecto reproducido en mi *Nuevo ensayo*, H.S.A., 2.º fasc., p. 326-327, "en su notable estudio, rico de información histórica y bibliográfica, substancioso de ideas, y deleitoso de estilo, *Apuntes sobre la vida escribanil en los siglos XVI al XVIII*, publicado antes como prólogos al libro *La vida privada española en el protocolo notarial de los siglos XVI, XVII y XVIII*, Madrid, 1950, y reproducido en sus *Opúsculos histórico-literarios*, Madrid, 1951, III, 279-308" (bibliografía, p. 326). Por último, propone su proyecto, extraordinario y trascendental para la historia de la vida pública y privada de los españoles de todas las clases sociales y de todas las profesiones, para el conocimiento de las costumbres del pueblo y de las biografías de políticos y literatos, por medio de la investigación sistemática y organizada de los archivos históricos de protocolos, creando un instituto para la formación de índices e inventarios de todos los protocolos españoles por épocas, asuntos y personas.

Véase, para terminar, su folleto *Los archivos de protocolos*, Madrid, 1929, con las normas aprobadas en su citado *Opúsculos*, p. 296-297, n. 27.

Ahora Cáceres ha empezado dando a la estampa guías y catálogos de los archivos históricos de sus protocolos. He aquí el resultado de la ingente labor que debe servir de modelo. Le cabe la honra de ser el primero en la Península. He aquí lo estampado:

Miguel Muñoz de San Pedro, *Reflejos de siete siglos* [XIII-XIX] *de vida extremeña en cien documentos notariales*, Madrid, 1965. Forma parte del vol. II, sección 1.ª, p. 471-771, de los *Estudios jurídicos varios*, publicados por la Junta de Decanos de los Colegios Notariales de España, con motivo del Centenario de la ley del Notariado. Los documentos van precedidos de unos "Comentarios previos" acerca de los archivos de protocolos "fuentes inagotables de datos en múltiples aspectos, auténticos tesoros documentales para la historia, en los que lo mismo se puede encontrar lo económico que lo artístico, lo biográfico que lo anecdótico, lo nimio que lo fundamental, lo solemne que lo pintoresco, lo privado que lo público" (p. 485).

Se inaugura con los trabajos circunscritos a los protocolos extremeños, y más concretamente a los de Cáceres. Se fundó en 1949 el Archivo Histórico de Cáceres y se instaló en la Biblioteca Pública vinculada al Ayuntamiento, en colaboración con el Cuerpo de Archiveros y Bibliotecarios (*v.* el *Bol. Dir. Gen. Arch. y Bibl.*, 1954, n.º 18, 6-13). El director del Archivo es P. Rubio Merino. Merced al trabajo del personal se está compilando la catalogación de sus fondos. He aquí lo publicado: Catálogo de Juan Martínez Quesada, *Protocolos del Archivo de Cáceres*, Cáceres, 1960. Su guía por Natividad de Diego Rodríguez, *El Archivo Histórico Provincial de Cáceres*, Madrid, 1962 (folleto). Es capital el libro de Juan Martínez Quesada, *Catálogo del Archivo Histórico de Cáceres*, Cáceres, 1960, de los 2.161 legajos de los protocolos. Juan Martínez Quesada, *Catálogo de los manuscritos del legado de D. Vicente Paredes*, Plasencia, 1962.

Le precedió, fuera de la Península: Jenaro Artiles, *Índice y extracto del Archivo de Protocolos de La Habana*, La Habana, 1947, 2 v. (Transcribió los protocolos de 1578-1585. El v. III, *Actas capitulares*, se publicó en Méjico, Instituto Panamericano de Geografía e Historia, 1952.) Fernando Huarte Morton expone (art. cit.) otro proyecto con el plan de investigación consistente en registrar los archivos notariales y analizar los inventarios de las bibliotecas que en ellos se encontraren. Éste sería uno de los muchos hallazgos que rendirían. Para los jóvenes investigadores y bibliógrafos se hallan abiertas las restantes provincias para seguir la senda desbrozada por Cáceres. Hay sobrado campo.

Proverbios

Proverbios de gloriosa dotrina e fructuosa enseñanza, impresos alrededor de 1490, 101 coplas de pie quebrado moralizadoras y aforísticas, llamadas también alguna vez el *Centiloquio*, dedicados al Príncipe Enrique, hijo de D. Juan II; no se han reeditado desde entonces.

En el *Manual*, bajo el epígrafe de "Manuscritos de refranes", se agrupan, II, 636-638, que abrazan 82 renglones. Se hallan a la disposición de quienesquiera deseen trasladarlos a las letras de molde. *V.* también García Moreno, Hayes, Sebastián de Horozco, Mal Lara, Marqués de Villena, Rodríguez Marín, Sbarbi, Viñaza, en el índice alfabético del *Manual*, II, 1039, 1041.

Relaciones topográficas

Mandadas hacer por Felipe II. Faltan por publicar varios tomos además de los que salieron a la luz en el *Memorial histórico español*, editados por Juan Catalina García y M. Pérez Villamil, 6 t., 1903-1912 y 1914-1915, Acad. Hist. Acerca de las relaciones topográficas, geográficas e históricas de España, existe una bibliografía muy dilatada y complicada, que rebosa en el *Manual*, I, 347-349; II, 854, con 18 obras.

Renacimiento

Para cerrar el siglo XVI y con él el Renacimiento español, período que abarca, de acuerdo con autorizados críticos, desde 1473, fecha del regreso de Nebrija de Italia, hasta 1600 (*v.* W. J. Entwistle, MLR, 1933, XXVIII, 282), es imprescindible citar el admirable repertorio ideológico de O. H. Green, *A critical survey of scholarship in the field of Spanish Renaissance literature, 1914-1944*, en SPh, 1947, XLIV, 228-264. Los temas primordiales cuyo estudio recomienda Green para publicaciones venideras son: el humanismo español ("Our knowledge of Spanish humanism, though immensely increased by Bataillon, is still fragmentary", p. 238; "Spanish humanism made few contributions to the advancement of classical philology, although this is a subject requiring much more study", p. 241); la filosofía española ("Spanish philosophy of the Renaissance has been very imperfectly studied", p. 247); los humanistas individualmente ("Of individual humanists, the two that have been the object of the most searching study are unquestionably the brothers Valdés", p. 252).

V. la bibliografía de H. y P., *Hist. de la lit. esp.*, 5.ª ed., 1943, p. 1040.

Romancero asonantado

En el volumen de *Mélanges à la mémoire de Jean Sarrailh*, Paris, 1966, II, 355-375, ha colaborado el hispanista Damien Saunal con un extenso y detenido estudio intitulado *Une conquête définitive du "Romancero nuevo": le romance assonanté*. Inspirado en los trabajos de

J. F. Montesinos sobre el Romancero nuevo, creado por él así como la generación de 1580, cuyos poetas lo iniciaron, examina Saunal paciente y minuciosamente los versos de las poesías insertas en los romanceros de los siglos XVI y XVII, verso por verso, ocupando rebosantes 20 páginas, impresas con un tipo de letra diminuto en extremo. Ello le conduce a realizar otro "descubrimiento" en el desarrollo del Romancero nuevo.

Parece, por otra parte, que Saunal no conocía la bibliografía del romance antes de la publicación en 1956 de la reunida por Carballo Picazo, único que nombra. Ya, en 1948, se había dado a la estampa por el Centro de Estudios Hispánicos de la Univ. de Syracuse (New York) el *Manual de bibliografía*, con amplia información bibliográfica sobre el romance en general y en particular, con secciones diversas, entre ellas, la de la versificación, que al parecer, echa de menos el Sr. Saunal. Pase la vista por el índice alfabético, que cubre una columna de la p. 1047, en las palabras "Romancero" y "romances". Allí, II, 196, 768, 774 y 912, se encontrarán señaladas obras de Morley, Torner, Aubrun, etc.

El descubrimiento de la "véritable révolution" originada por la transformación de las rimas de los romances, lo hizo Menéndez Pidal y lo amplió Montesinos, quien puso de relieve el valor y sentido que representaba dicha transformación. De ahí surgió el Romancero nuevo. Ahora, Saunal lo amplía aún más, introduciendo el estudio comparativo entre la rima aconsonantada y la asonantada, descubriendo la preponderancia de la segunda. De ahí surge ahora el que pudiéramos llamar "Romancero asonantado".

Propónese Saunal, según manifiesta, ofrecer un débil ensayo, incompleto y de una sola especie, de lo que requería una vastísima investigación para trazar una imagen satisfactoria de la evolución del nuevo género literario, a partir de fines del siglo XV. Con su labor realizada en la actualidad, cree que basta para fijar desde hoy el imperio de la rima asonante.

Saunal atribuye esta "revolución" a los romances publicados anónimamente desde 1589, en la primera *Flor* de Moncayo, y en las colecciones posteriores. Añade que el talento y el buen éxito de ellos [como ya dijo Montesinos] acreditaron la nueva forma del romance "asonantado". Lope y Góngora son los jefes indiscutibles de esta generación de 1580. Lope presenta solamente tres rimas consonantes en dos romances asonantados. Góngora es algo menos hostil: en 33 romances fechados entre 1580 y 1590, son asonantados integralmente 16. Entre 1580 y 1590, aproximadamente, se verificó una profunda transformación que afectó a la versificación del romance, de la cual elimina rápidamente la rima aconsonantada que había representado un papel dominante desde hacía más de un siglo. El análisis pormenorizado de Saunal de la rivalidad entre los versos aconsonantados y los asonantados le permite datar con precisión relativa, hacia 1593-1595, "el momento de la derrota irrevocable de la rima consonante".

Finalmente exclama Saunal: "Animados por un espíritu renovador, los jóvenes poetas adoptan la forma moderna del puro romance asonantado. De ahí me atrevo a sugerir 'El romancero asonantado' como el título que requería Montesinos para sustituir" [el de "Romancero Nuevo"].

Sobre este interesante tema he consultado a mi antiguo amigo y compañero, José F. Montesinos, autoridad en estos estudios e investigaciones, quien ha tenido la amabilidad de escribirme la siguiente carta:

Por lo que usted mismo dice en su reseña y lo que me ha dicho Moñino, muy amigo del señor Saunal, estoy sólo en parcial acuerdo con él. No cabe duda de que a partir de la generación de 1580 el romance se regulariza en asonantismo estricto. Diría más: diría que entonces se tiene plena conciencia de la asonancia como recurso poético. En romances anteriores, asonancia y consonancia han podido andar mezcladas —como pueden estarlo en las coplas populares de hoy— *porque la consonancia es también asonancia*, ya que las vocales son las mismas. Un romance aconsonantado no existe sino cuando el propósito de que ello sea así está enteramente claro en la mente del poeta, como ocurrió mil veces en las postrimerías del siglo XV. Los romances de Encina, del comendador Castellví, de don Juan Manuel, de otros muchos poetas del *Cancionero general*, son romances escrupulosamente aconsonantados, y muy malos romances que son. En los romances viejos puede haber verdaderamente un cierto número de consonantes, pero ello no es lo mismo, como no es el caso en las coplas modernas susodichas. Ha habido dos momentos en la historia del romancero: el de la plena conciencia del consonantismo representado, digamos, por la escuela de Encina, y el asonantismo puro de la generación de 1580. Con vastos precedentes, también cultos —Cueva, Rodríguez, Padilla. Lo que hay entremedias es justamente la consecuencia de que el oído español siente la consonancia como otra manera de asonancia. Esto es lo que yo creo. Ello nos pone otra dificultad en la tarea de dar un nombre al romancero moderno.

Se le ha llamado:

(a) *Romancero artístico*. Como he dicho en otra parte, más "artístico" que el romance del Conde Arnaldos, o que el romance de la pérdida de Alhama sería difícil encontrarlo en el *Romancero general*.

(b) *Romancero nuevo*. También son nuevos los romances de Sepúlveda, de Cueva, de Rodríguez. Lo único que avalora este término es que, como don Ramón [Menéndez Pidal] notaba, es paralelo de la "comedia nueva" que, cierto, responde al mismo propósito.

(c) *Romancero asonantado*. Quiere decirse que el romance de Abenámar, el de Río Verde, el de Moro alcaide... en fin, casi todos los fronterizos, son hermanos de "En un pastoral albergue". No puede ser.

En fin, dejémoslo en "romancero nuevo", o, como se ha dicho siempre, romancero artístico —[Menéndez] Pidal ha propuesto también "artificioso", pero esto tiene sus más y sus menos. Esto es lo que se me ocurre.

Créame siempre su buen amigo,

José F. Montesinos

Para el estudio de la "asonancia", *v*. R. Menéndez Pidal, *Romancero hispánico*, Madrid, 1953, I, 137-144; II, 411-412. Otrosí: en el *Manual*, I, n.º 1993, publiqué sobre R. Menéndez Pidal, *Serranilla de la zarzuela*, StMed, 1906, II, 263-270. Reconstruye este romancillo de comienzos del siglo XV, que parece muestra única de una serranilla de origen popular, en romance asonantado. La reimprimió en *Poesía árabe y poesía europea*, Buenos Aires, 1941, p. 108-116. Repite su importancia, y añade: "Como tal, popular, está compuesta en romance asonantado, mientras las artísticas están en diversas formas estróficas, incluso aquellas serranillas que se llegaron a popularizar en el siglo XVI, por ejemplo, la de Menga del Bosque o la serrana de la Vera" (p. 115-116).

Romancero nuevo

En el país del Romancero y por el hombre del Romancero quien ha alcanzado para orgullo de su patria el glorioso confín del centenario, Ramón Menéndez Pidal, y por uno de sus discípulos, miembro del Centro de Estudios Históricos de Madrid, José F. Montesinos, han creado un movimiento histórico literario de gran alcance, el cual, a primera vista, parece revolucionario, pero que, en realidad, no lo es; al contrario, es parte pacífica, muy bien pensada y meditada, como producto de la clarividencia y espíritu crítico de ambos. En su crédito se cuenta la fundación de un nuevo género literario, bautizado por el primero con el apelativo de "Romancero nuevo", señalada su importancia por el segundo y éste, además, la de una nueva generación literaria, la de 1580.

Menéndez Pidal publicó varios estudios acerca del Romancero nuevo. Consúltese Serís, *Manual*, I, 207, n.º 1987 y II, 773. He aquí las fichas: datos bibliográficos, p. 205, n.º 1966, *El Romancero antiguo (1450-1550)*, en *El Rey Rodrigo en la literatura*, BAE, 1924, XI, 360-379, y en libro, Madrid, 1925, p. 92-112; y *El Romancero nuevo (1530-1640)*, p. 112-119, 379-387; y p. 207, n.º 1987, *El Romancero nuevo*, conferencia con el título *Sobre el Romancero nuevo*, que se publicó en *Insula*, 15 oct., 1948; y *El Romancero nuevo*, conferencia, Madrid, 1949, p. 7-26. *V.* su *Romancero hispánico*.

A propósito de la conferencia y de la interpretación por Menéndez Pidal de ciertas frases del prólogo al *Romancero general* de 1604, comenta Montesinos diciendo que a primera vista "las interpreta como testimonio de una crisis en la evolución del romance, despojado ya de la música, destinado a ser en adelante objeto tan sólo de lecturas estudiosas y solitarias. Estoy seguro de que esta interpretación forzaría el sentido que el insigne maestro ha puesto en sus palabras, pues él no podía ignorar que aquellos romances seguían siendo cantados, ni que, en tiempos muy posteriores, la música, gran inspiradora y devoradora de romances, siguió divulgando otros muchos" (*Ensayos y estudios de literatura española* por José F. Montesinos, ed. de Joseph H. Silverman, México, 1959, p. 78). Recuerdo, me atrevo a aventurar, la honda emoción que sentí al oír a una criada en Madrid cantar un romance.

Pero Montesinos se anticipó a extraer la esencia del Romancero nuevo en su introducción a las *Poesías líricas* de Lope de Vega, Madrid, 1925-1926, 2 v., 296 p. y 299 p., y en un artículo complementario sobre la significación del mencionado Romancero nuevo en su totalidad (*Contribución al estudio de la lírica de Lope de Vega*, RFE, 1924, XI, 298-311; 1925, XII, 284-290). Así ha podido él asegurar, con la modestia que lo caracteriza, en los siguientes términos: "No quisiera incurrir en pecado de vanagloria; quizá me equivoque por desconocimiento u olvido de otros trabajos a ello concurrentes, pero me parece que fui yo, en mi introducción a las *Poesías líricas* de Lope, y en un artículo en que recogí cuanto en aquella introducción no tenía cabida, quien más hincapié hizo en la significación del Romancero nuevo en su totalidad y en su doble aspecto de hecho artístico y de hecho social. Desde entonces he tenido muchas veces ocasión de insistir —pero en el recinto de mis clases, donde mis palabras no podían tener dilatado eco— en los destinos de esa generación de 1580, llamada a cambiar los rumbos de la poesía española, y que comienza a hacerlo con estos miles de romances de moros y pastores..." (*Ensayos y estudios de literatura española*, p. 76). '

Ya Montesinos en los Estados Unidos, en la paz de su reposada cátedra en la Univ. de California, reanudó sus estudios sobre el Romancero nuevo, interrumpidos por la guerra. Así logró dar a la estampa dos extensos trabajos sobre las *Flores* de romances, NRFH, 1952, VI, 352-378 y BHi, 1952, LIV, 386-404, sin editarlos. En cambio sí editó la *Primavera y flor de los mejores romances recogidos por el Licdo.* [*Pedro*] *Arias Pérez*, reimpreso directamente de la primera edición, Madrid, 1621, con un extenso y sabio estudio preliminar, Valencia, 1954, xciv, 306 p. La H.S.A. posee las eds. de 1622, 1623, 1626, 1628, 1632, 1636 y 1641 (Penney, *Printed books*, 1965, p. 439). También pronunció en la Univ. y publicó luego una conferencia sobre *Algunos problemas del Romancero nuevo*, RomPh, 1953, VI, 231-247, y en el libro de *Ensayos y estudios de literatura española*, p. 75-98.

A una carta mía solicitando información sobre los propósitos de su labor me contestó amablemente Montesinos lo siguiente:

La consulta con que Vd. me honra se evacua en pocas palabras. En mi libro *Ensayos y estudios de literatura española*, que se publicó en México, en 1959, salió mi artículo titulado *Problemas del Romancero nuevo*, artículo, o más exactamente conferencia, en que yo solicitaba atención para estos romances mal estudiados en general, o estudiados con tales prejuicios, que han llenado miles de páginas hoy inservibles. El objeto era hacer un replanteamiento de los problemas singulares que ofrecen los textos, antes de proceder a atribuir a troche y moche. Un ejemplo de lo que yo quería que se hiciera es aquel artículo sobre el romance de la estatua de Cupido, que se publicó en Sy [1955, IX, 1-18].

En efecto, se publicó, y ahora se reproduce en el aludido libro, *Ensayos y estudios*, p. 99-118. Se titula *Para la historia de un romance de Lope (Una estatua de Cupido)*. Es un verdadero modelo, escrito de manera inspirada al que deben seguir e imitar cuantos se propongan estudiar los romances del Romancero nuevo.

Se asiste al nacimiento de un nuevo género de lírica, de éxito creciente, por la genial tentativa de sus autores, con los romances arrancados a la música por Moncayo. Existe una pugna entre editores y músicos, pero bien pronto se restableció la colaboración entre compositores y poetas. Sin embargo, a veces, los músicos tienen la última palabra. El romance va abandonando la métrica tradicional. Se reconocen los textos como "alta poesía".

Amplía Montesinos anteriores datos de la evolución del género, a partir de aquella *Flor de varios romances nuevos y canciones*, recopilada por Moncayo e impresa en Huesca en 1589, "libro de que han hablado muchos que jamás lo han leído", y del cual ha visto Montesinos la primera y la segunda parte, de 1591, en la H.S.A., ejemplar probablemente único. "Los [datos] que ofrece González Palencia en su ... edición del *Romancero* [*general*] son de tal manera caóticos e inseguros que no permiten decidir nada. ¡Curioso modo de trabajar! ¡Tener los libros —o gran parte de ellos— a la mano y llenar los párrafos de 'parece', 'creo' y 'tal vez' "! (*Ensayos y estudios*, p. 93).

De los nuevos y eruditos datos de Montesinos podemos revelar los nombres de Pedro de Padilla y de Lucas Rodríguez, como los autores de las primeras tentativas de romancero nuevo antes del logro pleno de la nueva forma, basándonos en la *Flor* de Huesca, 1589, como una transición. Continúa Montesinos su interesante y novísima conferencia sobre esta fascinante materia, que él conoce tan a fondo.

Pasa Montesinos a ocuparse en otros de los problemas que requieren solución. Considerémoslos como la parte práctica de su disertación,

7

la que más directamente interesa a los jóvenes investigadores futuros, y por consiguiente, a esta *Guía*. Para el estudio de identificación de los romances del Romancero nuevo, ya nos ha obsequiado con un ejemplo que nos puede servir de pauta, de canon, de norma; el primoroso romance de la estatua de Cupido por Lope. Es una historia de los textos del romance, no solamente una reseña bibliográfica, sino que intenta una reproducción, no crítica, que es imposible, sino enumerando sólo las variantes, con las fuentes. Éste es un romance que nos da cumplida lección de método. La vida artística del mismo se refleja en dos fases muy diferentes, entre los impresos y los manuscritos. Se tienen en cuenta los cortes y abreviaciones. Ha de estudiarse siempre la vida del autor. La última palabra de Montesinos es que "Estos romances, que tanto se diferencian en general de los tradicionales, tienen con ellos, sin embargo, esto en común: que hay que estudiarlos en sus variantes" (*Ensayos y estudios*, p. 116). Restauración antes de atribución. Positivismo antes que idealismo, en fin.

Por ello, Montesinos, abarcando una necesidad general de conjunto, recomienda "revisar y reseñar muchedumbres de códices, papeles sueltos y cartapacios. Muchos ofrecerán problemas y dificultades... . Ninguna atribución... puede orillarse partiendo de apriorismo alguno..." (p. 85). El *Ramillete de flores* contiene muchas atribuciones; no lo ha debido estudiar nadie, pues nadie se ha dado cuenta de ello. Algunas son erróneas, pero las más pueden mantenerse. ¡Aviso a los averiguadores de nuestra *Guía*! Lo poco que hemos avanzado, lo mucho que hay que cribar lo ya hecho.

"Hay que cambiar de métodos" (p. 86). Estudiar el estilo; primero restaurarlo. "... las consabidas 'listas de primeros versos' no sirven para nada. Hay muchos romances cuyo primer verso figura en el comienzo de otros; es siempre necesario conocer la asonancia y en todo caso interesa saber la extensión del texto" (p. 95). Es menester reseñar el cartapacio de Pedro de Penagos, "que por la fecha (1593) tanto interés tiene para la historia del romancero artístico" (BAE, 1914, I, 314 y sig.).

"Se hace urgente recoger, o por lo menos inventariar con todo detalle, la inmensa cantidad de versos, letrillas o romances, desperdigados en infinitos impresos o manuscritos de los siglos XVI y XVII. Hay que registrar pronto y bien lo que nos queda de aquel inmenso clamor en que prorrumpe la España de la Edad de Oro" (p. 82).

Para finalizar, tomaremos nota de un tema que está sin explorar y que puede ser el asunto de una disertación: nunca se ha intentado "una morfología de los romances de nueva inspiración, los que empiezan a aparecer después de 1580. Se los ha clasificado siempre por asuntos —como se hizo con las comedias— sin tener en cuenta que, con análogo asunto dos romances pueden ser muy diferentes, y muy afines otros de tema disparejo, pero de estructura semejante —cosa que ocurre también con las comedias" (p. 80-81).

Todas estas materias se ajustan al objeto de la presente *Guía*. Sus lectores deben quedar agradecidos a José F. Montesinos, fundador y especialista del Romancero nuevo, por haberles proporcionado temas originales para nuevas investigaciones.

Romancero viejo

De Joseph Szertics apareció el libro *Tiempo y verbo en el Romancero viejo*, Madrid, 1968, 208 p.; es su tesis doctoral de la Univ. de Madrid, 1962. No he tenido todavía ocasión de leerlo. Me limito pues a copiar los dos párrafos siguientes insertos bajo la aprobación de Dámaso Alonso, director de la Editorial Gredos, en su "Biblioteca Románica Hispánica", Madrid, 1967, p. 1:

> En el sonar de los romances y entre sus múltiples sugestiones choca de pronto a todo lector el uso de algún tiempo verbal insólito. Un tiempo que sacude nuestra sensibilidad lingüística, pero que imprime al verbo cierto tinte de gustosa novedad. La anomalía ocurre con frecuencia dentro del género romancesco, y ello impide creer en algo fortuito o aislado. En el presente libro se somete a estudio esa cambiante perspectiva temporal del Romancero viejo (contraste y alternancia de formas verbales, aspecto, etc.) para definir las varias impresiones que puede suscitar. Ya se comprende cuánta finura y matización habrá de ponerse en el empeño.
>
> ¿Obedecerá el juego de formas, con sus rápidas traslaciones, con sus primeros planos, con sus tonos de contraste, a un capricho del juglar, o quizá a un cómodo recurso para encontrar rimas? No; se trata de un procedimiento meditado, de claro valor estilístico, mediante el cual los viejos juglares comunicaban a su relato nuevas dimensiones —ya de vida, ya de fantasía—,

según lo requiriera el héroe, la escena o situación, el temple sentimental.... Es importante, por ejemplo, la función desrealizadora
que suele presentar el pretérito imperfecto. A su delicado empleo
artístico, dentro de tal o cual romance, debemos el poder ingresar
en representaciones de irreal hondura, en galerías como mágicas
o soñadas, donde nos aguardan otros seres y otras imágenes con
las que descansar de las diariamente repetidas.

Tiene la palabra José F. Montesinos. *V.* R. Lapesa, *La lengua de la
poesía épica en los cantares de gesta y en el romancero viejo,* en *De
la Edad Media a nuestros días,* Madrid, 1967, p. 9-28.

Segunda edad de oro

Por la novedad del tema, me atrevo a reproducir los comentarios
y juicios críticos aparecidos desde que se imprimió en las páginas del
Hom. à Martinenche, Paris, 1939, p. 196-215. Versión en inglés: *The
second golden age of Spanish literature,* Coral Gables, Florida (Univ.
of Miami Hispanic American Studies, N.º 1), 1939. Es normal en casos
tales que la reacción de la crítica literaria se divida en dos sentidos:
uno favorable y el otro desfavorable. Hemos tenido en cuenta ambos
puntos de vista, y desde ahora adelantamos que en general son más
numerosas las opiniones en pro que las en contra.

Como ante toda nueva idea, han surgido distintos pareceres, se ha
ensayado de demostrar los argumentos en que se basaban, con ardor a
veces, con indiferencia otras; pero todas con sinceridad y honradez.
He reunido y anotado una gran parte de los juicios que han llegado a
mi conocimiento, y puedo resumir el resultado obtenido, que se reduce
en realidad a la existencia de una mayoría en favor de la innovación
de considerar y calificar el siglo XIX como un período superior, brillante, de la literatura española y a admitirlo como la segunda edad
de oro.

Más bibliografía del siglo XIX en la *Hist. de la lit. esp.* por H. y
P., Madrid, 5.ª ed., 1943, p. 1087-1092.

"Estébanez Calderón es digno competidor de Quevedo y Cervantes". A. Cánovas del Castillo.

"Desde 1898, España se ha embarcado en un nuevo siglo de oro, que la ha colocado ya en la primera fila de las naciones". Ch. E. Chapman, *A history of Spain*, New York, 1918, p. 515.

"No hay una poesía actual española, sino muchos poetas españoles. Pocos excelentes, algunos buenos y los demás...". Estas son "Palabras preliminares" de Rubén Darío, a *La paz del sendero*, de R. Pérez de Ayala, Madrid, 1913. Pronto se ha olvidado el excelso poeta hispanoamericano de un prólogo que puso a las poesías del no menos glorioso bardo español Salvador Rueda, a quien llama maestro, antecesor suyo en el movimiento de renovación con rasgos revolucionarios, que continuó Rubén, según propia confesión. No creo estar soñando al escribir esto. Consúltese el libro de Darío, *España contemporánea*, París, 1901, 394 p. Lo escribió en 1898 y juzga encomiásticamente a los poetas Campoamor, Rueda, Núñez de Arce, Manuel del Palacio, Ricardo Gil, Villaespesa y otros, y *v.* el mismo Rubén, "Pórtico" a *En tropel*, cantos españoles, por Salvador Rueda, Madrid, 1892, 2.ª ed., 1893, p. i-vii. Allí sostiene que Rueda es "la fuerza inicial de la renovación poética española". *V.* además A. González-Blanco, *Los grandes maestros: Salvador Rueda y Rubén Darío*, Madrid, 1908, 302 p.

"Zorrilla es el más grande poeta de la raza española". F. C. Tarr califica de genios a Larra, Espronceda y Bécquer, además añade Rosalía de Castro (N. B. Adams es el autor de la cita, HR, 1940, VIII, 75). Este crítico escribe en el mismo lugar por su cuenta lo siguiente, que traduzco: "Los autores españoles, que escribieron en 1839 y 1840 realizaron el más notable triunfo desde el siglo de oro" y aumenta el ditirambo que Tarr dedica a Zorrilla, a quien compara con Lope de Vega.

Los críticos españoles mismos se unen a los encomios de los extranjeros: Salvador de Madariaga dice de Pérez Galdós: Es "uno de los creadores literarios más grandes que la raza blanca ha producido" (*España*, 2.ª ed., Madrid, 1934, p. 98). Léase lo que escribe K. Vossler en *Einführung in die spanische Dichtung des goldenen Zeitalters*, Hamburg, 1939, p. 113.

El siglo XIX fue un verdadero brillante renacimiento después del anodino y pobre siglo XVIII, con el cual presenta un floreciente contraste.

He aquí cómo se expresa Azorín de Rosalía de Castro: "*En las orillas del Sar*: No se ha publicado en lengua castellana, y durante nuestro siglo XIX, un volumen de más espirituales, delicados, ensoñadores versos", en *Clásicos y modernos*, Madrid, 1913, p. 57.

El crítico literario E. Gómez de Baquero, el más respetado y leído al epilogar el siglo XIX, testifica con la declaración de que "puede pensarse que ha sido uno de los más brillantes de la literatura española", *Letras e ideas*, Barcelona, 1905, p. 254.

M. Romera Navarro, en su *Hist. de la lit. esp.*, Boston, 1928, sostiene que en el siglo XIX "se inaugura el verdadero siglo de oro de la novela nacional. Los modernos podemos oponer con orgullo a los clásicos del XVI y XVII, una larga serie de obras maestras. Descuéntese el *Quijote* —si es posible descontar un libro que vale por toda una literatura— y descuéntense una docena más de novelas de aquellos siglos, y la producción novelística contemporánea aventajará en calidad, como desde luego en número, a la de la época clásica" (p. 550).

Joaquín Xirau considera que "En nuestra generación un nuevo Siglo de Oro se halla claramente en camino" (BAbr, 1942, XVI, 18). El mismo crítico insiste dos años después en que el siglo XIX "es el comienzo de un renacimiento que se infiltra gradualmente en el alma peninsular. Con el krausismo y sus hombres, España se reincorpora a los hontanares de su historia, toma conciencia de sí misma e inicia la trayectoria de un nuevo 'siglo de oro' " (CuadAm, 1944, III, n.º 4, 62).

Para J. Deleito y Piñuela, el siglo XIX es "la más comprensiva y renovadora centuria en el orden estético; la más progresiva y transformadora de la ciencia, del arte y la vida, con intensidad no igualada por muchos siglos atrás juntos ... casi igualó muchas veces y superó otras a nuestro siglo de oro" (RABM, 1930, VII, 97). "El escritor más grande [Galdós] que España ha producido después de su Siglo de Oro", F. de Onís, Nos, 1928, LX, 322; "Como Cervantes, a quien más que a nadie se parece", Nos, p. 328.

De nuevo, Azorín pronostica que para algunos críticos equilibrados será un verdadero siglo de oro, el XIX (pról. a su ed. de *Páginas escogidas de Clarín*, Madrid, 1917, p. 13).

Muy abundante es la cosecha sobre Bécquer, de quien asegura Charles F. Fraker que con suma razón se le puede denominar uno de los precursores de mayor influencia en los modernistas (HR, 1935, III, 36).

El siglo pasado, el XIX, no se puede negar, es el siglo de los grandes novelistas. La mayor parte de los países de Europa, con la excepción acaso de Alemania e Italia, produjo por lo menos dos o tres novelistas de gigantescas proporciones. España ofreció a Pereda y Galdós (Benardete, REHisp, 1929, II, 171-173). De nuevo Azorín ensalza a un escritor del siglo XIX, Leopoldo Alas: "Ni en filosofía ni en estética quiso nunca Alas ser el vano y frívolo amador de las modas. Sabía él que desde Roma, desde Grecia hay modalidades eternas del pensamiento que no pueden pasar, y en esos sentimientos e ideas perdurables quiso plasmar sus obras literarias" (pról. a *Páginas escogidas de Clarín*, p. 17-18).

A Luis Martín, joven archivero bibliotecario español emigrado, debo la idea primordial de amplificar en forma de libro bajo el rótulo de "Nuevas vidas paralelas de Plutarco" reminiscencia de la famosa obra clásica. En efecto, sería interesante y atractivo remedar al historiador griego Plutarco que comparó las biografías de hombres ilustres, griegos con sus adláteres latinos. La profunda diferencia, como se ve, es la patria y lengua de los enfrentados por Plutarco, mientras que los míos serían españoles ambos, respecto a la nacionalidad, y española la lengua, y la distancia entre ellos sería en el tiempo más de un siglo entero, pues yo comparo los literatos de los siglos XVI y XVII con los del siglo XIX. No obstante, la idea me parece buena, y como no encuentro tiempo para ejecutarla, la pongo a la disposición de algún joven historiador futuro.

Rubén Darío, que solía censurar a los poetas españoles, hace una excepción con Zorrilla, Núñez de Arce, Campoamor y Bécquer, en *España contemporánea*, Paris, 1901, p. 62, citado por Morley en su *Hist. of Spanish lit.*, p. 512.

Unamuno, que criticaba a Echegaray, alaba sin embargo su teatro: "Porque yo creo que el teatro se alimenta y será eternamente el de los trucos, el de las violencias, el de las falsedades, como en el teatro de Echegaray que ha de volver con todo su aparato de tragedia y de inverosimilitud" (cita de H. C. Berkowitz, HR, 1940, VIII, 334).

"García Gutiérrez, su nombre sonaba en los oídos de la juventud de nuestros tiempos como el nombre de Lope o el nombre de Calderón", M. Menéndez Pelayo, *Discurso* en la Academia Española, 1886, p. 55.

En lo que atañe al estudio comparativo de los escritores, Menéndez Pidal, RFE, 1935, XXII, 340, compara también a Zorrilla con Lope, favoritos ambos de la popularidad.

"No menos fecunda que la del siglo de oro", así empieza el prólogo de su libro sobre *La literatura española en el siglo XIX*, Mario Méndez Bejarano, Madrid, 1921, p. v.

H. y P., en su consultada e imparcial *Hist. de la lit. esp.*, 5.ª ed., 1943, p. 829, especifica: "Tres géneros literarios alcanzan en el siglo XIX un desarrollo, profundidad, variedad y riqueza muy superiores al de épocas pasadas: la poesía lírica, la novela y la oratoria".

"Es el grito que no puede acallar", Emiliano Ramírez Ángel, *Madrid sentimental*, Madrid, 1908.

V. también *Zorrilla y el teatro del siglo de oro* en N. Alonso Cortés, "Prólogo" a las *Poesías de Zorrilla*, Clás. Cast., Madrid, 1925, p. xvii: "*Don Juan Tenorio* es grande, como la mayor parte de las creaciones de Shakespeare; de un modo muy desigual y a pesar de su desigualdad", Leopoldo Alas (Clarín), *Paliques*, Madrid, 1893, p. 65 y sig.

Lo anterior y muchas más papeletas en el mismo sentido, que poseo de mis lecturas, bastan y sobran para confirmar mi idea de introducir en la historia de la literatura española ya pletórica, como es, un segundo Siglo de Oro que coincide con el siglo XIX.

En la literatura portuguesa se ha desarrollado asimismo la idea de creer en la conversión del siglo XIX de su literatura en un Siglo de Oro, mas no el segundo, sino el primero y único hasta ahora. Unamuno era de esa opinión, según informe del profesor portugués, Dr. Prida, catedrático de la Univ. de Columbia de Nueva York, en conversación particular con quien traza estos renglones. Sin embargo, el insigne crítico e historiador portugués, Fidelino de Figueiredo, de grata memoria, en su libro *A épica portuguesa no século XVII*, que completa el anterior sobre la del siglo XVI, efectúa un estudio comparativo sobre el siglo XVI y el XIX, a los cuales tiene por rivales, por la creencia de algunos críticos de que el primero fue el Siglo de Oro de la literatura portuguesa, y otros, que lo fue el segundo. Así resultan dos siglos dorados, como la italiana y la española. Figueiredo tocó también este punto en el 1.er capítulo del trabajo *Perspectiva da literatura portuguesa do século XIX*, bajo la dirección, pref. y notas bio-bibliog. de João Gaspar Simões, Lisboa, 1947-1948, p. 549-555.

Recordemos que esa brillante tradición procede de la novela del primer Siglo de Oro, de influjo tan exuberante y duradero que se extendió por Europa. Véase a este respecto, el estudio de Dámaso Alonso,

España y la novela [*The Spanish contribution to the modern European novel*, en *Journal of World History*, 1961, VI, 878-897, una cita de A. A. Parker, *Literature and the delinquent*, Edinburgh, 1967, p. 143], en el que se expone la influencia de la novela española sobre la europea: *La Celestina*, el *Lazarillo*, Cervantes, en Fielding, Lesage, etc. Asimismo se expresó en un artículo especial acerca de los segundos siglos de oro literarios en general.

Respecto a la novela, ya Gómez de Baquero certificó que "Pereda y Pérez Galdós han sabido elevar la novela española de nuestro tiempo a una altura que no desmerece de la brillante tradición de este género" (EM, 1897, XCIX, 175).

"Nuestros hijos distinguirán seguramente al siglo que pasó [XIX], con significativa y justa apelación de 'siglo de la novela' ", A. González-Blanco, *Hist. de la novela en España desde el romanticismo a nuestros días*, Madrid, 1909, p. 7.

"La gran gloria de la literatura moderna española es la novela", L. A. Warren, *Modern Spanish literature*, London, 1929, p. xix.

"El siglo XIX español es la Edad de Oro de la novela", Willis K. Jones, HispCal, 1953, XXXVI, 427.

Estúdiese sobre todo la *Introducción a una historia de la novela en España en el siglo XIX*, por José F. Montesinos, Valencia, Castalia, 1955, y el ensayo-reseña por la Dra. Carrasco, ROcc, 1965, n.º 26, mayo, 253-261, titulado *La obra de Montesinos en torno a novelistas españoles del siglo XIX* (*v.* mi análisis de este artículo en la presente *Guía*, p. 67-68). También imprimió Montesinos un *Esbozo de una bibliografía española de traducciones, Las novelas (1800-1850)*. *V.* asimismo Reginald F. Brown, *La novela española, 1700-1850*, Madrid, 1953.

En *Noticias Culturales*, ICC, Bogotá, revista publicada a cargo de Ismael Enrique Delgado Téllez, bien enterado y activo miembro y colaborador del Instituto, quien la dirige muy inteligentemente, se inserta en el n.º 1, jun. de 1968, 8-9, un artículo intitulado *Un fin de siglo dorado*, por Eduardo Carranza, que empieza: "En la última década del siglo diecinueve vive la literatura colombiana sus años más altos, fecundos y creadores. Es realmente una década dorada". Sigue la demostración de lo acertado y verídico de su aserto. Vemos, pues, que la nueva Edad de Oro se extiende desde la Península hasta Hispanoamérica, reforzando con ello nuestras ideas.

Sordomudos

I

A España le cabe la gloria de haber sido la cuna de la humanitaria y trascendental invención de la enseñanza de hablar a los mudos. Tomás Navarro Tomás, siendo Director del Laboratorio de Fonética Experimental del hoy extinguido Centro de Estudios Históricos de Madrid, reivindicó al verdadero inventor, al efectivo, que fue un español y a sus primeros continuadores, igualmente españoles. Es digna de señalarse la labor del profesor Navarro para hacer justicia a la notable contribución científica que España prestó con tal enseñanza a la cultura universal. A ese efecto publicó en la RFE varios estudios documentados y convincentes, producto de sus investigaciones. De ellos di cuenta detallada en mi *Bibliografía de la lingüística española*, Bogotá, ICC, 1964, p. 74-75, como parte de la Sección de "Fonética aplicada".

El profesor Navarro en la favorable reseña con que acogió esta *Bibliografía*, al llegar a la aludida sección, escribió lo siguiente (*Revista Interamericana de Bibliografía*, Washington, 1967, XVII, 325-327): "Para señalar el asunto con el relieve que merece, acaso hubiera sido conveniente dedicar un apartado especial a la enseñanza de la palabra a los sordomudos, invención española realizada por el monje Pedro Ponce en el monasterio de San Salvador de Oña, Burgos, a mediados del siglo XVI, y divulgada internacionalmente por el libro de Juan Pablo Bonet, *Reducción de las letras y arte para enseñar a hablar a los sordomudos* (1620)", y agrega Navarro: "A los estudios sobre esta materia incluidos indistintamente en la sección de 'Fonética aplicada', habría que añadir la obra de Hervás y Panduro, *Escuela española de sordomudos* (1795)". Otra adición que debo hacer es la de la *Bibliografía de la enseñanza de los sordo-mudos y de los ciegos. Catálogo de los escritores españoles que se han ocupado de esta enseñanza en especial*, por F. Fernández Villabrille, Madrid, 1852, 12 p.

En fin, para hacer resaltar el inconmensurable valor científico, cultural y social que representa este invento español, abro en la presente *Guía* un apartado especial. En esta nueva sección incorporo y ordeno, con algún aumento, los datos bibliográficos españoles que informan acerca de la enseñanza de los sordomudos.

Navarro logró reunir el historial del descubrimiento y desarrollo científico debidos a Pedro Ponce en los estudios publicados en la RFE, 1920, VII, 150-177; 1924, XI, 226, 229-239 y 255-266. Todo gira alrededor de tres figuras, a saber: Pedro Ponce, el inventor; Manuel Ramírez de Carrión, el continuador; y Juan Pablo Bonet, el divulgador.

Pedro Ponce de León, o Fr. Pedro Ponce "fue monje benedictino, que nació a principios del siglo XVI, profesó en 1526 en el monasterio de Sahagún (León), y pasó la mayor parte de su vida en el de San Salvador de Oña (Burgos), donde murió en 1584". Véase la sección que Navarro dedica a fray Pedro Ponce en su artículo *Manuel Ramírez de Carrión y el arte de enseñar a hablar a los mudos*, RFE, 1924, XI, 229-239. "Mientras Jerónimo Cardán, entre 1551 y 1576, discurría teóricamente sobre estas materias, daba Fr. Pedro Ponce muestras maravillosas de la eficacia de su arte, enseñando a sus sordomudos, no sólo la lectura y la escritura, sino también el uso corriente del lenguaje oral" (p. 230). Existió un libro manuscrito por Ponce, del cual dio informe Gallardo, en una carta; pero tal libro se perdió, y una copia que poseía el gran bibliógrafo desapareció en Sevilla el famoso día del saqueo de San Antonio del año 23. "Esta obra manuscrita pudo imprimirse cuarenta años antes que el libro de Bonet. A la muerte de Ponce debió haber algunos religiosos que continuaron la práctica de sus enseñanzas. Por mano de alguno de estos continuadores pudo llegar el conocimiento del arte... al murciano Manuel Ramírez de Carrión" (p. 239). *V.* también J. B. de Ibarrondo, *In memoriam de Fr. Pedro Ponce de León, el primero que enseñó a hablar a los mudos.* Recopilación de notas históricas documentales y relación de los hechos, etc., Vitoria, 1929, 151 p.

Juan Pablo Bonet, como secretario del Condestable de Castilla, don Bernardino Fernández de Velasco, había coincidido con Ramírez de Carrión en el mismo palacio en que éste se ocupaba del joven sordomudo don Luis, hermano menor del Condestable; desempeñó Bonet un papel importante con la publicación del libro en que explicó tal enseñanza y difundió la invención española por el mundo civilizado. *V.* T. Navarro, *Doctrina fonética de Juan Pablo Bonet* (1620), RFE, 1920, VII, 150-177, y *Juan Pablo Bonet, datos biográficos* [su primer apellido es Pablo, el de su padre; Bonet es el de la madre], Paraula, 1921, III, 23-47. El título del libro de Bonet es *Redvction de las letras y arte para enseñar a ablar los mudos,* Madrid, 1620, xxiv, 214 p. Se conserva ejemplar en la H. S. A. *V.* C. L. Penney, *Printed books,* 1965, p. 70; Pérez Pastor, n.º 1649, ej. del Marqués de Jerez, su *Cat.,* p. 20. Fue traducido al italiano por Silvio Monaci, *Reduzione delle lettere al loro elemento primitivi e arte d'insegnare a parlare ai muti* di Giovan Paolo Bonet, Siena, 1912. — P. B[arnils], *Anotacions fonètiques a l'obra d'en J. P. Bonet,* en *Paraula,* 1931, III, 148, 250, 338-347. — R. Lenz llama a Bonet "Veteran der Lautphysiologie" en sus *Chilenische Studien (Phonetische Studien),* Marburg, 1892, VI, 20. (Los *Estudios chilenos* de Lenz se hallan traducidos en *El español de Chile,* publ. por el Instituto de Filología de Buenos Aires, 1940, p. 85-208.)

Manuel Ramírez de Carrión. Acerca de la segunda figura de esta trilogía de los autores españoles que han iniciado la enseñanza de los sordomudos a hablar, *v.* igualmente T. Navarro en el artículo citado. Copio: "Parece que siendo aún muy joven, Ramírez de Carrión enseñó en Hellín a hablar a un sordomudo, lo cual hizo que fuese llamado a Montilla para que se encargase de la enseñanza del sordomudo D. Alonso Fernández de Córdoba y Figueroa, marqués de Priego. Ramírez de Carrión era originario de Toledo por sus padres, pero nació en la villa de Hellín (Murcia), donde vivieron ellos algunos años, y allí enseñó al primer mudo" (p. 239 y n. 2).

En resumen, la ciencia española abrió el mundo de la palabra a los un tiempo infelices seres incomunicados. La reivindicación de Navarro fue acogida por H. Werner, en *Geschichte des Taubstummenproblems,* Jena, 1932.

He aquí más bibliografía española: Juan Manuel Ballesteros, *Instrucción de sordomudos,* Madrid, 1845. M. Piniagua, *Memoria sobre la educación y establecimientos de sordomudos,* Madrid, 1857. Juan Manuel Ballesteros, *Teoría de la enseñanza de sordomudos y ciegos,* Madrid, 1863. Carlos Nebreda y López, *Tratado teórico-práctico para la enseñanza de la pronunciación de los sordomudos,* Madrid, 1870, 19 p. y 19 lám. (*v.* T. Navarro, RFE, 1924, XI, 228). A. Maurice, *De la técnica de los ejercicios acústicos en el tratamiento de la sordera,* RELOR, 1914, 18-23. J. Orellana Garrido, *La enseñanza de la palabra a los sordomudos.* Articulación, ortofonía, lectura labial, vocabulario, Madrid, 1918, 102 p. con 172 grabs. P. Barnils, *Algunas consideraciones acerca de la fonética normal y la fonética patológica,* en EEABonilla, 1927, I, 605-607, y en PhSKVoretzsch, 1927, 21-24. A. Herlin, *Ele-*

mentos de ortofonía, corrección de los defectos de la palabra, trad., adaptación y pról. por J. Orellana Garrido, Madrid, 1928, 222 p. P. Barnils, *Defectes del parlar*, pról. de A. Pi Suñer, Barcelona, 1930, xv, 230 p. Y para los tartamudos, *v.* J. F. Castellanos Peláez, *Perturbaciones de la palabra*, corrección de la tartamudez y las dislalias mecánicas, RFLCHabana, 1921, XXXI, 1-80.

El aumento a que he aludido en la descripción del estudio de Navarro proviene precisamente de otro hallazgo suyo. En carta a mí dirigida datada el 24 de mayo de 1968, me comunica la noticia inédita que sigue:

> ... la aparición en la época en torno al libro de Bonet, de un Doctor Rodrigo Moyano, quien solicitó ayuda del Consejo de Castilla para componer y publicar un libro sobre la lectura facial, complemento de la enseñanza de los sordomudos no tratado en el libro de Bonet y materia no desarrollada hasta época reciente, libro que al parecer no tenía hecho, y por ello creo que solicitaba apoyo económico para dedicarse a realizar esa obra.
>
> Esta nota procedía directamente del texto de las *Actas de las Cortes de Castilla*. En la nota figuraban los datos de la fecha, volumen y página correspondientes. Pero esa nota, con otros materiales míos, se perdió hace más de 30 años, ... y en mi memoria no ha quedado más que el recuerdo del nombre y la idea de que el hecho fue poco posterior a la fecha en que se publicó el libro de Juan Pablo Bonet, 1620.

La señora Eleanor Font, directora de la Sección de Estampas de la H.S.A., sordomuda norteamericana, interesada en la historia del nacimiento y desarrollo en España de la enseñanza a hablar de sus congéneres, está auxiliando al Sr. Navarro en esta pesquisa.

La bibliotecaria de la H.S.A., Miss Jean R. Longland, ha advertido en la primera página de un ejemplar del libro de Mariano Carderera, *Apuntes sobre la educación elemental del sordomudo*, Madrid, 1859, la siguiente dedicatoria escrita a mano por el autor: "A Don Claudio Moyano, a quien deben los infelices sordomudos la admisión legal en las escuelas de primera enseñanza". A la distancia de dos siglos se vuelve a encontrar el apellido Moyano en conexión con la vida de los sordomudos. Este nuevo Moyano, acaso descendiente del doctor, ¿sería un continuador de la misma profesión familiar? Revela la dedicación de la familia Moyano a la mejoración de los sordomudos, y confirma, en cierto modo, la noticia inédita de Navarro. Ahora cabe preguntar, ¿obtuvo el Doctor Rodrigo Moyano la ayuda solicitada? ¿Publicó su libro? ¿Se ha conservado algún ejemplar? Responder a estas preguntas toca a los futuros averiguadores.

También sugiero a éstos, temas por ejemplo, "Los sordomudos y los ciegos al través de la literatura española", ya como autores, ya como protagonistas o personajes. Recuérdese al gran músico Salinas. En el teatro podría encontrarse acaso algún personaje cómico "mudo", representando papeles de risa; pueden ser también dramáticos; hay tragedias de mudos. Otros dos puntos que se podrían incluir son "Los sordos en la literatura española". Navarro me recuerda varios en los sainetes de los hermanos Quintero. Los ciegos son muchos, desde el del *Lazarillo de Tormes* a los de Galdós y Valle-Inclán, como me indica también Navarro.

II

Un nuevo aspecto, opuesto al parecer al de la primera parte, se presenta en el estado actual de tan transcendente y universal cuestión, que me ha sorprendido en grado sumo. Se refiere a la historia de la invención de la idea de enseñar a hablar a los sordomudos. Quedamos, según las pruebas documentales descubiertas por Tomás Navarro, en que se inició en España a mediados del siglo XVI y se desarrolló a principios del siglo XVII (1620) la idea humanitaria y altruista de enseñar a hablar a los seres privados del sentido del oído. Tres españoles, Pedro Ponce de León, Manuel Ramírez de Carrión y Juan Pablo Bonet, fueron los primeros que desarrollaron la idea y la pusieron en práctica con los hijos sordomudos de los nobles españoles.

La Sra. Eleanor Font, de quien ya he hablado, sordomuda, que por su talento, estudio y esfuerzo personal se ha elevado en Nueva York al importante puesto de directora de la Sección de Iconografía de la H.S.A., me ha auxiliado en mis pesquisas, y ha llevado su extremada bondad a hacerme el obsequio de un ejemplar de la lujosa publicación intitulada *Farmwood: New York School for the Deaf, founded 1817*. Son sus autores el Dr. Roy M. Stelle y el Dr. Clarence O'Connor y se publicó en 1967, para conmemorar el 150 aniversario de la fundación de la Escuela de New York. El texto es la historia de la formación y desarrollo de la institución desde que la fundó el Capellán John Stanford en 1816.

Un documento curioso y significativo, me sorprende en extremo, y por ello me inclino a recogerlo y exponerlo. Por una frase asaz significativa y demostrativa se afirma (p. 6) que, tanto en los Estados Unidos como en Inglaterra, se ignoraba todavía a fines del siglo XVIII (1775) el hecho de haberse ejecutado en España estudios tendentes a enseñar a hablar a los sordomudos, idea inventada por un modesto fraile y desarrollada y practicada por otros dos en sus discípulos, hijos sordomudos de varios nobles españoles.

Luego se citan el folleto de Franklin de Inglaterra (1775), la escuela de Francia de l'Abbé de l'Epée en Paris, la de Samuel Heinde en Leipzig (1817) y el Príncipe Frederick Augustus (1778), la de Thomas Braidwood, en Edinburgh, 1760 (p. 6); pero se sigue callando la de España, anterior a todas ellas en más de un siglo (1620).

Navarro cree que "Sin duda, se debe tal silencio a referirse tales historiadores a la descripción de centros considerados como escuelas oficiales y públicas, lo cual no significa que la enseñanza de los sordomudos no se ejercía ya por ese mismo tiempo y en fechas anteriores por maestros privados o particulares en España y en otros países. Durante mucho tiempo la enseñanza de los sordomudos debió tener este carácter privado, antes de hacerse institucional. Como el folleto no se refiere a estos precedentes no es de extrañar que no haga mención de los fundadores españoles ni de sus continuadores inmediatos en otras tierras, *aunque lo natural hubiera sido haber recordado a tales primeros inventores y maestros*".

Si nos detenemos ahora en el nombre del sordomudo portugués Jacob Rodríguez Pereyra, natural de Berlanga, Badajoz (España), amigo del matrimonio Font, me dice Navarro que le trae a la memoria el recuerdo de un doctor Rodríguez Pereyra, portugués que practicaba la enseñanza de sordomudos en Burdeos en el siglo XVIII. Dice:

Recogí este dato en alguna de mis lecturas posteriores al artículo sobre Ponce, Ramírez de Carrión y Juan Pablo Bonet, y me parece haber tenido la impresión de que la actuación de este doctor en Burdeos pudo haber sido la fuente de donde derivaron las enseñanzas de l'Abbé de l'Epée. Claro es que habría que documentar las fechas y contactos que estas sugestiones suponen. Lo curioso es que los apellidos de aquel doctor portugués, probablemente de origen hispanohebreo, los lleva ahora un sordomudo de la misma procedencia, como si un descendiente de aquel maestro hubiera venido a sufrir la anormalidad que su antepasado curaba.

En Northampton, Mass., tenemos también la escuela de sordomudos Clark, una de las más antiguas y renombradas de los Estados Unidos. El siglo XIX desarrolló la organización pública de estas enseñanzas en muchos países.

Para nuestro objeto la cuestión está en hacer conocer la prioridad en la invención y difusión, cosa generalmente ignorada. En los Estados Unidos debe haber otras muchas escuelas de esta especie: [las hay] además de las de Farmwood y Clark. Una reseña de los progresos, métodos y sistemas de esta instrucción en Europa y América constituiría una extensa tesis. (Carta de 31 jul., 1968.)

Teatro

TEATRO EN GENERAL. Para nuevas investigaciones, *v.* S. Schoenbaum, *Research opportunities* en *Renaissance drama* (HR, 1965, XXXIII, 195).

SIGLO XVIII. John A. Cook, *Neoclassic drama in Spain*, Dallas, 1959. "Mucho falta por hacer en el estudio del teatro del siglo XVIII, por ejemplo, el de las 'refundiciones'". Existe amplio material accesible en la Bibl. de la Univ. de Toronto, Canadá. *V.* el catálogo de ellas por J. A. Molinaro, J. H. Parker y Evelyn Rugg, Toronto, 1959, y A. G. R[eichenberger], HR, 1962, XXX, 263.

COMEDIAS. Juan Isidro Fajardo, *Índice de todas las comedias impresas hasta 1716*, ms. n.º 14706, de la B.N.M. *V.* Ruth L. Kennedy, HR, 1935, III, 295, n. 2. Cotarelo, en *Obras de Lope*, 1930, VIII, xxv, lo titula *Catálogo* de principios del siglo XVIII. Importante para la bibliografía del teatro resulta el *Catálogo alfabético de 6000 títulos de comedias españolas* con indicación del autor respectivo que ocupa el último tomo del *Theatro hespañol* de Vicente García de la Huerta, 1785-1786, 16 v.

A las colecciones existentes de comedias españolas, pueden ahora añadirse dos series más, que acaso encierren sorpresas. Ambas acaban de ingresar en la Sala de Libros Raros de la Bibl. de Van Pelt en la Univ. de Pennsylvania. Fueron adquiridas en dic. de 1954. La primera comprende 42 tomos de los 48 de las *Comedias escogidas (1652-1704)*, y la segunda, 24 tomos de *Comedias sueltas*, encuadernadas por su propietario bajo el rótulo de *Comedias varias*, en especial, del siglo XVIII. De éstas, vienen numeradas 1-23 con encuadernación de pergamino y el título en el lomo; la 24 en piel. Los tomos de ambas colecciones llevan el sello "ex bibliotheca viennensi". El Prof. Arnold G. Reichenberger, quien comunica esta noticia en el *Hom. a Moñino*, II, 97-103, había publicado una primicia en *The Library Chronicle*, Univ. of Pennsylvania, 1955, XXI, 106-108. Ahora Reichenberger ha establecido la procedencia de estos libros, o sea la casa de los Condes Harrach de Viena, y hace un docto e interesante estudio histórico y bibliográfico.

ENTREMESES. Cotarelo no agotó el tema, aunque se le puede considerar el especialista. H. Serís da una corta lista de entremeses en su ed. del *Tres entremeses desconocidos del siglo XVII*, por Pedro Ordóñez de Ceballos, no insertos por Cotarelo. Antes que éste, Vicente García de la Huerta había reunido una lista en su *Catálogo alfabético...*, Madrid, 1785, p. 221-224. Por último, *v.* Serís, *Manual*, I, 287-290.

V. Comediantes, Histrionismo, Misterios.

Tipología

Claudio Guillén, *Luis Sánchez, Ginés de Pasamonte y los inventores del género picaresco*, en *Hom. a Moñino*, I, 221-231; modelo de análisis de la creación del género picaresco, debido a investigaciones bibliográficas sobre el *Lazarillo de Tormes*, cuya primera época de publicación estudia. Hace hincapié en la distinción entre la invención literaria previa y el libro publicado. Resume las investigaciones bibliográficas de esa primera época que puso de relieve el profesor francés A. Rumeau. Los datos bibliográficos permiten a Guillén asistir al nacimiento del género literario y al desarrollo durante el Siglo de Oro español como una forma literaria nueva que obtuvo un primer triunfo con el *Lazarillo* "al que siguen varios decenios de relativa indiferencia" (p. 223). Por otra parte agrega, y de aquí viene a deducirse el significado de tipología: "... los géneros literarios componen tipologías literarias que cambian con las épocas. ... Para cada época, para cada momento preciso del pasado, nos importa saber cuál era la tipología literaria que predominaba teóricamente, o sea, cuál era el repertorio de géneros que dicho momento ofrecía *a priori* al escritor" (p. 226). Más adelante (p. 227-228) redacta una buena definición de lo que es un género literario. Este artículo da fe de haberse elevado más aún la importancia de la bibliografía, mediante la cual puede crearse un nuevo género literario.

Paul Zumthor, *Etude typologique des planctus contenus dans la Chanson de Roland*, en *La technique littéraire des chansons de geste*, Univ. de Liège N.º CL, Paris, 1959.

Vejamen

Un nuevo género literario ha nacido. A la par que la Dra. Carrasco crea, en los estudios críticos de la historia de la literatura española, el que hemos bautizado con el apelativo de "ensayo-reseña", ha inventado el nuevo género literario "Vejamen".

Con ocasión de reseñar el libro de Mrs. Willard King sobre las Academias, *Prosa novelística y academias literarias en el siglo XVII*, la Dra. Carrasco escribió un verdadero ensayo-reseña con el modesto epígrafe de *Notas sobre el vejamen de academia en la segunda mitad del siglo XVII*, RHiM, 1965, XXXI, 97-111. Vivifica la vida de las academias en general, con su bibliografía, sus fuentes, su historia e influencia sobre la poesía y la prosa españolas, adelantándose a inventar, como he dicho, un género literario que define y explica, que determina como tal y confirma con descubrimientos documentales y textuales. Se adivina el nuevo género del vejamen. En esta extensa y original composición, pues, se hermanan dos novedades, el ensayo-reseña del libro de las academias y el género del vejamen de las mismas. Rara vez se crea un nuevo género literario en nuestros días; la Dra. Carrasco es, por ello, digna de admiración una vez más en la ya extensa serie de sus triunfos de crítica y erudición. La H.S.A. posee además vejámenes sueltos impresos y manuscritos. V, Serís, *Nuevo ensayo*, I, 210, 212; y *Manual*, II, n.ᵒˢ 4140, 4445, 7655-7661.

V. Ensayo-reseña. Luis Antonio Oviedo (Siglo XVII).

TEMAS PARTICULARES

Siglo VII

San Isidoro de Sevilla

(570?-636)

"*Del soberano bien* vertióse primorosamente al castellano en el siglo XV, y yace olvidado en códices de aquella fecha, sin que haya visto todavía la pública luz" (Jaime Torrubiano, *Imitación de Cristo*, por San Isidoro de Sevilla, trad. directa del original latino, Madrid, s.a., p. xv). *V.* J. López Ortiz, *San Isidoro de Sevilla y el Islam*, CyR, mar. 1936, n.º 36, 6-63; Menéndez Pelayo, *Estudios de crítica literaria*, 1941, I, 107; J. Pérez de Urbel, *San Isidoro de Sevilla*, Barcelona, 1940; N. Prados Salmerón, *San Isidoro: Estudio biobibliográfico*, Madrid, 1915, 41 p.; José A. Sánchez, *San Isidoro y su cultura matemática*, con bibliogr., RMHA, 1920.

Siglo XI

Orígenes de la poesía lírica

El hebraísta S. M. Stern ha mostrado un nuevo horizonte a las investigaciones relativas al origen de la poesía lírica, no sólo de España, sino de toda Europa. En 1948 descubrió veinte cancioncillas hispano-hebreas y una hispano-árabe, y el arabista G. S. Colin, otras cuarenta hispano-árabes, las cuales estudió el arabista español Emilio García Gómez, quien las editó. Algunas de ellas pertenecen a la primera mitad del siglo XI y las otras a la segunda mitad, lo que prueba documentalmente la aparición de la lírica en España un siglo antes de surgir la poesía de los trovadores provenzales. Estas cancioncillas en español, a veces mezclado de árabe, llamadas *jaryas* o *jarchas*, se hallan al final de unas poesías hispano-hebreas o hispano-árabes conocidas con el nombre de *muwassahas* o *moaxas*. En su origen la *moaxa* es árabe; luego fue imitada por los poetas hebreos. La *jarya* es una canción amatoria. Una doncella enamorada se lamenta de la ausencia de su amado. Es una "canción de amigo".

Estos hallazgos, verdaderamente trascendentales, revolucionan la teoría del origen de la lírica europea, acerca de la cual se equivocaron Jeanroy, Le Gentil y otros críticos franceses, y suscitan problemas que deben estudiarse. Los investigadores, que han de ser arabistas o hebraístas, a la par que hispanistas y romanistas, se lanzarán en busca de las soluciones. Ya se ha inaugurado una serie de trabajos que se espera continúen.

La bibliografía, hasta ahora, es la siguiente. Merece que se recuerde, pues aun cuando ha crecido con fecundidad, el período generador conservará siempre nuestra admiración: S. M. Stern, *Les Vers finaux en espagnol dans les "muwassahs" hispano-hébraïques*, Al-An, 1948, XIII, 299-346; *Un "muwassah" arabe avec terminaison espagnole*, Al-An, 1949, XIV, 214-218.—F. Cantera, *Versos españoles en las "muwassahas" hispano-hebreas*, Sef, 1949, IX, 197-234.—Dámaso Alonso, *Cancionillas "de amigo" mozárabes (Primavera temprana de la lírica europea)*, RFE, 1949, XXXIII, 297-349.—Emilio García Gómez, *Más sobre las "jarchas" romances en "muwassahas" hebreas*, Al-An, 1949, XIV, 409-417; *Nuevas observaciones sobre las "jarchas" romances en "muwassahas" hebreas*, Al-An, 1950, XV, 157-177; *El apasionante cancionerillo mozárabe*, Clav, 1950, I, n.º 3, 16-21.—R. Menéndez Pidal, *Cantos románicos andalusíes, continuadores de una lírica latina vulgar*, BAE, 1951, XXXI, 187-270.—L. Spitzer, *The Mozarabic lyric and Theodor Frings' theories*, CL, 1952, IV, 1-22.—H. Serís, *The oldest lyric poetry in Europe was Spanish*, BAbr, 1952, XXVI, 349-350.

Como antecedentes, consúltense: J. Ribera, *El cancionero de Abencuzmán*, Madrid, 1912, y en *Disertaciones y opúsculos*, Madrid, 1928,

2 v.—J. M. Millás Vallicrosa, *Sobre los más antiguos versos en lengua castellana*, Sef, 1946, VI, 362-371, y su libro *Yehuda Ha-Leví como poeta y apologista*, Madrid-Barcelona, 1947, p. 54-62.—Emilio García Gómez, *Sobre el nombre y la patria del autor de la "muwassaha"*, Al-An, 1934, II, 215-222, y 1948, XIII, 28-33; *Sobre un posible tercer tipo de poesía arábigo-andaluza*, en *Estudios dedicados a Menéndez Pidal*, Madrid, 1951, II, 397-408.—R. Menéndez Pidal, *Poesía árabe y poesía europea*, BHi, 1938, XL, 337-423 y Buenos Aires, 1941.—A. R. Nykl, *L'Influence arabe-andalouse sur les troubadours*, BHi, 1939, XLI, 305-315; *Hispano-Arabic poetry and its relations with the old Provençal troubadours*, Baltimore, 1946.

Siglo XIII

Alfonso X El Sabio

General estoria o Historia universal. Las dos últimas partes de las seis que comprende están incompletas y no se han podido encontrar los mss. que las contendrían íntegras. *V*. A. Millares Carlo, *Edad Media, Historia de la literatura española hasta fines del siglo XV*, México, 1950, p. 110.

Lucidario

V. A. Millares Carlo, *ibid.*, p. 119; y J. Nachbin, *Noticias sobre el "Lucidario" español y problemas relacionados con su estudio*, RFE, 1935, XXII, 225-273; 1936, XXIII, 1-44, 143-182. [*Los "Lucidarios" españoles*, estud. y ed. de Richard P. Kinkade, Madrid: Gredos, 1968, 346 p.]

El Mascarón

Drama litúrgico. Debía editarse el drama con este título, de fines del siglo XIII o principios del XIV, que se conserva manuscrito en el Archivo de la Corona de Aragón, en Barcelona, una parte en un registro bajo el n.º 155 y el resto en otro registro titulado *Miscellánea ascética*. Los personajes son Dios, la Virgen Santa María y Mascarón, "procurador del Infierno". Un cuarto personaje y el coro cantan. *V*. F. Pedrell, *La Fête d'Elche*, Paris, 1906, p. 42 y n. 1.

Los votos del Pavón

Por descubrir este poema mencionado por el Marqués de Santillana en su *Prohemio* o *Carta* al Condestable Pedro de Portugal, "poema no descubierto hasta hoy, que debió ser continuación de *Alexandre* [siglo XIII], como lo es en los poemas franceses del mismo argumento", según Menéndez Pelayo, citado por H. y P., *Hist de la lit. esp.*, 5.ª ed., 1943, p. 173.

SIGLO XIV

Cantar de Sancho II y cerco de Zamora

(siglo XIV)

"Quedan aún por explorar muchos temas de la épica y del Romancero. ¿Qué mejor manera de hacerlo que ésta que, siguiendo a Menéndez Pidal, ha adoptado Carola Reig?" Es referencia a su excelente libro sobre *El cantar de Sancho II y cerco de Zamora*, Madrid, 1947, 405 p. (anejo de la RFE, XXXVII), que hace la reseñadora de esta obra, Margit Frenk Alatorre, NRFH, 1950, IV, 174, la cual añade: "Un estudio como el reseñado tendrá siempre el gran mérito de ser a la vez aportación erudita al estudio de la epopeya medieval y valiosa contribución a la historia de los temas poéticos en la literatura española".

Juan Fernández de Heredia

(1310?-1396)

Por publicar completa *La grant corónica de los conquistadores*, ms. 10134 bis de la B.N.M. De ella dio a la imprenta sólo unos fragmentos G. W. Umphrey en sus *Aragonese texts* "now edited for the first time", en RHi, 1907, XVI, 244-287.

En el libro XIII de esta crónica da cabida Fernández de Heredia a la biografía de Carlomagno y en la misma inserta su traducción del latín al español de la *Crónica de Turpín*, la cual se halla también inédita (Menéndez Pidal, RFE, 1917, IV, 199).

Fray Francisco Jiménez

(Eximenes o Eximenis)

(1349?-1412?)

Por editar y estudiar su *Libro de las donas*, escrito en la era 1392 (año de 1354), que se encuentra manuscrito en la bibl. de la Univ. de Salamanca (*v.* el *Catálogo de los manuscritos de la Biblioteca de la Universidad de Salamanca*, 1855, p. 41). Habría materia para elaborar un estudio comparativo, teniendo en cuenta los otros libros posteriores sobre las donas, como las *Coplas de las calidades de las donas* por Pero Torrellas o Torroella (siglo XV), el *Triunfo de las donas* por Juan Rodríguez de la Cámara o del Padrón (fl. 1440), la *Defensa de virtuosas mujeres* por Diego de Valera (1412-1488?), el *Libro de las claras e virtuosas mujeres* por Álvaro de Luna († 1453), el *Corbacho, que fabla de los vicios de las malas mujeres* (Sevilla, 1498) por el Arcipreste de Talavera, Alfonso Martínez de Toledo (1398?-1470?), y el *Diálogo que habla de las condiciones de las mujeres* (1546) de Cristóbal de Castillejo (1490?-1550). Fray Jiménez se adelantó a todos estos autores y ése es ya un mérito para editar y analizar su libro. Por falta de ello, no llegó a conocimiento de J. Ornstein en sus excelentes estudios, *La misoginia y el profeminismo en la literatura española*, RFE, 1941, III, 219-232, y *Luis de Lucena: Repetición de amores*, Chapel Hill, Univ. of North Carolina Press, 1954, donde da una lista muy completa de estas obras pro y antifeministas.

Juan Manuel, El Infante

(1282-1349?)

Crónica abreviada (extracto de la *Primera Crónica general*) por el Infante don Juan Manuel, escrita entre 1320 y 1322. Se ha conservado en el ms. 1356 (antes F. 81) de la B.N.M. Se halla inédita. Debe publicarse (A. Millares Carlo, *Edad Media*, México, 1950, p. 159).

El libro de la caza. Una publicación sobre este libro del Infante don Juan Manuel es de 1948. Han transcurrido ya más de veinte años y todavía no aparece registrado ni estudiado en las bibliografías; me refiero a un folleto de Manuel Cardenal de Iracheta, titulado *La geografía conquense del "Libro de la caza"*, publicado primero en RABM, 1948, LIV, 27-49, y luego en un folleto de 23 p., Madrid, 1948.

Empieza por dar los datos bibliográficos y a la par críticos: "Dos veces se editó en el siglo XIX el *Libro de la caza* ... en Madrid, 1874, por Gutiérrez de la Vega (Biblioteca Venatoria) [*v.* Serís, *Manual*, II, 597], y en 1880 por G. Baist, en Halle, Alemania. La ed. de Baist supone un esfuerzo considerable. Con leves faltas reproduce el texto del célebre manuscrito S. 34 de nuestra Biblioteca Nacional. Ilustró Baist la edición con algunas notas lexicográficas y críticas. En la ed. del Prof. J. M. Castro y Calvo que ha visto la luz pública en Barcelona, 1945, se reproducen las notas, prólogo y apéndices de Baist en un castellano desgraciadamente ininteligible. Y nos ocurre, además, preguntar si en 65 años que han corrido desde la ed. de Baist, no ha habido lugar para corregir los defectos de aquélla. Ya en 1896, apuntaba... Menéndez Pidal el extraordinario interés de los textos de don Juan Manuel. Pero después de Baist, Graefenberg y Knust —todos ellos germanos— nadie ha puesto mano cuidadosa e inteligente en la obra del autor del *Lucanor*. Aguardamos la edición completa y fiel de sus escritos. Aguardamos un diccionario y una gramática de su rica lengua y un estudio que no sea de vagas generalidades acerca de sus ideas y sus valores estéticos". He copiado íntegramente este párrafo a fin de que sirva de exhortación a los lectores de esta *Guía*.

Cardenal describe el ms. S. 34, como una copia de comienzos del siglo XV, "bastante descuidada" de otro ms., acaso el de los frailes predicadores de Peñafiel todavía desconocido, que debe pesquisarse y sacar a luz de su escondite en algún convento o en el antiguo castillo del siglo XIV del Infante Don Juan Manuel, cerca de Valladolid. Sugiere Cardenal que la causa de la defectuosidad de las grafías, de los errores evidentes, de las equivocaciones morfológicas y hasta sintácticas, se deban a que D. Juan Manuel compusiera sus obras al dictado. Y esa idea, muy verosímil, lo lleva a preguntar si las copias de manuscritos se hacían dictando. En este caso, a la posible equivocación del que dicta, se puede añadir la del auditor. El escriba yerra al oír mal, y así tenemos dos fuentes de error. De ese modo se hacía también en la antigüedad. La sugerencia del Sr. Cardenal es muy razonable. Pone ejemplos de malas lecturas del escriba del ms. S. 34 y aun de Baist. Cree que todo el *Libro de la caza* podría anotarse satisfactoriamente, mas las faltas graves y numerosas del copista plantearían problemas lingüísticos insolubles.

Hace Cardenal la descripción del *Libro de la caza* y hace una distinción entre el arte de cazar y el arte de *venar*, término que no se encuentra en los diccionarios modernos. Sigue el Infante la tradición científica y literaria de su tío Alfonso X. La obra está incompleta; sólo terminó la primera parte. Es de lamentar que no completara el *Libro* anunciado. La segunda parte había de ser geográfica, pues iba a referirse a la descripción de los sitios mejores de caza de Castilla y León. En la parte que ha llegado a nosotros sólo comprende los obispados de Cartagena, Cuenca y Sigüenza, que conoce muy bien por haber recorrido en persona sus lugares de caza o cazaderos. Buen cazador era D. Juan Manuel que frecuentaba las riberas, como en Cuenca, en las cuales se cazaban ánades, garzas, grúas, flamencos y otras aves acuáticas o que viven en las orillas de los ríos. Al mismo tiempo, estudiaba el sistema hidrográfico, y su labor —enseñar deleitando— ha sido utilizada hasta hace poco.

Cardenal, en colaboración con su esposa, Rosario Alcántara Montalbo, durante su estancia en Cuenca, la vieja ciudad medieval, papeletizaron la obra de D. Juan Manuel y formaron un elenco alfabético, verdadero diccionario geográfico, en el cual se identifican y describen los lugares de aquel obispado; se corrigen los errores de geografía de Baist, se da alguna nota histórica o topográfica interesante. Un diminuto mapa ilustra las descripciones. Las fuentes no pueden ser mejores, pues los autores se hallaban personalmente en los sitios, las riberas, que enumeran y reseñan y se sirvieron de los habitantes, cuyas explicaciones son guías más seguras y explícitas que las que trazan los mapas. Sin embargo utilizaron —y aquí nos dan bibliografía— el mapa de la provincia, por Ramón Domínguez, Cuenca, 1885; los de Tomás López, 1756 y 1768; *España dividida en provincias*, Madrid, Imp. Real, 1789; la parte de Cuenca por Romualdo de Tovar; los conocidos de Madoz y Miñano; las hojas del mapa de España del Instituto Geográfico. Pero por encima de todo, las informaciones orales del antiguo catedrático del Instituto, Juan G. de Aguilar, quien posee muchos papeles del ilustre conquense Fermín Caballero, alguno utilizado por Cardenal. Puedo añadir que la lista de los manuscritos conquenses que dejó Caballero se halla en su libro, *La imprenta en Cuenca*, Cuenca, 1869, 2.ª ed., 1881. Además han consultado la obra de Porreño, *Reseña del obispado de Cuenca*, 1622; A. Ponz, *Viaje de España*, Madrid, 1776, ed. mod. 1947; Juan Pablo Mártir Rizo, *Historia de Cuenca*, Madrid, 1620; Luis Mediamarca y Soto, *Mapa de la provincia y obispado de Cuenca*, Cuenca, 1869; Muñoz y Soliva, *Historia de Cuenca*; M. Herrero García, *Nota sobre el lago Pozo Ayrón*, HispM, 1943.

Entresaco de las papeletas del especializado y breve diccionario, que contiene 166 nombres, ciertos pasajes curiosos recogidos por los autores en su personal recorrido de la región. En Castiello, o castillo de Garci Muñoz, recuerdan que D. Juan Manuel fue sitiado por Alfonso XI, pero logró escapar el 30 de junio de 1336.

En Llañas, donde hay "un punto conocido por El Martinete, por existir allí, funcionando todavía, un martillo hidráulico para fabricación de calderos de cobre". En Pozo Ayrón, lago que "antiguamente se llamó Villar de Cha, por hallarse en el centro de una heredad perteneciente a un moro de este nombre, no es de mucha extensión, pero sí de una gran profundidad, y por este país es el coco de los niños; es una laguna de agua salada, cuyo fondo no se ha podido averiguar nunca, y que parece contener siempre la misma cantidad de agua; tal es su fama de profundidad que pasando de Valencia se llegó a verla el rey Carlos I". Quero, en su término hay otra gran laguna llamada de Tarán "donde afluye el río Riansares, que entra por una reja practicada al efecto al lado este, y la laguna desagua por otra reja practicable". Rauenco, "es famosa la miel de este lugar". Tres Juncos, "se han descubierto algunos vestigios de población romana. ...he visto trozos de ladrillo y ladrillos enteros romanos, y argamasa de sus edificios, y unas lápidas y estatuas pequeñas de piedra de todo relieve que figuran personajes en hábito romano. Esta nota está tomada del ms. de la B.N.M., de fines del siglo XVIII, n.º 18084, de Mateo López, citado por Fermín Caballero en *La imprenta en Cuenca* mencionada, donde da la sign. ant.: S-230; contiene datos arqueológicos y cartas de Floridablanca".

Estoy de acuerdo con el Sr. Cardenal. Es hora ya de poner "mano cuidadosa e inteligente en la obra del autor del *Lucanor*". Es preciso editar todos sus libros, agrupar su léxico total, formando así el vocabulario y la gramática de su lengua, dada la importancia que concede Menéndez Pidal a sus textos. Y ciñéndonos a su *Libro de la caza*, continuar la tarea llevada a cabo por Cardenal, tan meritoria y escrupulosa, investigación tan acabada y perfecta, que puede servir de ejemplo y de modelo a los continuadores para completar el trozo de la segunda parte que poseemos, es decir, la concerniente a los obispados de Cartagena y de Sigüenza. Así sea.

Pero López de Ayala

(1332-1407)

Por imprimir su *Historia de la Casa de Ayala* y sus otras obras genealógicas. Rafael de Floranes en la *Colección de documentos inéditos para la historia de España*, XIX, 455, dice de la primera que la compuso el Canciller en 1398 "y no se ha impreso", y en la p. 548 del mismo tomo añade, refiriéndose a las segundas, "No tenemos la fortuna de que se hayan impreso".

SIGLO XV

Alonso de Cartagena

(1384-1456)

No se ha publicado todavía el *Libro de Marcho Tullio Cicerón que se llama de la Retórica*, trasladado de latín en romance por Alonso de Cartagena, códice de El Escorial, de 45 hojas. Es el tratado, *De Inventione*, que también llamaban *Retórica vieja de Tulio*, según Menéndez Pelayo, quien habla de esta traducción en su *Hist. de las ideas estéticas*, 3.ª ed., correg. y aum., 1910, II, 306-315, y reproduce únicamente la introd. y dedicatoria. En la p. 279, n. 2, del mismo volumen agrega que el texto de Cartagena es de gran valor y no se ha impreso nunca.

Rodrigo Cota

El Viejo o El Tío

(fl. 1472 - † ca. 1495)

De su *Diálogo entre el amor y un viejo*, Medina del Campo, 1569, se conocen muy pocos ejemplares; yo no conozco ninguno. La H.S.A.

carece de él. Tampoco lo posee la Colec. de Ticknor en Boston. Mr. Huntington tuvo que acudir al texto del *Cancionero general* de H. del Castillo, Toledo, 1520, ej. en la H.S.A., para publicar su ed. facsímile, New York, 1904. Una ed. de Madrid, 1785, con notas manuscritas de Tomás de Iriarte, se conserva en la colec. citada de Ticknor, quien cree son correcciones al texto "muy necesitado de ello", según advertencia de éste en su *History of Spanish literature*, Boston, 1872, I, 275, n. 15 (Jenaro Artiles, Sy, 1953, VII, 353-357).

Sería conveniente conocer el origen y fundamento de esas correcciones de Iriarte y cotejarlas con el texto de Foulché-Delbosc y Bonilla San Martín que forma parte de la Bibl. Oropesa IV, Madrid [1905-1909], y con el de las eds. de Moratín (*Orígenes*), Balenchana (Biblióf. Esp.), y A. Cortina, teniendo presente el texto antiguo del *Cancionero general* de H. del Castillo, arriba citado. Para el de Cortina, RevBAM, 1929, VI, 151, *v.* la severa crítica, sumamente desfavorable, por Artiles en la misma revista.

Bibliografía: A. Miola, *Un testo drammatico spagnuolo del XV secolo*, en *In memoria di N. Caix e U. A. Canello*, Firenze, 1886, p. 175-189; Menéndez Pelayo, *Antología*, VI, 376; *Cancionero castellano del siglo XV*, ed. Foulché-Delbosc, NBAE, XXII, 1915, 580; A. Bonilla y San Martín, en *Las Baccantes*, Madrid, 1921; E. Cotarelo, *Algunas noticias nuevas acerca de Rodrigo de Cota*, BAE, 1926, XIII, 140; para los detalles bibliográficos *v.* la extensa bibliografía de A. Cortina, BAAL, 1933, I, 364-371.

La H.S.A. posee las siguientes ediciones antiguas: Rodrigo Cota de Maguaque, *Diálogo entre el amor y vn cauallero viejo*, en Jorge Manrique, *Las coplas*, Alcalá de Henares, 1570, f. 197v-208v; otra ed. en Jorge Manrique, *Coplas*, Seuilla, 1575, f. [116v]-128v; otra en Jorge Manrique, *Las coplas*, Madrid, 1598, f. 194v-204; otra en Jorge Manrique, *Las coplas*, Madrid, 1614, f. 191v [i.e. 194]-204; otra en Jorge Manrique, *Las coplas*, Madrid, 1632, f. 147-156. *V.* Pérez Pastor, 578, 1285; Jerez, p. 64, 150; Catalina, 458; Morante, 4624; Heredia, 1844; Penney, *Printed books*, 1965, p. 153-154.

"Es hora —me escribe Artiles, en carta del 23 de marzo de 1953— de publicar una edición crítica."

Crónica de D. Juan II

(siglo XV)

El gran maestro y conocedor de crónicas, Menéndez Pidal, en *El Romancero*, Madrid, 1927, p. 76-77, nos informa: "Otra *Crónica de Don Juan II*, atribuida a Pero o Pedro Carrillo de Albornoz, de inestimable valor, muy distinta de la impresa, se halla manuscrita en la B.N.M., sign. Ms. 9445". Ch.-V. Aubrun trae a colación la *1.ª Crónica de D. Juan II de Castilla*, por Álvar García de Santa María, fragmento ms. de París, n.° 104, en una interesante colaboración al *Hom. à Martinenche*, Paris, 1939, p. 293-314, *Sur les débuts du théâtre en Espagne*, a saber: estado y progreso del teatro en Zaragoza a principios del siglo XV, y su originalidad. *V.* A. F. von Schack, *Historia ... del arte dramático en España*, tr. por E. de Mier, 1885, I, 234-237 y n. 2; y M. Milá y Fontanals, *Obras completas*, ed. de Menéndez Pelayo, 1895, VI, 232-240.

Ruy González de Clavijo

(† 1412)

Traduzco del inglés: "El ejemplar elegido para la edición de la príncipe de la *Historia del gran Tamorlán*, publicada por Argote de Molina, en Sevilla, 1582, no fue cotejado con el manuscrito anterior del siglo XV. Se desea, por consiguiente, con empeño, que una nueva edición del texto sea emprendida por un competente erudito español" (Guy Le Strange, *Clavijo, Embassy to Tamerlane, 1403-1406*, London, 1928). Le Strange, se añade, desconocía la ed. de Llaguno y Amírola de 1782. Antes, pues, de preparar una nueva ed., habría que confrontar el texto de la de Llaguno con el ms. del siglo XV a fin de cerciorarse de si lo utilizó o no. Hay una ed. moderna por Francisco López Estrada, Madrid, 1943.

Pero Guillén de Segovia

(1413-1474?)

Su *Cancionero* está inédito, según Menéndez Pelayo en *Poetas de la Corte de Don Juan II*, Buenos Aires, 1943, p. 152, n. 1 y su *Antología*, VI, 152. Las *Coplas* se publicaron en la ed. mod. del *Cancionero general de Castillo* (Biblióf. Esp.), 1882. *V.* H. R. Lang, *The so-called "Cancionero of Pero Guillén de Segovia"*, RHi, 1908, XIX, 51-81; y G. M. Vergara y Martín, *Ensayo de una colección bibliográfico-biográfica de ... Segovia*, Guadalajara, 1903, p. 508.

Alfonso Martínez de Toledo, Arcipreste de Talavera

(1398?-1470?)

Se echa de menos la publicación de la *Atalaya de las crónicas* (1443-1455), y la *Vida de San Isidoro* (1444). De la primera, o sea la *Chrónica intitulada Atalaya de las corónicas*, se han conservado cinco manuscritos, uno perteneciente a la B. de P., signatura 2-F-4, 2-C-9, o 2-J-8; otro a la Acad. Española; un tercero a la de la Historia, est. 26, gr. 1, D.n.21, del siglo XVIII (Menéndez Pidal, *La leyenda de los Infantes de Lara*, 1896, p. 75, n. 1, y *Catálogo de la Real Biblioteca*, 1.ª ed., 1898, p. 106, y 3.ª ed., 1918, p. 169). El de la Acad. de la Historia es una copia de un original de la *Chrónica*, coetáneo del autor, sacada por Pedro Rodríguez de Campomanes, y el de Palacio, 2-F-4, es una copia de éste. Gayangos registró un cuarto manuscrito en el Br. Mus., Egerton 287, en el *Catalogue of the manuscripts in the Spanish language in the British Museum*, 1875, I, 194. *V.* también B. Sánchez Alonso, *Fuentes de la hist. esp.*, Madrid, 1919 (muy difícil de encontrar los datos en las eds. sucesivas de esta ya clásica e indispensable bibliografía de la historia); G. Cirot, "Note sur l'Atalaya", *HMPidal*, 1925, I, 355-369, y "Notes complémentaires", BHi, 1926, XXVIII, 140-154. Por último, un quinto ms. desconocido, del siglo XV, hoy en la B. de P., fue descrito por Menéndez Pidal en el mencionado *Catálogo*, 3.ª ed., p. 167 (BHi, 1923, XXV, 101-102).

El Corbacho, Sevilla, 1498, fue reeditado por Pérez Pastor en 1901, con vista del códice de El Escorial, de la ed. citada de Sevilla de 1498, y de la de Toledo de 1500; pero no se tuvo presente la ed. de Toledo de 1518. Existe un ejemplar de esta última ed. en la bibl. de la H.S.A. Habría que coordinar las variantes de ésta, que no se tuvieron en cuenta en la de 1901.

Juan de Mena

(1411-1456)

"Las obras poéticas de Juan de Mena todavía no han sido reunidas en un solo cuerpo. A continuación de sus tres poemas mayores suelen intercalarse algunas poesías sueltas, pero éstas son muy pequeña parte de las que sin esfuerzo alguno pueden encontrarse en el *Cancionero* de Baena, en el de Stúñiga, en el que perteneció a Herberay des Essarts, en el que fue de Gallardo, en el de Castillo, y en suma, en todos los cancioneros impresos y manuscritos del siglo XV y primeros años del XVI. En el *Cancionero* [de Herberay des Essarts], del cual publicó la parte inédita D. Pascual de Gayangos en el tomo I del *Ensayo* de Gallardo, hay una docena de poesías con el nombre de Mena" (Menéndez Pelayo, *Juan de Mena* en la *Antología*, o en la *Hist. de la poesía castellana*, o en los *Poetas de la Corte de D. Juan II*, Buenos Aires, 1943, p. 141-142). Foulché-Delbosc reunió bastante en su *Cancionero del siglo XV*, NBAE XIX, 1912, p. 120-221.

Las *Coplas de los siete pecados mortales*, Salamanca, 1500, poema llamado con más propiedad en los códices *Debate de la Razón contra la Voluntad*, fue continuado por Gómez Manrique, Pero Guillén de Segovia y Fr. Jerónimo de Olivares. La continuación de Olivares es la única que se ha impreso en las eds. de Mena. Deben añadirse las de Gómez Manrique y Guillén de Segovia, que se encontrarán en sus respectivos *Cancioneros*, el segundo de los cuales se halla inédito.

Con respecto al *Laberinto* discurre Camille Pitollet (en su reseña de *I primi influssi di Dante, del Petrarca e del Boccaccio sulla letteratura spagnuola* por Bernardo Sanvisenti, Milano, 1902) lo que sigue: "Le texte dont se sert M. Sanvisenti ... n'est pas celui des éditions connues, mais d'un ms. de l'Archivo de la Corona de Aragón. Il fait montrer une fois de plus le désir de voir bientôt quelque moderne

Núñez ou Sánchez entreprendre une édition critique du *magnum opus* de l'Ennius espagnol" (BHi, 1904, VI, 358).

La obra que ha hecho época es la de María Rosa Lida de Malkiel, *Juan de Mena, poeta del prerrenacimiento español*, México, 1950; tesis de doctorado "brillantemente defendida en 1947, en la Fac. de Filos. y Letras de Buenos Aires, e impresa a los tres años en Méjico", representa un desarrollo sumamente escrupuloso de una reseña de la modesta edición (1943) que prepara de *Las trescientas* J. M. Blecua para los Clás. Cast. (Yakov Malkiel, *Cómo trabajaba María Rosa Lida de Malkiel*, en *Hom. a Moñino*, I, 375). Menéndez Pidal y R. Lapesa, *Juan de Mena (1411-1456), Coronación*, bibliografía, texto y notas del manuscrito; *Laberinto de fortuna*, bibl., texto y notas; y *Coplas contra los pecados mortales*, bibl., texto y notas, en *Crestomatía medieval*, Madrid, 1966, II, 618-635. Rafael Lapesa, *El elemento moral en el "Laberinto" de Mena, su influjo en la disposición de la obra* (1959), en *De la Edad Media a nuestros días*, estudios de historia literaria, Madrid, 1967, p. 112-122. Oreste Macrì, *Ensayo de métrica sintagmática*, con ej. del *Laberinto* [Madrid, 1969, 295 p.].

Hasta ahora se ha leído y estudiado la poesía de Mena, pero apenas se conoce su prosa, que debe editarse y analizarse.

Mingo Revulgo

(1464?)

No hay que perder la esperanza. Este es el lema con que se anima y alienta a menudo a los consultores de esta *Guía*. Siempre se encuentra cosa nueva que alimenta y sostiene la búsqueda de algo que se ha perdido o que nunca se supo si existió; pero que debía existir. Por ejemplo, el autor de las *Coplas de Mingo Revulgo*. Tuvo que existir pero nunca se conoció, ni en su época, ni en la posterior. Mucho se investigó sin resultado positivo, desde Gallardo (*Ensayo*, I, 823) hasta Menéndez Pelayo (*Antología de poetas líricos*, III, 5-20; VI, xviii, n., y 12).

En 1966 un erudito y activo investigador, J. Rodríguez Puértolas, ha descubierto algo nuevo y lo ha hecho público en el *Hom. a Moñino*, II, 131-142, con un artículo rotulado *Sobre el autor de las "Coplas de Mingo Revulgo"*. "El problema de la paternidad de las *Coplas de Mingo Revulgo* [fechadas por Amador de los Ríos en 1464] parece haber dejado de preocupar a la crítica moderna. ... tras una animada y ya lejana polémica, la socorrida 'solución' del anonimato es la que corre válida por las historias literarias" (p. 131). Y, no satisfecho con ello, cree que ha llegado el momento de decir algo nuevo y él mismo se propone hacerlo.

Comienza, como es natural, por la bibliografía, desde la más antigua edición que se conoce, la de Burgos, 1483, de la que se conserva un ejemplar en la H.S.A., del cual ha facilitado su estudio una ed. facsimilar por Antonio Pérez Gómez, Valencia, 1953. Otra ed. facs. de Lisboa, 15...? por Rodríguez-Moñino. De las eds. posteriores se conservan unas cuarenta. De éstas figuran en la H.S.A. once (Penney, *Printed books*, 1965, p. 360-361). Existen numerosas glosas; hasta un comentario en prosa y verso del siglo XV, dedicado al segundo Marqués de Santillana. Pero la más famosa es la de Hernando del Pulgar, 1485. Otra anónima con tres coplas más de las 35 habituales (Gallardo, I, n.° 758, cols. 823-854) en un manuscrito en la B.M.P. (*Antología*, III, 5-20; VI, 12); otro en el Br. Mus.; y, por último, la de Juan Martínez de Barros, 1564, publicada por Sancha en su ed. de la *Crónica de Enrique IV* por Enríquez del Castillo, Madrid, 1787. Finalmente se ha preservado en la B.N.M., editado por Luis de la Cuadra Escrivá de Romaní, Madrid, 1963, la más reciente ed. de las *Coplas*.

Sigue descorriendo Puértolas el historial erudito, crítico y pormenorizado de las ediciones, de las glosas y de las atribuciones formuladas o sugeridas tocantes a la paternidad de las *Coplas*, desde Rodrigo Cota, Pulgar, Alonso de Palencia, Mena y Fray Íñigo de Mendoza. Enseguida (p. 134-135), satisface nuestra curiosidad dándonos lo nuevo anunciado:

> ... puede considerarse la relación entre *Mingo Revulgo* y Fray Íñigo de Mendoza bajo una nueva luz. Durante mis investigaciones sobre la *Vita Christi* de Mendoza y sobre la vida misma del franciscano, me parece haber hallado algunos nuevos datos pertinentes; dos de ellos, a los que me voy a referir seguidamente, me han servido de punto de partida. He aquí el primero. En la Biblioteca del Museo Británico y con la signatura Egerton-939 se conserva un cancionero castellano del siglo XV, de evidente relación, en cuanto a su contenido, con el llamado *Cancionero de la Colombina* (v. H. R. Lang, *The Cancionero de la Colombina*

at Sevilla, en *Transactions of the Connecticut Academy of Arts and Sciences,* 1909, p. 87-108; Serís, *Manual,* n.º 2218, I, 245; Aubrun, *Inventaire des sources pour l'étude de la poésie castillane au XVème siècle,* en *Est. dedic. a Menéndez Pidal,* Madrid, 1953, IV, 310; P. de Gayangos, *Catalogue of the manuscripts in the Spanish language in the British Museum,* London, 1875, I, clás. II, 11-14). La *Vita Christi,* en su primera versión, incompleta, aparece en los folios 59-82v, y las *Coplas de Mingo Revulgo* en los folios 43v-46v; el título de este último poema es muy diferente del generalmente conocido, pues reza así: *Bucólica que fizo un frayle.* Si en el momento de leer esto no me hubiese encontrado en lo más arduo de mi investigación sobre la *Vita Christi* y Fray Iñigo, es posible que el citado encabezamiento del cancionero londinense me hubiera llamado la atención como algo curiosamente distinto, pero nada más. Este mismo dato del Museo Británico hace escribir al señor de la Cuadra Escrivá de Romaní en su reciente edición de *Mingo Revulgo* (p. 14): "Esto es lo más probable, que el autor fuera un religioso, oriundo del norte de Extremadura, con buena formación filosófica y religiosa y, desde luego, enemigo del rey y de sus cortesanos". Estoy de acuerdo con todo esto excepto con lo de "oriundo del norte de Extremadura", para decir lo cual el señor de la Cuadra Escrivá de Romaní se basa en el *dialecto sayagués* en que generalmente se dice que las *Coplas* están escritas; considera esta ficción, por lo tanto, como lengua realmente hablada en Extremadura. Como dice H. López Morales, "lingüísticamente no hay razón para seguir llamando sayagués a esta lengua artificiosa". (En su ed. de *Tres comedias, Soldadesca, Ymenea, Aquilana* de Torres Naharro, New York, 1965, p. 50-53, "Convención y realidad del lenguaje rústico". Sobre el tema *v.* Frida Weber de Kurlat, *El dialecto sayagués y los críticos,* en *Filología,* 1949, I, 43-50; *Lo cómico en el teatro de Fernán González de Eslava,* Buenos Aires, 1963, p. 36, n. 26.)

Aquí me aparto del Sr. Puértolas, pues en *Bibliografía de la lingüística española,* Bogotá, 1964, n.º 14493, p. 624, cito a Menéndez Pidal, quien en RABM, 1916, XIV, 142, había escrito: "Se llamaba *sayagués* todo lenguaje rústico, sin que tuviese mucho que ver con el usado en Sayago (Zamora)". En el mismo libro consigno sobre el sayagués los trabajos n.ᵒˢ 14494 a 14498, p. 624, y n.º 16546, p. 857, que son de parecida opinión.

Prosigue Puértolas en la p. 135 de su artículo que "... en realidad el auténtico problema es el que sugiere J. E. Gillet [traduzco] : 'todavía se ignora cuán meramente convencional es este dialecto. La cuestión es, pues, cómo y cuándo se formó una tradición de lenguaje como éste' " (Gillet, *Notes on the language of the rustics in the drama of the XVIth century*, en HMPidal, I, 443). Al final vuelve Puértolas a tocar este tema, del cual dice: "Las semejanzas concretas, ... dentro de ese genérico cuadro lingüístico, no son muy abundantes, pero sí significativas" (p. 141). Recoge y compara varios ejemplos de ambos textos que permiten relacionarlos también, como alguna exclamación rústica; predilección por el color *bermejo*; calificativo de *jubón, perra* y *claror, estorcijar, rebellado, rabadán*; tendencia al uso del imperativo e interrogativo repetitivos; *oja, oja los ganados, finca, finca los ynojos*, etc. "... el fragmento pastoril de Fray Iñigo presenta un aspecto 'sayagués' mucho más intenso que el de *Mingo Revulgo*, de la misma forma que Encina y Torres Naharro utilizarán ... más *in extenso*..." (p. 142). Y continúa nuestro investigador:

> Veamos ahora el segundo dato inicial. En la *Doctrina Christiana para los niños y para los humildes*, de Fray Antonio de Valenzuela, aparece (fol. k7-k8 de la ed. de Salamanca, 1556) lo siguiente: "O, Reyes christianos y cathólicos de felice memoria don Hernando y doña Ysabel, que ... mandaron a dos predicadores célebres de su capilla, que compusiessen romances y villancicos, en romance, de Christo y de su madre, y de sus festividades y de los apóstoles. Y otra cosa no se cantara en la Sala, como parece por el Cancionero de fray Ambrosio y fray Mingo y otros célebres predicadores de aquel tiempo". Este *Fray Mingo* no es otro que Fray Iñigo de Mendoza, según Eugenio Asensio, de quien tomo el texto citado (*El erasmismo y las corrientes espirituales afines*, RFE, 1952, XXXVI, 52). Efectivamente, ningún Fray Mingo figura como predicador de los Reyes Católicos en las completísimas *Cuentas*, felizmente conservadas, de Gonzalo de Baeza, tesorero de la reina Isabel, *Cuentas* que son fuente de preciosos datos sobre la organización interior de la corte y sobre los servidores de toda clase que en ella había (*v*. la ed. de A. y E. A. de la Torre, Madrid, 1955-1956, 2 v.). Fray Iñigo de Mendoza, en cambio, sí aparece citado en numerosas ocasiones en la compilación de Baeza. Y, por otro lado, ningún Fray Mingo conocemos con cancionero manuscrito o impreso, mientras que del

fraile Mendoza existen varios, desde el códice K-III-7 de El Escorial hasta la edición, por ejemplo, de Zaragoza, 1492, por Paulo Hurus. ... no cabe duda de que el texto comentado se refiere a él [Fray Iñigo de Mendoza]. (p. 135-136)

Luego emprende un estudio textual de ambos poemas, estudio comparativo que ocupa siete páginas, concluyendo con la convicción de su similaridad, de su coincidencia, de sus mismas alusiones, como las que se hacen de las damas portuguesas llegadas con la reina Doña Juana a Castilla. Finaliza con una cita de Américo Castro, quien decía que "las obras satíricas del siglo XV suelen atribuirse a conversos" (*La realidad histórica de España*, México, 1954, p. 531), lo cual lo dice "pensando todavía en Hernando del Pulgar como autor de las *Coplas de Mingo Revulgo*. [Insiste Puértolas en que] la aguda observación primera continúa válida, en todo su vigor: Fray Iñigo de Mendoza es converso, pariente de los Santa María y Cartagena de Burgos, y la *Vita Christi*, en sus varias versiones, es también una obra fundamentalmente crítica" (p. 142).

Con un espíritu abierto a toda sugestión, concluye Puértolas: "Creo, pues, por todo lo dicho en este trabajo, que no debe de ser descartado el nombre de Fray Iñigo de Mendoza a la hora de pensar en el autor de las *Coplas de Mingo Revulgo*" (p. 142).

Así se puede pensar en otros nombres también hasta que se dé con una prueba irrebatible y concluyente. Por ello he incorporado en la *Guía* este tema.

Novela moral

V. Menéndez Pidal [Ms. del siglo XV de una novela moral] en *Crónicas generales*, 3.ª ed., Madrid, 1918, p. 222. Hay otro ms. del siglo XVIII en la B. de P. Inéditos.

Paris y Viana

Historia de los amores de Paris y Viana, Gerona, 14...?, 1.ª ed. (siglo XV). No existe sino un ej. conocido, que se conserva en la Bibl. de Copenhague (S. Sanpere y Miquel, *De la introd. y establ. de la imprenta en las Coronas de Aragón y Castilla* ..., Barcelona, 1909, p. 231). Hay otra ed. que se supone hecha en Barcelona, 1497.

Fernán Pérez de Guzmán

(1376?-1460?)

Dos obras suyas están por estudiar: *Mar de historias*, Valladolid, 1512, y *Las sietecientas*, Sevilla, 1506, 1509 y 1516, y Lisboa, 1512? *V.* la bibliografía compilada por Foulché-Delbosc, RHi, 1907, XVI, 26-55. R. H. Keniston escribe: "The whole question of the relation between the work of Pérez de Guzmán [*Mar de historias*] and the work of Colonna [Giovanni (no Guido delle Colonne, como dice Post) *Mare Historiarum*], of which there are several unpublished manuscripts in the Bibliothèque Nationale, Paris, as well as the relation of the latter to the several versions of the *Rudimentum Novitiorum* and the *Mer des Histoires*, remains to be investigated" (reseña por Keniston del libro de Chandler R. Post, *Mediaeval Spanish allegory*, Cambridge, Mass., 1915, en AJPh, 1916, XXXVII, 84-85). El *Mar de historias*, Valladolid, 1512, fue reeditado por Foulché-Delbosc, RHi, 1913, XXVIII, 442-622, pero sin estudio, notas, ni comentario. Menéndez Pelayo le dedica sólo una página en su *Antología*, 1911, V, lx.

También se debe estudiar la siguiente obra de Pérez de Guzmán, la cual describe Menéndez Pelayo: "En Lisboa, 1512, y en Sevilla, 1516, por Jacobo Cromberger (bella y rarísima edición que posee nuestro amigo el marqués de Jerez de los Caballeros), apareció un libro, reimpreso luego varias veces, que lleva por título *Las sietecientas* del docto et muy noble cavallero Fernán Pérez de Guzmán ..." (*Antología*, V, lxxviii, n. 1, e *Hist. de la poesía cast.*, II, 76). Ese rarísimo y precioso ejemplar aunque no es la ed. príncipe, como parece creer Menéndez Pelayo, se halla ahora en la bibl. de la H.S.A. También se encuentra allí el *Mar de istorias*, Valladolid, 1512, ej. de Salvá, n.º 2772 (Penney, *Printed books*, 1965, p. 417).

No sólo no se han estudiado *Las sietecientas*, sino que el texto moderno fijado por Foulché-Delbosc, sin nota alguna, en el *Cancionero cast. del siglo XV* (NBAE XIX, 1912, p. 575 y sig.) con el título antiguo de *Coblas ... de vicios e virtudes*, es defectuoso. El propio Foulché-Delbosc avisó a los lectores en la advertencia preliminar que aquéllas no eran ediciones críticas, sino de carácter provisional, destinadas a ser depuradas por la erudición. Para esto es de aconsejarse que se tengan en cuenta los varios cancioneros manuscritos e impresos de Pérez de Guzmán, o que contengan poesías suyas. Consúltese Serís, *Manual*, I, n.ᵒˢ 2170, 2172, 2175, el n.º 3 de la p. 232, y sobre todo el n.º 2173, ms. inédito en la bibl. de los Duques de Gor en Granada, el más correcto, según Menéndez Pelayo, quien lo describe y juzga en los siguientes términos: "Hay ... cancioneros especiales de Fernán Pérez, entre los cuales merece la preferencia el de la Biblioteca de los Duques de Gor, en Granada, escrito por un Antón de Ferrera, criado del Conde de Alba [acabado de escribir el 1.º de marzo de 1452]. No contiene más que la *Confesión rimada*, los *Vicios y virtudes* y los *Claros varones*, pero es muy buen texto" (*Antología*, V, lxxviii, n. 1). Comprende el tratado en verso de *Vicios y virtudes* "que sirve de principal fondo a la compilación formada por los editores del siglo XVI con el título de *Las setecientas*" (p. lxx), reunido con la "*Confesión rimada*, los *himnos* y alguna otra cosa, hasta completar el número de 700 estrofas, con que se quiso remedar las *Trescientas* de Juan de Mena. ... pero así estas piezas como las restantes exigen escrupulosa revisión" (p. lxxviii, n. 1). Ya se ha editado en 1948.

Finalmente, piden asimismo depuración los *Proverbios* y los *Claros varones* que fueron publicados por primera vez, "aunque muy imperfectamente", por E. de Ochoa, en sus *Rimas inéditas del siglo XV*, Paris, 1844. "... están mucho más correctos en el gran *Cancionero* que fue de Gallardo" (Menéndez Pelayo, *Antología*, V, lxvii). *V.* la descripción y localización del *Cancionero de Gallardo* en el *Manual*, I, 236-237, 259, n.ᵒˢ 2188, 2312, 2313. De estas dos obras, los *Claros varones*, "versos sobre el reinado de Sancho el Mayor", ya han sido editados con toda corrección y pulcritud por Menéndez Pidal en su *Catálogo de las crónicas generales*, 3.ª ed., 1918, p. 224 y sig. Quedan los *Proverbios*, p. 752 y sig., de Foulché-Delbosc. F. R. de Uhagón, *Un cancionero del siglo XV*, Madrid, 1900, p. 12.

Véase últimamente el inventario de la "Librería de Batres" de Fernán Pérez de Guzmán, manuscrito en la B.N.M., y el original en El Escorial (Antonio Marichalar, *Lares de Garcilaso: Batres*, Clav, 1951, n.º 7, 13-22).

Ha aparecido una ed. crítica por R. B. Tate de las *Generaciones y semblanzas*, London, 1965, xxvii, 112 p., con pról. Hay una reseña favorable por J. Rodríguez Puértolas, HispCal, 1966, XLIX, 885: "Sin embargo", dice éste, "deberían ser más estudiadas a la hora de buscar explicación a los problemas del siglo XV castellano". Contiene las 34 biografías de personajes de Castilla. Complementada con extractos del *Mar de historias*, traducción de la obra de Colonna, "de gran influencia, en la ideología e incluso en el estilo de las *Generaciones*, y con una selección de las *Coplas de vicios y virtudes*". Termina con un catálogo de la bibl. de Batres, perteneciente a Pérez de Guzmán y un índice de personas mencionadas en las *Generaciones*.

El juicio de Rodríguez Puértolas me parece severo con exceso, al comparar esta nueva ed. con la única moderna que hasta entonces existía, es decir, la de J. Domínguez Bordona, Clás. Cast., "meritoria sin duda, pero en muchos aspectos totalmente insuficientes". Lo que se percibe en parte, cuando se cotejan ambas con el manuscrito más antiguo (Escorial, Z-III-2) y otros códices, es la mayor corrección de algunas lecturas del texto en la nueva de Tate. Por otro lado, las notas de éste suplementan las de Bordona, y añaden datos de interés. En una palabra, la ed. del segundo mejora la del primero. Por ello, debe preferirse la última.

Diego Rodríguez de Almela o Almella

(1426?-1489)

Compendio historial. En la primicia de esta *Guía*, con que obsequié a Mr. Huntington en su *Homenaje* en 1952, publiqué una nota muy exigua avisando la tardanza en imprimir el *Compedio historial* de Almela, terminado en 1479. Aumenté y puntualicé los apuntes sobre el mismo en otro *Homenaje*, consagrado al profesor S. G. Morley, con posterioridad en el mismo año (MLJ, XXXVI, 266). En el entretanto, habían acontecido en la investigación cambios importantes, merced a unas observaciones de Menéndez Pidal y a un documento descubierto por Juan Torres Fontes.

Se debe exhortar a nuestros hispanistas a editar el *Compendio historial* que todavía continúa inédito. Los historiadores de la literatura española asignan la fecha de 1491 a esta obra de Almela. En el *Hom. a Huntington* escribí, según los datos de mis papeletas "acabado de redactar *circa* 1479 y presentado a los Reyes Católicos en 1491". Tengo que rectificar, y tenemos que rectificar todos, esta última fecha, pues en virtud de un hallazgo de Juan Torres Fontes, hecho público no hace mucho, en su estudio y ed. de la *Compilación de los milagros de Santiago de Diego Rodríguez de Almela*, Murcia, 1946, el afamado historiador murciano había fallecido en 1489. No le era posible, por consiguiente, presentar en 1491 su obra manuscrita a los Reyes Católicos, aunque cabe la suposición de que lo hiciera algún amigo o compañero del difunto. Igualmente, es preciso corregir el año de 1492, en el cual se creía que había ocurrido la muerte de Almela, por el susodicho de 1489. Torres Fontes halló el dato en las *Actas viejas del Cabildo* de la Catedral de Murcia de 1489. He aquí los datos biográficos: "Las casas en que vivía Almela, situadas cerca del Monasterio de Santo Domingo, junto a la muralla, que eran propiedad del cabildo, fueron entregadas el 23 de septiembre de 1489 por el racionero Diego de Peñalver a dicho cabildo porque las quales avían vacado por la muerte de Diego Rodríguez de Almella, canónigo que las antes tenía" (Torres Fontes, p. xxvii, n. 32). Llega a la conclusión de que la fecha en que Almela terminó su *Compendio* debe estar comprendida entre 1484 y 1489.

Torres Fontes da las signaturas de los distintos manuscritos que se conservan, a saber: P-1, de letra de la segunda mitad del siglo XV, y n.º 1535, de letra de principios del siglo XVI, ambos en la B.N.M.; U-10 y 12, letra de principios del siglo XVI en la de El Escorial; y uno en 3 vols. de 915 folios en total en la B.M.P. Menéndez Pelayo había citado este manuscrito en *Orígenes de la novela*, II, 166, y *Obras compl.*, Santander, 1943; y M. Artigas, en su *Catálogo de los manuscritos de la Biblioteca de Menéndez Pelayo*, Santander, 1930, p. 385. En cambio, no incluye Torres Fontes otro ms. que posee la B. de P. de Madrid. Los títulos son dos: *Compendio historial de las Chrónicas de España* y *Copilación de las Corónicas et Estorias de España*, con dos versiones respectivamente, la primera representada por los mss. de la Nacional y la segunda por el de El Escorial. B. Sánchez Alonso, en sus *Fuentes de la historia*, 2.ª ed., 1927, I, 11, n.º 75, registra un tercer título y un quinto ms., *Copilación y genealogía de los Reyes de España*, siglo XV, 318 f., B.N.M., ms. n.º 1979, "que comprende desde el Diluvio hasta Enrique IV" y añade erróneamente, como todos, "acabada en 1491".

Por otra parte, "El *Compendio* no había sido estudiado con profundidad hasta Menéndez Pidal". V. *La leyenda de los Infantes de Lara*,

1934, p. 77 y sig.; Nicolás Antonio, *Vetus*, II, 328; y Francisco Cascales, *Discursos históricos de la ciudad de Murcia y su reino*, 1621, disc. XIII, cap. 2. Además, Torres Fontes escribe: "Menéndez Pidal presenta ejemplos concretos del interés de la *Compilación* para la historia de la épica peninsular. Es un nuevo tipo de crónica, en que refunde como Diego de Valera, y adiciona la *Crónica general* con las crónicas reales, formando esta nueva clase de Historia General, que sin variar su esencia, llega al público de manera más completa, era una obra asequible a todos y compendiada, de aquí su popularidad" (p. xlv).

La importancia de la publicación íntegra de esta obra de Almela la expone Menéndez Pidal en *La leyenda del Abad D. Juan de Montemayor*, Dresden, 1903; 2.ª ed. aum., en *Hist. y epopeya*, Madrid, 1934, p. 183-196; *v.* además las p. 104 y 136-144 donde edita un cap. del *Compendio historial*. Allí demuestra, con ejemplos, que Almela prosifica poemas épicos y leyendas heroicas. Tales prosificaciones pueden utilizarse para rehacer los textos épicos; de ahí el interés literario que tiene el *Compendio* para la historia de la épica española.

Del Valerio de las historias publicó nueva ed. J. A. Moreno, Madrid, 1793 (G. Cirot, *Les Histoires générales d'Espagne*, Bordeaux et Paris, 1904, p. 16-53).

Juan Rodríguez de la Cámara o del Padrón

(fl. 1431-1440, † *ca.* 1450)

Es preciso buscar otro manuscrito completo y correcto de su novela en prosa y verso, *El siervo libre de amor* (1439-1440), cuya segunda parte se intitula *Historia de los dos amadores Ardanlier e Liessa*. Menéndez Pelayo exclama a este respecto: "Es lástima que libro tan peregrino haya llegado a nuestros días en una sola e incorrectísima copia, la contenida en el códice Q.224 de la Biblioteca Nacional. En algunas partes apenas hace sentido y parece que faltan palabras. De ella proceden las dos ediciones que se han hecho de esta novela, la primera por D. Manuel Murguía en su no terminado *Diccionario de escritores gallegos* (Vigo, 1862), y la segunda por el Sr. Paz y Melia en su ... colección de las *Obras de Juan Rodríguez de la Cámara o del Padrón*, Madrid, 1884" (*Antología*, V, ccxxviii).

Acaso ese códice, que se echa de menos, se encuentre en los depósitos de la H.S.A., que atesora una colección de manuscritos de inestimable valor, entre ellos los que pertenecieron a José Sancho Rayón. *V. Poesías* y el *Siervo libre de amor*, ed., texto y notas por Menéndez Pidal y Lapesa, en *Crestomatía medieval*, Madrid, 1966, II, 615-618.

Pero o Pedro Rodríguez de Lena

(fl. 1434)

Libro del paso honroso defendido por ... Suero de Quiñones (1434), ms. de El Escorial F-ij-19 (Est. 16-2). No ha sido editado íntegro, sino una parte con un extenso resumen de toda la obra y copia de varios trozos, por Jenaro Alenda, en sus *Relaciones de solemnidades y fiestas públicas de España*, Madrid, 1903, n.º 4, p. 3-11. *Libro sobre el Passo honroso defendido por el excelente cauallero Suero de Quiñones*, no se ha publicado íntegramente, sino un compendio hecho por Fr. Juan de Pineda y publ. por la R. Academia de la Historia, Madrid, 1783; reproducido en facsímil por la H.S.A., 1902. *V.* Fitzmaurice-Kelly, *Hist. de la lit. esp.*, 1921, p. 438. Rodríguez de Lena lo redactó, como escribano, para dar fe del hecho histórico, o torneo celebrado en el puente de San Marcos de Orbigo (León), que duró desde el 10 de julio de 1439 hasta el 9 de agosto siguiente. Se ha perdido esta relación, a menos que se halle enterrada entre el polvo de los legajos de escrituras en alguna escribanía de León y su provincia. Un compendio de la misma, escrito un siglo después, se debe a Juan de Pineda, Salamanca, 1588. *V.* éste. Parte se ha dado con él en la bibl. de El Escorial, *supra*, pero no se ha editado íntegro.

Fernando de Rojas

(*ca.* 1475-1541)

y otro autor

Nos da Gallardo (II, 65, 156) la noticia de un manuscrito inédito, que se guarda en la B.N.M., unido a otro ms. inédito, al parecer del bibliógrafo extremeño, sobre la historia de la ciudad de Talavera.

La bibliografía de Rojas es muy extensa. Sólo se da aquí lo más esencial y útil para los investigadores:

Bonilla y San Martín, Adolfo. *Antecedentes del tipo celestinesco en la literatura latina.* RHi, 1906, XV, 372-386.
Castro Guisasola, F. *Observaciones sobre las fuentes literarias de "La Celestina".* Madrid, 1924.
Edición facsímil, Burgos, 1499, H.S.A., New York, 1909.
Foulché-Delbosc, R. Prólogo. *Comedia de Calisto y Melibea.* Madrid, 1900.
———. *Observations sur "La Célestine".* RHi, 1900, VII, 28-80, 539-546; 1902, IX, 171-199.
Gilman, Stephen. *The case of Álvaro de Montalbán.* MLN, 1963, LXXVIII, 113-125.
——— and González, Ramón. *The family of Fernando de Rojas.* RF, 1966, LXXVIII, 1-26.
Martinenche, E. *Quelques mots sur la "Célestine".* BHi, 1902, IV, 95-103.
Menéndez Pelayo, M. *Tragicomedia.* Vigo, 1899-1900.
Menéndez Pidal, R. *Una nota a "La Celestina".* RFE, 1917, IV, 50-51.
Penney, Clara Louisa. *The book called Celestina.* New York, 1954.
Serrano y Sanz, M. *Noticias biográficas de Fernando de Rojas, autor de la Celestina, y del impresor Juan de Lucena.* RABM, 1902, VI, 245-299, con facs.
Valle Lersundi, Fernando del. *Biblioteca de Fernando de Rojas.* RFE, 1929, XVI, 381-383; 384-388; 1930, XVII, 183.
———. *Documentos referentes a Fernando de Rojas.* RFE, 1925, XII, 385-396.

Nos da, como siempre, la pauta en todos los problemas Marcel Bataillon en *Pour une histoire exigeante des formes: Le cas de "La Célestine"*, *Proceedings of the Second Congress of the International Comparative Literature Association, 1958*, Chapel Hill, N. C., 1959, I, 35-44. Para "montrer la nécessité d'une morphologie sérieuse des œuvres prototypes".

"Il y aurait toute une étude à faire sur les multiples interventions de l'*Autor* au seuil des livres espagnols du temps des Rois Catholiques, et au cœur même de ces livres, qu'ils soient édifiants, sérieux, ou romanesques" (M. Bataillon, *La "Célestine" selon Fernando de Rojas*, Paris, 1961, p. 208).

"Nous sommes encore loin de posséder une syntaxe historique assez fouillée du castillan de l'époque des Rois Catholiques. Il faudrait de très vastes dépouillements pour arriver à connaître en toutes ses nuances l'usage syntaxique des verbes fondamentaux, ainsi que l'usage des temps et des modes" (Bataillon, *ibid.*, p. 59).

Después de las declaraciones terminantes de Menéndez Pidal y Criado de Val de la existencia de dos autores en vez de uno, es decir Rojas y el otro desconocido, está, por lo tanto, abierto todavía a investigación. Queda aún oportunidad a un futuro hispanista.

LA CELESTINA

Es tan vasto el tema general acerca de *La Celestina* que, rebosando las numerosas páginas que le consagro en el *Nuevo ensayo*, 1968, 2.º fasc., existen trabajos cuyo comentario no ha cabido en el volumen. Su importancia requiere sin embargo un puesto en la presente *Guía*.

A. Rumeau escribió y dio a la estampa un interesante y original trabajo, del cual, dada su mucha extensión, hemos solicitado del propio autor la redacción y envío de un resumen. Helo a continuación.

Introduction à la "Célestine": "una cosa bien escusada", LNL, n.º 176, mars-avril, 1966. El problema estudiado —y ya varias veces debatido— es esencialmente el de la localización de la primera escena en el tiempo y en el espacio; por consiguiente, el de su relación y trabazón con la acción del drama. Problema importante ya que la primera escena plantea el conflicto; problema sin solución satisfactoria ya que en el magno libro *La originalidad artística de la Celestina* de María Rosa Lida, en el capítulo dedicado a ponderar la riqueza de la acotación, se pone aparte la primera escena, presentación como "una excepción" por su "total ausencia" de acotación.

El artículo empieza recordando algunas soluciones o hipótesis propuestas para resolver el enigma; luego, trata de la acotación afirmando que no sólo es abundante y multiforme sino que crea un universo de tiempo y espacio coherente y lógico. Resulta más urgente despejar las incógnitas de la primera escena.

Volviendo la mirada al prólogo de [1502], se lee que los sumarios de los actos son añadiduras debidas a "los impresores" y "una cosa bien escusada según lo que los antiguos scriptores usaron". Esto merecía meditarse porque precisamente el sumario del primer acto localiza la primera escena sin resolver nuestro problema, tal vez complicándolo o creándolo.

Ya se había señalado que algunos sumarios resumen inexactamente el texto. Se estudia detalladamente un nuevo caso: el del acto V. Corroborada y aumentada la desconfianza que inspiran los sumarios, se estudia el del primer acto, especialmente en la parte que localiza la primera escena. Se denuncia su torpe fabricación, mera copia de unas frases de Pármeno en el segundo acto, y lo peor, copia truncada para torcer el sentido del texto y sacarle a la fuerza lo que no dice. Se estudia detenidamente el papel de Pármeno hasta el momento en que pronuncia esas frases y se concluye que de ninguna manera podían ni debían utilizarse para localizar la primera escena "en una huerta".

Por otra parte, consultada la historia literaria, resulta cierto que los sumarios de los actos no eran tradicionales antes de la *Celestina* ni en su época. Sólo se usaba un argumento general y único llamado por eso Argumento a secas. Se estudia la composición y la función de este único Argumento tradicional y se llama la atención hacia la última frase, tan tradicional que está cortada siempre por el mismo patrón. Esta última frase, o fórmula ritual, es una transición entre el Argumento y la obra: nos lanza directa e inmediatamente al diálogo. *La Celestina* ostenta su tradicional Argumento con la consabida frase de transición; desgraciadamente, la continuidad con el diálogo ha sido destruida por la interpolación del sumario del primer acto. Alejado así el Argumento y desatendido su papel, puesto en su lugar un sumario erróneo, la primera escena resulta poco menos que incomprensible.

Por lo contrario si se hace caso del prólogo de [1502], si se quitan los sumarios de los actos, si se restablece la continuidad entre el Argumento y el diálogo, todo cambia y la obra recobra la primitiva y lógica organización ideada por el autor: lugares, tiempo y acción se dan la mano en armoniosa colaboración. El lector, orientado por el Argumento e informado por el texto, no tropieza con obstáculos mayores.

La escena de la huerta, recordada por Pármeno y Melibea, es un antecedente de la acción dialogada y no su primera escena. Allí Calisto "fue preso en el amor de Melibea" (Argumento). Fue "el otro día" (Pármeno y Melibea). Melibea manifiesta o declara varias veces que su amor se "engendró" el mismo día (Texto).

Entre aquella escena y la primera del drama, Calisto pasa de "preso" a "pungido" (Argumento) y derrocha devociones para que Dios le conceda hablar otra vez con Melibea (Texto).

Llega el suspirado día por obra de la "adversa fortuna" (Argumento) o inesperada "merced" de "la grandeza de Dios" (Texto: tres veces en la primera escena). Estamos en un "lugar oportuno" (Argumento), en "conveniente lugar" (Texto).

La repentina "gloria" tras larga espera, corta, al principio, el habla a Calisto. La enamorada Melibea, por dos o tres veces, le ayuda en su trabajosa y turbia confesión. El ambiguo héroe sólo sabe de "dolor" y de "deseo", de "deleite" y de "tormento". No le sale la palabra

Amor. A Melibea se le agota la paciencia; tiene que darse por enterada. Cruelmente despechada, echa en cara a Calisto "el ilícito amor". Aceptando el bofetón, Calisto lo justifica. Ya no habla de "la grandeza de Dios" sino de "la adversa fortuna" (lo mismo que el Argumento). El drama queda encarrilado: ilícito amor y amor.

Este es el verdadero "comienzo del amargo y desastrado fin" (Argumento: última frase y ritual introducción al diálogo), un espléndido comienzo de tragedia del amor.

Quitemos resueltamente el torpe sumario que confunde el tiempo y lugar del comienzo del drama con el tiempo y lugar del comienzo del proceso amoroso y escamotea el tiempo de incubación y espera indispensable para explicar el doble estallido de la primera escena. Dejemos de confundir lo del otro día con lo de esta mañana y la huerta que no cabe en la ciudad con el huerto que sí cabe. Toda la acción dialogada pasa dentro de la misma ciudad animada por los vaivenes de personajes locuaces o callados; no extrañemos, pues, que Calisto pase tácita y rápidamente del cercano y oportuno lugar (¿iglesia? ¿monasterio?...) a su casa. La primera escena pasa en las primeras horas del primer día, aquel día perfectamente medido por la acotación de los siete primeros actos. Oigamos, por fin, el consejo del prólogo y devolvamos a "los impresores" sus cacareados sumarios "nuevamente añadidos". Nos quedaremos con una *Celestina* limpia de postizos y más admirable que nunca.

* * *

Marcel Bataillon es el autor del trabajo que voy a describir y condensar ahora. Se trata de una extensa reseña (28 p.), en realidad un "ensayo-reseña", con todas las características que he adjudicado a ese también nuevo género de forma crítico-literaria. Se ha publicado en la NRFH, 1963-64, XVII, 264-290 no como reseña, sino como artículo intitulado *La originalidad artística de "La Celestina"*. Como se sabe, éste es el título de la obra de María Rosa Lida de Malkiel. Principia Bataillon su entusiasta reseña crítica con un ramillete de merecidas y justas alabanzas del libro y de la autora. Del primero afirma el elogio máximo que puede formularse de un libro: "La obra magna de María Rosa Lida de Malkiel es probablemente la mayor suma de erudición y crítica dedicada por un solo filólogo a una obra maestra de la literatura española". El trabajo de Bataillon está escrito en español, en esa lengua tan amada por él, que le comunica a quien la lee la atracción y fascinación que produce lo bello y lo perfecto. Empieza por explicar cuál es la base fundamental, la solidez que sostiene toda la obra de la autora, a saber: "su maravillosa preparación de romanista, familiarizada desde la mocedad con la literatura grecolatina, orientada desde sus primeros trabajos memorables hacia la transmisión de temas antiguos a las letras españolas modernas, en el doble proceso de la tradición medieval y de la resurrección renacentista". Y lo confirma, con una confesión de María Rosa, que dice "cómo se dejó llevar por 'el deleite de hallar en *La Celestina* tanta reminiscencia —de Terencio, por ejemplo, o de Virgilio o de Petrarca'— ... [y] recalca con razón que no se trataba de fruición caprichosa de algo que le gustaba personalmente captar. Aquel deleite era parte del que habían experimentado al leer *La Celestina* los hombres cultos de los siglos XVI y XVII, ellos también empapados en las letras antiguas y renacentistas. Era, en el valor de la obra, elemento esencial que los lectores modernos, desde 'el renacimiento del prestigio de *La Celestina*, que comienza en la segunda mitad del siglo pasado', habían dejado de captar y gozar por carecer de cultura adecuada" (p. 264). Más adelante en la vida de María Rosa, en "su entusiasmo juvenil, soñaba... con restituir todos sus valores a una obra de una modernidad, según ella, extraordinaria —actual—, cuya novedad no habían podido sentir bastante ni los lectores del siglo XVI, mejor preparados para captar sus reminiscencias literarias, ni tampoco los modernos" (p. 265).

Bataillon no desea que se tome como un balance crítico de toda la erudición anterior relativos a los problemas de *La Celestina* "esta suma imponente de análisis y discusiones, aunque a todos toca más o menos. Es la demostración de una tesis indicada en el título, la de la originalidad de la obra, a base de mucha investigación personal y de un sinfín de comparaciones no sólo con todos los antecedentes o fuentes que la elaboración de *La Celestina* transfiguró, sino también con todas las adaptaciones antiguas y modernas, con todas las imitaciones de los siglos XVI y XVII que, por lo visto, no supieron apropiarse la gran novedad". Con esas palabras textuales despliega la labor de María Rosa, ingenua, inmensa; mas cabe preguntar si pudo "desasirse del todo de los prejuicios de su siglo (de los de su juventud), tal como ella juzga que los críticos anteriores 'no han podido desasirse de los prejuicios del siglo XVIII, XIX o XX, al enfrentarse con el libro del siglo XV' ".

Habla de algo tan importante como el "realismo", que encontró en tantos lugares, y recomienda indagar de qué tradición crítica recibió este concepto; "y a qué aspectos de La Celestina (y de otras obras afines por la técnica) lo aplicó preferentemente, y con qué fórmula recurrente" (p. 265).

He aquí un tema por inquirir que encaja muy oportunamente en la presente Guía. Consúltense ciertas indicaciones que adelanta Bataillon (p. 265). "El realismo artístico —sobre todo literario— no es algo tan claro ni unívoco como parece ... no definió [ella] ... la modalidad celestinesca fundamental del 'realismo', pero afirmó su existencia ... . Nadie buscó los 'modelos vivos' de la Tragicomedia como los buscaron unos cervantistas ingenuos para los personajes del Quijote" (p. 265). Existe una gran diferencia. Analiza la técnica teatral. Pinta los caracteres que descuellan por su realismo. Insiste "en la enorme distancia artística" entre ellos y los de la tradición de Terencio o la medieval.

"No vacila [María Rosa] en enmendar la plana a Juan de Valdés por haber juzgado artísticamente desiguales entre sí los personajes de La Celestina". Bataillon lo defiende porque juzgaba su verdad, su "realismo" por la norma de "guardar el decoro" (p. 266). " 'Describe' ... cada carácter ...", goza con ellos como si tuvieran "vida propia independiente de la fábula"; se enamora "de él, como Pigmalión de su estatua".

Trata M.R.L. de la "simpatía artística". A este respecto, B. cita a Beaumarchais en el prólogo del Mariage de Figaro, y a Menéndez Pelayo, extendiéndose por largo espacio (p. 269-270). La simpatía del autor por su personaje, tesis perenne, en la que se cifra, para M.R.L., la atrevida novedad de La Celestina y de las comedias humanísticas que le abreviaron el paso hacia el arte objetivo (p. 270).

La "comedia humanística", no muy bien estudiada, me parece, por los historiadores de la literatura española, es objeto de atención y análisis por Bataillon (p. 269 y sig.). Cita a E. Roy, de su ed. de la Comoedia sine nomine, a J. Frappier, Chrétien de Troyes, Paris, 1957, y a E. Köhler, sobre la "primera persona" y el monólogo. Sobre el diálogo y sobre la cita de M.R.L. de Claude Mauriac, aclara B. y estudia con detalle las teorías y las técnicas del escritor francés (p. 271-272).

"Una originalidad de M.R.L. en su teoría de los caracteres de La Celestina consiste en incorporarles decididamente 'la erudición' como un rasgo común que tienen muchos de ellos, en vez de considerarla como una proyección en ellos de la erudición del autor. Pero admite implícitamente que es un artificio nada 'verista', cuando da la razón a B. Croce que lo equiparaba con la adopción de la forma métrica en el teatro versificado" (p. 272).

Más adelante sigue ensalzando Bataillon la erudición y el arte de la autora; sin embargo, a veces, la erudición y el arte del crítico le obligan a formular ciertas observaciones que expone con justedad e imparcialidad a la par que con la admiración y el afecto del colega y del amigo. "Creo que, después de su libro monumental, quedará algo que hacer a los estudiosos" (p. 278). Ésta es otra razón para incorporar el comentario de Bataillon a la presente *Guía*, dedicada precisamente a los estudiosos. "Y sería grave ingratitud no advertir cómo abrió un camino seguro ... al tratar de la técnica, especialmente de la ironía trágica, y de la 'geminación'" (p. 278).

Sobre las fuentes, había dicho Bataillon en un artículo, "*La desdicha por la honra": génesis y sentido de una novela de Lope*, NRFH, 1947, I, 13, que "la investigación de las fuentes es pedantería despreciable cuando no viene para esclarecer algo del misterio de la creación literaria; felizmente ya va perdiendo su prestigio la erudición muerta". Aquí vuelve sobre el asunto (*v. p. 46 de esta Guía*).

Ve Bataillon relativamente poco lugar dedicado a la génesis de *La Celestina*. "Nos parece que si en algún punto flaquea su crítica, es en la tesis de la pluralidad de interpoladores que intervinieron en la fase última de la elaboración. No convencen los argumentos extrínsecos en que M.R.L. pretende apoyarla, buscando analogías en la práctica artística del siglo XV" (p. 280).

Acerca de los conversos, piensa Bataillon que sería formarse una idea simplista de ellos, al apartarse M.R.L. de dar fe a la intervención final de un interpolador único, idéntico a Rojas (p. 282). Critica a M.R.L. por haberse mostrado "severísima con la fantástica tesis ... según la cual el escritor converso, sin dejarlo entender más que por indicios, había querido pintar a Calisto como cristiano viejo y a Pleberio y su familia como conversos...". La crítica asimismo por haber abultado "enormemente ... la relación afectiva ... entre hija y padres" (p. 283).

Encuentra Bataillon una relación en la cual nadie había reparado bastante, la que le ha llevado a discernir entre el *De remediis utriusque fortunæ* y *La Celestina*. Solamente S. Gilman, *The art of "La Celestina"*, Madison, 1956, p. 166-167, había apuntado a ella. Pero las ilusiones de Gaudium ("Gozo" en la trad. española del *De remediis*) las presenta latente el drama, gracias a las palabras *gozar, gozarse, gozo, gozoso*, a partir del auto X. Y confiesa Bataillon que no reparó "al estudiar la significación moral de la *Tragicomedia* en esa evidente insistencia en una palabra tan 'preñada' ", según el término del Prólogo (16), y la causa fue la confusión con el significado de *deleite* (p. 287).

Se sorprende Bataillon de que M.R.L. se haya dejado persuadir por Cejador de que en las escenas de la venganza de las rameras un impertinente interpolador atribuyó a Areusa el papel que convenía a Elicia y viceversa (p. 281), y de que otra vez haya seguido dócilmente la autoridad de Cejador, VII, 244, n. 11.

Va a terminar Bataillon su portentoso ensayo-reseña ajustándose al precepto de M.R.L. de que " 'las reseñas no están hechas para facilitar las relaciones sociales de los críticos con intercambio de cumplidos, sino para orientar a los lectores'. Es tarea poco grata la de llamar la atención sobre los puntos de su gran libro en que me parece que los lectores corren riesgo de desorientarse. He insistido en las tesis más discutibles, que el talento de la autora puede hacer pasar por ciencia segura, pero que no tienen bastante en cuenta (o a veces tuercen) aspectos importantes de *La Celestina* y de su elaboración. Pero ¿qué duda cabe de que se trata de un gran libro? Es inmensa la deuda de gratitud que contraerá con él cualquier lector culto que se adentre por la densa y luminosa espesura de sus capítulos. Se atreve uno a juzgarlo sin más miramientos que si la autora estuviese viva, porque ella vive y vivirá en su obra para muchas generaciones de hispanistas. ... Libro tan desbordante de erudición y discusiones no puede menos de provocar a más investigación y discusión" (p. 287-288).

Para ello, la presente *Guía* contribuye con este amplio resumen del extenso ensayo-reseña por el eximio y sabio hispanista Marcel Bataillon, desbordante a su vez de erudición, como la autora de la obra reseñada. *V.* también Yakov Malkiel, *Cómo trabajaba María Rosa Lida de Malkiel*, p. 44-46, y Fernando de Rojas, Género celestinesco, p. 148-149 de esta *Guía*.

* * *

Otro extenso ensayo-reseña publicó Charles F. Fraker, HispCal, 1967, L, 174-181, bajo el título de *María Rosa Lida de Malkiel on the*

"*Celestina*". A tal obra, tal reseña. Estudio que maravilla, que analiza y sintetiza, desciende hasta el fondo y sobrenada, alaba y critica, cubre todo el libro de María Rosa en su conjunto, a la par que se detiene y examina cada uno de los detalles; desmenuza éstos hasta su más recóndito particular; se basa en el arte literario y en la ciencia del estilo; aplica las más modernas ideas de la nueva crítica, explica las razones en que asienta sus juicios; toca los puntos sensibles, en la novela sentimental, en la literatura caballeresca, en la comparación, uno de los que califica de deleites del libro; en lo dramático de la *Celestina*, objeto de las posibilidades dramáticas y literarias de la obra, que nunca habían sido totalmente exploradas antes (p. 175). Señala un punto de vista de suma importancia al adelantar que el cambio caleidoscópico de lugar en la *Celestina* se debe en gran parte a la multiplicidad de escenas del teatro religioso medieval. Respecto al tiempo hace observar el desacuerdo entre Gilman y Manuel J. Asensio. Presenta como el más importante capítulo el de "La motivación" (p. 175), y más adelante afirma que uno de los capítulos más brillantes es el dedicado a Calisto (p. 179). Los términos finales de Fraker, que traduzco, son: "*La originalidad artística de 'La Celestina*' es un libro descriptivo y comparativo. El detalle, la precisión y exactitud de la descripción, y la riqueza y los méritos de la comparación constituyen la suprema utilidad y belleza de esta obra maestra".

LA CELESTINA EN HEBREO

Una traducción hebrea de "La Celestina" en el siglo XVI. Sería conveniente hallar espacio disponible en alguna revista hispánica, o algún editor, que permitiese apuntar un más extenso análisis que el consagrado por D. W. McPheeters a la traducción hebrea de *La Celestina*, inserto en el *Hom. a Moñino*, I, 399-411. En este tomo ocupa sólo doce páginas y media el interesante artículo. Allí se puede leer un erudito resumen del estudio del poema de Joseph ben Samuel Tsarfati, poeta y traductor de *La Celestina* en el siglo XVI, italiano oriundo de Francia, llamado a veces Giuseppe Gallo. McPheeters reúne pintorescos datos biográficos extraídos de la siguiente bibliografía: H. Vogelstein y P. Rieger, *Geschichte der Juden in Rom*, Berlin, 1895, II, 83-86; H. Vogelstein, *History of the Jews in Rome*, trad. por Moses Hadas, Philadelphia, 1940, p. 243, 244, 249 y 254; *The Jewish Encyclopedia*, New York, 1906, XI, 31b; XII, 637b; *The Universal Jewish*

Encyclopedia, New York, 1943, X, 630; *The Standard Jewish Encyclopedia*, Garden City, N. Y., 1959, p. 1847; C. Roth, *The history of the Jews in Italy*, Philadelphia, 1946, p. 220; *Monatsschrift für Geschichte und Wissenschaft des Judentums*, 1931, LXXV, 97-118, y 1933, LXXVII, 381-382; Umberto Cassuto, *Gli Ebrei a Firenze nell'èta del Rinascimento*, Firenze, 1918, p. 340; Emma Scoles, *La prima traduzione italiana della "Celestina": repertorio bibliografico*, en *Studi di Letteratura Spagnola*, 1964, 209-230, "ediciones tan bien estudiadas" (*v.* Serís, *Nuevo ensayo*, 1968, II, en *Celestina*).

Estudia después McPheeters, con gran erudición e ingenio, la labor del traductor y poeta rabino Joseph para servir a matizar nuestro concepto de *La Celestina*: "... no debemos pestañear al fijarnos en el elemento principal del poema [de Tsarfati], el misoginismo o antifeminismo difícil de comprensión y acaso repugnante para nosotros hoy en día" (p. 409). *V.* la famosa diatriba de Sempronio contra las mujeres (I, 47 y sig.). Lo que hace exclamar a McPheeters la conclusión de que "no se debe descartar por completo en ningún estudio de *La Celestina*. ... Sin embargo, la actitud moralizadora de Joseph y su coetáneo Nevizzano, con sus censuras al matrimonio, es muy sugestiva y abre nuevas perspectivas..." (p. 410-411). El corto espacio de que dispuso McPheeters no le permitió ampliar su análisis. Es preciso dedicarle mayor extensión "para evitar desequilibrios en la crítica y apreciar mejor la actitud poco benévola de Fernando de Rojas" (p. 411).

GÉNERO CELESTINESCO

Sobre el género celestinesco, consúltense: Gustavo Correa, *Naturaleza, religión y honra en "La Celestina"*, PMLA, 1962, LXXVII, 8-17; Marvin T. Herrick, *Tragicomedy, its origin and development in Italy, France, and England*, Urbana, Illinois Studies in Lang. and Lit. 39, 1955; en los siglos XVI y XVII no se descubre nada que se asemeje a la forma celestinesca, y admite Herrick (en el prefacio) con Lancaster y Ristine que el drama español ha tenido poca o ninguna influencia sobre el desarrollo de este género en Francia y en Inglaterra; y M. Bataillon *Pour une histoire exigeante des formes: Le cas de "La Célestine"*, en *Proceedings of the 2nd Congress of Intl. Comp. Lit., 1958*, Chapel Hill, 1959, I, 35-44.

Luis C. Pérez se fija en el *Hom. a Moñino*, II, 51-57, en unas *Coplas desconocidas del tema celestinesco*, en la B.N.M. R/3652, en una de las cuales "que hizo tremar a vna alcahueta que auia engañado ciertos caualleros trayendolos en traspassos engañosamente" (p. 51). Son de letra del siglo XVI, en versos de pie quebrado, "en los que se relata la fraudulenta manera de proceder de una alcahueta". Pérez comenta del modo siguiente: "Esta pequeñita obra tan dentro de la tradición celestinesca está provista de una sana moral, que por ir adornada con gracioso y deleitoso decir, puede ser erróneamente interpretada, a pesar del inequívoco tono moral de la piececita, bien subrayada por el autor en la última estrofa. ... Muy diferente a la Celestina de Rojas ... la falsa alcahueta de estos versos engatusa al autor inventando el cebo atractivo de una señora tan apasionada de él 'que está por tornar se mora'. El hidalgo, después de breve titubeo, se deja embaucar con 'mil cosillas nueuas [de] viejas', y cae en risible situación, descrita en humorístico lenguaje repleto de modismos populares" (p. 51). Estos versos no publicados antes, según el descubridor, han pasado inadvertidos. Constan de veintisiete estrofas de ocho versos, excepto la primera de siete. Pérez las transcribe íntegras (p. 52-57).

Más explícito se había mostrado Bataillon, al crear, sin embages, el término "celestinesco", para bautizar un nuevo género, y enriquecer con él la literatura española. Así asevera que "le genre célestinesque est une institution espagnole" (*Proceedings of the 2nd Cong. of Intl. Comp. Lit., 1958*, I, 43). *La Celestina*, reitera, es el prototipo. No se encuentra en las otras literaturas. Y pregunta: ¿Por qué el género de *La Celestina* no ha prosperado en las letras extranjeras? Y esboza, a fin de hallar la respuesta, los aspectos formales de un género literario; lo que el crítico e historiador literario debe realizar y lo que debe ser objeto de su investigación (*ibid.*, p. 44). Américo Castro creía igualmente que "un nuevo género de arte literario [nació] en Europa con *La Celestina*". He ahí un tema nuevo e interesante por desenvolver. Todos coincidimos en ello. En lo que falta el acuerdo es en emprender la tarea, considerando a *La Celestina* como una "moralidad". Bataillon diserta sobre el sentido moral de la *Tragicomedia*, y Castro discurre que "en *La Celestina* la vida es vivida con toda la plenitud que pueda imaginarse, y nunca se alude en ella a que tales o cuales reglas morales hayan sido infringidas. Nada indica que el autor juzgue pernicioso o inmoral" (*El problema histórico de "La Celestina"*, en *Santa Teresa y otros ensayos*, Santander, 1929, p. 196, 206, 212 y 214).

LA CELESTINA Y EL CORBACHO

Prosigo esta mi labor de síntesis, poniendo de relieve el original artístico de Erich von Richthofen, *El "Corbacho": las interpolaciones y la deuda de la "Celestina"*, en *Hom. a Moñino*, II, 115-120. Corto, de 5 1/2 p. solamente, pero sustancioso con novedades, al parecer. Abre el campo para investigar y cerciorarse de la influencia del *Corbacho* del Arcipreste de Talavera sobre *La Celestina*. Hace hincapié en la anterioridad de aquél sobre ésta. La de un año en la 1.ª ed. del libro de Alfonso Martínez de Toledo, de Sevilla, 1498, anterior a la primera conocida de Fernando de Rojas, 1499. Además, consigna el año de 1438 como el de la composición de las interpolaciones del *Corbacho* "las cuales no se encuentran todavía en el códice de El Escorial (copiado por Contreras en 1466); pero se hallan incorporadas en los incunables..." (p. 115-116).

Realiza una comparación entre ambas obras el *Corbacho* y *La Celestina*, y ve un influjo del primero sobre la segunda, aunque confiesa: "Hay, sin embargo, otros aspectos que quedan abiertos a una discusión de los críticos" (p. 116). Exhorto, pues, a ahondar en este asunto importante. Medítese en el hecho de que entre las principales interpolaciones del incunable de Sevilla no contenidas en el códice figura el prólogo a la obra entera. Von Richthofen ya había publicado trabajos sobre la sintaxis y el estilo del Arcipreste de Talavera: *Alfonso Martínez de Toledo und sein Arcipreste de Talavera*, ZRPh, 1941, LXI, 417-537, y *Zum Wortgebrauch des Erzpriesters von Talavera*, ZRPh, 1956, LXXII, 108-114. Las eds. del texto son de Pérez Pastor, Madrid, 1901, y de Mario Penna, Torino, 1955. Único ms. conservado, 1466, en El Escorial. *V.* también V. García Rey, *El Arcipreste de Talavera*, RevBAM, 1928, V, 298 y sig.

OTRO TEMA POR INVESTIGAR

Otro tema que ofrece Bataillon a los investigadores, y por ello lo incluyo también en esta *Guía*, es cuando dice, con curiosa originalidad que Rojas ha escrito dos *Celestinas*, es no sólo el segundo autor, sino el tercero, como se ha indicado (*"La Célestine" selon Fernando de Rojas*, Paris, 1961, p. 202). A este propósito desea provocar a los filólogos y comparatistas a emprender investigaciones orientadas hacia el "personaje del autor", *circa* 1500, un ser algo abstracto que se anuncia bajo la fórmula *Habla el autor* (p. 203).

EL MANUSCRITO DE LA CELESTINA

No se eche en olvido la existencia de un manuscrito de *La Celestina* en la B.N.M. Su título es *La Celestina comentada*, ms. n.º 17631 del siglo XVI. [Actualmente lo estudia P. E. Russell de Oxford, y ha descubierto que Castro Guisasola utilizó mucho los comentarios sobre las fuentes latinas en su obra *Observaciones sobre las fuentes literarias de "La Celestina"*, Madrid, 1924.]

Diego de San Pedro

(fl. 1459-1466)

Tractado de amores de Arnalte e Lucinda, 1.ª ed., Burgos, 1491. El único ejemplar conocido se custodiaba en la Bibl. de la Acad. de la Historia, Madrid. Hoy ha desaparecido. La 2.ª ed., de Burgos, 1522; la 3.ª de Sevilla, 1525; y la 4.ª de Burgos, 1527. Noticias son éstas de Foulché-Delbosc, quien la editó, RHi, 1911, XXV, 220-282. *V.* F. García Romero, *Catálogo de los incunables de la Academia de la Historia*, Madrid, 1921, p. 125. Debe rastrearse el ej. de la 1.ª ed., quizá ahora en alguna biblioteca extranjera o enterrada en el desván de algún coleccionador codicioso y egoísta, o a la venta por un librero anticuario, al alcance sólo de los magnates adinerados. Para la busca en tales casos se requieren nuevos bibliógrafos revestidos de las condiciones delineadas en el artículo *La nueva bibliografía*, por H. Serís, en el *Hom. a Moñino*, II, 189-197.

Sobre la parte estética, *v.* A. Reyes, *Cuestiones estéticas*, Paris, 1911, pról. de F. García Calderón.

Más bibliografía en *Oberlin collection of Spanish romantic novels*, formada por Cony Sturgis en la Bibl. del Oberlin College, Ohio. *V.* también María Rosa Lida de Malkiel, *La originalidad artística de "La Celestina"*, donde compara el *Tractado de amores* con *La Celestina* por su parecido, y la reseña por Charles F. Fraker, HispCal, 1967, L, 176-177.

Marqués de Santillana

(1398-1458)

Refranes ..., ed. de Medina del Campo, 1550. Citada por Mal Lara, según Américo Castro en *Juan de Mal Lara y su "Filosofía vulgar"*, *HMPidal*, 1925, III, 575. Cronan niega su existencia, RHi, 1911, XXV, 134-219. Castro no la ha encontrado. No aparece en *La imprenta en Medina del Campo* por Pérez Pastor. *V.* Sánchez y Escribano, HR, 1942, X, 254-258, quien la vio en 1935 en la B.N.M.

Refranes. Hacía falta un estudio comparativo entre la ed. de los refranes sin glosa y la glosada por un docto anónimo. Puesto que en la 1.ª se cuentan 700 de ellos, y en la 2.ª sólo 300, debíase indagar cuáles fueron los que el docto editor seleccionó y deducir cuáles las razones que le guiaron.

Pedro de Toledo

(fl. 1419, 1433)

Se ignora su biografía. No se puede tejer el tapiz de su vida. Nos faltan muchos hilos entre los más indispensables y vitales. Rodríguez-Moñino lo nombra en su *Historia literaria de Extremadura, la Edad Media y los Reyes Católicos* (Conclusión); XI, *Extremadura Baja*; en REEx, 1950, n.ᵒˢ 1-2, 107-144. En las p. 108-109, se expresa así: "El único vestigio que de literatura hebrea nos ha quedado en Extremadura es una traducción —la primera hecha en el mundo a una lengua viva— del *Moréh Nebuquim* o *Guía de los descarriados* del insigne Maimónides. Fue trabajada la segunda de las tres partes de que se compone la obra de Pedro de Toledo, hijo de Juan del Castillo, por mandato de don Gómez Suárez de Figueroa, hijo del famoso Maestre de Santiago don Lorenzo, en la villa de Zafra en 1419".

Esta cita la hace Itzhak Bar-Lewaw, profesor de la Univ. de York, Toronto, Canada, en un interesante artículo titulado *Pedro de Toledo, el primer traductor español del Moré Nebujim*, inserto en el *Hom. a Moñino*, I, 57-64. Y en seguida, formula las siguientes preguntas: "¿Quién es Pedro de Toledo? ¿Cuál es su origen? ¿Era traductor y nada más, o era también escritor? Difícil es contestar estas preguntas puesto que no tenemos noticias seguras acerca de su persona" (p. 57).

En efecto, los únicos datos que poseemos, nos los ha suministrado el propio Pedro de Toledo, al frente de su traducción. Por éste sabemos el nombre de su padre, Juan del Castillo, y el del patrono o mecenas, Gómez Suárez de Figueroa, cuyo padre conocemos, también por la misma fuente, como el Maestre de Santiago don Lorenzo Suárez de Figueroa que falleció en 1429 y era cuñado del Marqués de Santillana. Asimismo da el lugar y año de la composición: Zafra, 1419. Nicolás Antonio (*Vetus*, II, 236, n. 1) cree que Pedro de Toledo compuso *De causa ob quam angeli in diversis locis simul esse non possunt*, escrito por los años de 1433, y que acaso su padre (II, 154, n. 2) era el maestre Juan el viejo, judío converso de Toledo, autor del *Memorial*, hacia 1416 (p. 209), manuscrito que se conserva en la B.N.M. (Mss. 9369, ant. B6-128), y aparecía en el catálogo de la bibl. fundada por el Conde de Haro en 1445, publicado por Paz y Melia, RABM, junio, 1897, I, n.º 6, 26, donde consta ser el "Tratado del sabio maestro Joan el viejo de Toledo, sacado de la Biblia, sobre la venida del Mexías". José María Millás Vallicrosa cree que es judío, en su artículo *Nuevas aportaciones para el estudio de los manuscritos hebraicos de la Biblioteca Nacional de Madrid*, Sef, 1943, III, 300-301, y Américo Castro supone que es un converso, en su *España en su historia. Cristianos, moros y judíos*, Buenos Aires, 1948, p. 502.

Además Bar-Lewaw ha encontrado que el nombre de nuestro traductor figura en el catálogo de la bibl. de los Condes de Benavente, como autor de la traducción que tituló libremente "Mostrador e enseñador de los turbados", correspondiente a la primera parte del *Moré* de Maimónides, "que es también la más antigua en lenguas vulgares, ya que fue terminada en 1432" (p. 58). Fernando Colón, continúa, la incorpora en su índice bajo el n.º 3282 (tomo de varios), y Menéndez Pelayo la consigna al tratar de Maimónides en la *Historia de las ideas estéticas*, Madrid, 1940, I, 363, y en la *Historia de los heterodoxos españoles*, Madrid, 1947, II, 170-173.

Bar-Lewaw al final describe y analiza en detalle el manuscrito original del siglo XV, como un tomo de 408 × 290 mm., en 141 hojas foliación antigua, a dos columnas, letra de la primera mitad del siglo XV, con títulos y capitales en tinta roja. Proviene de la bibl. de la casa del Infantado. Figura igualmente en el abreviado catálogo por José María Rocamora, de la bibl. de los Duques de Osuna, 1882, n.º 162, hoy en la B.N.M. En ella se guarda el ms. original bajo la signatura:

Osuna: Plut. I. Lit. N, No. 7, ant. KK-9, MSS. 10289. Por último, también Mario Schiff cita este ms. y lo describe en *La Bibliothèque du Marquis de Santillane*, Paris, 1905, chap. LXX, p. 428-436. El manuscrito es, por lo tanto, bien conocido; pero permanece inédito. Merece darse a luz por ser la única versión española no abreviada del *Moré Nebujim* de Maimónides, y, además, como termina Bar-Lewaw, porque "al comparar su texto con las traducciones de Ibn Tibón, Aljarizi y la de Munk ..., el traductor español logra, en resumen, conservar a la 'Guía de los Descarriados', su interés, importancia y peso que siempre tenía en el campo de la filosofía, y que han sido y son universalmente reconocidos" (p. 64).

Doble es, pues, el objeto de la presente pesquisa; primero, completar los datos de la biografía de Pedro de Toledo, y segundo, editar el manuscrito de su traducción española del *Moré Nebujim* de Maimónides. De Moses Maimónides posee la H.S.A. un ejemplar de su *More Nebuchim*, impreso en Roma, *ca.* 1480?, procedente de Hain, n.º 10521. HC: NSI/909, texto en caracteres hebreos.

Alfonso de la Torre

(fl. 1440, †1460)

Visión delectable, Burgos?, 1485? [el ejemplar original de la H.S.A. dice *deleytable*]. El fino y exquisito estilista y erudito crítico, Eugenio Asensio, ha emitido un juicio asaz desfavorable acerca de la edición que poseemos del texto impreso de la *Visión delectable*, y solicita otra edición correcta que tenga en cuenta los mss. existentes. He aquí sus palabras textuales: "Cultura hebrea y cristiana se comunican por el puente de los conversos. Alfonso de la Torre [es] acaso uno de ellos —cuya *Visión delectable* está exigiendo una edición menos deturpada, a tenor con los numerosos manuscritos" (E. Asensio, en *Américo Castro, historiador, reflexiones sobre "La realidad histórica de España"*, en MLN, 1966, LXXXI, n.º 5, 619). ¡Cuán interesante y hermoso tema ofrece a los investigadores y filólogos el Sr. Asensio! ¡Qué notable y atractiva tesis doctoral en puerta!

Auxiliemos, pues, a los consultores de la presente *Guía*, según venimos realizando, con avisos bibliográficos y noticias concernientes al autor, Alfonso de la Torre y a su obra. Parece que la escribió en 1440.

En la Bibl. de la H.S.A. (Penney, *Printed books*, 1965, p. 561) se encontrarán los ejemplares impresos de la *Visión deleytable*, en cuatro ediciones, a saber: la primera, de Burgos?, Fadrique de Basilea?, *ca.* 1485? (Penney, *ibid.*, de acuerdo con Haebler, n.º 644); la segunda, también incunable, Juan Parix Tholosa y Estevan Cleblat, 1489 (Proctor, n.º 8724); la tercera, Sevilla, Jacobo Cromberger y Juan Cromberger, junio 16, 1526 (Escudero, n.º 251; Jerez, p. 106); y la cuarta, Sevilla, Juan Cromberger, 1538 (Escudero, n.º 392). El título completo suele leerse *Visión delectable de la filosofía y artes liberales, metafísica y filosofía moral.* Parece que se conserva otra ed. de Valladolid. El 3.ᵉʳ cap. se ocupa "De la Retórica, et de sus inventores, et de su modo, et de su provecho". Se reimprimió en el siglo XVI. *V.* la bibliografía que facilita Adolfo de Castro en su edición de la Bibl. Aut. Esp., XXXVI, 1855, p. ix-xxi, 339-402. Compárese luego con Menéndez Pelayo, *Orígenes de la novela*, I, 123, y en *Ideas est.*, 3.ª ed., 1910, II, 330-336 y 280 sig. J. P. W. Crawford escribió un estudio sobre *The "Visión delectable" of Alfonso de la Torre and Maimonides' "Guide"*, en PMLA, 1913, XXI, 188, y un artículo del mismo autor en RR, 1913, IV, 58.

La *Visión delectable*, por sus méritos relevantes de asunto y de estilo, de filosofía y de elocuencia, fue el blanco de un plagio curioso. Atraído un traductor italiano nombrado Domenico Delfino por el tema filosófico y por el lenguaje español, lo tradujo a su propia lengua; pero Delfino cada vez más enamorado de su labor se convirtió a sí mismo de traductor en autor, y con este carácter lo publicó como original suyo, en 1556. Sesenta y siete años después de haber disfrutado de su pecadillo, esta versión italiana fue retraducida al castellano por Francisco de Cáceres y dada a las prensas en Francfort, en 1623.

Es indispensable conocer el texto original, completo y correcto, según los términos del documento de que hablan Marcel Bataillon y Américo Castro, inserto en HispCal, 1952, XXXV, 171. *V.* también la N.Y.P.L. y los *Repertorios de Mss.* de la B.N.M.

Diego de Valera

(1412-1488?)

Corónica de España, o *Corónica abreviada*, o *valeriana*, hasta la muerte de D. Juan II, acabada en 1481, ms. en la B.N.M., sign. F.108,

Q.121, impresa en Sevilla el año 1482. Merece reimprimirse, pues fue obra de donde en el siglo XVI tomaron muchas cosas los entendidos. Fue la primera *Crónica general* que se imprimió, sacada de la 2.ª *Crónica general*, o sea la de 1344. Es la mejor obra histórica de Valera (Cejador y Frauca, *Hist. de leng. y lit. cast.*, 2.ª ed., 1927, I, 2.ª pte., p. 158).

De los siete *Salmos penitenciales* y de la *Letanía* extrajo Diego de Valera: poesías paródicas eróticas "disparatadas e irreverentes, inéditas todavía, según creo" (Menéndez Pelayo, *Antología*, Madrid, 1911, V, cclvi).

También cree inédito todavía el *Doctrinal de príncipes*, "aunque es de los más curiosos, porque principalmente trata de las diferencias entre el rey y el tirano" (*Antología*, V, ccliv-cclv). Y, en fin, tiene además por inéditos "la *Genealogía de los Reyes de España*, tomada en su mayor parte de la *Crónica martiniana*; un breve tratado sobre los *Orígenes de Roma y Troya*; un *Tratado de los linajes nobles de España*, y algún otro opúsculo de materia genealógica, inéditos hasta el presente, que completan las obras históricas de Valera" (*Antología*, V, ccliii-ccliv).

Carlos Príncipe de Viana

(1421-1461)

Historia del reino de Navarra, 1454, ms. se imp. por fin en Pamplona, 1843.—*Tratado de los milagros del famoso santuario de San Miguel de Excelsis*, ms. "Obras que nunca se han impreso", R. de Floranes, Col. Doc. Inéd. Hist. Esp., 1851, XIX, 160.—*V*. la biografía del príncipe por M. J. Quintana, *Vidas de españoles célebres*, Madrid, 1807, 1830 y 1833, 3 v. Otras eds., Londres, 1811; París [aum.], 1845; en *Obras compl.*, Madrid, 1867; Bibl. Aut. Esp. XIX, y trad. al inglés por T. R. Preston, *Lives of celebrated Spaniards*, London, 1833. *V*. Latassa, *Bibl. de escritores de Aragón*, II, 224; A. Paz y Melia, en *El cronista Alonso de Palencia*, Madrid, 1914, p. 470-473; M. Baselga, *Fragmentos inéditos para ilustrar la historia literaria del Príncipe Don Carlos de Viana*, RABM, 1897, I, 301; Desdevises du Dézert, *Don Carlos de Aragón, Prince de Viana*, Paris, 1889.

Enrique de Villena

(1384-1434)

Eneida. Ms. de la trad. inédita, que se conserva afortunadamente en la B.M.P. (*v.* M. Artigas, *La biblioteca* [*de*] *Menéndez Pelayo*, Santander, 1916, p. 14, y su *Catálogo de mss.* de la misma bibl.). La trad. de Villena es la más antigua que se conoce de la *Eneida* a una lengua vulgar (1427-1428), de acuerdo con la *Bibliografía hispano-latina clásica* del mismo Menéndez Pelayo.

SIGLO XVI

Actas de las Cortes de Castilla

(siglos XVI-XVIII)

Hay que "sacar y comentar los pasajes con otros de las obras de pasatiempo de aquellos siglos. Y además las *Actas de la Sala de Alcaldes*, Archivo Histórico Nacional, n.º 1201. Se formaría un libro digno realmente de hacerlo" (Amezúa, *Opúsculos histórico-literarios*, Madrid, 1953, III, 282, n. 5).

Antonio Agustín

(1517-1586)

Su verdadero nombre era en latín Martinus Baillus (Martín Bailó). *Bibliothecae graeca ms., latina ms., mixta ex libris editis variar, linguarum,* Tarragona, 1586 (ej. en el Br. Mus., 620.e.24(1) y en El Escorial, según el *Catálogo de la biblioteca particular de Antonio Agustín,* I). Bonsoms, en su *Discurso* de ingreso en la Acad. de Buenas Letras de Barcelona, 1907, p. 15 y sig., y en el Apénd. 1.º, p. 71, cita también tres *Bibliothecas* o catálogos de A. Agustín, Tarragona, 1586. Sus libros entraron a formar parte de la bibl. de El Escorial. Un año después publicó su otra *Bibliotheca Manuscriptorum,* la más importante,

Tarragona, 1587. Obra sin terminar. Por ello la consignamos aquí. Fue el primer catálogo de manuscritos que se imprimió en Europa: 272 ms. griegos, 561 latinos, etc. Tiene al final una sección de impresos, entre ellos unos 20 incunables. Se interrumpió en la sección de teología, que llega sólo al n.º 9, acaso por la muerte del autor. A los pocos meses del fallecimiento de éste, fue publicado el catálogo, así incompleto, bajo el nombre de Martín Bailó. Existe un ej. en El Escorial y otro en el Br. Mus. Se reimprimió en las *Opera Omnia* de Agustín, Lucae, 1765-1774, 8 v., en el VII, 29-161. Menéndez Pelayo no cita el cat. de mss. en la 1.ª ed. de su *Ciencia española*, pero sí en *De re bibliographica*, que forma un cap. de la 3.ª ed., Madrid, 1887, I, 75, n. 2, y en la nueva ed. (4.ª), 1933, I, 77, n. 3. La descripción de Menéndez Pelayo es, desde luego, un modelo en su género. Se halla clasificada, se da la fecha, tamaño y materia de cada vol. ms. y el contenido completo de los ocho vols. de miscelánea. *V. G. C. Gebauer, Mantissa de libro longe rarissimo. Bibliotheca Ant. Augustini*, en su *Narratio de Henrico Brenkmanno*, Göttingen, 1764. Registrada por G. Valentinelli, en *Delle Bibliotheche della Spagna*, Vienna, 1860 (*K. Akad. d. Wiss. Sitzb. Phil.-Hist. Cl.*, XXXIII, 132-135).

Por último, nos queda por publicar un legajo de cartas inéditas de Antonio Agustín, depositadas en el Archivo de la Catedral de Toledo, y otro legajo en la bibl. de la Univ. de Barcelona. [F. Miguel Rosell publicó un *Epistolario* de Agustín en AST, 1941, XIII, 113-202.]

Pedro Albentosa

(fl. 1555)

[Los Amantes de Teruel]. *Historia lastimosa y sentida de los dos tiernos amantes Marcilla y Segura, naturales de Teruel*, Teruel 1555, 16 hojas.

La bibliografía de las obras literarias consagradas a la leyenda de los Amantes de Teruel es muy abundante, aunque no se la roce siquiera en las mejores historias de la literatura española, con una sola excepción. El único, a mi entender, que le dedique atención es Ticknor, en su no lo bastante alabada obra, trad. y anotada por Gayangos y Vedia. En el t. III, 496 de esta ed., se cita en nota el poema de Pedro Albentosa. Se vuelve a citar por H. Mérimée en *L'Art dramatique à*

Valencia, 1913, p. 300: "Peut-être à l'examiner, bien des obscurités se dissiperaient-elles". *V*. J. L. Whitney, *Catalogue* ..., Ticknor Col., Boston; J. E. Hartzenbusch, *Historia de los Amantes de Teruel*, en *El laberinto*, 1844, p. 46 y sig.; Serís, *Manual*, I, 358-359, n.°ˢ 3325-3334, diez papeletas; E. Cotarelo, *Sobre el origen y desarrollo de la leyenda de los Amantes de Teruel*, RABM, 1903, VIII, 347-377, 2.ª ed. aum. y corr., Madrid, 1907, "travail très copieusement documenté" (Mérimée, *L'Art dramatique*, p. 299, n. 2).

Agustín Alonso

(fl. 1585)

Autor del poema en octavas reales con el título de *Historia de las hazañas y hechos del invencible cauallero Bernardo del Carpio*, Toledo, 1585. Libro sumamente raro. Pellicer (*Don Quijote*, I, p. 58, n.) dice que vio un ejemplar. Clemencín dice que no vio ninguno; estos son datos de Ticknor (*Hist.*, II, 444), que tampoco encontró ningún ejemplar. Gallardo da cuenta de uno (*Ensayo*, I, 162) y Pérez Pastor (*La imprenta en Toledo*, n.° 370) describe también el libro. Se encuentra un ejemplar en la B.N.M. y otro en la H.S.A. (Penney, *Printed books*, 1965, p. 20); por desgracia este último, imperfecto. Su signatura es PQ-6273-A23H6. Cuenta 177 hojas, o sean 354 p. Comprende 32 cantos, cada uno con su sumario. Las octavas pasan de mil. Son buenos versos. Merecen reeditarse.

Jerónimo de Arbolanche o Arbolanches

(fl. 1566)

También merece reeditarse el poema caballeresco *Los nueve libros de las Havidas* de Hierónymo Arbolanche, Zaragoza, 1566, del cual el único ej. conocido se custodia en la H.S.A. Es el antiguo de Salvá. *V*. el Catálogo de éste, n.° 1518; el de Heredia, n.° 2113; y el de J. M. Sánchez, *Bibl. arag.*, n.° 466.

Lo más interesante es una "Epístola a D. Melchor Enrico" sobre la grey literaria, pero como comenta Menéndez Pelayo, "el tono satírico y desenfadado de sus pésimas octavas reales, no debió de ganarle muchas simpatías" (*Orígenes de la novela*, I, ccclxxiv, cccxcviii-cccxcix). Pero se pueden extraer noticias literarias. Gallardo editó la epístola y cinco canciones, *Ensayo*, I, n.º 231, col. 258-262. Se podría atreverse a ensayar la edición del resto.

Arcediano Martín del Barco Centenera

(1535-?)

Argentina y conquista del Río de La Plata, poema en 28 cantos, ed. por Andrés González de Barcia, en sus *Historiadores primitivos de las Indias Occidentales*, Madrid, 1749, III, 107 p. a 2 col. en fol., con notas marginales del editor y una tabla de 16 p. del mismo. Convendría insistir en una ed. moderna, por el tema histórico-literario. [Hay reimpresiones de 1836 y dos facsímiles de 1912 por impresores distintos, todas de Buenos Aires.]

Juan Boscán Almogaver

(1493?-1542)

Lo primero por buscar en cuanto a la biografía de Boscán es su partida de nacimiento o bautismo, pues se ignora cuándo nació. Respecto a su muerte, se ha confirmado que acaeció en 1542; pero no en abril, como se creía, sino el 21 de septiembre. Se debe este dato al descubrimiento de un documento por Martín de Riquer, en *Juan Boscán y su Cancionero barcelonés*, Barcelona, 1945. Se conserva el ms. de este raro cancionero en la Bibl. Central de la Diputación Provincial de Barcelona, ms. 359. Es de letra de la primera mitad del siglo XVI, en castellano. Contiene poesías de Boscán y alguna anónima. Las primeras son 19, varias desconocidas, entre ellas el poema *Ospital de amor*, de 630 versos octosílabos, sonetos y sólo una poesía en catalán. Riquer editó íntegro el texto, precediéndolo de un estudio biográfico y crítico.

Sus poesías completas están aún por publicar. La fundamental bibliografía compilada por Hayward Keniston es la mejor guía para esta labor investigadora. La mayor parte de las ediciones que cita del poeta se hallan en los estantes de la H.S.A.

Empecemos por otro descubrimiento: *Las treinta of Juan Boscán*, por Hayward Keniston, New York, 1911. Publicaciones de la H.S.A. N.º 84. En el frontis, o sea frente a la portada, se reproduce en facsímil el primer folio, con el incipit o título del ejemplar de la H.S.A., que reza *Coplas de boscã nueuamente hechas y otras del marqués destorga*. Dos grabados y dos décimas, 23 p., son en verdad 33.

Keniston tuvo la suerte de encontrar en la bibl. de la H.S.A. este ejemplar, acaso único, de una edición desconocida de las *Coplas* de Boscán impresas antes de su muerte. Era creencia general que no se habían impreso hasta un año después de su fallecimiento, por su viuda, en Barcelona, 1543. Mas la popularidad afianzada por el poeta durante su vida se atestigua en dos pasajes de la *Crónica*, escrita por Francesillo de Zúñiga, hacia 1530, doce años antes de la muerte del vate, y en ella aquél juraba por "las coplas de Boscán".

En este tomito editado por la H.S.A. da cuenta Keniston, además de su descubrimiento, de unos eruditos informes bibliográficos sobre las poesías de Boscán, impresas antes y después de su muerte, todas éstas sin que apareciese la influencia italiana, ni el nombre de su amigo Garcilaso. Hay que pensar en ello, antes de hablar del humorístico divorcio de los dos poetas. Para la vida del vate catalán, antes y después de la pérdida de Garcilaso, esta preciosa edición con estudio de las treinta coplas de Boscán es indispensable. De aquí debe partir todo trabajo sobre ambos si se desea preludiar el jocoso matrimonio aludido. El noviazgo pudo ser largo.

Algunas papeletas bibliográficas útiles: Salvá, 472; Brunet, I, 1122; Graesse, I, 499; Heredia, 1867; Gallardo, 1452.—Francisco Cerdá y Rico, en Gaspar Gil Polo, *Diana enamorada*, Madrid, 1778, p. 521.— W. I. Knapp, en *Boscán, Obras*, Madrid, 1875, p. 483-484; Menéndez Pelayo, *Juan Boscán*, Madrid, 1908 (*Antol.*, XIII, 151, 156).—Manuscrito, siglo XVI "Cancionero de Gayangos", B.N.M., 17969; *v.*, sobre el manuscrito, Vollmöller, en Boehmer, *Romanische Studien*, IV, 197-228.—*Las obras de Boscán y algunas de Garcilaso de la Vega*, Barcelona, Carles Amorós, 1543 (H.S.A.), 1.ª ed. de conjunto.

Knapp dio a la estampa otra del mismo año, pero con la licencia de Portugal. Mas sólo de las poesías de Boscán divorciado de Garcilaso, según la ingeniosa frase de Elias L. Rivers, que yo escribo a la inversa por ser contrapuestas las circunstancias, en esta rara ed. portuguesa.

Boscán, solo, unido a Garcilaso y, finalmente divorciado de él, figura ricamente en los anaqueles de la H.S.A. Posee, por orden cronológico, las siguientes ediciones. *V.* los pormenores en Keniston, *Las treinta de Juan Boscán,* New York, 1911 (agotado), con las *Coplas* del Marqués de Astorga, oriundo de la ribera de Galicia; *v.* tamb. la ed. de W. I. Knapp, *Obras,* Madrid, 1875, y Clara L. Penney, *Printed books,* 1965, p. 72 y 149. Las que siguen, además de las mencionadas, que no se deben repetir, son Medina del Campo, 1544; Roma, 1547; León [de Francia], 1549; Venetia, 1553; Anvers, 1554; Barcelona, 1554; Stelle, 1555; Anvers, 1556 y 1564? (2 ej.); Anvers, 1569, 1576, 1595 (2 ej.); Toledo, 1555?; casi todas raras y escasas. Los textos más autorizados son el de 1543 y el de Knapp (Cancionero). Poesías de la unión de ambos amigos se conservan en dicha bibl., como se ha visto, hasta catorce ediciones del siglo XVI, más una curiosa *trasladadas en materias christianas y religiosas,* por Sebastián de Córdoba Sazedo, Granada, 1575, que perteneció a Salvá (n.º 547).

De los informes bibliográficos que sobre las ediciones conjuntas da Rivers en su artículo *Garcilaso divorciado de Boscán,* en el *Hom. a Moñino,* II, 121-129, deduce que "por lo visto, después de 1557 las ediciones conjuntas de Boscán y Garcilaso ya no se agotaban tan rápidamente como antes: en comparación con las 17 ediciones de los 15 primeros años (1543-1557), sólo se publicaron dos más entre 1557 y 1569, y sólo cinco entre 1569 y el fin del siglo XVI" (p. 121). Y concluye (p. 129): "La única reimpresión de las obras de Boscán y Garcilaso que se hizo en todo el siglo XVII es ya una curiosidad arqueológica, como demuestra el título: *Los amores de Juan Boscán y de Garcilaso de la Vega, donde van conocidos los tiernos coraçones de nuestros abuelos* (León, 1658)". Hay ej. en la H.S.A., Gallardo, *1461; Jerez, p. 19.

Véase más bibliografía sobre Boscán por H. y P., *Hist. de la lit. esp.,* 5.ª ed., 1943, p. 1041, n.º 232. Lo que deseo añadir es la nueva ed. de la *Antología de poetas líricos castellanos,* por Menéndez Pelayo, con estudio del mismo, Santander, 1944, X, de la ed. nacional.

El investigador tiene de dónde extraer poesías de Boscán recorriendo las ediciones acabadas de enumerar y las que la buena suerte le depare en algún impreso o manuscrito no catalogado. Así podrá reunir la edición completa a que aspiraba R. D. Perés (RHi, 1933, LXXXI, 1ʳᵉ partie, 482).

Bartolomé de Las Casas

(1470-1566)

Casas o Casaus, el aprovechado encomendero al principio y luego el convertido fanático, y fracasado fraile dominico. Fracasó, sí. Sabido es su fracaso en la colonia que fundó en Cumaná en 1520, pretendiendo hacer de los indios pacíficos labradores y buenos cristianos. No hay necesidad de llegar a la radical conclusión de Menéndez Pidal en su ruidoso libro, *El Padre Las Casas, su doble personalidad*, Madrid, 1963, p. 404. Fundado en documentos que descubre y publica, ha puesto al descubierto las exageraciones y desequilibrios del confuso fraile, pesaroso, acaso de buena fe, por su primitiva conducta contraria a los indios.

Traigo aquí, a esta sección de estudios por hacer, el actual candente tema, porque se impone la publicación de otro libro acerca del padre Las Casas, basado en el de Menéndez Pidal y en la refutación del historiador Lewis Hanke.

Ambos han irradiado nueva luz sobre la vida y las ideas del, repito, común encomendero del comienzo y del ejemplar dominico del final. Quizá aclaren y expliquen las causas de la mudanza del explotador de los indios antes y de su defensor después. Marcel Bataillon, *Études sur Bartolomé de Las Casas*, réunies avec la collaboration de Raymond Marcus, Paris, Centre de Recherches de l'Institut d'Études Hispaniques [1965], xxxix, 344 p.

El enemigo más acérrimo entre todos los que tuvo Las Casas fue Hernández o Fernández de Oviedo.

Cristóbal de Castillejo

(1490?-1550)

No se ha publicado su *Comedia de la Costanza* (escrita en 1522, según Moratín), pues el manuscrito desapareció. Pertenecía a la Bibl. de El Escorial; ésta se lo entregó en préstamo a Gallardo, quien lo perdió en Sevilla en el saqueo del 13 de junio de 1823. *V.* el *Ensayo* de éste,

II, n.º 1670, col. 290, art. por Juan José Bueno; Menéndez Pelayo, "Estudio preliminar" de la *Propaladia* de Torres Naharro, II, cxlvii (vol. X de los *Libros de antaño*); C. L. Nicolay, *The life and works of C. de Castillejo*, Philadelphia, 1910, p. 100-102; y sobre todo Foulché-Delbosc, RHi, 1916, XXXVI, 489-499. Afortunadamente, Moratín vio el manuscrito con anterioridad a su desaparición y redactó un resumen de la comedia, seguido de 198 versos copiados de la misma. Por tener la pieza "escenas lúbricas y groseras, con expresiones muy semejantes a las de la madre Celestina", según el mismo Moratín (*Orígenes del teatro español*, 1830, o Bibl. Aut. Esp., II, 1846, n.º 35, p. 189), la censura de entonces no permitió la publicación de los versos de Castillejo. Manuel Cañete, en su *Teatro español del siglo XVI*, 1885, p. 239-247, se aprovechó de las notas manuscritas de Moratín, y, sin confesar su procedencia, publicó los 198 versos. Opina, en contraste con éste, que las escenas son "tan castizas, tan naturales, de tanto vigor cómico y de tal gracejo, que merecen bien ser conocidas de los eruditos y estudiosos aficionados a la historia del Teatro español". Foulché-Delbosc reproduce en la RHi, 1916, XXXVI, 495-498, los 198 versos de la *Costanza* que la censura tachó.

Una tercera impresión llevó a cabo J. Domínguez Bordona en su edición de las *Obras* de Castillejo, Clás. Cast., 1928, IV, 189-199. Bordona habla en el prólogo (1926, I, 30-31 y 34; y IV, 189, n.) de los extractos de Moratín, cuyo manuscrito se guarda en la B.N.M., y añade "dados a conocer por Foulché-Delbosc", sin hacer constar que antes Cañete, a quien no cita ni una vez, los había dado a la publicidad. Bordona corrige "algunas lecturas defectuosas que se deslizaron en dicha primera [*sic*] impresión" (IV, 189, n.); ya hemos visto que es la segunda, y opina que "una parte del *Sermón de amores* fue incluida por su autor en la *Farsa de la Costanza*".

Juan José Bueno, en el *Ensayo* de Gallardo (*loc. cit.*) escribe: "Parte de la *Costanza* dice el señor Gallardo que ha visto impresa con otro título, en 4.º, letra gótica. Se la franqueó en Londres, Mr. Heber", y Foulché-Delbosc (*op. cit.*, p. 491) transcribe una nota poco conocida y más explícita de Gallardo de 1826, publicada en la revista *El Siglo* de Madrid, 1848, n.º 3, 100, que dice al pie de la letra: "Una copia saqué en Londres de la parte impresa de esta picante farsa, publicada el año de 1542, en 4.º, letra gót., con el título de *Sermón de amores* ... que me franqueó ... Ricardo Heber...". ¿Guardan, pues, relación la

Costanza y el *Sermón de amores?* Foulché-Delbosc opina que no. J. P. W. Crawford (HR, 1936, IV, 373) opina que sí. He aquí otro problema por resolver.

No es improbable que reaparezca el manuscrito de la farsa de la *Costanza*, pues hay quien niega que los papeles de Gallardo fueran arrojados al Guadalquivir.

Francisco de Castro

(fl. 1591-1594)

Está por publicar *El Garañón*, del cual existen dos manuscritos en la B.N.M., uno de 1595 y el otro de 1708. El tema es burlesco, versa sobre el natalicio de un borrico garañón. Francisco de Castro es el autor de los *Tercetos contra la vida de Palacio*, leídos por él en la Acad. de los Nocturnos de Valencia (1591-1594), de la cual era miembro (Honorio Cortés, RFE, 1935, XXII, 50-51). Compuso además un libro titulado *Metamorfosis a lo moderno en varios epigrammas*, cada uno con su argumento y declaración, con una "canción del chaos y de las quatro edades del mundo. Obra de gracioso entretenimiento, Florençia, 1641". Contiene 70 epigramas con los argumentos en prosa, y tres sonetos (Marqués de Jerez, en *Hom. a M. Pelayo*, 1899, II, 632-634, y Toda y Güell, *Bibliografía esp. d'Italia*, n.° 1057). Libro rarísimo, pasó de la bibl. del Marqués de Jerez a la de la H.S.A. (Penney, *Printed books*, 1965, p. 105). Debe reeditarse y estudiarse.

Jerónimo Corterreal

(fl. 1578)

También Cortereal o Corte Real. *Batalla de Lepanto*, 1578. Poema en verso libre en 15 cantos por este poeta portugués (*v.* Domingo Garcia Péres, *Catálogo razonado biográfico y bibliográfico de los autores portugueses que escribieron en castellano*, Madrid, 1890, p. 141-142). Escribía en portugués y en español. Parece que no hay ed. mod., ni estudio, ni biografía, ni bibliografía. (Mérimée-Morley, *A history of Spanish literature*, New York, 1930, p. 245, escriben "Cortereal"; Miss

Penney, *Printed books*, 1965, p. 151, escribe "Corte Real" en dos palabras, según las portadas de los cuatro libros del poeta que he visto en la Sección de Raros de la H.S.A.) Su *Batalla de Lepanto* no figura en el importante libro de López de Toro, *Los poetas de Lepanto*, Madrid, 1950; por lo tanto ya que aspira a ser completo debe agregarse en una 2.ª ed. De otra manera, vale la pena editarlo separadamente, con un estudio comparativo, la vida del autor y su obra poética, total o parcial. Ya se hace constar que la H.S.A. conserva cuatro libros de él

Juan de la Cueva

(1543-1610)

A pesar de todo lo que se ha publicado de y sobre este afamado poeta y dramaturgo, el más importante de los precursores del teatro español del Siglo de Oro, aún quedan por dar a las prensas obras de él y estudios acerca de las mismas. Deben servir de guía en las nuevas pesquisas los trabajos de F. A. de Icaza, ed. de las *Comedias y tragedias* de Juan de la Cueva (Madrid, Biblióf. Esp., 1917, 2 v.); y *El infamador, Los siete Infantes de Lara* y el *Ejemplar poético* (Madrid, Clás. Cast., 1924). Véase en el pról. de la primera colec. (I, ix) lo que recomienda Icaza para publicar íntegro, y en la introd. de la segunda (p. 8-9) los documentos que aún se pueden hallar referentes a la vida y familia de Cueva. Por otra parte, ha de buscarse un manuscrito, el de la *Segunda parte de las comedias y tragedias*, que ha desaparecido y se cree que no llegó a imprimirse (F. Rodríguez Marín, *Luis Barahona de Soto*, Madrid, 1903, p. 502, y E. Walberg, *Juan de la Cueva et son "Exemplar poético"*, Lund, 1904, p. 5).

También se ha perdido el poema *Tarascana*, dedicado a la Tarasca de Sevilla, el cual consideraba Cueva como su obra maestra (E. Walberg, *ibid.*, p. 33, y BHi, 1905, VII, 80). Mas estos manuscritos podrían reaparecer merced al paciente rebuscar de algún venturoso investigador. *V.* las secciones de "Bibliotecas", "Archivos" y "Manuscritos" de mi *Manual*, I, 149-168. Pero entre los no desaparecidos, subsisten todavía inéditas algunas poesías contenidas en el manuscrito de 1604 de la B. Colom., signatura Z-133-50 (F. A. Wulff, en su ed. del *Viage de Sannio*, Lund, 1886-1887, p. xx y sig., y E. Walberg, *ibid.*, p. 35 y sig.). E igualmente sigue inédita, por último, otra obra suya de inferior mérito literario, pero de interés para su biografía, la *Historia de la Cueva*, poema genealógico, historia del origen del apellido Cueva y de su familia. Se conserva en tres manuscritos, dos de ellos autógrafos, uno en la B. Colom., y el otro en la del Duque de Gor, en Granada; y el tercero, una copia en la B.N.M., ms. n.º 4116.

Se equivocó Morel-Fatio cuando creyó que el *Ejemplar poético* terminado en Sevilla, en 1606 y corregido en 1609, no había sido impreso (*La "Comedia" espagnole au XVIIᵉ siècle*, Paris, 1884-1885, 2.ª ed., 1923). No lo fue durante la vida de Cueva. El manuscrito autógrafo fue a parar a la B.N.M., ms. n.º 10182, y luego se imprimió tres veces: la primera en 1778 por López de Sedano en su *Parnaso español*, VIII, 1-68, no conocida de Morel-Fatio; la segunda en 1904 por Walberg, *ibid.*; y la tercera (texto definitivo) en 1924 por Icaza en su ed. de los Clás. Cast., junto con *El infamador* y *Los siete Infantes de Lara*, p. 185-246.

Publicar el ms. de sus obras completas de la B. Colom., ms. Z.133-49. "Il avait préparé une édition complète de ses œuvres qui est restée manuscrite et qui contenait un grand nombre de poèmes inédits" con variantes de las eds. impresas (Ad. Coster, en *Fernando de Herrera*, Paris, 1908, p. 77 y n. 1). La 1.ª ed. de sus *Comedias y tragedias* que se conoce es la de Sevilla, 1588, en cuya portada se lee "segunda impresión", y cuyo privilegio es de 1584. ¿Sería éste el privilegio reproducido de la primera ed.? (Coster, *ibid.*, p. 76 y n. 3). No está en la B.M.P. ¿Dónde se ocultará la verdadera ed. príncipe? De la *Comedia del infamador*, la 1.ª ed. es de 1583, un ej. único, al parecer, fue descubierto en 1922 por Schevill. De la 2.ª ed., Sevilla, 1588, sólo existen dos ejs. conocidos. *V.* J. E. Gillet, *Cueva's "Comedia del infamador" and the Don Juan legend*, MLN, 1922, XXXVI, 206 y 210, n. 11. Icaza editó las *Comedias y tragedias*, con buen pról., Madrid, Bibliófilo. Esp., 1917. El *Exemplar poético* lo fue por Sedano en su *Parnaso español*, VIII; Menéndez Pelayo en *Ideas estéticas* lo estudió, Madrid, 1940, II, 259. Léase a F. A. de Icaza, *Sucesos reales que parecen imaginados de G. de Cetina, Juan de la Cueva y Mateo Alemán*, Madrid, 1919; M. Bataillon, *Simples reflexions sur Juan de la Cueva*, BHi, 1935, XXXVI, 329; C. Guerrieri Crocetti, *Juan de la Cueva e le origini del teatro nazionale spagnuolo*, Torino, 1936; E. S. Morby, *Notes on Juan de la Cueva: versification and dramatic theory*, HR, 1940, VIII, 213; S. Montoto, en *Ingenios sevillanos del siglo de oro que vivieron en*

América, Madrid, 1929? ; H. Serís, El *Viaje de Sannio*, Sevilla, 1606, *Manual*, I, 181, n.º 1765, y también n.ᵒˢ 1, 1423, 2452, 2900b, 2906, 3399, 3408, 3679, 7736 y p. 278 y 651.

El art. de Bataillon, publicado por primera vez en el BHi, fue luego incluido en el libro *Varia lección de clásicos españoles*, versión castellana de José Pérez Riesco, Madrid (Bibl. Rom. Hisp.), 1964, p. 206-213. *V*. la reseña por Carlos Valderrama Andrade, con excelente resumen, BICC, 1966, XXI, 374.

"El asunto que intriga a Bataillon —dice Valderrama Andrade— no es tanto el de por qué Juan de la Cueva, a pesar de su importancia histórica, fue silenciado sistemáticamente por sus contemporáneos ... sino cómo vino a tener tanta importancia para los historiadores de la literatura". Y da esta explicación: "Es que este autor representa, casi él solo, un momento de la comedia española, por haber tenido el cuidado de publicar en colección sus comedias y tragedias en una época en que las obras de teatro no solían disfrutar de semejante honor". Es decir, me parece, que se debió, en otras palabras, a la formación de su bibliografía. La presente *Guía* ha sostenido en todo momento la aspiración de reunir los más ignorados informes bibliográficos y así ofrecer la posibilidad de completar por medio de nuevas investigaciones la historia de la literatura española.

Juan del Encina

(1468-1529)

Américo Castro recomienda "articular el teatro de Juan del Encina con el de sus continuadores", en *La Celestina como contienda literaria*, Madrid, 1965, p. 81.

Luis de Escobar

(fl. 1545-1552)

Las quatrocientas respuestas a otras tantas preguntas, 1545?, ms. n.º 83 de ccxx fol., al parecer autógrafo, con 500 refranes, en la B.M.P. Impreso, Valladolid, 1545. Se trata de un poema didáctico, romance trovado en coplas de arte mayor. Contiene adivinanzas. Se debe estudiar cotejándolo con el impreso, haciendo resaltar las variantes. *V. M. Artigas, Catálogo de los manuscritos de la Biblioteca de Menéndez Pelayo*, n.º 83 (cont.), BBMP, 1924, VI, 300 [200] refranes y 280 más. La 5.ª pte. se destina a los enigmas, la 6.ª a los 500 proverbios, y hay un apéndice que dice *Colección de refranes de Luis Escobar en forma de letanías*, por D.F.B.P.

Florando de Inglaterra, hijo del nobre y esforçado Principe Paladino, Lisboa, 1545

Se ignora el nombre del autor de este libro de caballerías, aunque por lo que declara el prólogo, se sabe que fue portugués (Garcia Péres, *Catálogo razonado biográfico y bibliográfico de los autores portugueses que escribieron en castellano*, Madrid, 1890, p. 601). Debe emprenderse una indagación siguiendo el modelo establecido por el hispanista inglés W. E. Purser (*Palmerin of England*, Dublin, 1904).

V. Libros de caballerías.

Diego de Fuentes

(fl. 1560-1570)

Las obras. Cancionero de Diego de Fuentes, 1.ª pte., canciones, glosas y romances; 2.ª pte., sonetos, tercetos, canciones, sextinas, elegías, etc. Seguido del poema *Demanda criminal*, con la bien dada sentencia por el divino Ayuntamiento contra las ilustres damas de la gran Cessarea [Zaragoza]; 21 octavas con la *Oración de Diana*, y termina en la *Égloga donde se tratan los desastrados amores de los sin ventura y mal gozados pastores Orsino y Marsilea*, interlocutores [personajes: Autor, Orsino, Marsilea, Briceño, Rabadán]. "Adonde se hallaran la mayor parte de las que el ha hecho, assi canciones, como sonetos y otros generos de versos", Zaragoza, 1563 (Marqués de Jerez, *Unas papeletas bibliográficas*, en el *Hom. a M. Pelayo*, 1899, II, 644-652). La H.S.A. posee un ejemplar, único conocido, de *Las obras*, Çaragoça, 1563, precisamente el mismo ej. a que se refiere el Marqués; además el libro de la *Conquista de África*, Anvers, 1570, procedente de otro Marqués, el de Morante, o sea Joaquín Gómez de la Cortina; *v.* su *Catalogus Librorum*, Matriti, 1854-1870. Fuentes es también autor de adiciones a la *Historia del capitán Hernando de Ávalos*, por Pedro Vallés, Anvers, 1570. Es preciso conocer aquellas canciones, glosas, romances, sonetos, tercetos, sextinas, elegías, etc., de su *Cancionero* y los amores de Orsino y Marsilea de su *Égloga*.

Fadrique Furió Ceriol

(fl. 1554)

El consejo y consejeros del príncipe, libro primero del quinto tratado de la institución del príncipe, Anvers, 1559. (Ej. B.N.M.) Escudriñar el paradero de los mss. o impresos de los restantes tratados sobre *El rey* y *El senador*, que fueron traducidos al polaco.

"Lo poco conocido que es este libro entre los españoles, ha dado ocasión a incluirlo en este volumen como una de las muestras del talento político de su autor, justamente apreciado por los extraños" (Adolfo de Castro, Bibl. Aut. Esp., XXXVI, 1855, p. ix). Agapito Rey lo estudió y editó. Se ha traducido al inglés: Reworked into English from the Italian of Alonso de Ulloa, by Thomas Blunderville, *Of councils and counselors, (1570) a facsimile reproduction* [*of a very brief and profitable treatise*] *with an introduction by Karl Ludwig Selig*, Gainesville, Florida, 1963 (Scholars' facsimiles & reprints). Ej. H.S.A.

También se debe a su pluma *Institutionum rhetoricorum*, Lovaina, 1554. Menéndez Pelayo dice que no logró ver este libro, del cual conocía la existencia de un único ej. en la Bibl. de la Univ. de Oxford, según su *Cat.* impreso, s. a. *V. Ideas estéticas*, siglos XVI y XVII, 1896, 2.ª ed., III, 233-234.

Luis Gálvez de Montalvo

(1546?-1591?)

Traductor de Torcuato Tasso, *Jerusalén libertada*. De Roma escribía en 1587 que la estaba traduciendo en coplas castellanas, pero no la publicó.

Se ignoran las razones. En cambio, Juan Sedeño la tradujo también y la publicó, Madrid, 1587 y eds. subsiguientes. Otras traducciones inundaron el mercado. Por curiosidad malsana o no, debería darse a la publicidad la versión inédita de Gálvez de Montalvo. Y ya que nos atrae una traducción inédita del poeta italiano, nos viene a la memoria la versión castellana de las *Rimas* de Petrarca traducidas por Francisco Tremado, hacia fines de 1598, las cuales quedaron asimismo inéditas. — La de Gálvez de Montalvo se logró editar en la NBAE, VII, p. 399-484. *V.* J. G. Fucilla, *On the vogue of Tasso's "Lacrime di S. Pietro" in Spain and Portugal*, en *Rinascita*, 1939, I, 73; H. Rennert, *The Spanish pastoral romances*, Baltimore, 1892, p. 48; F. Rodríguez Marín, *La "Félida" de Gálvez de Montalvo*, discurso en la Acad. de la Hist., 1927, p. 24-28.

Garcilaso de la Vega

(1501?-1536)

"Falta aún una bibliografía completa de Garcilaso", T. Navarro Tomás, Introd. a las *Obras* de Garcilaso, Madrid, Clás. Cast., 1924, p. lxii, n. 2; y en el Pról. de la 2.ª ed. Un año después publicó R. H. Keniston su ed., *Works, a critical text with a bibliography*, New York, 1925, pero con la bibliografía muy incompleta.

Gaspar Gómez

(fl. 1530)

Tercera parte de la Tragicomedia de Celestina, Medina del Campo, 1536. Ej. en la Bibl. de la Univ. de Leide. "Jamais réimprimé" (M. Bataillon, *"La Celestina" selon Fernando de Rojas*, Paris, 1961, p. 11).

Lucas Gracián Dantisco

(fl. 1595)

Las historias de la literatura española no mencionan a este escritor.
A lo que se me alcanza, su biografía y bibliografía están por hacer. La
H.S.A. es poseedora de un libro de este autor intitulado *Galateo es-*
pañol, Barcelona, 1595. Este ejemplar parece ser el único conocido de
la ed. más antigua. Perteneció a Salvá (*v.* su *Catálogo*, n.º 1834). La
popularidad del *Galateo* fue por lo visto tal que se reimprimió en múltiples ediciones. La misma H.S.A. cuenta ocho más: Lisboa, 1598;
Valladolid, 1603; Barcelona, 1616 y 1621; Madrid, 1632; Tortosa,
1637; Madrid, 1664, y otra del mismo lugar y fecha pero distinta
edición. Las eds. de 1603, 1632 y las dos de 1664 van añadidas con
otros dos libros: el *Destierro de la ignorancia* y el *Lazarillo de Tormes,*
castigado. Gallardo, en su *Ensayo*, III, n.º 2403, cols. 116-118, describe
minuciosamente la única ed. que, sin duda, conoció del *Galateo*, la
muy posterior de Madrid, 1632. Entre los versos laudatorios figura un
soneto de Lope de Vega. Gracián Dantisco informa "al lector" que
ha traducido la mayor parte de su libro del *Galateo italiano*, añadiendo
otros cuentos y cosas que él ha visto y oído. También el *Destierro de*
la ignorancia, "que es cuaternario de avisos convenientes a nuestro
Galateo", es traducción de lengua italiana en castellana. El autor es
Horacio Riminaldo, de Bolonia. El *Lazarillo castigado*, cree Gallardo
ser reimpresión del que publicó Juan López de Velasco, con la *Pro-*
paladia, en Madrid, 1573.

Acaso sirvan para la biografía de nuestro autor los siguientes datos.
Sus apellidos se escribieron también Gracián de Antisco. Existió un
Juan Dantisco, nacido en Dantzig el 1.º de noviembre de 1485 y muerto
en Frauenberg el 27 de octubre de 1548, que fue embajador de Polo-
nia en España (A. Paz y Melia, *El embajador polaco Juan Dantisco en*
la corte de Carlos V, BAE, 1924, XI, 54 y sig.). Quizá fuera uno de
los antepasados del escritor. Tal vez dé alguna luz asimismo el texto
de un documento extendido por Bartolomé Monella, traducido del
latín por Tomás Gracián Dantisco, cuyo encabezamiento reza: *Este*
es traslado sacado de una escritura de poder y ansimismo de vna fe y
testimonio de heredero hecha por Pedro Antonio Monella, fechado en

Madrid a 4 de dic. de 1595. Este documento se halla también en la bibl. de la H.S.A.; su signatura es HC387-3590-2.

Antonio de Guevara

(1481?-1545)

Por investigar: la identificación de los personajes que figuran en sus *Epístolas familiares*, Valladolid, 1539 y 1541, tr. fr., *Épîtres dorées*, dirigidas a diversos personajes; tratan de muy distintos asuntos utilizados por William Painter, en el 2.º vol. de su *Palace of pleasure* (1567) y traducidas al inglés por E. Hellowes (1574), por G. Fenton (1575) y por Savage (1607).

Ya Augustin Redondo trata de identificar "sistemáticamente" todos los personajes que figuran en las *Epístolas*, y lo anuncia en *La Bibliothèque de D. Francisco de Zúñiga, Duque de Béjar*, en *Mélanges de la Casa de Velázquez*, Paris, 1967, III, 150, n. 1.

Ahora está de moda Antonio de Guevara. Últimamente se ha publicado la edición de *Una década de Césares* por Joseph R. Jones, Chapel Hill, Univ. of North Carolina Studies in Rom. Lang. and Lit. N.º 64, 1966, 528 p. Jones se ha especializado en el estudio de Guevara. Ha dado a la erudición varios trabajos sobre él. Quizá pueda identificar los personajes que se buscan. El subtítulo de su ed. e introd. de los *Césares* (siempre manejando personajes) es, a saber, "las vidas de los diez emperadores romanos que imperaron en los tiempos del buen Marco Aurelio". Se basa en el texto de la 1.ª ed., Valladolid, 1539, de la cual se guarda un ejemplar en la B.P.L.

Una favorable reseña del estudio de Jones redactada por Christoph E. Schweitzer se lee en HispCal, 1968, LI, 573. Por cierto, que este crítico ha hallado la solución, que se echa de menos en la ed. de Jones, del problema acerca de un término del vocabulario. En la ed. de 1544 se lee la palabra *filotro*, y en la de 1669, *motro*. Ninguna de las dos hace sentido. El original dice *niotro* [ni otro], y la fuente latina *psilochrum*, que es un depilatorio. Se trataba de afeitar la barba.

Américo Castro echa de menos algún estudio relativo a la influencia de Guevara en la picaresca, Cervantes, Quevedo y otros escritores españoles. He aquí sus palabras textuales: "Se ha escrito mucho sobre los influjos, seguros o probables, de Guevara sobre la literatura europea (el eufuismo inglés, el anecdotismo moral de Montaigne), mas no se ha dicho aún lo que le debe la novela picaresca, Cervantes, Quevedo y otros autores, en cuanto a puntos de vista y ocasionales imitaciones de su estilo" (*Antonio de Guevara: un hombre y un estilo del siglo XVI*, BICC, 1945, I, 46-67; *v.* H. Serís, reseña, Sy, 1946, I, n.º 1, 168).

Diego o Pedro Hermosilla

(fl. 1540)

Diálogo de la vida de los pajes. Por editar o sólo consignar las variantes, a fin de cotejar el texto con el de otra ed. que se distingue en el incipit de *Diálogo entre Medrano paje y Juan de Lorza, mercader, en que se trata de la vida y tratamiento de los pajes de Palacio y del galardón de sus servicios*, 1543 (cit. por Cejador, *Hist. de la lit. esp.*, 1915, II, 173). No coincide con la ed. mod. que cito en el *Manual*, II, 598, n.º 5854; pero el nombre de pila del autor es *Diego* en vez de *Pedro*; el título cambia también por el siguiente: *Diálogo de los pajes, en que se trata de la vida que a mediados del siglo XVI llevaban en los palacios de los señores*, ed. y nota prel. de A. Rodríguez Villa, Madrid, 1901.

Gonzalo Hernández o Fernández de Oviedo

(1478-1557)

Quincuagenas de la nobleza de España. Las empezó a editar Vicente de la Fuente, Madrid, 1880, Acad. de la Hist. Deben completarse. Las *Batallas y quincuagenas* permanecen inéditas. Deben publicarse íntegras. Son "especie de memorias acerca de las familias y personajes de la corte de los reyes de España" (H. y P., 5.ª ed., 1943, p. 403). El historiador, Antonio Ballesteros Beretta, lamentó que no se hubiera dado a la publicidad todavía "la segunda parte de *Batallas y quincuagenas*, pues contiene datos quizá más interesantes que los de la primera" (*Fuentes historiográficas del descubrimiento de América*, conferencia en el Museo Naval de Madrid, el 28 de feb. de 1935).

El enemigo más acérrimo que tuvo Hernández de Oviedo fue Bartolomé de Las Casas.

Fernando de Herrera

(1534-1597)

Es de desear una reedición de las *Anotaciones a las obras de Garcilaso*, Sevilla, 1580, no reimpresas desde entonces. Como se sabe, es un admirable comentario crítico acerca del lenguaje, el período poético, la dicción y las alusiones mitológicas, y suministra noticias de los poetas humanistas sevillanos, con muestras de sus poesías en latín y castellano y juicios críticos relativos a éstos y a otros literatos. Se trata de un capítulo brillante de la historia de la literatura española. *V.* Ad. Coster, *Fernando de Herrera*, Paris, 1908, p. 199, y J. Fitzmaurice-Kelly, *Hist. de la lit. esp.*, Madrid, 1921, p. 180. Éste le llama "el crítico más avisado, a la vez que el mejor lírico de su escuela".

Consúltese la *Nota bibliográfica* de *Las obras de Garcilaso con anotaciones de Fernando de Herrera*, por J. M. Blecua, en *Hom. a Huntington*, 1952, p. 55-58.

Sería deseable también dar a conocer en letras de molde, de nuevo sin las inexactitudes, la Réplica de Fernando de Herrera a *Prete Jacopín* del ataque que éste le dirigió por las *Anotaciones a Garcilaso*. "On n'en connaît qu'un exemplaire unique qui se trouve inséré à la suite du Prete Jacopin dans un ms. de la fin du XVIᵉ siècle ou du début du XVIIᵉ, conservé à la Bibliothèque Nationale de Madrid (ms. 9841. Es. 114). C'est une copie fort défectueuse qui, à partir de l'observation XXXV, devient presque inintelligible. Elle porte le titre suivant: *Al muy Reverendo Padre Prete Jacopín, Secretario de las musas*, sans indication du nom de l'auteur. *Note*: Elle a été imprimée par José Ma. Asensio dans la *Controversia sobre las Anotaciones* en 1870, par les Bibliophiles andalous, malheureusement d'une façon peu exacte" (Ad. Coster, *Fernando de Herrera*, p. 171 y n. 1).

Sebastián de Horozco

(1510?-1580)

Se le considera por José Ma. Asensio y algún otro como autor del *Lazarillo de Tormes*. Véase *Sebastián de Horozco*, "noticias y obras inéditas de este autor desconocido", por Asensio, Sevilla, 1867 y el *Cancionero* de aquél, editado por el mismo Asensio, Sevilla, Biblióf. Andal., 1874. Esta hipótesis podría ser comprobada con el *Libro de cuentos* que compuso Horozco; mas hasta ahora no se ha descubierto su paradero. "Conservemos la esperanza —escribe Menéndez Pelayo— de que algún día desentierre cualquier afortunado investigador su *Libro de cuentos*; del modo que han ido apareciendo sus copiosas relaciones históricas" (*Orígenes de la novela*, 1907, II, lix). A los jóvenes investigadores toca, pues, esta nueva tarea, asaz importante, ya que de ella depende el conocimiento del nombre del autor del *Lazarillo*.

Otro aspecto de Horozco es el de redactor de relaciones históricas. La *Relación verdadera del levantamiento de los Moriscos en el reino de Granada y historia de su guerra*, citada por Nicolás Antonio, *Nova*, II, 281, "n'a point encore trouvé d'éditeur" (A. Morel-Fatio, *L'Espagne au XVIe et au XVIIe siècle*, 1878, p. 3). Varias *Relaciones* han sido publicadas, sólo en parte, por el Conde de Cedillo en su discurso de recepción en la Acad. de la Hist. (*Toledo en el siglo XVI*, Madrid, 1901), y en su monografía *Algunas relaciones y noticias toledanas que en el siglo XVI escribía el Ldo. Sebastián de Horozco*, Madrid, 1905 [1906]. Una *relación* inédita fue ya publicada por Foulché-Delbosc bajo el seudónimo de S. Álvarez Gamero, RHi, 1914, XXXI, 393-415. Deben completarse, pues, publicando el resto.

La multiforme personalidad de Horozco presenta un tercer aspecto, el paremiológico. Asensio en 1867 (*S. de Horozco*, p. 8) indicó la existencia de un manuscrito autógrafo inédito de Horozco con el epígrafe de *Teatro universal de proverbios, adagios o comunmente llamados refranes que más se usan en España*, ca., 1599, en la escogida biblioteca de Sancho Rayón. Más tarde, en 1907, Menéndez Pelayo anunciaba todavía inédito el mismo manuscrito del *Teatro Universal de proverbios* "glosados en verso, donde se encuentran algunos cuentos graciosos y fábulas moralizadas"; me parece ser el ms. en folio, original, de letra de fines del siglo XVI, o principios del XVII, portada y 406 hojas de texto e índice, con 3145 refranes glosados en verso "por varios modos de interpretación". Agregaba Menéndez Pelayo otro de la misma índole: *Recopilación de refranes y adagios comunes y vulgares de España* (con más de 8.000), al igual inédito (*Oríg. de la novela*, II, lix y n. 2). *V.* también Rodríguez Marín, *Nueva ed. crít. del Quijote*, 1928, VII, 331 y n. Cuando la Acad. Esp. se propuso publicar este segundo ms., que se guardaba en la B.N.M., se vio que faltaban ya los dos primeros vols., desde la letra A a la D. En 1926, Fitzmaurice-Kelly aseguraba que "[it] is still unpublished" (*A new history of Span. lit.*, Oxford, 1926, p. 198). Por fin, Emilio Cotarelo dio a la estampa en el BAE, 1915-1917, II-IV, el principio únicamente del primer ms., o sea el *Teatro universal*, conocido con el título que abrevió de *Refranes glosados*. Es indispensable publicar este ms. en su totalidad. El actual paradero de este precioso manuscrito autógrafo es la H.S.A., puesto que adquirió, como he dicho ya, la colección de Sancho Rayón.

Por último, otro ms. del *Teatro* se custodia en la B.N.M., con el n.º 9936, del cual se sirvió Cotarelo para su ed. parcial.

Después de publicada la nota sobre Sebastián de Horozco, que salió a luz en 1952 en el *Hom. a Huntington*, p. 555-556, publiqué una segunda nota distinta y más extensa en el BHi, 1958, LX, 364-366, bajo el título de *Un nuevo refranero inédito glosado por Sebastián de Horozco*, que empezaba así: "Entre las obras inéditas del Licenciado Sebastián de Horozco, cuya publicación recomendábamos en nuestra *Guía*, figuran dos colecciones de refranes. La primera (1550), en su comienzo únicamente, fue dada a la estampa por Emilio Cotarelo, en el BAE (1915-1917, II-IV)". Muy bien, pero es indispensable publicar este ms. autógrafo en su totalidad.

La segunda colección fue señalada asimismo, como ya dije, por Menéndez Pelayo en 1907, en *Orígenes, loc. cit.*, y confirmó su estado de inédito. Igual hace Fitzmaurice-Kelly en su *New history of Spanish literature*, p. 198, y Rodríguez Marín en su *Nueva edición crítica del Quijote*, Madrid, 1928, VII, 331 y n. Lleva por epígrafe el de *Recopilación de refranes y adagios comunes y vulgares de España, la maior y más copiosa que hasta aora se a hecho* (*ca.* 1550), sin glosa y falta del principio. No es autógrafa. Apareció primeramente su constancia —según las noticias que he agrupado y doy en el BHi— en el *Catálogo de la biblioteca del Sr. D. Pedro Caro y Sureda, marqués de la Romana*, Madrid, 1865, p. 188, y se trasladó después, en 1873, a la B.N.M. En ésta ingresó, ms. n.º 9936, de 406 p. de texto más índice; con 3.145 refranes glosados en verso; incompleto ya, conforme se deduce de lo que manifiesta Viñaza, en su *Biblioteca histórica de la filología castellana*, Madrid, 1893, n.º 1449, col. 1938, pues sostiene que aún conservaba a la vuelta de la portada el *ex-libris* de Fernando José de Velasco, en cuya biblioteca se hallaba antes de pertenecer al marqués de la Romana, es decir que permanecía todavía en su estado primitivo.

A esas dos colecciones de refranes de Horozco, se debe agregar ahora una tercera glosada, inédita igualmente, descubierta en Nueva York. El primero en darse cuenta del hallazgo, fue D. W. McPheeters, profesor de la Univ. de Tulane, y colaborador entonces del Centro de Estudios Hispánicos de la Univ. de Syracuse. Se trata de un manuscrito de letra cursiva del siglo XVI, en papel, de 206 hojas en folio con 477 proverbios españoles y extensas glosas en prosa. La encuadernación es moderna, en tafilete rojo con ornamentos dorados. En el lomo se lee en letras doradas: "Proverbios españoles por Sebastián de Horozco". El incipit se ha encuadernado por error entre los folios 6.º y 7.º He aquí sus términos: "Síguense algunos proverbios o dichos notables sacados así de coronistas e historias como de la sagrada escritura y otras partes por el Licenciado Sebastián de Horozco, jurisconsulto y natural de la cibdad de Toledo; demás y allende de otra grand suma de ellos que tiene glosados en metro en otro volumen". Según el índice, colocado al comienzo, el tomo comprendía, en su origen, 485 proverbios, reducidos ahora a 477, por la falta de ocho al final. El hallazgo de este refranero viene a cumplir en parte la profecía de Menéndez Pelayo de que poco a poco se descubrirían las múltiples obras de tan fecundo escritor como era Sebastián de Horozco.

McPheeters ha observado justificadamente que muchos de los proverbios de la colección se relacionan con sucesos históricos, como los concernientes a los judíos, tal el que dice "La bellota para el doctor Cota / la encina para el bachiller de la medicina", que alude a un miembro de la familia israelita Cota de Toledo, que fue quemado vivo en un auto de fe, familia a la cual perteneció asimismo Rodrigo Cota. A veces las glosas contienen elementos bíblicos y clásicos debidos a la preparación humanística del autor, así cuando dedica nueve páginas a comentar el dicho de que "Gran tesoro es la buena mujer y gran pestilencia la mala". Sus intuiciones dramáticas se ponen de manifiesto con la explicación de las "noches toledanas" o la referencia a Fuenteovejuna. Estos curiosos enlaces denotan la conexión estrecha entre la vida de la época y el refranero de Horozco, gran narrador en las *Relaciones* periodísticas de aquel entonces.

El único intento de editar estos refraneros lo realizó Cotarelo al reproducir el principio del primero, como se ha indicado ya: el *Tea-*

tro universal de proverbios, utilizando una copia adquirida por la Acad. Esp. Esta copia presenta la mudanza de contener, además del título conocido, otro colocado a continuación del prólogo y antes del texto, que reza: *Libro de proverbios comunmente llamados refranes o vulgares, que más ordinariamente se usan en nuestra España*. Sólo publicó los primeros 301 refranes del total de 3.145 glosados en verso, es decir, de la *A* a la *D*. Para ser más concretos, termina con el que reza: "Dicen y dirán / que la pega no es gavilán". Luego, al pie de la pág. del BAE se lee la firma de Cotarelo y la palabra "Continuará". Pero no volvió a publicarse un solo refrán.

Se ignora por qué causa interrumpió Cotarelo su edición. Le había antepuesto un extenso y documentado estudio biográfico de Horozco y su familia (BAE, 1915, II, 648-693) y había añadido al pie de las págs. varias notas acerca de ciertos vocablos. El mismo Cotarelo hizo público (p. 693) el propósito de la Academia de editar además el manuscrito de la B.N.M. Han transcurrido más de cincuenta años sin cumplirse tal proyecto.

Bien es cierto que Cotarelo al comenzar a editar el *Teatro universal de proverbios*, etc., le cambió arbitrariamente el título por el de *Refranes glosados*, aumentando así la confusión, ya desconcertante, que existía con otras tres colecciones rotuladas de idéntica o parecida manera, los n.os 6171 con glosa, 6172 y 6173 del *Manual*; v. también el n.° 6178, en el que se avisa de la desaparición de la B.N.M. de los dos primeros tomos mss. de la *Recopilación*, de la cual queda el tercero, letras *E* a *Z*, con 8.311 refranes. Quizá se pueda completar con el comienzo A-D, omitiendo las glosas del primer ms., o sea la parte editada por Cotarelo. De todos modos, la Academia debe dar a la imprenta íntegros ambos manuscritos, como prometió.

El paremiólogo Francis C. Hayes solicitó igualmente la impresión del resto del *Teatro universal de proverbios*: "A completed edition of this *refranero* is needed" (HispCal, 1937, XX, 88, n. 11). Si no lo hace la Academia, le corresponde a la H.S.A. la tarea de dar a las prensas los 2.344 refranes inéditos aún, si es cierto, como se sospecha, que ella posee el manuscrito original. Se cree que es además autógrafo. Cotarelo declara que no lo es; formula esta afirmación categórica sin haberlo visto. En cambio, José María Asensio, (*S. de Horozco, loc. cit.*), que lo tuvo en sus manos y pudo examinarlo con detenimiento, y sin duda siguiendo además a Gallardo, que lo poseyó, aseguró que está escrito de puño y letra del autor.

V. también "manuscritos de refranes" en el *Manual*, II, 636-638; "impresos de refranes", II, 622-635 y 912; "judeo-españoles", II, 635-636.

Pedro Laínez

(† 1584 o 1605)

El poeta Pedro Laínez era muy poco conocido y estudiado, a pesar de haber figurado como poeta cortesano del siglo XVI y haber sido citado y celebrado por Lope de Vega y por Cervantes. Sus poesías se hallaban casi todas inéditas, enterradas en la B.N.P., Ms. N. 598, Esp. 314 y 371. R. Schevill, RHi, 1933, LXXXI, 2.ª parte, se extrañaba de que "a pesar de tanta alabanza, nadie hubiera considerado digna de publicarse íntegra la colección de versos de Laínez". Él da a la imprenta algunas poesías, *ibid*., p. 10-28. Bonilla y San Martín había editado una elegía en RHi, 1901, VIII, 181 y 301-308, y, por último, Carolina Michaëlis de Vasconcellos trata del autor en RHi, 1910, XXII, 511, n. 3.

En *Guía para nuevas investigaciones de literatura española*, *Hom. a Huntington*, p. 556, yo recomendaba la búsqueda e impresión del resto de las poesías de Laínez. Cuán ajeno me hallaba de que al mismo tiempo se estaba imprimiendo una ed. de las poesías de Laínez, según un manuscrito de la rica bibl. del Duque de Gor en Granada, por Antonio Marín Ocete (*Poesías*, Granada, 1950, tomo I), y de que un año después se publicaba otra ed. de las obras del mismo poeta, con estudio preliminar y notas de Joaquín de Entrambasaguas y la colaboración de Juana de José Prades y Luis López Jiménez (*Obras*, Madrid, 1951, 2 t., x, 461 y 435 p.). Ed. ésta bastante mediana.

Creíase que después de estas publicaciones, principalmente la segunda, por lo abultada, no quedaba por dar a la estampa obra alguna de Laínez. No ha sido así. D. W. McPheeters halló nuevas poesías inéditas de Laínez en un desconocido manuscrito, entonces en posesión del librero anticuario de Nueva York, H. P. Kraus. Se trata de un manuscrito del siglo XVI, firmado por Pedro Laínez, que consta de 37 folios de texto, en 4.º, encuadernado modernamente en piel, con ornamentos dorados y en el lomo estampadas las palabras "Laynez, Obras". La firma de Laínez, que se lee al pie de la dedicatoria del manuscrito coincide con tres de las cinco firmas auténticas, reproducidas de documentos legales en la edición de Entrambasaguas, correspondientes las tres al primer período (1564). Éstas se distinguen por escribir el nombre Pedro abreviado, al igual de la del manuscrito. Las otras dos firmas fehacientes, indubitadas, son de fecha posterior. Comparando la letra de la firma de la dedicatoria con la del nuevo texto de las poesías, salta a la vista que han sido trazadas por la misma mano. Puede afirmarse, pues, que es un manuscrito autógrafo.

Cree McPheeters que la fecha de este manuscrito, por contener un soneto dedicado a Don Juan de Austria en vida, debe ser anterior a 1578, año de la muerte del héroe; es más, podría retrasarse aun dicha fecha anteponiéndola a 1571, año de la victoria de Lepanto, a la que no alude todavía el poeta, sino sólo a los preparativos.

Las poesías inéditas son sonetos, canciones y villancicos, en número de catorce composiciones, con un total de 536 versos. Además se cuentan tres páginas en prosa de dedicatoria. Las contadas poesías restantes que se ocultaban en este manuscrito han aparecido ya en letra de molde.

McPheeters preparaba un trabajo histórico-literario sobre este hallazgo con el índice de las poesías. Me apresuré a dar noticia de este descubrimiento en el BHi, 1958, LX, 365. Pero McPheeters ha desistido de todo trabajo en vista de que Kraus vendió con el ms. los derechos exclusivos de reproducción al comprador. [Posteriormente Antonio Rodríguez-Moñino preparaba una edición del manuscrito.]

Pedro Liñán de Riaza

(†1607)

Compuso dos comedias acerca del Cid. Lo sabemos gracias a una carta de Lope de Vega al Duque de Sessa, en la que le dice "Liñán hizo algunas y yo las vi: del *Cid* eran dos" (C. A. de la Barrera, *Catálogo ... del teatro*, 2.ª col., p. 215). Hasta nosotros no ha llegado sino una, la cual, como sospechaba Barrera, es la *Comedia de las hazañas del Cid y su muerte con la toma de Valencia*, impresa en la serie de *Seis comedias de Lope de Vega*, Lisboa, 1603, libro rarísimo, en el cual se la atribuye falsamente a Lope. Quizás la comedia que nos falta trate de las mocedades del Cid. Sería deseable dar con ella y analizarla comparándola con la de Guillén de Castro. *V*. E. Mérimée, ed. y estudio de *Las mocedades del Cid*, Toulouse, 1890.

Juan López de Hoyos

(?-1583)

Editó un fragmento de un libro de "extraordinaria rareza", que se denomina *Historia y relación verdadera de la enfermedad, felicísimo tránsito y sumptuosas exequias fúnebres de la serenísima reina de España Doña Isabel de Valois*, Madrid, 1569, en el cual, como es sabido, colaboró el "amado discípulo" de Hoyos llamado Cervantes (A. Castro, RFE, 1931, XVIII, 385-389). "¿Por qué no lo reeditaría el Ayuntamiento de Madrid?", se pregunta el autor de *El pensamiento de Cervantes*, Madrid, 1925, a quien vengo siguiendo aquí (RFE, 1931, XVIII, 385, n. 1): "El ejemplar, acaso único, se custodia en la B.M.M.". La "nueva bibliografía" rectifica: no es único, existe otro en el Br. Mus., un segundo en la H.S.A., y un tercero en la bibl. particular de A. Rodríguez-Moñino. Son, pues, cuatro.

Francisco de Medina, bachiller, Sevilla

(?-1615?)

"Valdría la pena seguirle la pista a este homónimo, conterráneo y coetáneo del famoso humanista hispalense". Quizá se refiera a este notario "civis hispalensis publicus notarius autoritate apostolica", anotación no firmada del fol. 951 (Margit Frenk Alatorre, NRFH, 1962, XVI, 365, n. 5).

Interesante entrar con ellos y con los sabios humanistas que asistían a la afamada Escuela de Gramática y Humanidades fundada y regida por el erudito Juan de Mal Lara, sevillano igualmente (1524-1571), entre ellos acaso los dos Medina. Triste es recordar la almoneda que de los libros de la escuela y de otros bienes propiedad de Mal Lara, hicieron a su muerte su viuda y sus dos hijas. Se sabe, sin embargo, que los libros fueron adquiridos por Cristóbal Mosquera de Figueroa, el Lic. Pineda, Hernán López de Gibraleón, Fernando de Herrera, Francisco de Vergara y otros (H. y P., 5.ª ed., 1943, p. 320).

Pedro de Medina

(fl. 1545, 1561)

Imagen del mundo. "No se conserva otra noticia de esta obra que la mención del autor en el cap. III de su *Libro de grandezas*, fol. iii, que al referirse al Génesis, cap. XI, donde 'trata de muchas cosas que en el mundo fueron halladas, y quién las halló o inventó', añade 'de que en el libro llamado *Imagen del mundo* largamente trataré', aquí solamente dijo ..." (A. González Palencia, *La primera guía de la España Imperial*, Madrid, 1940, p. 109). ¿Lo escribiría Medina como prometió? ¿Se conservará el ms. en caso de que lo escribiera y no lo publicara? Lo cierto es que no se encuentra por ninguna parte. ¡Alerta, bibliógrafos incipientes! Se conoce, sí, el *Libro de la verdad*. Doscientos diálogos entre la Verdad y el Hombre, que tratan sobre la conversión del pecador, Valladolid, 1555. El librero F. Vindel publicó una excelente ed. del *Libro de grandezas de España*. Medina es también autor de la *Crónica de Medinasidonia,* que se insertó en la Col. Doc. Inéd. Hisp. Esp. XXIX. Plagió a Florián de Ocampo (1548).

Julián de Medrano

(fl. 1583)

No está de más dar con una ed. no conocida de *La silva curiosa* por Julián de Medrano. Se conoce la de Paris, 1583, de la cual han llegado hasta nuestros días dos ejemplares, ninguno de los cuales pudo ver Sbarbi, quien reprodujo la 2.ª ed., Paris, 1608 (reeditada por César Oudin), única que logró obtener. *V. El refranero general español*, Madrid, 1878, X, vi. Oudin le añadió la novela incorporada por Cervantes en el *Quijote, El curioso impertinente,* por la similitud con el título de la de Medrano, que no es sino un conjunto de retazos ajenos. Tiene interés por lo referente a los refranes.

Francisco de Mendoza y Bobadilla

(fl. 1531-1555)

El *Tizón de la nobleza,* mss. en la B.N.M., la B.N.P., Br. Mus. y Bibl. de Sir Thomas Phillips. "En la bibliografía genealogista tiene importante lugar el librillo titulado *Tizón de la nobleza,* que, según tradición, fue un memorial que el Cardenal Arzobispo de Burgos, D. Francisco de Mendoza y Bobadilla, entregó al rey Felipe II. Pues bien, este temido *Tizón* nunca ha llegado a imprimirse y hasta creo que mereció los honores de la prohibición" (M. Herrero García, *Ideología española del siglo XVII: la nobleza,* RFE, 1927, XIV, 41). En poder de la B.N.M. hay varios ejemplares manuscritos. Los examinados por Herrero García fueron los que llevan las signaturas Ms. 3274, antiguo K-68, de 177 folios y Ms. 1443, ant. H-28, de 214 folios. El primero contiene el tratado de *Linages de España* por Francisco de Mendoza y Bobadilla, Arzobispo de Burgos, y al fol. 166 se halla el "*Memorial* que escribió contra las casas de España". El segundo encierra *Papeles curiosos,* y en el fol. 18 (no 40 como dice Gallardo), se encuentra el "*Memorial* que dio el Cardenal Arzobispo de Burgos, D. Francisco de Mendoza y Bobadilla, al rey D. Felipe Segundo". "No hay para qué encarecer la importancia de estudiar las ideas principales que informan la literatura española del siglo XVII", afirma Herrero García en su citado trabajo, p. 31.

En todo estoy de acuerdo con Herrero, excepto en la aseveración de que el *Tizón* "nunca ha llegado a imprimirse". Foulché-Delbosc había agrupado la bibliografía de este memorial en la RHi, 1900, VII, 246-247, y allí figuran una treintena de manuscritos y seis ediciones impresas bajo los epígrafes de *El tizón de España, El tizón de la nobleza de España,* o *Máculas y sambenitos de su linajes,* fechadas respectivamente en 1827, 1844, 1848, 1849, 1852 y 1880. A. D. Jones descubrió un manuscrito más en la Bodleian Library, Ms. Add. A.143, fols. 120-141, escrito entre 1655 y 1662 (RHi, 1901, VIII, 510-512). Lo que echa de menos Foulché-Delbosc es una edición crítica, anotada y comentada.

Diego Mexía

(Erasmista del siglo XVI)

Por publicar la *Segunda parte del Parnaso* de Diego Mexía. El manuscrito inédito duerme en la B.N.P. *V.* A. Morel-Fatio, *Catalogue de mss. espagnols de la Bibl. Nat. de Paris*, n.º 599, y A. Alatorre, NRFH, 1949, III, 166, n. 12 (Mexía lo anunció).

Jorge de Montemayor

(1520?-1561)

Es preciso tener en cuenta al editar *Las obras de amores* que la 1.ª ed., s.l. (Zaragoza, según Penney), 1554, es rarísima. Perteneció un ej. al Marqués de Jerez, quien contribuyó con su descripción en una papeleta de su bibl. en el *Hom. a M. Pelayo*, II, 639-644, hoy en la H.S.A.—*Cancionero espiritual, Obras de devoción*, de Jorge de Montemayor, compuestas en 1559.—*Cancionero*, bipartido, publ. en 1554. Hay dos eds. muy diversas (1554 y 1558), ambas de Anvers "cujo confronto exacto ainda está por fazer" (Carolina Michaëlis de Vasconcellos, en *Scritti ... in onore di R. Renier*, Torino, 1912, p. 631, n. 5).—*Cancionero de amor e de burlas*, Anvers, 1554 y 1558. "... toda a obra lírica de Jorge de Montemayor ainda está mal conhecida. ... As utilíssimas noticias que devemos a Salvá (n.º 295-297); Gallardo (n.º 3120-3124); Vollmöller (RF, IV, 333-340); e o Marquês de Jerez (*Hom. a M. Pelayo*, II, 639-644) são insuficientes. Felizmente já temos a promessa de o genial autor da *Antología* lhe dedicar um dos volumes (ou parte de um) dos destinados á Escola de Garcilaso e Boscan. Da *Diana* já tratou nas *Orígenes de la novela* (I, 448-499)". Menéndez Pelayo, como es sabido, no pudo cumplir la promesa. Sigue, pues, por hacer el estudio que echa de menos D.ª Carolina. Hay que examinar las "numerosas e esmeradas *Trovas* e *Coplas, Cantigas* e *Vilancetes, Cartas* e *Romances*", p. 631 del ej. de los *Scritti ... in onore di R. Renier* en la N.Y.P.L.

Resumen: por hacer, lírica: "Primeiro, *Cancionero* bipartido, 1554; Segundo, profano: (em grande parte renovado) as quaes atestam com eloquencia irrespondível a grande aceição que o autor da *Diana* teve tambem com as suas obras líricas, apesar das censuras e objecções que algumas de devoção provocaram" (D.ª Carolina, p. 631).—El *Libro de blasones* se ha perdido, RFE, 1925, XII, 43. El *Diálogo spiritual*, "su obra primeriza, aún inédita, se conserva en la Biblioteca de Évora", Mário Martins, *Una obra inédita de Jorge de Montemayor: "Diálogo Spiritual"*, en *Broteria*, 1946, XLIII, 399-408, y M. Bataillon, *Hom. a Huntington*, 1952, p. 40.

Bartolomé Ordóñez

(fl. 1590)

Estúdiese y reedítese su obra *La Eulalida*, Tarragona, 1590, de la cual posee un ej. la H.S.A. *V.* Á del Arco, *La imprenta en Tarragona*, 1916, n.º 36. Ni de la vida de este autor ni de su obra, se trata en las historias de la literatura española. *La Eulalida* es un poema de la vida de Santa Eulalia en octavas reales. Una rareza y curiosidad bibliográfica.

Juan de Paredes

(fl. 1600?)

Autor de una comedia inédita, intitulada *El muerto vivo*. Ms. de las colecciones de Osuna y Durán. "Poeta desconocido" le llama Menéndez Pelayo en las "Observaciones preliminares" a las *Obras de Lope de Vega*, ed. de la Acad. Esp., 1893, III, xx. Estos son los únicos datos que he logrado reunir. No lo nombran siquiera en las historias de la literatura. Miss Penney no lo incluye en *Printed books*. Aquí tienen tela los investigadores por donde cortar.

Juan de Pedraza, o Juan Rodrigo Alonso de Pedraza

(fl. 1549-1603)

De su *Comedia de Sancta Susaña*, en verso, han sido reeditadas la edición de Alcalá de Henares, 1558, por A. Bonilla y San Martín (RHi,

1912, XXVII, 393-394 y 423-436), y la de Medina del Campo, 1603, por Gallardo (*Ensayo*, IV, n.º 3648, cols. 171-186), pero no una edición más antigua que estas dos, la de 1551, sin lugar, impresa en letra gótica, que posee el Br. Mus., signatura C.63.b.12. *V*. J. E. Gillet, RHi, 1933, LXXXI, 551, quien dice, refiriéndose a la última, "which has not yet been examined". Debe además hacerse un estudio comparativo y crítico de los tres textos. Los dos publicados presentan múltiples variantes entre sí.

Ginés Pérez de Hita

(1544?-1619?)

Nada menos que dos poemas de este famoso autor no han visto la luz pública todavía. Ambos se conservan en la B.N.M.: la *Guerra de Troya*, ms. Ee. 157 (*v*. N. Acero y Abad, *Ginés Pérez de Hita*, estudio biográfico y bibliográfico, Madrid, 1888, p. 197 y 200); y *Los diez y siete libros de Daris del Belo Troyano*, 1596, ms. 9.847, "extensísimo poema ... derivación de la *Crónica troyana*" (*v*. A. G. Solalinde, en *El juicio de Paris*, RFE, 1928, XV, 50-51 y n. 1).

Hernán Pérez de Oliva

(†1531)

Se ignora la fecha de su nacimiento. Para demostración, con este otro caso, de la reaparición de un manuscrito dado por perdido, se incluye en este lugar el redescubrimiento del de la *Historia de la inuención de las Yndias*, por Hernán Pérez de Oliva, historiador, poeta, viajero y humanista del siglo XVI. Leonardo Olschki fue el primero que dio a conocer en 1943 la existencia del manuscrito inédito de esta obra en la Bibl. de la Univ. de Yale, New Haven, Connecticut. José Juan Arrom, profesor de esta univ., redactó un excelente estudio de la obra y la editó con notas, Bogotá, ICC, 1965.

Arrom, en su docto estudio, expone no sólo el valor histórico sino también el literario de esta historia casi desconocida de América. Fue "una de las dos primeras escritas sobre el descubrimiento y conquista de América. Oliva escribió la suya entre 1525 y 1528. Gonzalo

Fernández de Oviedo publicó en 1526 un compendio titulado *Sumario de la natural historia de las Indias*", que es la primera parte únicamente; no se publicó el resto, es decir sus otras dos partes, en su tiempo, por rencillas e impedimentos de su enemigo, Fr. Bartolomé de Las Casas. Esos manuscritos quedaron inéditos hasta 1851-1855, cuando los editó Amador de los Ríos. Arrom juzga la obra de Pérez de Oliva superior en valor artístico a las de Oviedo y Las Casas. En cuanto al problema de los indios, la coloca al lado de Las Casas y Vitoria. Se nota, por otra parte, "una posible influencia de Erasmo".

La *Historia* de Pérez de Oliva se divide en nueve narraciones y concluye con el relato del tercer viaje de Colón. La ed. moderna con las apropiadas notas por Arrom fija el texto, resucitando el manuscrito que había desaparecido y que se tenía por perdido. No hay que perder la esperanza, pues, en las pesquisas bibliográficas. Hay que recorrer y escudriñar las bibliotecas, principiando por las norteamericanas, por estar catalogadas al día. Arrom relata de manera vivaz y amena el episodio que imagina con arte y conocimiento de la historia de aquella época en España, de una reunión y conversación de Pérez de Oliva y de su amigo Fernando Colón en Sevilla. Llama a este episodio *El caso de los manuscritos desaparecidos*, y lo incluye en "El problema bibliográfico" de su "Estudio preliminar", p. 9-16. Debe servir de aliento y acicate a los investigadores, jóvenes y viejos, tanto primerizos como veteranos en su ocupación. Es el caso que Pérez de Oliva escribió una historia de América, bajo el título de *Historia de la inuención de las Yndias* y entregó el manuscrito a Fernando Colón con destino a su biblioteca. Hay constancia de esta entrega por el propio hijo del Almirante, quien asentó en su *Catálogo* (*v.* la bibliog., *infra*) el ingreso el 27 de nov. de 1525. Luego, en 1552, pasó, con el resto de la famosa B. Colom. a la Catedral de Sevilla, al cuidado del Cabildo, y "de allí —informa Arrom— desapareció sin que jamás se haya vuelto a saber de él". Robo, venta o extravío, nada se sabe. Corrió la suerte de muchos otros libros y manuscritos desaparecidos de la afamada biblioteca. Y ahora nos damos cuenta de lo que significa la frase de Arrom "El caso de los manuscritos desaparecidos". El manuscrito de Pérez de Oliva, después de cuatro siglos (1552-1943), aparece en la bibl. de una universidad norteamericana. No hay que desesperar. No hay que perder la esperanza. Éste no es el único caso ocurrido, y pueden repetirse otros semejantes.

La bibliografía de Pérez de Oliva no es escasa. Empezando por el final, es justo citar el breve artículo-resumen de Salvador Bueno, titulado *Una obra inédita del siglo XVI*, publicado en *Noticias Culturales*, ICC, Bogotá, 1.º de abril, 1967, 8.—*Obras*, Madrid, B. Cano, 1787.— Menéndez Pelayo, en *Estudios y discursos de crít., hist. y lit.*, 1941, II, 39-58.—Henríquez Ureña, *El maestro H. Pérez de Oliva*, La Habana, 1914, y en *Plenitud de España*, Buenos Aires, 1940, p. 49-81 (*v.* F. L[izaso], RCu, 1940, XIV, 191-193).—N. Alonso Cortés, en *HMPidal*, 1925, I, 779-793.—E. Esperabé, en *Hist. de la Universidad*, Salamanca, 1917, II, 932.—R. Espinosa Maeso, *Pérez de Oliva en Salamanca*, BAE, 1926, XIII, 432 y 572.—William C. Atkinson, *Hernán Pérez de Oliva, a biographical and critical study*, RHi, 1927, LXXI, 309-482.—Archer M. Huntington, *Catalogue of the Library of Ferdinand Columbus*, facs. ed., New York, 1905, n.º 4148.—Rafael Castejón, *Para la Historia del descubrimiento de las Indias*, Noticias Culturales, Bogotá, 1.º mayo, 1968, n.º 88, 10.—Isaac J. Barrera, *La invención de las Indias*, Noticias Culturales, 1.º mayo, 1968, n.º 88, 12.

Ignacio Aguilera, director de la Biblioteca de Menéndez Pelayo, Santander, ha citado a Pérez de Oliva como uno de los humanistas incluidos por Menéndez Pelayo en su *Biblioteca de traductores*. El estudio de Aguilera, sumamente nuevo y de interés, se titula *Un artículo inédito de Menéndez Pelayo y algunas consideraciones sobre su "Biblioteca de autores españoles"*, y se ha publicado en el *Hom. a Alarcos*, Valladolid, 1966, II, 123-150. Las citas sobre Pérez de Oliva, p. 124 y 125, se refieren al artículo de Menéndez Pelayo, primera redacción de su *Biblioteca de traductores*, 28 de dic. de 1873 y de otra redacción más amplia de 15 de enero de 1875. Se hicieron primero para el concurso de la IEA. Hoy se reproduce la segunda versión en la ed. nacional de las *Obras*, Santander, 1958, LVII, 58-75.

La H.S.A. posee *Las obas* [sic], Córdoua, 1586 (dic., 1585), *v.* Valdenebro, 23 [parte impreso en Salamanca]. Otra ed. con la corrección *Obras*, 1586 (Salvá, n.º 1354; Jerez, p. 80). *La vengança de Agamenõ*, Burgos, 1528 (Salvá, n.º 1416; Jerez, p. 80). *Electra*, trad. esp. por Pérez de Oliva.

Juan de Pineda

(1517?-†1597)

"Uno de los más fecundos escritores del siglo XVI", compendió la relación trazada por Pero Rodríguez de Lena del *Libro del paso honroso defendido por* ... *Suero de Quiñones* (1434, impreso en Salamanca, 1588).

Joaquín Romero de Cepeda

(fl. 1582-1588)

A Rodríguez-Moñino se debe el descubrimiento del lugar en que se halla depositado el único ejemplar conocido de un libro de caballerías ignorado, debido a la pluma de Romero de Cepeda. Ese lugar es la bibl. de la H.S.A. El título del libro es *La historia de Rosián de Castilla*, Lisboa, 1586, que trata de las grandes aventuras que en diversas partes del mundo le acontecieron. Lo desconocieron Nicolás Antonio, Gayangos, Gallardo, Salvá y los bibliógrafos portugueses Sousa Viterbo, Anselmo, Barbosa Machado, Dos Santos, etc. Sólo lo conocieron y citaron Menéndez Pelayo, Braga, Carolina Michaëlis de Vasconcellos y algún otro erudito; pero a pesar de ello no trascendió a los historiadores de la literatura. No se sabía de la existencia cierta de ningún ejemplar, ni se tenía noticia de su descripción bibliográfica ni de su localización. La historia pormenorizada de su odisea, junto con la descripción detallada del ejemplar y transcripción del prólogo, ocupan las p. 5-16 de *Curiosidades bibliográficas*, Madrid, 1946, por Rodríguez-Moñino, quien termina con la siguiente aspiración: "Ojalá esta descripción excite los deseos de algún crítico por estudiar y dar a conocer el texto ... [de] esta interesante novela de caballerías, hasta hoy desconocida". *V.* también Rodríguez-Moñino, *Estudio bibliográfico (1577-1590)*, en REEx, 1940, XIV, 167-192.

Lope de Rueda

(1505?-1565)

Las quatro comedias y dos coloquios pastoriles, Sevilla, 1576. H.S.A., P2 6431-R31576.—*Flor de medicina* [sátira contra los médicos], ms. de la B.M.P. *V.* la descripción y detalles en E. Cotarelo, *Obras de Lope de Rueda*, Madrid, 1908, Acad. Esp., I, xlix-li y n. Obra no dramática, en prosa.

Juan Sánchez Burguillos

(1512?-antes de 1580)

Deben editarse íntegras las poesías de este poeta poco conocido, de quien, sin embargo, dijo Fernando de Herrera "lo que pudo el ingenio desnudo de letras en este hombre, digno de ser estimado entre los mejores poetas españoles". Citado por R. Menéndez Pidal en el *Hom. a M. Pelayo*, I, 487-502, donde publicó sólo diez *Romances del Conde Fernán González*, "para aumentar los pocos versos conocidos de este olvidado autor" (p. 488).

Cayetano A. de la Barrera había impreso tres glosas de Sánchez Burguillos en su *Nueva biografía de Lope de Vega*, que va al frente de las *Obras* de éste, ed. de la Academia, 1890, I, 463, n. 1469, "confundido [con Tomé de Burguillos] y equivocado, cuando no desconocido de nuestros historiadores ... damos aquí merecido lugar a un estimable y obscurecido ingenio". Otra glosa fue transcrita por Pedro José Pidal, al final de su introducción al *Cancionero de Baena*, Madrid, 1851. *V.* E. Walberg, *Juan de la Cueva* ..., Lund, 1904, p. 83.

Las poesías inéditas de nuestro poeta se podrán encontrar en el *Cancionero* del siglo XVII de la B. de P., 2-F-5 (rotulado *Poesías varias*), al fol. 359. Allí se leen muchas de sus canciones, coplas, romances heroicos y sagrados, glosas a canciones, villancicos, etc. *V.* también el ms. M-190 de la B.N.M.

Juan de Timoneda

(†1583)

Patrañuelo, Alcalá, 1576, 1.ª ed. Se ha pretendido asegurar la existencia de una ed. anterior en diez años, que nadie ha visto. Le daban el lugar de Valencia y el año de 1566. Ésta es la fecha de la "Aprobación" de la de Alcalá de 1576, que es la registrada por Nicolás Antonio. La historia de este asunto la ha expuesto Rudolph Schevill en *Some forms of the riddle question, and the exercise of the wits, in popular fiction and formal literature*, Berkeley, Univ. of California Publications in Modern Philology, 1911, p. 185, n. 4. Otro aspecto, además del bibliográfico, es el originado por la crítica del texto. A pesar de los eruditos estudios alemanes por F. Liebrecht, en *Neues Jahrbuch der Berlinischen Gesellschaft für deutsche Sprache*, 1848, VIII, 201 y sig., reimp. con leves cambios y adiciones en Dunlop-Liebrecht, *Geschichte der Prosadichtungen*, Berlin, 1851, p. 580 y sig., y por Ferdinand Wolf, en *Wiener Jahrbücher der Literatur*, 1848, CXXII, 113 y sig., que es además una reseña crítica de los tres vols. de la Bibl. Aut. Esp. sobre Timoneda por Aribau; amén del estudio por Menéndez Pelayo en los *Orígenes de la novela*, II, xli-lviii; además, se ha de repetir, mucho queda aún por hacerse acerca del *Patrañuelo*. Ante todo, una ed. crítica del contexto de las patrañas y un estudio comparativo del folclor de las novelitas y cuentos con ellos relacionados. Schevill, *ibid.*, p. 183-237, estudió en este sentido, con maestría, sólo una parte de las catorce. Faltan todas las demás. Tomemos por modelo su labor de investigación y crítica, y admitamos al pie de la letra su razonamiento: "The contention that popular current [fiction] may be included to great advantage in the study of the literature of the Renascence is supported especially by the type of story or anecdote with which the name of Juan Timoneda is connected", p. 184-185. Por hacer, pues, repetimos, 1.ª pte. de *Las patrañas*. Su ed. más antigua conocida es la de Alcalá, 1576. Otra ed. del mismo lugar y año, por el propio S. Martínez, mas con el título de *El patrañuelo, o Las patrañas*. Siguen las de Barcelona, 1578; Bilbao, 1580; Lisboa, 1580; Sevilla, 1583; y Alcalá?, 1586. Todas han de tenerse en cuenta para una ed. crítica, haciéndose cargo de las respectivas variantes, y cotejando, para concluir, con la de Aribau en la Bibl. Aut. Esp. y con la de Menéndez Pelayo en los *Orígenes de la novela*. La H.S.A. es poseedora de la ed. príncipe. La 2.ª parte nunca se publicó.

Jerónimo o Hierónimo de Urrea

o

Jimeno [Jiménez de] Urrea

(1513?-1574?)

Don Clarisel de las Flores, libro de caballerías (1549) que se debe a su pluma, fue publicado en parte por José M.ª Asensio, Sevilla, 1879. El fragmento que vio la luz, sumó 25 cap. de la 1.ª pte. Debe completarse, aunque el cura del escrutinio de *Don Quijote* lo lanzara al fuego. Asensio, gran cervantista, disintió, aunque un ápice, de Cervantes cuando salvó de la hoguera veinticinco capítulos, y los recomendara a la Soc. de Biblióf. Andal., la cual los dio a la curiosidad pública con un prólogo del propio Asensio. *V.* Henry Thomas, *Las novelas de caballerías españolas y portuguesas*, trad. del inglés por Esteban Pujals, Madrid, 1952, p. 106. Consúltese, por fin, G. Borao, *Noticia de D. Gerónimo Jiménez de Urrea y de su novela inédita "Don Clarisel de las Flores"*, Zaragoza, 1866; Menéndez Pelayo, *Orígenes de la novela*, I, cclxxvii y n. 3; y Gallardo, *Ensayo*, I, col. 196. Urrea murió dejando también manuscrita su traducción en verso de *La Arcadia* y su poema *El victorioso Carlos V*, "another poem which still awaits a publisher" (Mérimée-Morley, *History of Spanish literature*, p. 169 y 197, n. 2). En resumen, tres obras esperando a enamorados.

Alonso de la Vega

(?-†1565?)

La edición, con prólogo de Menéndez Pelayo, de *Tres comedias* de Alonso de la Vega, publicada por la Gesellschaft für Romanische Literatur, Dresden-Halle, 1905, está plagada de malas lecturas y erratas. Menéndez Pelayo escribió el prólogo, magistral como suyo; pero, por lo visto, no se encargó de la ed. del texto. En el ejemplar que poseía la Bibl. del Centro de Estudios Históricos de Madrid, se habían hecho enmiendas. Debe prepararse una nueva ed. cuidando de la exactitud y corrección del texto.

Lope Félix de Vega Carpio

(1562-1635)

Para hallar sugerencias de nuevos temas de tesis sobre Lope de Vega, consúltese el capítulo de "Observaciones extravagantes" intercalado por Américo Castro en la *Vida de Lope de Vega*, por H. A. Rennert y A. Castro, traducida, revisada y adicionada, Madrid, 1919, Apéndice B, p. 402-431. De allí se podrán extraer asuntos por desarrollar y problemas por resolver en estudios monográficos. Sus observaciones equivalen de hecho a una hábil caracterización de algunos aspectos dominantes de la prodigiosa obra de Lope, según piensa con certero juicio Fidelino de Figueiredo en sus *Últimas aventuras*, cap. "Portugal no theatro de Lope", Rio de Janeiro [1946], p. 325. (*V.* H. Serís, Sy, 1946, I, n.º 1, 150-152.) Las considera, además, la exposición crítica más penetrante de las dificultades que presenta la obra del Fénix.

El mismo Figueiredo, al tratar de las comedias de Lope de tema portugués, cita dos perdidas, a saber: *Inés de Castro* y *Adversa fortuna de D. Fernando de Portugal* (*ibid.*, p. 282). Pero en una nota da la buena noticia de que la segunda ha sido recuperada, según información de Bonilla y San Martín, inserta en la RUC, 1933, XI, 101-110. Y agrega que Morley le notifica haber ido a parar el manuscrito de la misma a la bibl. de la Univ. de California en Berkeley. No es el manuscrito, rectifica en carta de 1952, sino una impresa desglosada ["arrachement"] incorporada en "Osuna, 132", que se halla ahora en California. Albert Sloman publicó una edición, Oxford, 1950. Este caso, no único, demuestra la posibilidad de recobrar libros o manuscritos que se daban por perdidos. Siempre debe conservarse la esperanza. He procurado mantener vivo este optimismo al través de estas notas consagradas a los jóvenes investigadores.

"Hace poco el profesor [Ezio] Levi nos anunciaba ... haber descubierto en la Ashburnam Library un libro nuevo y desconocido de Lope de Vega, que se proponía publicar lo antes posible. El original se guarda en Florencia" (nota necrológica, RFH, 1941, III, 103). En aquel entonces el hispanista italiano era conferenciante en el Wellesley College, y falleció el mismo año sin haber llevado a cabo su propósito. Acaso el Departamento de Español de Wellesley pueda informar a este respecto. ¿Será el aludido libro el *Tratado sobre la comedia*, hoy perdido? *V*. R. Menéndez Pidal, *El arte nuevo y la nueva biografía*, RFE, 1935, XXII, 337-399. Sería de incalculable importancia este descubrimiento que probaría el cambio de ideas en Lope de Vega. "Nos consta —escribe Menéndez Pidal— que Lope quiso hacer visible esa nueva poética, sacada de las obras en lengua vulgar, pues según Montalbán (en su *Para todos*) dejó escrito un tratado 'copioso y científico' sobre la comedia; pero éste se ha perdido, y sólo por declaraciones esparcidas en las obras del poeta podrá conjeturarse cierto cambio o refinamiento de criterio en esta segunda época" (RFE, 1935, XXII, 359). Arnold G. Reichenberger, en carta de 10 jul. 1952, se pregunta si Levi se referiría al ms. autógrafo de Lope sobre *El Cardenal de Belén*, publicado por T. Earle Hamilton, Lubbock, Texas, 1948.

Y ya que todos ansiamos la publicación de ese libro descubierto por Levi, no está fuera de lugar anhelar igualmente se den a las prensas las poesías de la hija de Lope, Sor Marcela de San Félix (1605-1688). El manuscrito autógrafo, de unas 560 páginas, se guardaba celosamente en el Archivo del Convento de las Trinitarias, donde ella profesó, Calle de Lope de Vega, en Madrid. El Marqués de Molíns recibió como obsequio una copia del mismo, y publicó sólo tres romances en su librito *La sepultura de Miguel de Cervantes*, Madrid, 1870, p. 213-225.

El lopista norteamericano W. L. Fichter, en su excelente e indispensable trabajo crítico *The present state of Lope de Vega studies* (HispCal, 1937, XX, 327-352) enumera, como *desiderata*, bastantes sectores inexplorados en el campo de las investigaciones lopescas, por ejemplo la vida de Lope en Toledo, para la cual "es considerable el caudal de documentos útiles que debe contener [el Archivo histórico provincial toledano]"; la edición crítica de muchas de sus comedias; la bibliografía completa de Lope (Castro había ido adicionando con pluma datos en las márgenes de su ejemplar de la *Vida de Lope*, en el Centro de Estudios Históricos de Madrid; pero ese ejemplar le fue sustraído de la biblioteca); la interpretación y valoración de su arte poético, dramático y novelístico, aunque ya existe gran parte de exégesis y crítica, especialmente de su obra dramática, pero escasa de su poesía y novelas; el conocimiento de su influencia, todavía fragmentario; el estudio de su estilo y vocabulario, aún insuficiente; la extensión de su popularidad e influjo en la América colonial, etc. Complemento de este extenso y general estudio de Fichter, es otro más breve y particular a propósito de las recientes investigaciones sobre los sonetos de Lope (HR, 1938, VI, 21-34). Con posterioridad apareció una obra trascendental en la determinación de la cronología de las comedias de Lope, basada en su versificación, o sea *The chronology of Lope de Vega's "comedias"*, by S. G. Morley and C. Bruerton, New York, 1940, xiv, 427 p. (bibliog., p. 376-384 y 412). Otra obra que causó también sensación y que es muy provechosa para los estudios lopescos es la del mismo Morley con la colaboración de Richard W. Tyler sobre *Los nombres de personajes de las comedias de Lope de Vega*, estudio de onomatología, Madrid, 1961, 2 v., no sólo de los nombres de los personajes que aparecen en las comedias y demás obras de Lope, sino también de los que éstos citan. Se averiguan los móviles que Lope tuvo para elegir ciertos nombres y apellidos para los personajes creados por su imaginación.

EL PERSONAJE DOBLE

El profesor de la Sorbona, Charles-V. Aubrun, director además del "Institut d'Etudes Hispaniques de Paris", es el autor de un interesante y curioso estudio, *Les deux Palamède dans "La Circe" de Lope de Vega, ou de la nature du personnage épique*, incluido en *Mélanges de littérature comparée et de philologie offerts à Mieczyslaw Brahmer* [1968], 34 p.

Recojo sus nuevas ideas referentes al doble personaje (dos Palamedes). La primera mitad del siglo XVII ve el apogeo del género épico en España, hecho que desconoce la mayor parte de los autores de la historia de la literatura española, quienes proyectan sobre el pasado los criterios hoy de rigor. Prosperan sin embargo entonces dos géneros nuevos, la *comedia* y la *novela*, según el juicio de los contemporáneos. La primera es una "anti-tragedia", la segunda una "anti-epopeya".

He resumido el texto del novedoso estudio de Aubrun a fin de dar una idea lo más fiel posible a su atractiva disquisición, que puede servirnos de punto de partida de un nuevo tema iniciado y bautizado por él "El doble personaje". Se destacan en *La Circe* dos personajes, el prudente Ulises y el belicoso Palamedes, siendo éste desdoblado en dos Palamedes. No hay error posible. Un Palamedes es la encarnación de la verdadera amistad, el otro es el fantasma obsesionante de la falsa amistad. Observa Aubrun:

En vano se busca en la mitología la existencia de dos personajes que lleven ese nombre. Lope de Vega [y aquí, para evitar equivocadas interpretaciones de este pasaje esencial, más que resumir, traduzco palabra por palabra] hubiera podido dar a Ulises por compañero Clorinardo, el marido fiel (l. 136) o Euriloco, el mensajero (l. 51). O aún mejor, Ulises hubiera podido bajar solo a los Infiernos. Pero no, el poeta ha impuesto voluntariamente un mismo nombre a dos personajes, así como lleva el mismo nombre una medalla, cuyo reverso desmienta el anverso. Ni su profesión de dramaturgo, ni su brillante imaginación le desvían del peligro de un quid pro quo. No ignora la confusión que la identidad de los nombres origina en el espíritu del lector. Pero desea su efecto, lo busca, insiste, y lo obtiene.

Ya hemos dicho que el género épico llega entonces a su apogeo. *La Circe*, como la novela picaresca, da cuenta de las navegaciones y las peregrinaciones de un héroe que no desafía a la naturaleza ni a la sociedad ni a la voluntad divina. Es cierto que el mundo actúa con dureza con ellos, pero Ulises, Lazarillo o Guzmán de Alfarache parecen complacerse en esta ruda batalla. El héroe épico no está solo, sino los fieles compañeros de Ulises son aspectos de su persona, encarnan sus inclinaciones, sus facultades y sus caracteres variables. Se puede embriagar Ulises por la maga Circe, y por sus encantadoras damas de compañía. La creación de los personajes de la novela picaresca obedece a un procedimiento enteramente distinto, pero el resultado es idéntico.

En la épica del siglo XVII interviene también otro tipo de personaje. Son "las segundas almas", desprovistas, al parecer, de cuerpo y de materia. Estas personas, ficciones o alegorías, representan los vicios y las virtudes que se dividen el corazón del héroe y se disputan su voluntad. La epopeya considera al personaje principal, a la vez, como la representación de la divinidad y como el símbolo del hombre. Así Ulises es encarnación de Marte y a la vez hijo del rey de Itaca.

Pasa a continuación Aubrun a descubrir y describir las vicisitudes de "las almas segundas" en el *género novelesco* derivado del género épico. Por ser potencias morales cesan de ser personificadas; pero permanecen presentes en estado de valores ideológicos, como la patria, la religión, la familia, el dinero, el trabajo, la gloria, etc.

Señala las similitudes dentro de los dos géneros épico y novelesco, que no deben extrañar, puesto que en el siglo XVII la epopeya se vuelve novelesca, y la nueva novela no deja de ser épica. Por ejemplo, Ulises desafía la cólera de Neptuno con la ciencia de la navegación y acude a Mercurio y a su "herbe moli" contra las tentaciones de la carne. Guzmán termina en una galera, donde traiciona a sus compañeros de miseria, lo que le vale una libertad irrisoria: de babor a estribor.

Concluye: Toda obra puede recibir una, dos, tres, o cuatro significados: 1) "literal", es el "argumento"; 2) "moral" o "social", es el "asunto"; 3) "alegórico", que hoy diríamos "sicológico"; y 4) "anagógico" o "espiritual".

Aubrun cita el ejemplo de Juan Pérez de Montalbán y su auto sacramental *El Polifemo*, en el cual siguió el modelo del poema épico de *La Circe* de Lope de Vega, quien lo publicó diez años antes (1624). El Ulises de Montalbán no aparece en su duplicidad antigua (de semi Dios, semi hombre), sino en su cuádruple personalidad (primero, un marino; segundo, un hijo, esposo y padre; tercero, un alma desgarrada; cuarto, la misma divinidad).

Finaliza Aubrun el admirable e interesante artículo, en el cual da cuenta de su curioso hallazgo, que bien podemos llamar descubrimiento, presentándonos el segundo Palamedes. Dice así: "En su empresa más temeraria, el descenso a los infiernos, el héroe de Lope de Vega llevó un compañero. Era Palamedes, la imagen de la amistad eterna aceptada mutuamente. ¿Eterna? Por sincera que sea no existe sentimiento eterno. En el dominio de los muertos surgió un fantasma, tan pálido como el pasado cumplido. Se llama Palamedes, y es la imagen de la amistad mutuamente traicionada. Se dirige a su homónimo con los siguientes versos:

> Tú, Palamedes, menos desdichado
> huye de su amistad, que en muchos años
> tendrás por grande amor grandes engaños.

> (Pinciano, *Philosophía antigua poética*,
> 1596; ed. mod., Madrid, 1953, III, 137)

Ya había escrito el Pinciano, III, 177: "Así en los poemas hay figuras que no significando cosa alguna son puestas para compañía de las que significan". Las citas son de Aubrun, quien da fin a su artículo con la siguiente declaración:

Después del siglo XVII la epopeya decayó; la novela la reemplaza, triunfante por todas partes. Pero relata la misma eterna historia, la de Ulises en pugna con el mundo y consigo mismo y la de los dos Palamedes, símbolos de la buena y de la mala fe, imagen y espectro de la amistad ferviente y traidora, desatada tan pronto como atada, corroída por el tiempo.

El estudio de Aubrun merece ser incorporado a la presente *Guía* con el objeto de que sirva de aliciente y modelo para realizar una investigación que escudriñe otros casos de la historia de los personajes dobles.

Juan Luis Vives

(1492-1540)

"La obra de Vives necesitaría ser vista y presentada como una realización coherente de los varios y muy tensos impulsos que agitaron su vida, toda ella presa de inquietud y de problemática instabilidad. Alguien debería hacerlo. A mí me interesó únicamente establecer un enlace plausible entre la originalidad del pensador y el contexto histórico de la vida hispana" (Américo Castro, HispCal, 1952, XXXV, 168). Otras indicaciones y observaciones ofrece también Pedro Urbano González de la Calle en *Luis Vives y España: datos y sugestiones para un "Ensayo biográfico"*, RevInd, 1940, V, 431 (Menéndez Pelayo, *Ideas estéticas*, 2.ª ed., 1896, III, 231-232). Se pueden trad. sus obras latinas al español; *v.* varios ejemplos: *De anima et vita*, Basilea, 1538, trad. al español por José Ontañón, 1916; *Tratado del alma*, pról. de Martín Navarro, introd. de F. Watson, Madrid, 1923, xlviii, 385 p.; y en J. Xirau, *El pensamiento vivo de L. Vives*, con "páginas escogidas" (51-245), tr. por L. Sánchez Gallego y J. Ontañón, Buenos Aires, 1944. La "Hispanic Sources Series" de la Univ. de New Mexico, Albuquerque, empezó en 1952, con Alfonso de Valdés, a editar "trads. al inglés de los grandes autores de la Edad Media y el Renacimiento español" con notas y docs.; seguirá Vives. La H.S.A. puede mostrar un ej. de la trad. *De institutione* al español por Juan Justiniano, *Libro llamado Instrucion de la muger christiana*, Çaragoça, 1555 (J. M. Sánchez, *Bibl. arag.*, 370; Penney, *Printed books*, 1965, p. 604).

Luis Zapata

(1526-1595)

Gayangos en su ed. de la *Miscelánea* de Zapata, en el *Memorial histórico español*, de la Acad. de la Hist. XI, Madrid, 1859, p. ix-x, la enriquece con preciosas noticias, que son dignas de tener muy presentes al hablar de Zapata. En resumen, doy las más indispensables. Zapata escribió un *Libro de cetrería* en verso, que no llegó a imprimirse, y del cual se conservan ejs. en la B.N.M., L. 88 y 174 y T. 296. Lo dedicó a Diego de Córdoba, caballero a quien elogia. El libro es una especie de "Manual" del cazador con reglas y preceptos del arte; describe cada una de las aves de rapiña, el modo de cuidarlas y amaestrarlas, tiempo y lugar para todo género de caza. Ha visto citados Gayangos otros dos trabajos, las *Excelencias de la gineta* y acerca *del uso de rejón*, así como unas *Advertencias sobre el modo de correr cañas*, escritas a solicitud de su hijo Francisco Zapata Portocarrero. Todos estos trabajos están hoy perdidos. En la *Miscelánea* hay capítulos o párrafos que versan alrededor de justas, torneos y corridas de toros (p. 20, 214, 270 y 480). Nicolás Antonio —continúa Gayangos— cita otra obra de Zapata, su trad. al cast. del *Arte poética* de Horacio, Lisboa, 1592, libro que no logró ver. La H.S.A. posee un ej. procedente del Marqués de Jerez (su *Cat.*, p. 116). En colecciones de poesías de aquel tiempo —añade— se suelen hallar versos "no despreciables" de Zapata, y en el *Catálogo* de los mss. de la B.N.M. se señala una de dichas colecciones, que contiene, al parecer, varios sonetos y romances suyos. En fin, se encuentra aparte el tratado de los *Cien linajes de España*, el cual no es sino una repetición del que ya insertó en el canto XXV de su *Carlo famoso*, Valencia, 1566, ej. H.S.A. Lo reprod. López de Sedano en su *Parnaso español*, Madrid, 1768, I, 329. *V.* además Menéndez Pelayo, *Orígenes de la novela*, II, 36-40; ed. mod. de la *Miscelánea* por G. C. Horsman, Amsterdam, 1935. De su poema épico *Carlo famoso* apareció una edición moderna incompleta (cantos XI y XII) por industria de José Toribio Medina, con el título de *El primer poema que trata del descubrimiento del Nuevo Mundo*, reimpresión de la parte correspondiente del "*Carlo famoso*", Santiago de Chile, 1916. La edición completa se halla en la original de Valencia de 1566, que no ha sido reimpresa desde entonces. La H.S.A. adquirió el ejemplar perteneciente a Salvá. *V*. el *Catálogo* de éste, n.º 1087; Juan Menéndez Pidal, *Discurso de recepción en la Acad. Esp.*, Madrid, 1915, o BAE, 1915, II, 173-177; y S. M. Waxman, RHi, 1916, XXXVIII, 446-451.

SIGLO XVII

Francisco Antonio de Bances Candamo

(1662-1704)

Continuando con el teatro, género de tan capital preponderancia en el siglo XVII, y principiando con el fecundo Bances por la única razón del orden alfabético, debo llamar la atención sobre la existencia de algunas comedias suyas manuscritas en la B.N.M. [*V*. ahora la ed. de *Theatro de los theatros* por D. W. Moir, London, 1970.]

Luis (de) Belmonte Bermúdez

(1587?-1650?)

De sus comedias, unas veinticinco, la mayor parte, continúa inédita. Un ejemplo: *El cerco de Sevilla*, 1626, "the play exists only in MS. form" (W. A. Kincaid, RHi, 1928, LXXIV, 17, n. 1). La lista de sus comedias manuscritas de la biblioteca del Duque de Osuna, hoy en la B.N.M., se puede ver en el *Cat. ... del teatro*, de Barrera, p. 30. De los otros géneros en que se ejercitó su pluma, no llegaron a imprimirse tampoco doce novelas. Acerca de éstas copia Gallardo en su *Ensayo*, II, cols. 62-69, las siguientes frases trazadas, al parecer, por Ambrosio de la Cuesta y Saavedra, en 1696, en un manuscrito conservado en el Archivo de la Catedral de Sevilla (*Miscelánea*): "Dejó escritas doce novelas, siguiendo la última del docto Cervantes, que dejó sin la conclusión que pedía la curiosidad de los lectores ... escribiendo en ella la vida de Berganza, uno de los perros del hospital de Valladolid, deja en silencio la de Cipión ... . Comenzando, pues, nuestro Belmonte por ella, prosigue y hace *Doce novelas* tan agradables que cada una le pudiera adquirir el mérito de ingenio grande". Esas doce novelas hasta hoy son desconocidas. "Abriguemos la esperanza de que un feliz hallazgo las muestre a los amantes de la literatura" (BAE, 1921, VIII, 749).

El poema heroico *La Hispálica* (1617 o 1618), que se hallaba inédito igualmente, y así lo indicaba Cayetano A. de la Barrera (quien escribe *Hispalia* e *Hispálida* por error) en su *Catálogo ... del teatro*, 1860, p. 28, 29 y 513, y cuyo manuscrito vio Gallardo, 1886, II, col. 59-69, n.º 1353, ha sido editado ya por S. Montoto, Sevilla, 1921 (H. y P., *Hist. de la lit. esp.*, 5.ª ed., 1943, p. 663). Más bibliog.: Algunas comedias cupieron en la Bibl. Aut. Esp. XLV; Gallardo, *Ensayo*, II, 59; E. Cotarelo, *Entremeses*, NBAE, p. 79; L. Rouanet, *Le Diable prédicateur*, trad. fr., Paris-Toulouse, 1901; F. Herrán, *Apuntes para una historia del teatro esp. ant.*, Madrid, 1888, p. 69; N. Alonso Cortés, *La renegada de Valladolid*, en *Misc. vallisoletana*, 5.ª ser.

Pedro Calderón de la Barca

(1600-1681)

Anota Foulché-Delbosc en su trad. del *Licenciado vidriera* de Cervantes (*Le Licencié vidriera*, Paris, 1892, p. 37, n. 1) que "Don Quichotte a inspiré en Espagne une comédie ... de Calderón que nous ne possédons plus". ¿Quién será el investigador que tenga la fortuna de encontrar esta producción literaria en la que van envueltos dos nombres tan ilustres? Porque seamos optimistas y esperemos que esta comedia se halle en el fondo de algún archivo o biblioteca, "silenciosa y cubierta de polvo", esperando la mano de algún erudito que la saque a la luz del día y sepa mostrarnos sus bellezas.

Jerónimo de Cáncer y Velasco

(† 1654)

Falta por descubrir su partida de bautismo. Se ignora la fecha de su nacimiento. Adolfo de Castro en la Bibl. Aut. Esp. XLII, 1857, p. lxix-lxxii, fijó el año de su muerte en 1654 en vez de 1655, como señaló Nicolás Antonio, aun cuando no explica aquél la razón. *V.* Serís, *Nuevo ensayo*, II, 273; allí se asocian extensa bibliografía y estudio, p. 271-276.

Rodrigo Caro

(1573-1647)

Se ha perdido la siguiente importante obra de Caro: *De los dioses que veneró la antigüedad en España. V.* Menéndez Pelayo, *Vida y escritos de Rodrigo Caro,* en *Obras* de éste, Sevilla, Biblióf. Andal., 1883, p. vi. Volvió Menéndez Pelayo a tratar de esta pérdida en sus *Est. de crít. lit.,* 1.ª serie, 2.ª ed., Madrid, 1893, p. 167, donde describe la obra como "libro latino, en veinte pliegos, que [Caro] remitió a Flandes [para darlo a la estampa], y en el cual por primera vez (y casi única) se echaban los cimientos de la Mitología ibérica". Deben efectuarse pesquisas en los archivos y bibliotecas de Bélgica, con objeto de recuperar este ms. y darlo a la publicidad.

Según Menéndez Pelayo, de la correspondencia sostenida por Caro con literatos de su tiempo, sólo se han publicado muy pocas cartas (*Vida y escritos...,* p. xvi y n.). Las cartas manuscritas, que se guardaban en la Bibl. del Cabildo de Sevilla, fueron sustraídas en 1839. "Eran dos vols. (H-41-27-28) que contenían, no sólo las cartas de Caro y otras de Pacheco y de Rioja, sino una obra inédita de éste, titulada *Diálogos de la pintura*" (*Est. de crít. lit.,* ed. cit., p. 183).

Más tarde S. Montoto editó un *Epistolario,* junto con los *Varones ilustres* de Caro, precedidos de un estudio, Sevilla, 1915.

Benito Carrasco

(fl. 1600)

Debe reeditarse *La vida del estudiante pobre,* por gentil estilo, sacada por un estudiante en cierto premio, sobre quien mejor compusiese la vida del estudiante pobre ... por Benito Carrasco, con un romance de Diego de Azebedo, y al cabo un villancico a lo divino. En casa de S. de Cormellas, Barcelona, 1600. Hay ejemplar en el Br. Mus., sign. 11450.e.25.(10). Ésta no es una novela picaresca como pudiera creerse, sino un poema picaresco, pues está compuesto en verso. Podría obtenerse una reproducción en película microfotográfica.

Guillén de Castro

(1569-1631)

Las mocedades del Cid. Guillén de Castro escribió dos comedias, cuyo protagonista es el Cid. Bautizó la primera con el título de *Las mocedades del Cid*, y la segunda con el de *Las hazañas del Cid.* Constituyen dos partes distintas, continuación la segunda de la primera. El autor prefería *Las mocedades,* que fue la más conocida y divulgada. En ella se inspiró Corneille y la siguió como modelo. Georges Cirot, a este respecto, propone con justeza lo siguiente: "C'est la 'Comedia primera' qu'on nous donne, ... celle d'où Corneille a tiré son chef-d'œuvre, et par conséquent, la plus connue. ... Il serait à souhaiter que la 'Comedia segunda' fût éditée de la même manière; elle n'est pas moins intéressante dans sa présentation et dans l'utilisation des sources", BHi, 1939, XLI, 298. *V.* Pérez Pastor, *Bibl. madrileña*, III, 344; O. H. Green, *New documents for the bibliography of Guillén de Castro,* RHi, 1933, LXXXI, 248; *Première partie des Mocedades del Cid,* ed. con estudio prel. de E. Mérimée, Toulouse, 1890; ed. y notas de V. Said Armesto, Madrid, 1913; ed. de L. Ambruzzi, Torino, 1938; ed. de Carolina Michaëlis de Vasconcellos, *Teatro esp.,* Leipzig, 1870; J. B. Segall, *Corneille and the Spanish drama,* New York, 1902; J. Ruggieri, *Le "Cid" di Corneille e "Las mocedades del Cid",* en ARom, 1930, XIV, n.º 1, 1-79; E. Juliá Martínez, en *Obras,* ed. Acad. Esp., I, xiii; B. de C., *Le Cid de Corneille comparé aux originaux espagnols qui en ont fourni le sujet et les situations principales,* en Quinz. Litt., 1817, III y IV; F. del Valle Abad, *Influencia española sobre la literatura francesa, Pedro Corneille, 1606-1664,* BUG, 1945, XVII, 137-241; Ernest Martinenche, *La "Comedia" espagnole en France de Hardy à Racine,* Paris, 1900, bibliog. p. 427-430; *v.* G. Le Gentil, BHi, 1901, III, 174-178, y F. Brunetière, RDM, 1903, XIII, 211-216.

Como se ve, nadie ha versado acerca de la 2.ª pte. de la comedia de Guillén de Castro, *Las hazañas del Cid.* De desear sería que algún estudiante del doctorado eligiera este tema para su tesis. No sólo acercándose a darnos una ed. crítica, sino además un estudio comparativo de los textos de ambas versiones, procurando arrancar del fondo oculto del pensamiento del poeta y dramaturgo, las causas y razones, los motivos de su preferencia y cuál hubiera sido la reacción de Corneille en el caso de haberse ajustado a la pauta de la segunda comedia de Castro.

Miguel de Cervantes Saavedra

(1547-1616)

Todavía no han dado los bibliógrafos ni los historiadores de la literatura española con una edición del *Entremés de los habladores*, de Cádiz, 1646, en la que se inscribe como autor a Cervantes. Fue anunciada por Ríus (*Bibliog. crít. de Cervantes*). Rudolph Schevill manifiesta a este respecto: "The *Entremés de los habladores* ... was first printed anonymously in Lope's *Séptima Parte* in 1617. Navarrete mentions an edition of 1624 which has never to my knowledge been seen by anyone. A copy of an edition of Cádiz, 1646, ascribing the play to Cervantes is mentioned by Ríus, who says it was in the possession of [A.] Fernández-Guerra. If anyone who has seen this, or another copy, would mention its hiding place, such a detail would be helpful" (HR, 1933, I, 78). En efecto, podría auxiliar en la determinación del autor del entremés el examen de esta edición. La persona que pudiera dar razón de su paraje, ya sea en biblioteca pública o colección particular, prestaría un buen servicio a los estudios cervantinos.

Otra pieza por buscar, aunque de ésta la paternidad de Cervantes no deja lugar a duda, es la comedia *La batalla naval*. Bonilla y San Martín sospecha (en su trad. de la *Hist. de la lit. esp.* por J. Fitzmaurice-Kelly, 1901, p. 300, n. del tr.) que el manuscrito se conserva en la preciosa bibl. del Conde-Duque Gaspar de Guzmán, pues se ve citado el título en el *Catálogo* extractado de la misma, publicado por Gallardo, *Ensayo*, IV, cols. 1485 y 1505.

Muchas son las disertaciones que se han escrito consagradas a Cervantes y su obra, y, sin embargo, todavía faltan estudios acerca de la influencia del *Cortesano* de Baltasar Castiglione y la de Antonio de Guevara sobre el autor de *Don Quijote*. Ya lo ha consignado Américo Castro, cuando dice: "El *Cortesano* de Castiglione, repertorio maravilloso de temas renacientes, cuya acción sobre Cervantes fue muy sensible, aunque nadie la haya estudiado" (*El pensamiento de Cervantes*, 1925, p. 61). Véase lo que el propio Castro expone, respecto a la influencia de Antonio de Guevara, en su ensayo sobre éste (*Un hombre y un estilo*, BICC, 1945, I, 46-67).

V. también **La tía fingida**.

Francisco de la Cueva y Silva

(*ca*. 1555-1628)

Su obra inédita, *Farsa del obispo don Gonzalo*, compuesta en 1587. Diego Catalán Menéndez Pidal anunció que la publicaría "en breve", en la RFE, 1915, II, 10. Inédita aún en 1936 (*v*. NRFH, 1949, II, 130-140).

Alonso Chirino Bermúdez

(fl. 1639)

Autor del curioso libro *Carnestolendas de la ciudad de Cádiz*. Pruebas de ingenio de Alonso Chirino Bermúdez, Cádiz, 1639. En prosa y verso. *V*. Marqués de Jerez, en *Hom. a M. Pelayo*, 1899, II, 630-632. Es libro muy raro. Merece reimprimirse o editarse en facsímile, estudiarse críticamente e investigar sobre la vida del autor. De la bibl. del Marqués de Jerez pasó el ejemplar a la de la H.S.A. *V*. Penney, *Printed books*, p. 132.

Décimas a la Muerte

(siglo XVII)

Se ignora el nombre del Hidalgo de Cuenca, autor de las famosas *Décimas a la Muerte*, atribuidas a Calderón y a Lope de Vega, e incluidas en la Bibl. Aut. Esp. XXXVIII, y reimpresas por el Duque de T'Serclaes, en Sevilla, 1890, con introd. por Hazañas y La Rúa, según una hoja de fines del siglo XVI.

José Delitala y Castelví

(1627-1701)

El primer ejemplo —a decir verdad muy significativo y característico— que exhibe muy a las claras el sentido práctico y positivo de la presente *Guía*, es el estudio correspondiendo al poeta José Delitala y Castelví, español que nació en la Isla de Cerdeña y floreció a fines del siglo XVII. Sus poesías vieron la luz en un libro muy raro y curioso de 1672. Son dignas de desenterrarse del olvido y reeditarse en nuestros días con un estudio crítico. Es del mayor interés para nosotros por representar el primer tema literario e histórico utilizado en la pesquisa de una tesis doctoral hispánica con auxilio de la *Guía*.

En 1941 envié al BHi un artículo con el largo epígrafe de *Libro raro y curioso. Poesías de José Delitala y Castelví (1672). Un clásico olvidado.* Se publicó en abril-jun., 1941, XLIII, 171-181. Tan olvidado como desconocido de los bibliógrafos y los historiadores de la literatura española, a pesar del verdadero mérito de sus poesías.

He aquí lo único que se lee en el prólogo del gran catálogo de Salvá (I, viii-lx): "Los colectores de libros solemos tropezar con casualidades que parecen increíbles. ¿Cómo podrá creerse que yo, que he reunido tantas preciosidades, algunas únicas, de nuestro Parnaso, no he podido nunca adquirir las *Poesías de Litala y Castelví*?"

Diez y seis años después de la publicación de la obra de Salvá, salía a luz el tercer tomo del *Ensayo* de Gallardo, y en él se describía un ejemplar de la "*Cima del Monte Parnaso español* ... poesías de D. Josef de Litala y Castelví. Cáller. 1672", III, col. 397, n.º 2792. La descripción del libro era bastante extensa y hasta se daban algunos extractos del mismo, pero no se hacía constar dónde se encontraba el ejemplar. Transcurridos dos años se imprimió la curiosa *Bibliografía española de Cerdeña*, Madrid, 1890, por Eduardo Toda y Güell, n.º 150, p. 103, en la cual se vuelve a dar cuenta del libro de poesías del citado ingenio, cuyo primer apellido aparece allí escrito *Delitala*, en una sola palabra, tal como se halla, en realidad, en la obra original que he tenido en mis manos.

La descripción bibliográfica es breve pero va precedida de unos datos biográficos del autor, a quien llama Toda y Güell "el mejor de los poetas castellanos de Cerdeña". Nació, dice, en Cáller (Cagliari) en

1627, y falleció con posterioridad a 1701. Una biografía más extensa y detallada parece encontrarse en otra obra del propio Toda sobre Cáller que ha desaparecido. Es preciso dar con ella. Debe recuperarse. Mas en ninguna de las bibliografías descritas se localiza el ejemplar de sus *Poesías*.

Tuve la fortuna de tropezar con el raro ejemplar que no pudo ver Salvá. Lo descubrí en la bibl. de la H.S.A. y di cuenta del hallazgo en el BHi, como he expuesto, describiendo íntegramente por primera vez el libro, pues la descripción de Gallardo, la más amplia, omite bastantes datos, suprime palabras de la portada y no marca la división de los renglones de la misma.

Estos informes se hicieron públicos desde las páginas del BHi, que se halla en la mayor parte de los centros docentes y bibliotecas técnicas. No destapo, por lo tanto, ningún secreto con recordarlos. Los han dado a conocer Salvá y Gallardo primero y luego quien redacta estas líneas. Ahora le toca empuñar la antorcha del investigador a Louis Saraceno, miembro del Departamento de Lenguas Románicas de la State University de Nueva York, New Paltz, New York, quien leyó mi artículo, despertando su interés como tema para desarrollar en la tesis doctoral que preparaba como candidato al doctorado en una universidad norteamericana. A ese efecto me escribió; me pareció excelente idea, favorecida por las ventajas de su conocimiento de la isla de Cerdeña. Saraceno ha elegido pues el presente tema para redactar su tesis. Ya ha empezado su exploración y sus pesquisas, y ha descubierto más bibliografía y nuevas noticias. Celebremos la aparición del primer candidato al doctorado que utiliza uno de los temas propuestos por el autor de la presente *Guía*. Esperamos que sea aprobado por el Departamento de Lenguas Románicas de la universidad a la cual desea presentarse como aspirante al título de doctor y luego que se designe el ponente o director de la tesis, miembro de dicho Departamento. El autor de esta *Guía de nuevos temas* se ha considerado honrado porque el estudiante graduado ha solicitado su cooperación para conducir a feliz término la redacción de la correspondiente disertación, junto con la dirección y consejo del aludido profesor ponente.

Vicente Espinel

(1550-1624)

Vicente Espinel y su obra, 4.ª ed., Sevilla, 1641, a costa de Pedro Gómez de Pastrana; 5.ª ed., Madrid, Gregorio Rodríguez, 1657. Tipo de imprenta muy pequeño. No he visto estas eds. Es menester localizarlas y examinarlas. *V*. J. Pérez de Guzmán, *Vida de Marcos de Obregón*, Barcelona, 1881, p. i-xxxii, y Serís, *Nuevo ensayo*; Edward Nagy, *La honra y el marido agraviado en el "Marcos de Obregón" de Vicente Espinel*, HispCal, 1960, XLIII, 541-544.

Álvar Gómez de Castro

(fl. 1556-1569)

Vida de Cisneros, en latín. Ms. original, que se guarda en la Bibl. de la Facultad de Derecho de la Univ. de Madrid (BHi, junio, 1923, XXV, 40). El testamento de Gómez de Castro fue publicado en BAE, 1928, XV, 543, por el gran investigador F. de B. San Román, feliz descubridor de documentos sobre la estancia de Lope de Vega en Toledo. El antedicho testimonio posee una gran importancia por encerrar la constancia de que el autor del *Diálogo de la lengua* es Juan de Valdés. *V*. E. Cotarelo, BAE, 1918, V; y J. F. Montesinos, ed. del *Diálogo de la lengua*, Madrid, La Lectura, 1928.

Bartolomé de Góngora

(fl. 1656?)

El corregidor sagaz, avisos y documentos morales, Nueva España?, 1656? Ms. inédito. *V*. Gallardo, IV, col. 1191-1210; Bonilla, trad. de la *Hist. de la lit. esp.* por Fitzmaurice-Kelly, p. 358, n. 1.

Luis de Góngora y Argote

(1561-1627)

Un ejemplo de los más visibles y concluyentes del Siglo de Oro tocante a uno de sus más estudiados y fascinantes poetas, acerca de quien creíamos que todo estaba ya descubierto, nos ha proporcionado la inesperada investigación de la personalidad de Luis de Góngora y Argote. En verdad, ha tocado la fortuna, precisamente a la más alta autoridad y hondo crítico de la vida y de la obra del autor del *Polifemo*. Dámaso Alonso y su esposa, la escritora e historiadora Eulalia Galvarriato de Alonso, en uno de sus viajes a Córdoba, cuna de Góngora, han exhumado abundantes documentos *Para la biografía de Góngora, documentos desconocidos*, según reza el título del grueso libro de 632 p. que daban a la estampa en Madrid, 1967. Ninguna investigación está agotada. Quien busca, encuentra.

Gil González Dávila

(fl. 1606-1655)

Teatro eclesiástico de las Iglesias de España, Madrid, 1645-1650, 3 v. publicados, y el 4.º inédito. También dejó inédita una *Historia de Felipe III*.

Bartolomé Jiménez Patón

(1569-1640)

Es de recomendarse a los amantes de la investigación el libro del humanista y crítico Jiménez Patón, *Mercurio trimegisto o Elocuencia española*, Baeza, 1621, "en cuyas páginas todavía esperan al erudito y al colector de nuestros poetas muy agradables sorpresas", de acuerdo con la autoridad de Menéndez Pelayo (*Ideas estéticas*, siglos XVI y XVII, 2.ª ed., 1896, III, 280-281), quien refuerza su aserto con el siguiente dictamen: "Merece estimarse como tesoro de ejemplos tomados de nuestros poetas del siglo XVI, en los cuales tenía Patón lectura inmensa". ¿Dónde se puede examinar libro tan precioso? En la bibl.

de la H.S.A. *V.* Penney, *Printed books,* 1965, p. 285, donde se lee: "Jiménez Patón, Bartolomé: *Mercurius trimegistus sive de triplici eloquentia sacra española romana,* Biatiae, Petro de la Cuesta, 1621. Salvá, 2297; Knapp-Huntington, p. 32".

Antonio de León Pinelo

(fl. 1629-1653)

Por publicar el ms. de una *Biblioteca formada con los libros impresos y manuscritos* reunidos por el Ldo. Antonio de León Pinelo y aumentado en mucho por José Pellicer de Ossau Salas y Tovar, Madrid, 1678, ms. de 143 p. y de letra pequeña y clara, 4.°, pergamino ant. Se cita en el *Catálogo de libros preciosos,* impr. y ms., Madrid, 1911, n.° 93, p. 21 (P. Vindel).

Antonio López de Vega

(fl. 1620-1652)

¿Había quienes confundían a López de Vega con Lope de Vega? No; no los había. Erasmo Buceta dio a conocer, en cierto modo, a López de Vega, estudiando y editando una obra suya que atisbó en la bibl. de la H.S.A. El estudio y la ed. proporcionaron material para formar un anejo de la RFE, 1935, XXI. El título de la obra editada es *Lírica poesía,* Madrid, 1620. Todavía queda por editar su libro. *El perfeto señor, sueño político,* Madrid, 1626; otra ed. 1652. *V.* Pérez Pastor, n.° 1669; Jerez, p. 60; Salvá, n.° 742. Ambas en la H.S.A., procedentes del Marqués de Jerez.

Francisco de Luque Fajardo

(fl. 1603, 1610)

Relación de la fiesta ... a la beatificación del glorioso San Ignacio, Sevilla, 1610. Contiene, p. 48, 53, etc., reproducciones poéticas de Góngora, Jáuregui, Arias de Valdivieso, Francisco de Villalón y otros. Hay dos ejs. en la H.S.A., uno de los cuales presenta correcciones a pluma. Con anterioridad dio a luz una de las más valiosas colecciones de refranes (250), en su *Fiel desengaño contra la ociosidad y los juegos*, 1603.

Luis Mejía de la Cerda

(fl. 1612-1638)

Autor de una tragedia sobre *Doña Inés de Castro*, tema tan atrayente y difundido. Está incluida en la *3.ª parte de las comedias de Lope de Vega y otros autores*, Barcelona, 1612; Madrid, 1613; y Barcelona, 1614; y también en *Doce comedias de varios autores*, Tortosa, 1638. De esta última ed. conozco ejemplar en la B.N.M., sign. R. 23135. Podría añadirse su estudio a los ya efectuados respecto al mismo tema y hacer hincapié en los puntos de contacto y en los de divergencia. *V.* H. Serís, *Manual*, I, 369, n.ᵒˢ 3434-3439.

Antonio de Melo

(fl. 1603)

Obra sumamente rara es su *Libro de varios sonetos, romances, cartas y décimas*, con los *Proverbios de Barros*, Modona [por Modena], 1603, descrito por su antiguo poseedor el Marqués de Jerez en el *Hom. a M. Pelayo*, II, 652, y actualmente en la H.S.A. (Penney, *Printed books*, 1965, p. 349). Los hispanistas agradecerían una edición facsímile o una reimpresión. Habría que investigar la vida del autor, a quien no se menciona en las historias de la literatura. No se le confunda con Francisco Manuel de Melo, o Mello.

Francisco de Moncada

(1586-1635)

Siete años después de su muerte se imprimió la única edición de su *Vida de Boecio*, Francfort [1642]. Describe esta edición Menéndez Pelayo en la *Bibl. hisp.-latina clásica*, 1902, p. 276 y sig., y añade que dicho libro debiera reimprimirse "no sólo por el nombre de su autor, sino por su notable mérito intrínseco" (S. Gili Gaya, RFE, 1927, XIV, 286). Gili Gaya aporta nuevos datos: existe ejemplar en la B.N.M., y dos manuscritos, que pudo ver, Ms. 18657-6 y 18722-46; las signaturas de Menéndez Pelayo están equivocadas. Gili Gaya es de opinión que el segundo ms. es el más importante, por parecer el texto anterior a la impresión, y deduce que Moncada lo escribió en Flandes entre 1629-1631 y 1635.

Las cartas "de estilo sentencioso" que durante su gobierno en Flandes dirigió al rey Felipe IV y a sus ministros, aún inéditas, poseen un doble interés, literario e histórico, que justificaría su publicación. Se conservan originales y en copias en la B.N.M. (5 tomos ms.), en la B.N.P., en el Br. Mus. (*v.* el *Catalogue of mss.* de Gayangos), y en el Archivo de Bruselas. "Son modelos de claridad concisa y elegante y ... nos ponen en contacto con el espíritu de su autor mucho más de lo que puedan hacerlo sus obras escritas con un fin literario" (Gili Gaya, pról. a su ed. de la *Expedición de los catalanes y aragoneses contra turcos y griegos*, de Moncada, Madrid, Clás. Cast., 1924, p. 15-16).

Agustín Moreto y Cabaña

(1618-1669)

Bayle del Conde Claros. Es un ms. de la B.N.M., n.º 14856. *V.* E. H. Templin, RFE, 1932, XIX, 293. *La bibliografía de Moreto* compilada por Luis Fernández-Guerra y Orbe, BAE, 1927, XIV, 449, se incorporó con un pról. de éste en la Bibl. Aut. Esp. XXXIX, con el texto de sus obras. Otra ed. buena del texto es la de N. Alonso Cortés, Clás. Cast., 1916. Menéndez Pelayo, en *Obras de Lope de Vega*, VII, 183, 256; IX, 175. E. Cotarelo, *Entremeses*, pról., NBAE, XVII (*v.* BAE, 1914, I, 91). R. L. Kennedy, *Manuscripts attributed to Moreto in the B.N.M.*, HR, 1936, IV, 312, y *Moretania*, HR, 1939, VII, 225-236. Ada M. Coe, *Additional bibliographical notes on Moreto*, HR, 1933, I, 236. J. de Entrambasaguas, *Doce docs. inéditos relacionados con Moreto y dos poesías suyas desconocidas*, RevBAM, 1930. Pérez Pastor, *Bibliog. madrileña*, III, 431. [E. Caldera, *Il teatro di Moreto*, Pisa, 1960. F. P. Casa, *The dramatic craftsmanship of Moreto*, Cambridge, Mass., 1965.]

Luis Antonio de Oviedo

(siglo XVII)

Poeta descubierto por la Dra. Carrasco, en *Notas sobre el nuevo género literario del vejamen*, RHiM, 1965, XXXI, 107-108.

Fr. Hortensio Félix Paravicino y Arteaga

(1580-1633)

Su biografía está por escribir. Así piensa Miguel Artigas en *Don Luis de Góngora y Argote, biografía*, Madrid, 1925, p. 185. Véanse allí mismo donde da varias ideas y datos. De progenie del Milanesado, nació en Madrid. Sus poesías entraron en la Bibl. Aut. Esp. XV y XXXV. Para rasgos de su vida ténganse presentes Alfonso Reyes, *Las dolencias de Paravicino*, RFE, 1918, V, 293; E. Alarcos, *Los sermones de Paravicino*, RFE, 1937, XXIV, 162-197; 249-319; B. Croce, *I predicatori italiani del Seicento e il gusto spagnuolo*, en *Flegrea*, 1899, 26; M. Herrero, *Sermonario clásico*, con un *Ensayo histórico sobre la oratoria sagrada española de los siglos XVI y XVII*, Madrid, 1941; H. Serís, adjudicación de la *Canción a San Jerónimo* a Paravicino, en *Manual*, I, 270.

Francisco de Quevedo y Villegas

(1580-1645)

De una parte de su bibliografía se hace cargo aquí un nuevo distinguido bibliógrafo. Se llama Azorín, José Martínez Ruiz (1873-1966) (nombre de pila y apellidos asaz corrientes, por lo cual usó como seudónimo el apelativo de un pariente "Antonio Azorín", con el que aparece en *Las confesiones de un pequeño filósofo* [1904], y luego acortó en "Azorín"). En las Cortes de España, antes de la guerra civil, figuraba un diputado apellidado "Azorín". Actualmente se halla emigrado en Méjico.

Pues bien, veamos cómo ingresa en el oficio de bibliógrafo Azorín. En su libro *Una hora de España*, Madrid, 1939, p. 158, es preciso restregarse los ojos para creer que es Azorín quien ha escrito lo que se está leyendo. Lo copio. "¿Qué bibliófilo quevedista conoce la edición de *La fortuna con seso*, hecha en Zaragoza el mismo año que la primera, en 1650, por los mismos impresores? Y ¿quién entre los más conocedores de la bibliografía de Quevedo tiene noticia de la edición de *La política de Dios*, hecha en Milán por Juan Bautista Bidelo, en idéntico año que la primera de Zaragoza, la de 1626?" ¿Qué les parece? Azorín hablando de primeras ediciones, de años, de lugares de impresión, de sus editores, de sus identidades? Da datos que desconocen los bibliófilos y bibliógrafos y que, en cambio, él conocía perfectamente. Es el lenguaje de un Gallardo, de un Salvá. No hay duda, Azorín se ha ganado el título de bibliógrafo nuevo, ha ingresado en nuestra cofradía.

Al bibliógrafo Azorín, interesado en Quevedo, debíamos enviarle un dato que conoció y dio a la estampa Pedro Joseph Alonso y Padilla, en su *Catálogo de libros entretenidos*, 1747, p. 246, donde se lee "*El perro y la calentura*, novela peregrina por Quevedo, aunque la intituló 'baxo del nombre de Pedro Espinosa'; hay quien dice lo escribió el mesmo Espinosa y no Quevedo". No sería, pues, de Quevedo. Vaya otro informe: en la Biblioteca de Santa Cruz de Valladolid reposa un ms. de los *Grandes annales de quince días*, obra de gran valor histórico, de Quevedo, conforme comunicó N. Alonso Cortés en la revista EM, 1911, CCLXVI, 90, n. He aquí unos problemas bibliográficos por resolver.

Azorín, en su librito *Soledades*, 1898, ha intentado imitar a Quevedo; pero sin gran éxito. Julio Casares (*Crítica profana*, p. 92) encuentra en él el galicismo *recurso* "que nunca usó Quevedo ni ninguno de nuestros clásicos". Azorín califica *La vida del buscón don Pablo* de Quevedo con la siguiente retahila de adjetivos: "exagerado, dislocado, violento, penoso, lúgubre, desfile de hambrones y mujerzuelas, es fiel síntesis de toda la novela" (*La voluntad*, p. 162).

El oficio de bibliógrafo se va extendiendo cada día más. Desde Nicolás Antonio hasta nuestros días ha contado en sus filas con bibliófilos, bibliotecarios, coleccionistas, historiadores, críticos literarios, eruditos, potentados, magnates y hasta poetas y novelistas. El conocimiento y práctica de la bibliografía se requiere en todos los órdenes del saber humano, y, por consiguiente, en quienes se han de consagrar al estudio de cualesquiera de las actividades del entendimiento.

En el ensayo sobre "La nueva bibliografía" (*v.* p. 27-36 de esta *Guía*), se encontrarán nombres tan eximios como Fernando Colón, León Pinelo, Antonio Agustín, Mayans y Siscar, Tamayo de Vargas, Viñaza, Amezúa, Rodríguez Marín y Menéndez Pelayo. Se echaba de menos el nombre de un poeta o novelista. Ya le tenemos: Azorín, el hombre del monóculo y del paraguas rojo. Se ha visto a Azorín recorrer las librerías de viejo de Madrid, rescatando los ejemplares de sus primeras publicaciones anárquicas, con objeto de destruirlas por el fuego. Algunas bibliotecas o colecciones particulares y públicas han logrado reunirlas y conservarlas.

Una prueba de que todavía queda por indagar y escudriñar en las vidas y obras de nuestros clásicos, en cuyo estudio y análisis se encontrarían huecos que llenar y vacíos que colmar, es la tesis acerca de una obra de Quevedo, que describimos a continuación: Francisco de Quevedo, *Poema heroico de las necedades y locuras de Orlando el Enamorado*, introd., texto crítico y notas de Maria E. Malfatti, Barcelona, 1964, tesis doctoral de la Università degli Studi di Firenze, bajo la dirección del profesor Oreste Macrì.

Política de Dios, text sources, por James O. Crosby, New York, 1959, 125 p. Se propone facilitar la publicación de una ed. crítica. Tuvo nueve eds. en 1626, año de su primera publicación. "Crosby's study furnishes a useful tool in the pursuit of further investigation of Quevedo's thought and style" (Donald W. Bleznick, HispCal, 1961, XLIV, 164).

Narciso Serra escribió una comedia intitulada *La boda de Quevedo*.

Entre su extensa bibliografía, es forzoso detenerse sólo en lo inédito: M. Artigas, *Texto inédito*, con introd., Madrid, 1927. Benito Sánchez Alonso, *Las poesías inéditas e inciertas de Quevedo*, RevBAM, 1927, IV, 123 y 387. J. G. Fucilla, *Some imitations of Quevedo and some poems wrongly attributed to Quevedo*, RR, 1930, XXI, 228-235. Agapito Rey, *An English imitation attributed to Quevedo*, RR, 1929, XX, 242. J. A. van Praag, *Ensayo de una bibliografía neerlandesa de las obras de D. Fco. de Quevedo*, HR, 1939, VII, 151-166.

En la H.S.A. se guarda el manuscrito de *La casa de locos de amor*, que se cree de Quevedo, con grandes dudas. Debe ser objeto de mayor estudio (*v.* Gallardo, III, 1032). *La fortuna con seso*, aunque no se halla incluida con los *Sueños*, se considera como uno de ellos. La H.S.A. posee, por último, una rica serie de treinta y cinco obras de Quevedo en eds. antiguas. Además, en su defensa, por Juan Pablo Mártir Rizo, *Defensa de la verdad que escribió Francisco de Quevedo Villegas* [Madrid], *ca.* 1630. Pablo Antonio Tarsia, seud. de Juan Eusebio Nieremberg?, *Vida de Francisco de Quevedo y Villegas*, Madrid, 1663 (*v.* Penney, *Printed books*, 1965, p. 445-447, y *Manual*, índice, II, 1040, 22 papeletas). P. Frank de Andrea, *El "Ars gubernandi" de Quevedo*, CuadAm, 1945, IV, n.º 6, 161-185. P. Sáinz Rodríguez, *Las polémicas sobre la cultura española, Siglo XVII, Quevedo*, Madrid, 1919. Otis H. Green, *Courtly love in Quevedo*, Boulder, Colorado, 1952. J. M. Hill, "Carta de Escarramán a la Méndez", jácara por Quevedo, en *Poesías germanescas*, Bloomington, Indiana, 1945, p. 127. Juan Hidalgo, *Romancero de germanía y los romances de la germanía que escribió Quevedo*, Madrid, 1779. Quevedo, *Epistolario completo*, ed. crít., Madrid, 1946, ej. H.S.A. James O. Crosby, *La huella de González de Salas en la poesía de Quevedo editada por Pedro Aldrete*, en *Hom. a Moñino*, I, 111-123; *En torno a la poesía de Quevedo*, Madrid, 1967. J. F. Montesinos, *Quevedo y la falsificación de la vida* (conferencia, 25 oct. 1956, Univ. de California), RomPh, 1958, XI, 200.

Francisco de Quintana

(fl. 1626)

Usó el seudónimo de Francisco de las Cuevas. *Historia de Hipólito y Aminta*, Sevilla, 1627, otra ed. 1635. Esta novela está por conocer y editarse modernamente. Fue aludida por Ticknor en la trad. alemana de su *Hist. of Span. lit.* por N. H. Julius, Leipzig, 1852, I, 519, n. 3. También la cita Escudero, *Tipografía hispalense*, Madrid, 1894, n.º 1501; por Jerez, p. 85; y por Penney, *Printed books*, 1965, p. 448. La H.S.A. posee ambas eds., así como otras obras del mismo autor, cuyo nombre brilla por su ausencia de las historias literarias, y se halla ya en Gallardo (*v.* J. B. Avalle Arce, *Novela pastoril española*, Madrid, 1959).

Alonso Remón [de Araque]

(1561-1632)

Uno de los misterios literarios del siglo XVII en España, todavía insoluble, se encarna en la varonil figura del fraile mercedario, Alonso

Remón. No ha logrado resolverlo en nuestros días el autor de una excelente tesis doctoral de la Univ. de Madrid, presentada y sostenida por su autor, el P. José López Tascón, en 1932. No se ha publicado. El autor murió durante la guerra civil española. Un ejemplar, escrito a máquina, se conserva en la sección de manuscritos de la H.S.A. Lleva el título: *Fray Alonso Remón, mercedario (1561-1632)*. Consta de 369 hojas. Es un buen trabajo de investigación. Se han descubierto algunos documentos importantes y necesarios, así la partida de bautismo, que se había buscado en vano. Extendida en Vara del Rey, provincia de Cuenca, el 23 de oct. de 1561. Es preciso, pues, corregir el año de 1563, que se suponía como el de su nacimiento. El nombre del padre es Alonso [García] Remón, y el de la madre, Catalina López de Araque. Los apellidos García y López no los usó nunca el hijo; pero el Araque lo empleó alguna vez, como segundo apellido. El biógrafo, Tascón, da noticias de los estudios de su biografiado seguidos en la Univ. de Alcalá, de acuerdo con los libros de matrículas y los documentos de actos y grados.

Y aquí empieza el misterio: "Habitó en la Corte —explica Tascón— lo exigía su condición de comediógrafo celebrado" (h. 25). Se proyecta alguna luz, aunque no suficiente, para aclarar su existencia como autor de comedias y de autos. Habla de su fama "tan prematura como grande", pues a los veintisiete años ya figura entre algunos grandes poetas en el libro de Jerónimo de la Huerta a quien dedica un soneto laudatorio. Menéndez Pelayo escribe que "era entonces tan celebrado poeta dramático", y se refiere a sus obras histórico-religiosas (*Obras* de Lope de Vega, ed. de la Acad., 1893, V, x). C. A. de la Barrera, a quien no se ha tenido en cuenta, bajo "Ramón o Remón, Doctor Fray Alonso", nos comunica en su *Catálogo bibliográfico y biográfico del teatro antiguo español*, Madrid, 1860, p. 315-318, el mayor número de informes desconocidos. Ha averiguado que Agustín de Rojas Villandrando, en su *Loa de la comedia* (*Viaje entretenido*, 1603), mencionó al licenciado Remón entre los autores dramáticos del tiempo de Lope de Vega; igualmente lo asegura Antonio Navarro, en su *Discurso apologético de las comedias*; Cervantes lo alabó como poeta en el *Viaje del Parnaso* (1614); Lope de Vega, en su *Laurel de Apolo* (1610) lo elogia igualmente; Quevedo también lo cita en la *Historia de la vida del Buscón* (1626) por boca del protagonista. Barrera teje la biografía más extensa hasta entonces de Remón en sus grandes rasgos:

Natural de Vara de Rey, provincia de Cuenca. Debió de entrar en la Orden Mercedaria (el texto: "Mercenaria") poco antes de 1611 [a los 50 años]; aquí se equivocó Barrera, pues hay documento de 1601, que le da el título de "Licenciado" y otro de 1605 que le llama "Padre". Cree que sus obras dramáticas fueron anteriores a 1615 (54 años). También nos informa Barrera que Pérez de Montalbán, en su *Para todos*, hace méritos de Remón "perpetuo estudiante", que tiene hasta hoy estampados con su nombre 46 libros de diferentes materias y copia los enumerados por Nicolás Antonio y por Tamayo de Vargas. Ni uno ni otro hace mención de obra dramática alguna. Desde 1616, a los 55 años, empezó a publicar obras místico-históricas y morales hasta 1630. Es digna de resaltar la opinión de Cervantes, trascrita por Barrera del prólogo de *Ocho comedias y ocho entremeses* (1615) donde al hablar del reinado casi exclusivo de Lope de Vega sobre la escena española, dice: "... compartido principalmente con el Dr. Ramón [*sic*], cuyos trabajos fueron los más después de los del gran Lope". Se sorprende Barrera, con razón, de "cómo de tan fecundo autor, cuyas producciones se presentaban con su nombre, no se han conservado más que cinco que le lleven expreso", y, en cambio, poseemos abundantes datos y pruebas acerca de la existencia y conservación de sus obras monásticas.

Unos diez años después, se codea con Lope y Quevedo, en las alabanzas de Lucas Rodríguez. Se cita su supuesta colaboración con Lope de Vega en la comedia *¿De cuándo acá nos vino?*, representada por Roque de Figueroa a S.M., *ap.* Gallardo, III, 1888, col. 500-501, n.º 2781; de donde tomaron la noticia Restori, en LGRPh, 1902, XXIII, 10, y Rennert, en su *Bibliography of the dramatic works of Lope de Vega Carpio*, basada en la de Chorley, RHi, 1915, XXXIII, 253-254. Colaboración de Remón con Lope negada por la crítica moderna. He aquí el proceso de esta negativa. Paz y Melia atribuyó a Remón la segunda jornada de dicha comedia, en su *Catálogo de ... manuscritos de la B.N.M.*, 1899, p. 713, e igualmente en la 2.ª ed. Pero J. F. Montesinos rebatió esta atribución y demostró que la comedia entera es de Lope (RFE, 1920, VII, 178-182). Tascón insistió en la afirmativa, basado en el carácter de letra de esa segunda jornada, que en el autógrafo de Lope (hay ms. en la B.N.M., n.º 3479) no es la de éste, sino la de Remón (BBMP, 1935, XVII, 343-366). La última palabra es de F. de B. San Román, quien descubrió el nombre del amanuense, que era el cómico

Pedro Valdés, que había copiado la segunda jornada (RFE, 1937, XXIV, 220-223).

En cambio, Remón escribió multitud de obras, con densa fecundidad, de la cual se conserva evidencia, que ha llegado hasta nosotros en parte. Además existen documentos, como los desenterrados por Pérez Pastor, en su *Bibliografía madrileña*, III, 460, donde aparece primeramente un recibo firmado por "El Licenciado Remón en el que consta haber recibido del señor Maestro don Pedro Ruiz Malo, rector de la Univ. de Alcalá de Henares, doscientos reales por el trabajo que puso en escribir un auto [*El hijo pródigo*] que se representase a las magestades del Rey y Reina, y unos gerolíficos [*sic*] para pintar y poner en escuelas mayores", y firma "en Alcalá, a 20 de Enero, 1601". Tenía 40 años de edad. El segundo documento es una libranza de tres ducados para "hacer un regalo al P. Fr. Ramon [*sic*] de la Orden de la Merced, que compuso los Autos Sacramentales que se representaron en la fiesta de Corpus Christi este año, dada por el Cabildo eclesiástico de Toledo", firmado: "Toledo, 14 de Junio de 1605". Cumplía 44 años. Este documento se halla en la B.N.M., papeles del maestro Barbieri. Por esos documentos nos enteramos, sin género de dudas, de que Remón escribió un auto en 1601 (Alcalá) y los autos sacramentales del Corpus en 1605 (Toledo). Al fin se levanta un tanto el velo que encubre la creación poética de nuestro autor.

Este es el buen camino. Rastraear los documentos que, a no dudarlo, deben hallarse cubiertos de polvo en los archivos españoles. A ello exhorto a los jóvenes hispanistas, a quienes toca recoger pruebas de la producción dramática de Fr. Alonso Remón. Fr. Manuel Penedo, en la RBD, 1950, IV, 313-317, da cuenta de su descubrimiento de importantes documentos en una nota titulada *El Ayuntamiento de Madrid y Lope de Vega, Acuerdos sobre autos sacramentales y el P. Remón*. Limitándonos al concerniente a Remón, en los *Libros de Actas del Ayuntamiento de Madrid*, del 27 de marzo de 1610 al 10 de abril de 1612, fol. 289v., copio textualmente: "Fr. Alonso Ramón [*sic*], cuatro escudos de oro por el sermón de S. Sebastián, 26 de marzo de 1611 [a los 50 años]. Acordóse que el mayordomo de propios pague al P. fr. Alonso Ramón, de la Horden de nra. S.ª de la Merced, cuatro escudos de oro por la limosna del sermón que predicó a la villa, el día de St. Sebastián, en la misma iglesia de St. Sebastián".

Otros eruditos, atraídos por el deseo de resolver este problema, han dado a la publicidad estudios basados en suposiciones, algunas de ellas revestidas con grandes visos de verosimilitud. Jean Sarrailh, con su artículo *Algunos datos acerca de D. Antonio Liñán y Verdugo, autor de la "Guía y avisos de forasteros"*, RFE, 1919, VI, 346-363, y 1921, VIII, 150-160, originó la introducción de otro nombre. Aunque Sarrailh no mencionó el nombre de Remón, ni pensó en él, facilitó la redacción de otro artículo: *¿Quién fue el verdadero autor de la "Guía y avisos de forasteros"?*, por el P. Julián Zarco Cuevas, BAE, 1929, XVI, 185-198, en el que expone la firme creencia de que lo fue Fr. Alonso Remón. A su vez, J. A. van Praag tuvo ocasión, BHi, 1935, XXXVII, de cotejar el texto de la *Guía* y el de la novela *El filósofo del aldea*, que había salido a luz con el nombre de Baltasar Mateo Velázquez, Madrid, 1625; 2.ª ed., Pamplona, 1626; ed. mod. de E. Cotarelo, 1906. Estudió Van Praag las afinidades innegables entre ambas obras, inclinándose hacia la posibilidad de que bajo Mateo Velázquez, y Liñán y Verdugo se esconda Remón. No puedo cerrar esta parte sin aconsejar la lectura de la extensa descripción del libro de Liñán, trazada por Pérez Pastor, en su citada *Bibliog. madr.*, 1906, II, 528-531, en la cual reproduce amplios e interesantes fragmentos del texto de esta obra, que ya va siendo rara. Hay ejemplar en la H.S.A.

Ahora volvemos al misterio. En él continúa envuelta la escondida vida de Remón. En efecto, entre la época de su juventud, a los veintisiete años de edad, ya afamado autor de comedias en la Corte, y el mismo Remón a los cuarenta y también a los cincuenta años, autor de autos sacramentales y entremeses religiosos en Alcalá y Toledo, se abre un hueco, acerca del cual lo ignoramos todo; un vacío que no podemos llenar. No encontramos todavía documento alguno entre esas dos fechas. Nos vemos obligados, pues, a aventurar suposiciones. En la prima época, la vida de poeta, la frecuentación de los corrales, la sociedad de los comediantes, la asistencia a las academias; y en la segunda, la vida religiosa, la existencia en los conventos, las fiestas en las iglesias, las predicaciones y, en contraste de las antiguas comedias, los nuevos entremeses y autos sacramentales. El cambio tan marcado del vivir, ¿a qué obedeció? ¿A un estado emotivo causado por un amor terreno o por un amor divino? o, ¿por ambos contrapuestos y en pugna, y triunfó el divino? Es difícil resolverlo, es un enigma; pero lo más misterioso todavía es la ausencia absoluta de un documento que nos pudiera servir de base para esclarecer el arcano. Tornando a la pregunta que formula Barrera, de ¿por qué ni Nicolás Antonio ni Tamayo de Vargas mencionan, en sus listas de las obras de Remón, sus producciones dramáticas?, me atrevería a contestar con otra pregunta: ¿Arrojaría el autor sus comedias al fuego? Pudo mediar una repentina y honda mudanza en la vida del poeta de la Corte al fraile del convento de la Merced, fenómeno no raro en aquellas centurias. No hay que perder la esperanza, sin embargo, de hallar resolución.

Mientras tanto, sería oportuno desarrollar otro tema, "La rivalidad entre Remón y Tirso de Molina". Algunos críticos han considerado a Remón como el poeta dramático rival de Tirso. Pero ¿dónde se esconden las doscientas comedias de Remón, a que se ha referido algún historiador? Sólo se conocen tres. Éste es otro misterio. La diferencia de edad entre los dos poetas es de 23 años. Remón nació en 1561 y Tirso en 1584?. De modo que cuando éste empezó a componer, pasaba Remón de los cuarenta, y a esa edad, según los documentos, escribía autos sacramentales y entremeses religiosos. Habrá que esperar a que se desentierren sus comedias. En cambio, he notado señales, a mi entender, de rivalidad en la vida eclesiástica y conventual. Por ejemplo, en las fiestas en honor del patriarca de la Orden de la Merced, fue él quien las organizó, dirigió, presidió y describió en prosa y verso, encargándose de la sección literaria, sin que Tirso tomase parte alguna dirigente, ni figurase en ninguno de los actos, excepto en el certamen al que presentó varias poesías. Hay más. Remón escribió y publicó en dos tomos la *Historia general de la Orden de la Merced, redención de cautivos.* Tirso, sin duda, insatisfecho, la refundió y continuó, dando, a mi juicio, como excusa, que se había limitado a los sucesos desde 1570 a 1638. Algunos críticos creen que el verdadero autor del *Condenado por desconfiado* es Remón; v. R. M. de Hornedo, "El condenado por desconfiado" no es obra molinista, RyF, 1940, CXX, 18. Léase, por último, el atrevido artículo de Tascón, "El condenado por desconfiado" y Fr. Alonso Remón, BBMP, 1934, XVI, 533-546; 1935, XVII, 14-29; y 1936, XVIII, 35, 144, 274-293, donde parece despojar a Tirso para vestir a Remón.

Obras de Remón: *El hijo pródigo*, 1601, auto autógrafo que se conserva en el Archivo Municipal de Alcalá (Pérez Pastor, III, 460, y Tascón en su tesis); otros de Toledo, 1605; *Autos sacramentales*, Madrid; *Tres mujeres en una*, comedia; *Famosa comedia del español entre todas las naciones*, Jaén, 1628-1629-1634, 4 ptes, H.S.A. (Serís, PhQ, 1942, XXI, 98-99); *Tratado de los reynos orientales y hechos de la reyna María, y tres comedias famosas* [por Francisco de Guadarrama y Alonso Remón], Jaén, 1629, H.S.A. (Jerez, p. 170); *Entretenimientos y iuegos honestos y recreaciones christianas*, Madrid, 1623, H.S.A. (N. Antonio, *Nova*, I, 43; Gallardo, 3591; Pérez Pastor, 2007; Jerez, p. 91; Rodríguez Marín, *Nueva ed. crít. del Quijote*, 1928, VII, 258); *Las fiestas solemnes que hizo la religiõ de la Merced a su patriarca y primer fundador san Pedro Nolasco, 1629*, Madrid, 1630, H.S.A. (Jenaro Alenda, *Relaciones de solemnidades y fiestas públicas*, 1903, p. 263, n.º 922, Salvá, 349); *Relación de la exemplar vida y muerte del cauallero de Gracia*, Madrid, 1620, H.S.A. y B.N.P. (Pérez Pastor, n.º 1688; Jerez, p. 88; Penney, *Printed books*, 1965, p. 464; A. Restori, *Il cavaliere di Grazia*, Napoli, 1924); *Historia general de la Orden de N. S. de la Merced, redención de cautivos*, Madrid, 1618-1633, 2 v. (N. Antonio, I, 42-43, ej. B.N.P.); *La espada sagrada y Arte para los nuevos predicadores*, Madrid, 1616 (N. Antonio, I, 43); *Biografía del siervo de Dios Gregorio López*, Madrid, 1617; *Gobierno humano sacado del divino*, Madrid, 1624; *La Casa de la Razón y el Desengaño*, Madrid, 1625; sonetos laudatorios a Lucas Rodríguez y a Jerónimo de la Huerta; coplas satíricas al final de las *Relaciones de don Juan de Persia*.

Una de las más importantes, por contener la descripción rebosante de viveza y colorido de las costumbres populares en los festejos religiosos de la época, siglo XVII, es la consagrada a las *Fiestas solemnes y grandiosas a San Pedro Nolasco* (1630). Era conocida de los bibliógrafos desde Nicolás Antonio, *Nova*, 1.ª ed., 1672, I, 33-34; 2.ª ed. [1788], I, 42-43, quien llama al autor "Ramón", hasta Alenda, que le dedica cuatro renglones, 1903, p. 263, n.º 922, pasando por Gallardo, IV, 1889, col. 62, n.º 3593; éste da los nombres de los jueces y de los poetas que acudieron al certamen. Salvá (1872, I, 155, n.º 349) poseía un ejemplar que pasó, como toda su colección, a la de Heredia, más tarde desperdigada. En la venta lo adquirió el Marqués de Jerez, y, por último, el raro ejemplar cruzó el Atlántico para formar parte de la bibl. particular de Mr. Huntington y luego de la H.S.A. Lo he tenido en mis manos, lo cual me ha permitido describirlo, analizarlo y estudiarlo externa e internamente por primera vez en *Un certamen poco conocido del siglo XVII, Remón y López Remón* en el *Hom. a*

Benardete, New York, 1965, p. 127-141. Allí doy cuenta del certamen y justas literarias, de los premios, los músicos y danzas, etc.; de una comedia de Lope, cuya fecha se confirma; y de un entremés de Luis [Quiñones] de Benavente.

Por otro lado, Remón editó en 1632 la obra de Bernal Díaz, *Verdadera historia de los sucesos de la conquista de la Nueva España*, que se mantenía inédita desde su composición. Dicen H. y P., 5.ª ed., 1943, p. 906, de quienes tomo esta noticia, que Remón se valió de una copia harto deficiente. Por ello debería preferirse una del hijo de Díaz, aunque "su estilo es rudo y su prosa enérgica y áspera", pues no es obra, como declara el autor, de un hombre de letras, sino de un soldado. Su narración, dicen H. y P. "se distingue por la sinceridad, gracia y abundancia de detalles pintorescos". Ésta se conserva en un manuscrito coetáneo de la conquista de Méjico, propiedad del bibliófilo de Murcia, José Alegría. Debería imprimirse y estudiarse por los historiadores, pues es más completa y pormenorizada que la de Bernal Díaz, padre.

No se le ha concedido toda la importancia que merece a este autor dramático de la Edad de Oro. Ni se ha estudiado lo suficiente, ni se han editado sus contadas comedias. Los manuscritos de la mayoría de éstas se hallan alineados en los anaqueles de la B.N.M. El de la comedia inédita *Las grandezas de Madrid* fue descubierto por Américo Castro en la B.P.T. Una copia fue cedida por él a un hispanista norteamericano (¿Kenyon, de la Univ. de Michigan?) que se hallaba a la sazón en Madrid en busca de material que elaborar; pero hasta hoy no se ha publicado. Sería útil, además, reeditar sus obras impresas.

La comedia *El Caballero de Gracia*, la atribuyen a Tirso, Schaeffer, Restori y Montesinos; para éste no admite duda (RFE, 1925, XII, 195-198). García de la Huerta, *Cat. alphab. de las comedias*, 1785, p. 171-176, 185, da los títulos de las de Remón; Gallardo, *Ensayo*, I, col. 1264, nota por F.-Guerra y Orbe; A. Palau, *Manual del librero*, 1926, VI, 249-250; Mesonero Romanos [le llama Ramón], Bibl. Aut. Esp. XLIII, p. xvii-xviii [no edita ninguna comedia]; M. A. Buchanan, MLN, 1907, XXII, 217; F. de B. San Román, *Lope de Vega, los cómicos toledanos* ..., 1935, doc. 132; S. G. Morley, HR, 1937, V, 281 y n. 3 [Remón es el autor de la comedia manuscrita D. *Juan de Austria en Flandes*, y no Lope]. El *Auto del Caballero de Gracia* existe en ms. en la B.N.M., y una copia, también ms. en la B.M.P., sin haber alcanzado la publicidad (Paz y Melia, *Catálogo*, Madrid, 1899, n.º 441, y la 2.ª ed., 1935, I; L. Rouanet, *Colec. de autos*, Madrid, 1901, I, xiii, n.; A. Restori, *Il Cavaliere di Grazia*, Napoli, 1924, p. 11).

Francisco de Rioja

(1583-1659)

Diálogos de la pintura. Hagamos historia antigua, con objeto de abrigar la difícil aspiración de recuperar el manuscrito de estos *Diálogos*, obra inédita de Rioja, que poseía la Bibl. del Cabildo de Sevilla, por otro nombre conocida como la Colombina. Allí se hallaba encuadernado con las cartas manuscritas, también de Rioja, las de Pacheco y Rodrigo Caro, en dos volúmenes, sign. H-41-27-28. Estos volúmenes fueron sustraídos en 1839. *V.* Menéndez Pelayo, *Est. de crítica literaria*, 1.ª ser., 2.ª ed., Madrid, 1893, p. 167. ¿Es pues historia antigua? ¿Podría transformarse en contemporánea y hallarse de nuevo esos manuscritos a la disposición de los investigadores que frecuentan la afamada biblioteca? "La nueva bibliografía" (*v.* H. Serís, *Hom. a Moñino*, II, 189-197) debe ensayar su acción en este caso y en otros muchos similares.

Juan Ruiz de Alarcón

(1581?-1639)

Es autor de un entremés curioso y de un vejamen desconocidos, obras acaso no muy del gusto de nuestro dramaturgo. Quizá nos alumbren con alguna luz los *Docs.* publ. por N. Rangel, en el BBNMéxico, 1913-1915. El título del entremés es *La Condesa*. Esta cita se halla en el *Catálogo* de C. A. de la Barrera, p. 716, 1.ª col. Respecto al vejamen, fue él quien urdió el acostumbrado vejamen académico con motivo de la ceremonia de imponer el doctorado en Méjico a cierto Bricián Díez Cruzatea. Lástima es que se haya perdido este vejamen, pues hubiera sido chistoso leer las ocurrencias con que Alarcón se vengaría de las burlas de que era objeto por sus corcovas. Menciona este vejamen Alfonso Reyes en su *Bibliografía de Ruiz de Alarcón*, reproducida en sus *Capítulos de literatura española*, México, 1939, p. 185. Debería recorrerse también *Los graciosos en el teatro de Ruiz de Alarcón*, por

E. Abreu Gómez, IL, 1935, III, 189-201, y *El gracioso de J. Ruiz de Alarcón y el concepto de la figura del donaire tradicional*, por J. H. Silverman, HispCal, 1952, XXXV, 64-69 (con notas bibl.).

Diego de Saavedra Fajardo

(1584-1648)

"Una [obra] que debe ser importante, pues la titula de las *Guerras y movimientos de Italia de cuarenta años a esta parte*, que no conocemos ni sabemos se haya impreso, si bien abrigamos la esperanza de que el diligente colector de todo lo que a Saavedra Fajardo se refiere, D. Mariano Puyol Anglada, nos la dé a conocer", Col. Doc. Inéd. Hist. Esp., LXXXII, xiii. Otis H. Green ha publicado *Documentos y datos sobre la estancia de Saavedra Fajardo en Italia*, en BHi, 1937, XXXIX, 367. *V.* sobre Saavedra Fajardo, mi *Nuevo ensayo*, II, en Cabrera, Claudio Antonio de.

Tía fingida, La

(A caza del autor.) He aquí lo que piensa Menéndez Pelayo: "Un autor de talento, pero de segundo orden, bastaba para hacerlo. Quizá el tiempo nos revele el nombre del de *La tía fingida*, acaso oscuro y modesto, cuando no desconocido del todo, que estas sorpresas suele proporcionar la historia literaria, y no hay para qué vincular en unos pocos nombres famosos los frutos de una generación literaria tan fecunda como la de principios del siglo XVII", *Orígenes de la novela*, 1910, III, clviii.

Se ha adjudicado *La tía fingida* a Cervantes (aun cuando no figura en la ed. de las *Novelas ejemplares*, Madrid, 1613). *V.* el estudio de Menéndez Pelayo (*loc. cit.*) y un excelente resumen, con la clasificación de ellas, por H. y P., *Hist. de la lit. esp.*, 5.ª ed., 1943, p. 489-490, en especial para *La tía fingida*. Pasa allí revista a los votos de Gallardo, Bello, Adolfo de Castro, Cejador, e Icaza, quien niega resueltamente que sea obra de Cervantes; Bonilla, que refuta los argumentos de Icaza; Schevill, Rodríguez Marín, Amezúa y Alonso Cortés a quienes se deben estudios y eds. más recientes de las *Novelas ejemplares*. Además, ha impugnado también a Icaza José Toribio Medina (Santiago de

Chile, 1919) con nuevas razones en favor de Cervantes, a las cuales se oponen luego con tan verosímiles indicios Bonilla e Icaza. Además de a Cervantes, se ha atribuido también *La tía fingida* a Cristóbal de Villalón por analogía con un pasaje del *Crotalón*, según han observado Bonilla y Schevill, o indirectamente a Francisco Delicado, autor de *La Lozana andaluza* (1528) y hasta a los dos autores de *La Celestina*, y al de *La pícara Justina*, aludido con tanto ingenio y humorismo por Bataillon, en Burdeos.

También se han atribuido al autor del *Quijote* otras obras, casi todas dramáticas, por nuestros eruditos, Fernández-Guerra, Asensio, y de nuevo, Adolfo de Castro (*v.* Menéndez Pelayo, *Est. crít. lit.*, 1941, I, 269, y Dámaso Alonso, *Signo*, 1936). Por curiosa coincidencia, recordaré sólo el título de una: *Los romances y Doña Justina*. El propio Cervantes "nombra tres producciones suyas: las *Semanas del jardín*, *El famoso Bernardo* [del Carpio?], y la 2.ª parte de *La Galatea*, que no se conocen o no se escribieron" (H. y P., *op. cit.*, p. 471).

Finalmente, para *La tía fingida*, *v.* ed. de Apráiz, 1906; la de Bonilla y San Martín, AIHist, 1911, II, 5-92; R. Foulché-Delbosc, *Étude sur "La tía fingida"*, RHi, 1899, VI, 255; F. A. de Icaza, *De cómo y por qué "La tía fingida" no es de Cervantes*, BAE, 1914, I, 416; 1915, II, 497; J. Toribio Medina, *Novela de la Tía fingida*, con anotaciones y estudio, Santiago de Chile, 1919; P. Trahard, *Cervantes et Mérimée: une nouvelle source des "Âmes du purgatoire"*, RLComp, 1922, II, 602-619 (son "La tía fingida" y "El rufián dichoso").

Icaza les da una buena lección a los investigadores, cuando define *Un falso sistema de investigación literaria. Del cotejo de palabras y frases sueltas para averiguar el autor de las obras anónimas*, en el libro *De cómo y por qué...*, Madrid, 1916, p. 171-203.

Después de la lectura ordenada, según el paradigma reunido y matizado bibliográficamente aquí, que representa lo que se ha realizado hasta ahora, el investigador debe proseguir su búsqueda valiéndose de las ideas y métodos modernos y aplicarlos a su intención. *Verbi gratia*, se ha avanzado mucho en el estudio y uso de la nueva ciencia, la estilística, desde el estudio de Amado Alonso (*The stylistic interpretation of literary texts*, MLN, 1942, LVII, 489-496, artículo fundamental para la definición y metodología de la estilística poética), más su "Colección de estudios estilísticos" en donde traduce y anota, junto con Raimundo Lida, las obras de Vossler, Spitzer y Hatzfeld, Buenos Aires, 1932;

2.ª ed., 1942, incluidos Dámaso Alonso, Américo Castro, Menéndez Pidal y otros. Por la misma época aparecieron otro artículo por Dámaso Alonso sobre la ciencia de la literatura: *Teoría de los conjuntos semejantes en la expresión literaria*, en Clav, 1951, n.º 7, 23-32, y otro libro, en colaboración con Carlos Bousoño, *Seis calas en la expresión literaria* (prosa, poesía, teatro), Madrid, 1951, 290 p. ("Doctrinas innovadoras ... para sujetar a un sistema científico ... una parte de la expresión literaria"); *v.* E. Allison Peers, BHS, 1951, XXVIII, 217-219. Bousoño, solo, sacó a luz un segundo libro, *Teoría de la expresión poética* (Hacia una explicación del fenómeno lírico a través de textos españoles), Madrid, 1952, 310 p.

Por otro lado, en nuestros días, obtuvo un estrepitoso y favorable éxito Criado de Val, adaptando el índice verbal y la cuantificación del estilo, *Análisis verbal del estilo, índices verbales de Cervantes...*, Madrid, 1953. Quienes deseen más apuntes bibliográficos deben acudir a Serís, *Manual*, I, 398-409; y II, 884-886. Una bibliografía más extensa compiló Harzfeld, *The situation in the field of Hispanic style studies*, en *Hom. a Huntington*, 1952, p. 233-252 (Bibliografía crítica de los últimos trabajos "put[s] Spanish style studies for the time being on top of all the others"). H. y P., *Hist. de la lit. esp.*, 1943, p. 489-490, bibliog. p. 1061.

Tirso de Molina, Gabriel Téllez

(1584?-1648)

Después del misterio de Remón pasamos al misterio de Tirso, más joven que aquél; pero ambos coetáneos y amigos y compañeros de la Orden de la Merced o enemigos y rivales. De entre los enigmas con que se tropieza en la literatura española se cuenta uno asaz importante por la obra en la cual se origina y por su autor. Vamos a vernos en presencia del drama *El Burlador de Sevilla* y del dramaturgo Tirso de Molina.

Fred Abrams acaba de publicar un atrayente artículo en HispCal, 1967, L, 472-477, titulado *"Catalinón" in the "Burlador de Sevilla": is he Tirso de Molina?* Como se puede adivinar, es un enigma onomástico, pues pretende resolver si el nombre de "Catalinón" encubre al mismo Tirso. ¿Se representa Tirso a sí propio? ¿Se personifica el autor en el personaje de "Catalinón"? Críticos y eruditos, dice Abrams, se han formulado estas preguntas y han ensayado contestarlas, pero todavía se sienten perplejos.

Abrams recomienda a los investigadores este interesante tema, o sea desenmascarar a los personajes que se ocultan dentro de un disfraz, recurso típico utilizado en la literatura de nuestros Siglos de Oro, entre otros autores, por Cervantes en *La Galatea* y su *Quijote* y el falso (*v.* Francisco López Estrada, *La Galatea*, La Laguna, 1948, p. 157-167); por Lope de Vega en *Arcadia, Dorotea* (*v.* Morley, *The pseudonyms and literary disguises of Lope de Vega*, 1951, p. 421-484). Tirso mismo pinta su propio retrato en sus comedias, *v.* Blanca de los Ríos de Lampérez en las introducciones en su ed. de las *Obras dramáticas completas*, Madrid, 1946, 3 v.

En cuanto a Abrams, se propone considerar las teorías más importantes publicadas ya, tocantes al caso de Tirso, a fin de obtener una síntesis ecléctica de los elementos que con más aceptación armonicen con el intento teológico de Tirso al escribir su obra, y por último, sugerir una nueva forma de acercarse al problema, que denote que "Catalinón" sea un disfraz literario del mismo Tirso.

Las nuevas ideas que nos aporta Abrams se pueden resumir en los siguientes términos: el primitivo origen de *catalina* y del nombre *Catalinón* pueden asociarse con la historia de Santa Catalina de Alejandría, la prometida de Cristo, no recordada por ningún previo investigador; Tirso, en apariencia, presentó a Catalinón, duplicado masculino de Catalina por su natural casto y filosófico, en su papel de representante de la Iglesia. Si esta idea se acepta, deduce, surtirá un enlace onomástico curioso entre Catalinón y Tirso. Si la teoría de doña Blanca de los Ríos de que, en el *Quijote*, Don Quijote y Sancho son los seudónimos de Lope y Tirso, éstos se vengaron, satirizando Tirso en sus comedias, desde 1606, a Cervantes, y ante la insistencia de éste en la segunda parte del *Quijote*, en sus sátiras reincidió Tirso criticando acremente *El licenciado vidriera*, donde Cervantes esconde el apellido "Molina" en los de "Rodaja" y Rueda, según D.ª Blanca. A este respecto, anuncia Abrams poseer pruebas no sólo de la validez de la teoría de D.ª Blanca acerca de la guerra literaria entre Cervantes y Tirso, sino que confirman su hipótesis de que el misterioso Fernández de Avellaneda, autor del falso *Quijote*, fue Tirso de Molina.

Por otra parte, examina la posibilidad de que "Don Juan" personifique a Don Juan Téllez Girón, 2.º Duque de Osuna, padre de Tirso sin haberlo reconocido, basándose en el descubrimiento de D.ª Blanca de la partida bautismal de Tirso, con la declaración supuesta de que éste es hijo ilegítimo de Téllez Girón.

A raíz de la publicación en 1928 (*v.* la bibliografía, *infra*) de dicha sensacional noticia, contestó Jenaro Artiles, conocido y competente crítico literario y paleógrafo, quien descubrió claramente que en la partida bautismal se habían adicionado el apellido "Girón" al apellido "Téllez", "Hijo del" "Dq. Osuna"; después en cambio hace constar que la nueva fecha encontrada por la Sra. Ríos tiene como garantía de exactitud no sólo la partida, "cuenta además con el apoyo de la conocida Cédula del Real Consejo de Indias, dada a conocer por ella", en su artículo *Reedificación biográfica: un documento para la biografía de Tirso de Molina*, ABC, Madrid, 12 nov. 1929. Con esta declaración favorable demuestra Artiles su imparcialidad. Pero "bajo ese borrón cruel que se ha lanzado sobre lo escrito al margen", y donde D.ª Blanca lee "Tz. Girón", "Hijo del" y "Dq. Osuna", no ha podido dar con ellos Artiles "ni en el original, ni en la fotografía, ni en lectura directa, ni al trasluz". Pretende, pues, que "no lo dice. ... Se opone la fecha señalada en la inscripción de su retrato. ... Se observa en el original que se ha manipulado allí con algún líquido (tal vez puerilmente con saliva), por si se lograba hacer desaparecer el entintado y que quedara al descubierto la escritura inferior". Luego hace un análisis minucioso de los rasgos de las letras del texto que las distinguen de las añadidas.

Expuestas por Artiles sus dudas respecto a la exactitud de la transcripción de la nota puesta al margen de la partida de San Ginés, ha desmenuzado lo que se pretendía que significan las tres misteriosas líneas.

Cree, por último, que realmente se trata de la partida de Tirso de Molina [sin adiciones]. Debe disiparse, dice, "todo asomo de desconfianza, que nadie pueda pronunciar la palabra 'superchería' tratándose de asunto en que todos debemos trabajar porque resplandezca la certeza, y más si lleva la firma de escritora cuya honradez literaria y seriedad, probada mil veces, excluye de antemano toda posibilidad de engaño voluntario".

Y D.ª Blanca de los Ríos exclama: "Aunque esa partida no sea la suya, puedo congratularme de haber reedificado íntegramente su vida, documento a documento". "Exacto de toda exactitud, concluye Artiles. Mis observaciones no contradicen la legítima congratulación de la insigne maestra del investigar y del decir".

Descubierta, pues, la partida bautismal de Tirso, se conoció el secreto de su nacimiento, o sea hijo ilegítimo, sin reconocer, de Don Juan Téllez Girón, segundo Duque de Osuna. Así se explicó la causa del odio que alimentaba Tirso contra su padre, que se extendió contra todos los Girones. Esta idea, prohijada por Doña Blanca, pronto se generalizó y se encontraron pruebas, como el ataque directo y expresado públicamente en la comedia *El castigo del penséque* (1613-1614), y luego en *El Burlador de Sevilla*, donde, según Abrams (p. 475), "Catalinón" es el disfraz literario de Tirso, y "Don Juan" representa a don Juan Téllez Girón, su padre.

Pero ese odio sin tregua, contra la Casa de Osuna, gozó de una contradicción. William E. Wilson publicó un estudio titulado *Tirso's "Privar contra su gusto"* (Bibl. Aut. Esp. V), *a defense of the Duke of Osuna*, inserto en MLQ, 1943, IV, 161-166, es decir veinticuatro años antes del que acaba de imprimirse en HispCal, y poseía la importancia de revelar la defensa que hace Tirso del Duque de Osuna, Virrey de Nápoles, 3.º de los Girones, en contraste con la idea generalmente aceptada de la actitud del dramaturgo. Wilson analiza e investiga los hechos históricos y demuestra que el autor de la comedia, el propio Tirso, defendió en ella con calurosa convicción al virrey de Nápoles contra la conducta del Rey Felipe III. ¿Dejó Doña Blanca de leer esta comedia? ¿Las leyó todas? Sin embargo, ella firma la edición de las *Obras dramáticas completas de Tirso de Molina*, 3 v., Madrid, 1946, cuyo título es bien explícito. Ésta es una falta grave de cualquier manera. El erudito estudio de Wilson cobra un lugar importante en la bibliografía de Tirso de Molina, de la cual se nota su ausencia en la selección de Fred Abrams.

Volviendo al artículo de Abrams, y la supuesta guerra literaria entre Cervantes y Tirso que sostiene la Sra. de los Ríos, anuncia aquél la próxima publicación de datos que la confirman, así como también la hipótesis de D.ª Blanca de que Fernández de Avellaneda sea Tirso. Anuncia próximos artículos sobre este tema, basados en nuevo material extraído del análisis textual del *Quijote* original y del falso.

Abundo en la misma recomendación de Abrams a los investigadores, de desarrollar la nueva idea de quitarles la careta a los personajes literarios disfrazados.

Abrams ha procurado reunir la siguiente adecuada y rica bibliografía para uso de los estudiosos interesados en solucionar este otro misterio literario. En la H.S.A. se conservan ocho obras de Tirso del siglo XVII (Penney, *Printed books*, 1965, p. 553).

Américo Castro, *Tirso*, Madrid, Clás. Cast., 1932. Gerald E. Wade, *El burlador de Sevilla, some annotations*, HispCal, 1964, XLVII, 751-761. John M. Hill y Mabel M. Harlan, *Cuatro comedias*, New York, 1941, p. 444. P. Guenoun, *L'Abuseur de Séville*, Paris, 1962, p. 254. Frank Sedwick, *On the meaning of "Catalinón"*, BC, 1954, VI, 4-6. J. Corominas, *Diccionario crít. etimol.*, 1954 (*catalina*). Otto Rank, *Don Juan, une étude sur le double*, Paris, 1932. Juan Ferrando Roig, *Iconografía de los santos*, Barcelona, 1957. Nancy A. Bell, *Lives and legends of the great hermits and fathers of the church with other contemporary saints*, London, 1902, p. 89-97. Omer Englebert, *The lives of the saints*, New York, 1964. Julio de Atienza, *Diccionario nobiliario*, Madrid, 1959. Blanca de los Ríos, *El enigma biográfico de Tirso de Molina*, Madrid, 1928, 70 p. Jenaro Artiles, *La partida bautismal de Tirso de Molina*, RevBAM, 1928, V, 402-411. Alfonso de Gabriel y Ramírez de Cartagena, *Alrededor de Tirso de Molina*, Madrid, 1950. Miguel L. Ríos, *Tirso de Molina, ante una hipótesis*, Santiago de Chile, 1955. Guillermo Guastavino Gallent, *Notas tirsianas*, RABM, 1961, LXIX, 817-860. Gerald E. Wade, *The year of Tirso's birth*, Hispanófila, 1963, n.º 19, 1-9. Alexandre Cioranescu, *La biografía de Tirso de Molina, puntos de mira y puntos de vista*, en Karl Vossler, *Lecciones sobre Tirso de Molina*, Madrid, 1965, p. 143-147. Mario Penna, *Don Giovanni e il mistero di Tirso*, Torino, 1958. W. F. King, *Prosa novelística y academias literarias en el siglo XVII*, Madrid, 1963, sobre el uso de los nombres supuestos de los académicos. Pedro Muñoz Peña, *El teatro del maestro Tirso de Molina*, Valladolid, 1889. Robert Avrett, RR, XXX, 125-132. *Catálogo de las obras de Blanca de los Ríos de Lampérez, y algunos juicios de la crítica acerca de ellas*, Madrid, 1927. *Tirso de Molina, Retrato de Soria*, grabado por B. Maura, en *Libros españoles raros y curiosos*, XII, 1878. E. Gómez de Baquero, en *El Sol*, 23 sept. 1928. Blanca de los Ríos, *Del siglo de oro*, Madrid, 1910. E. Cotarelo, *Discurso preliminar de las Comedias de Tirso de Molina* (NBAE IV), Madrid, 1906. M. Serrano y Sanz, *Nuevos datos biográficos de Tirso de Molina*, en RE, 1894, 68-74 y 141-153. Pedro Sáinz Rodríguez, en *Hom. a doña Blanca de los Ríos*,

Madrid, 1894, discurso, p. 18. H. y P., *Hist. de la lit. esp.*, 5.ª ed., 1943, bibliog. p. 1072-1073. H. Serís, *Manual*, índice, II, 1061-1062.

Juan Francisco Andrés de Ustarroz o Uztarroz

(† 1653)

He de empezar por la noticia más fresca y más impresionante para quienes se dedican a cazar textos nuevos o recién descubiertos, inéditos y localizados al alcance de la mano.

En el Wellesley College, estado de Massachusetts, se archiva un abultado manuscrito con poesías no publicadas de Juan Francisco Andrés de Uztarroz. El título literal es *Obras poéticas originales del cronista del Reyno de Aragón Ivan Francisco Andrés Vstarroz*, y la fecha, acaso, 1653?.

Sería ocioso recomendar la publicación de estas poesías inéditas, de un autor no muy conocido en nuestra historia literaria. Deberían ir precedidas, desde luego, de su biografía y de un estudio crítico general. Empezamos por ignorar la fecha de su nacimiento. Se sabe sólo el año de su muerte, 1653. Unas veces se escribe Ustarroz con *s*, otras Uztarroz con *z*. Algunos consideran a Andrés como su primer apellido, en vez de *Uztarroz*, y parecen tener razón. A este respecto, Clara L. Penney en su catálogo de la H.S.A., *Printed books*, 1965, en "Uztárroz" lo remite a "Andrés", p. 25, 26 y 66; en la p. 162 lo registra con el seudónimo de "Gastón Daliso de Orozco" como autor de la *Universidad de amor*, pte. 2; también usó el de "El Solitario" en la Academia de los "Anhelantes", de Zaragoza, 1635, donde leyó por primera vez dicho trabajo, impreso varias veces. *V.* Serís, *Manual*, II, 499, n.º 4043.

Han dedicado su atención a este manuscrito de Uztarroz, actualmente adquirido por Wellesley, Ethel Dane Roberts, en un estudio del *Auto del Nacimiento de Christo Nuestro Redentor*, en RHi, 1929, LXXVI, 346-358, y Eunice Joiner Gates, en *The "lost" manuscript of a collection of poems by Andrés de Uztarroz*, PMLA, 1963, LXXVIII, 50-59. Además, la Dra. Gates editó, con la debida autorización de la Biblioteca de Wellesley College, un extenso romance que ocupa diez págs. en el *Hom. a Moñino*, I, 179-192, con el epígrafe *An unpublished autobiographical poem by Andrés de Uztarroz*. El título del romance es "Retrato interior" y su fecha 26-29 de enero de 1653, "menos de siete meses antes de la muerte del poeta". El autor explica al principio que su intención es suplementar con la descripción que traza de su propio retrato, el que le había pintado nada menos que Velázquez. A este respecto, recuerda la editora Gates una nota muy oportuna de Ricardo del Arco y Garay, puesta por él como glosa en el libro de Adolphe Coster, *Baltasar Gracián*, Zaragoza, 1947, p. 26, nota tomada de Latassa, según el mismo Arco y Garay declara en su libro *La erudición española en el siglo XVII y el cronista de Aragón Andrés de Uztarroz*, Madrid, 1950, p. 827. Velázquez y su yerno y discípulo, Juan Bautista del Mazo, marcharon a Zaragoza acompañando a Felipe IV en 1646. Mazo pintó la *Vista de Zaragoza*, pero las figuritas que se destacan en primer término, una de las cuales representa al poeta, fueron añadidas por Velázquez. Este cuadro se conserva en el Museo del Prado. Arco y Garay ha confirmado el aserto de Latassa, comparando la descripción física que éste hace de Uztarroz, con los rasgos de la pintura, pues coinciden.

La Dra. Gates reproduce el citado romance en toda su extensión, que ocupa nueve págs. y media, precedido de unos interesantes apuntes biográficos y críticos acerca de su humorismo y erudición. Aunque ella había editado ya otra poesía de Uztarroz en el *Homage to Charles Blaise Qualia*, Lubbock, Texas, 1962, p. 81-87 bajo el rótulo de *dactyliotheca*, "An unpublished poem by Andrés de Uztarroz honoring Lastanosa's 'dactyliotheca' ", todavía restan más poesías inéditas, y, en general, el total inédito del manuscrito en poder de Wellesley deberíase transliterar, previa la debida autorización de los dignatarios, y nadie más llamado a hacerlo que Eunice Joiner Gates.

Por otra parte, existe un manuscrito autógrafo de Uztarroz, de 524 p., en la B.N.M. con el encabezado de *Borrador de la Biblioteca de los escritores del reino de Aragón*, v. Gallardo, I, col. 206. Además se conserva otro ms. en la B.N.M., n.º 8391, rotulado *Cartas de hombres eruditos para el Cronista Andrés de Uztarroz*, ap. Serís, II, 899, n.º 8500. Miss Penney, en *Printed books*, 1965, p. 25, 26 y 66, asienta once títulos de sus obras impresas existentes en la H.S.A. Entre ellas se destacan las siguientes: *Certamen poético de n.s. de Cogullada*, Zaragoça, 1644; *Contienda poética que Zaragoza propuso a los ingenios españoles en el fallecimiento del señor don Balthasar Carlos de Austria*

[Zaragoza?, *ca.* 1646?]; *Obelisco histórico i honorario que Zaragoza erigio a la memoria del señor Balthasar Carlos de Austria*, Çaragoça, 1646; *Diseño de la insigne i copiosa bibliotheca de Francisco Filhol*, Huesca, 1644, 8 h., 32 p., libro rarísimo, digno de una ed. facs.; *v.* Gallardo, I, n.º 153, col. 197-198; Salvá vio otro ej. que pasó a poder de Vicente Carderera; de éste pasó a su vez, acaso, a la bibl. del Marqués de Jerez, *Cat.*, p. 119, de quien procede el de la H.S.A. Otra obra importante es el *Aganipe de los cisnes aragoneses, celebrados con el clarín de la fama* [Zaragoza], 1652, *v.* Gallardo, I, n.º 196, col. 199-205, donde da cuenta del manuscrito de la B.N.M. que se reimprimió en Zaragoza, 1890. *V.* M. Romera-Navarro, ed. de *El Criticón*, II, 7, n. 25. La lista de las obras de Uztarroz, impresas y mss. la da el propio autor en un ms. citado por Gallardo, I, col. 195, quien lo copia, afortunadamente. Allí figura como primera, la *Defensa de la poesía española*, en respuesta a un discurso de Quevedo, que se halla al principio de las *Rimas* de Fr. Luis de León, ms. 1632, sin localizarlo.

La bibliografía, como se ve, es nutrida. El campo es fértil. Hay por donde segar.

Fernando de Vera y Mendoza

(n. 1603, fl. 1627)

Panegyrico por la poesía, Montilla, 1627. El catedrático Manuel Cardenal de Iracheta empujó en la corriente caudalosa de la historia de la literatura española al joven precoz, Fernando de Vera y Mendoza, confirmándolo definitivamente como el autor del famoso *Panegyrico por la poesía*, impreso en Montilla, en 1627. Asimismo, quien ha rehecho modernamente la personalidad de este joven y precoz crítico e historiador de la poesía española hasta el siglo XVII, es el mencionado Manuel Cardenal, profesor de literatura contemporánea, autor de un estudio acabado de investigación erudita acerca de Fernando Luis de Vera y Mendoza, y de la segunda edición moderna (Madrid, 1941) de su famoso *Panegírico por la poesía* —si se considera como la primera la simple reproducción del texto, sin estudio ni introducción, ni notas, por el Marqués de Jerez, en Sevilla, 1886.

Muy loables fueron las anteriores averiguaciones realizadas en C. A. de la Barrera. *V. Cat.* del Marqués, p. 113; Salvá, n.º 853; y Penney, 1965, p. 406. Se le ha elevado por sus múltiples méritos y su asombrosa precocidad entre los mejores críticos e historiadores de la poesía española hasta el siglo XVII.

Varios han sido los investigadores que se han acercado a esta figura juvenil, que a los 17 años de edad escribe el tratado mencionado, que requiere múltiples años de lectura y asaz madurez de juicio, y luego oculta su nombre por modestia o consideración a los hábitos que viste. El libro se imprimió anónimo. Solucionar ese anonimato, ha sido uno de los objetos de la crítica e historia literaria. Veamos cómo lo ha obtenido y cómo deben continuarse las búsquedas hasta despejar la incógnita que envuelve aún la vida y el resto de la producción de nuestro poeta.

Empezando, como siempre, por Nicolás Antonio, manantial de información para todo lo que respecta a la cultura de España (*Nova*, I, 93), él atribuye la paternidad del *Panegyrico* con conocimiento de causa, siendo coetáneos, a "D. Fernando de Vera", y luego Agustín de Montiano y Luyando, en su *Discurso 2.º sobre las tragedias españolas*, 1753, y Luis José Velázquez, en sus *Orígenes de la poesía castellana*, 1754, tuvieron asimismo por autor a "Fernando de Vera". Pero ¿qué Fernando de Vera? El apellido "Vera" pertenecía a una numerosa familia. Los traductores de Ticknor, Gayangos y Vedia (1851-1856), lo adjudicaron, sin fundamento, a Juan Antonio de Vera y Zúñiga, Conde de la Roca. Consúltese también a Salvá, n.º 853.

Mas quien descubrió el verdadero nombre del autor del *Panegyrico* fue Cayetano Alberto de la Barrera, en su valioso *Catálogo ... del teatro antiguo español* (p. 468-471), donde logró reunir datos suficientes para identificar al mencionado Fernando de Vera con "Don Fernando de Vera y Mendoza", hijo del citado Conde. Además, Aureliano Fernández-Guerra y Orbe viene a confirmar, en el "Apéndice" I al vol. I, 1863, del *Ensayo* de Gallardo, col. 1264, n., que "el *Panegyrico* fue compuesto por D. Fernando de Vera y Mendoza, quizá hijo mayor del famoso Conde de la Roca, y fraile agustino de Sevilla".

El erudito bibliógrafo Barrera desentrañó interesantes noticias sobre la vida de este Vera, de los términos mismos de los preliminares del libro y, en especial, de las manifestaciones del propio innominado autor hechas en el prólogo. De ellas dedujo que el autor había nacido en Sevilla, hacia 1603, que a los 17 años había escrito ya el *Panegyrico*, el cual se hallaba a medio imprimir "habrá seis años", es decir en 1620, pues esta declaración se hace el 9 de enero de 1627. Quien vio y aprobó entonces el libro fue Lope de Vega Carpio, "y se dio al molde con el nombre del autor, si bien no tuvo efecto por la desconfianza del acierto". Fue fraile agustino en el convento de Sevilla. Este último dato, así como otros acerca de su familia, los halló Barrera en el *Nobiliario* del genealogista López de Haro.

Parece que nuestro joven autor compuso una comedia titulada *No hay gusto como la honra*, registrada por Barrera a nombre de "Fernando Luis de Vera y Mendoza", en la misma p. 471 de su *Catálogo*, aunque considerándolo como autor distinto, pero de acuerdo con pesquisas posteriores, se le tiene por la misma persona (*v. Manual*, I, 185, n.º 1771) y autor de dicha comedia.

En cambio, no lo es un Juan de Vera y Mendoza, del hábito de Alcántara, señor de Palenzuelo, juzgado por D. Fernando en su librito histórico-crítico (fol. 55), como poeta y a quien Barrera (p. 469, 470 y n.) supone pariente de aquél. H. y P., en su *Hist. de la lit. esp.*, p. 731, confundieron a este Vera con el autor del *Panegyrico*, si bien han rectificado en la 5.ª ed., p. xvi. Asimismo ha habido confusión al aceptar a un D. Fernando de Vera, O. S. A., obispo de Cuzco, *ca.* 1630, autor de dos cartas incluidas en la Bibl. Aut. Esp., LXII, 1870, p. 69. Este personaje era tío del Conde de la Roca, y más adicto a la genealogía que a la poesía.

No debe tampoco confundirse a nuestro D. Fernando con otro Fernando Carlos Alonso de Vera y Figueroa, primogénito del Conde de la Roca de su segundo matrimonio (*v.* Barrera, p. 470, n.). A este otro hijo del Conde, le fue dedicada la 7.ª impresión, 1642, del *Epítome de la vida y hechos del Invicto Emperador Carlos V*, escrito por aquél y añadido en esta edición. La describe Gallardo, IV, col. 1022-1023, n.º 4272. Estos hechos constan en la portada y en la dedicatoria firmada por Pedro García de Sodrins, donde se añade que dicho Fernando Carlos es de "inclinación y práctica de Buenas Letras". Más adelante en ese mismo libro, se dan noticias biográficas atañederas a la familia, a sus abuelos, padres y dos hermanos.

Las extrañas circunstancias que rodearon la aparición del *Panegyrico*, el valor histórico-literario, que aun hoy posee y su relativa rareza bibliográfica, fueron causas suficientes para la repetición en dos ediciones modernas, la una por el Marqués de Jerez, Sevilla, 1886, de sólo 200 ejemplares, sin estudio, ni notas, y la otra por el catedrático Manuel Cardenal de Iracheta, Madrid, 1941, con un extenso y docto estudio del texto, nuevas noticias biográfico-literarias y apuntes bibliográficos, entre ellos los definitivos y oficiales del P. G. de Santiago Vela (El Escorial, 1931), quien cita el ms. del marqués de Valdeflores, Luis Velázquez, en sus *Observaciones sobre las antigüedades de Extremadura de León*, que se conserva en la Acad. de la Hist., t. XXXV de su colección, y la declaración de Tamayo de Vargas, en su *Panegyrico sepulcral*, Zaragoza, 1652, p. 23.

Sobre su importancia doctrinal y cultural, alude por primera vez al artículo filosófico de E. R. Curtius, en la RF, 1939, II, 145-180. Por último, Cardenal presenta un análisis de 20 p. del librito de Vera y Mendoza. Las 78 p., en total, vieron la luz en la RBN, 1941, II, n.ºs 3 y 4. Cardenal ha tenido la amabilidad y generosidad de obsequiarme con un ejemplar de la tirada aparte de su trabajo, librito desde luego raro. Interesan a los investigadores su descripción y análisis, que paso a desenvolver para el mejor conocimiento del tema, cuyo desarrollo y desenlace pueden alcanzarse, mediante nuevos hallazgos. Los puntos principales, ya rozados de pasada, son la continuidad de su vida un tanto indecisa al principio, y los títulos de sus restantes obras dramáticas (*infra*). Todo ello atraerá a nuestros jóvenes lectores ávidos, sin duda, de novedad, agudizada en este caso, por provenir de un adolescente tan excepcional. El propio Cardenal les abrirá el camino.

Cardenal ha indagado y profundizado acerca de las circunstancias de la vida familiar del Conde de la Roca, que explica la indecisión del hijo adolescente Fernando. Se ha basado en datos documentales, entre ellos, la obra de G. E. F. von Franckenau, o sea de Juan Lucas Cortés, *Bibliotheca hispánico-histórico-genealógico-heráldica*, Leipzig, 1724, cuyo verdadero autor era Cortés, que floreció en 1673-1687, y dejó sin imprimir su manuscrito, bajo el título original de *Biblioteca genealógica hispana*. Franckenau la publicó como obra suya, 412 p. y 27 sin núm. de índice; bibliografía muy abundante, si bien no fácil de consultar. Esta obra es, pues, un plagio, aunque sus datos son auténticos. *V*. Serís, *Manual*, II, 731, n.ºs 7136 y 7137.

También se fundamenta Cardenal en el documento anterior para recoger la noticia de la muerte de la madre de Fernando, Isabel de Mendoza, a fines de 1620, o 1619, "a poco" de la cual contrajo el Conde segundas nupcias con su prima, María de la Vera y Tovar. Por otra parte, el hijo Fernando, a causa de un afectuoso encuentro en Sevilla, en 1619, con el Conde-Duque de Olivares, le compone y dedica un romance. Se ve ahí una situación fluctuante entre el dolor y la alegría, entre el fraile y el caballero, entre el convento y el palacio, entre la vida religiosa y la cortesana. El poeta se decidió por el estudio.

Pormenores ha escudriñado Cardenal en publicaciones como las subsiguientes: *Parentescos que tiene el Conde de la Roca*, por Pedro Francisco Gayoso, 1627; *Árbol de los Veras*, por Juan Mogrovejo de la Cerda (?), Milano, 1636 (ej. B.N.M.); *Árbol genealógico* de estos Veras, por López de Haro, de quien lo reproduce Cardenal (p. 6); y *Tratado breve de la antigüedad del linaje de los Veras*, Lima, 1635, por Francisco de la Puente, patronizado y quizá escrito, por el obispo de Cuzco, otro D. Fernando de Vera (*v.* al final).

Encabeza Cardenal un nuevo capítulo de su libro con el epígrafe de "Otras obras de D. F. L. de Vera y Mendoza" (p. 13-17). Mas nada se puede sacar en limpio, nada se ha hallado en definitiva, ni nada se ha probado. He ahí la parte de la investigación que resta por trillar. El siguiente capítulo es el más importante de la obra de Cardenal. Se rotula "Idea del *Panegyrico*" y en él analiza cada uno de los catorce "períodos" en que se divide el libro de Vera. Se fundamenta Cardenal en el estudio filosófico-teológico de Curtius, en el cual, como he apuntado ya, discurre con hondura sobre el sentido de las ideas estéticas y literarias de Vera. Curtius ha hundido su buceo en el "contenido ideológico", lo cual le proporciona a Cardenal sustentación para entretejer un condensado análisis de 20 p. (17-37) del opúsculo de Vera. El poeta pregona sus ideas y las recoge el eco agrandado del filósofo. Por ejemplo, en el 3.er período, el joven y ardoroso vate español define la poesía como "divino impulso", "furor", "merced del cielo", "una cierta virtud espiritual que inspira al Poeta y le rompe el entendimiento con la divina fuerza". A lo cual podría responder el eco del tibio y práctico pensador alemán con nuevos problemas, con el "hondo problema" de la persistencia de la alabanza o panegírico, de una teoría poética nacida del fondo ideológico de la antigüedad cristiana, en donde ve los fundamentos del arte hispánico del Siglo de Oro, que Curtius llama el *argumento teológico*. "La Teoría teológica del Arte", agrega, "es la más profunda comprensión ... como expresión y revelación". Terminan los *Períodos* con el *Catálogo de los héroes*, es decir, con una lista alfabética de cuarenta y dos poetas españoles, a los menos conocidos de los cuales ha procurado Cardenal identificar; labor de sumo beneficio (p. 21-38).

En resumen, Curtius vio en el *Panegyrico* "hondos problemas de la cultura occidental, en el presente caso española".

Concluida la disertación de Cardenal, pospone éste la reimpresión del *Panegyrico por la poesía* de Fernando Luis de Vera y Mendoza, a la cual preceden 4 láminas facsímiles de la 1.ª pág. con el escudo de los Vera, la siguiente, con el del Conde-Duque de Olivares; la primera pág. del texto y un soneto de Felipe IV, que aparece al fol. 48v y que por curiosidad transcribo aquí:

> Es la muerte un efeto poderoso,
> firme en su proceder, mal entendido,
> amada de Mitrídates vencido,
> temida de Pompeyo vitorioso.
>
> Es la muerte un antídoto dudoso
> al veneno del mísero rendido,
> que de propias desdichas sacudido
> libra en eterno sueño su reposo.
>
> Puerto donde la Nave combatida
> de la saña del mar contrario y fuerte
> piensa tener propicia la acogida.
>
> Es un bien no estimado, de tal suerte,
> que todo lo que vale vuestra vida,
> es porque tiene necesaria muerte.

El texto del *Panegyrico* y sus notas marginales cubren las 40 páginas restantes, de la 38 a la 78, un tanto oscurecidas por lo apretado y diminuto del tipo de imprenta escogido por la revista bibliográfica, que dificultan su lectura. Se observan, sin embargo, el esmero, pulcritud y meticulosidad y pericia con que Cardenal ha dado fin a su delicada y no fácil tarea, que se acerca a un texto crítico. Con éste suman ya tres los textos y ediciones que poseemos del *Panegyrico*: la primera príncipe, de Montilla, que suponemos corregida por el autor, 1627; la segunda, de Sevilla, 1886, reproducida por el Marqués de Jerez; y la tercera, la presente de Madrid, 1941, de Cardenal. Antonio Pérez Gómez, de Cieza, Murcia, publicó una hermosa edición facsímil, con introd. de H. Serís, Valencia, 1968, en la Colec. de "El aire de la almena".

Pérez Gómez se dirige a los bibliófilos y yo me dirijo a los filólogos. He recordado, pues, en un preambulito, con el pensamiento en seres como Vera Mendoza, que existen en todas las literaturas espíritus superiores que se erigen en guías de la crítica y del buen gusto; que éstos, a veces, se ocultan por modestia, tras el anonimato; otros guardan silencio por la timidez de sus pocos años. Mas siempre triunfan merced a la fortaleza de sus propias alas y a la fe en su perenne labor de educar el gusto a lo largo de sus diversos cambios. La literatura española no debía ni podía ser excepción. No fue Vera Mendoza el primer historiador y crítico de la poesía española. Le precedió en un siglo entero Juan de Valdés, presentado como el autor del más antiguo libro de crítica literaria, su *Diálogo de la lengua*, escrito hacia 1534; en él introduce, según observa Américo Castro, los primeros juicios artísticos y de sensibilidad sobre poetas tan preeminentes como Mena y Jorge Manrique, y obras tan fundamentales como el *Amadís* y *La Celestina*.

Además, recojo en el *Manual* los casos siguientes: Cervantes formula sus juicios literarios por boca del cura en el donoso escrutinio de la librería de *Don Quijote* (1605); Francisco Cascales, en sus *Cartas filológicas* (1634), hace pública su opinión contraria a Góngora y Lope (indirectamente a éste) y, en cambio, favorable al teatro; Jerónimo de Cáncer satiriza en un vejamen redactado en 1640? para la Academia de Madrid, a una turbamulta de literatos coetáneos suyos, proporcionándonos detalles curiosos para la biografía y la crítica de los mismos; Baltasar Gracián juzga a los principales escritores españoles, aunque silencia a Cervantes, en la *Agudeza y arte de ingenio* (1648) y en la 2.ª parte de *El Criticón* (1653); Saavedra Fajardo también realiza un examen crítico, si bien con sensibles omisiones en su póstuma *República literaria* (1655), que llevó primeramente el título más explícito de *Juicio de las artes y ciencias*. Desde luego, podría aumentarse esta lista con las publicaciones críticas, las más de las veces de carácter polémico, que apuntaban a un solo escritor, como las que se cruzaron con motivo de las poesías de Góngora, para no citar sino el ejemplo típico.

Rodríguez-Moñino me envió noticia de estas dos últimas obras publicadas, que por hacer referencia a los Vera deben añadirse a su bibliografía: Wido Hempel, *In onor della "Fenice Ibera", Über die Essequie poetiche de Lope de Vega*, Frankfurt a. M., 1964, 184 p., y Bruna Cinti, *Letteratura e politica di Juan Antonio de Vera ambasciatore spagnolo a Venezia*, Venezia, 1966, 200 p.

SIGLO XVIII

Juan Antonio de Armona

(fl. 1768-1785)

Abrimos las investigaciones de este autor del siglo XVIII con un manuscrito suyo sobre la historia del teatro, intitulado *Memorias cronológicas sobre el origen de las representaciones de comedias en España, 1603*. Este manuscrito se encuentra en la Biblioteca de la Academia de la Historia de Madrid. *V.* Ticknor, trad. de Gayangos y Vedia, II, 542, donde se las fecha en 1768. Fueron utilizadas estas *Memorias* por Ricardo Sepúlveda en *El Corral de la Pacheca*, Madrid, 1888.

En la primicia de esta *Guía*, incorporada, según se ha dicho, como contribución al *Hom. a Huntington*, aparece Armona en la sección del siglo XVII en vez del XVIII. Mi error nació de tener por suyas las fechas de las obras del siglo XVII, que examina en sus *Memorias*, escritas en el siglo XVIII. Los años, por lo tanto, se refieren a los del contenido del volumen, no al de la composición de éste. *V.* Serís, *Manual*, I, n.º 2483. Allí se datan correctamente las *Memorias* en 1785.

Paul Mérimée nombra a Armona "José" en vez de Juan, en el *Hom. a Sarrailh*, II, 161-175, y declara que el ms. sobre el teatro del siglo XVII sigue aún inédito; lo mismo juzga Artiles.

Jenaro Artiles, en carta de Boston, me escribe:

> Existe inédita una autobiografía de Juan Antonio de Armona. Es autógrafa, estoy seguro. Está en la Biblioteca Nacional de Cuba, La Habana. Yo trabajé en ella, la tengo copiada y puede que la publique algún día, con notas históricas. Es interesante la descripción que hace Armona del terremoto de Lisboa, que él presenció estando en Huelva [es confusa su expresión: él no presenció *en Huelva* el terremoto *de Lisboa*]. Él describe la conmoción y los fenómenos meteorológicos que se experimentaron en Huelva aquel día.
>
> Cuando la expulsión de los jesuitas, él estaba en La Habana y hace una detallada narración de lo ocurrido allí y de la presencia en la bahía de La Habana de todos los jesuitas expulsados de todas las colonias españolas mientras se arreglaba su traslado a Roma.

Juan Arroyo y Velasco

(fl. 1700)

Manuscrito de una comedia con el título de *Celos, honor y cordura*, siglo XVIII, B.N.M. (Barrera, p. 18; Cotarelo, BAE, 1918, V, 572; Heaton, RHi, 1929, LXXV, 580).

Andrés Marcos Burriel

(1719-1762)

Los trabajos suyos aún inéditos en su mayoría (Fitzmaurice-Kelly, *Hist. de la lit. esp.*, Madrid, 1921, p. 290). "La inmensa colección de sus manuscritos y obras no publicadas pasaron a la Bibl. Real [hoy de Palacio]. Ocupaban el volumen de once cajones grandes, en que se comprehendieron otras muchas a que se dedicó por encargo particular" (M. Rodríguez, *Memorias para la vida del Santo Rey Don Fernando III* [de A. M. Burriel], ed. por M. de M. Rodríguez, Madrid, 1800, p. xii). "Sólo del jesuita Burriel se conservan en la B.N.M. 252 libros" (Beer, *Handschriftenschätze Spaniens*, Wien, 1894, p. 41). "Llenos de noticias sobre códices y fondos de archivos, que están aún por examinar" (García Villada, *Metodología*, 1921, p. 173).

Gregorio Carrasco

(fl. 1755)

Famosa historia y cuento, Valencia, 1758 (Br. Mus., *Catalogue*, 2.ª ed., 1941, XXXII, col. 948).

Juan Fernández de Rojas

(1750?-1819)

Poeta de la escuela salmantina, uno de los primeros del siglo XVIII (Liseno). Casi todas sus poesías permanecen en la sombra, inéditas. "[Su]

figura literaria no está aún delineada más que a medias. Si el P. Rojas
era 'El Censor Mensual', que actuaba de crítico literario en el *Diario
de Madrid*, como alguien ha asegurado, habría de rehacerse y completarse toda su biografía", H. y P., *Hist. de la lit. esp.*, 5.ª ed., 1943,
p. 794. Menéndez Pelayo declara: "Me parece en sus versos uno de
los más estimables discípulos de la escuela de Salamanca" (H. y P.,
p. 794). El marqués de Pidal conservaba, entre los papeles de Jovellanos,
algunas de esas poesías, que fueron las que conoció el Marqués de
Valmar.

He visto confirmados estos juicios por Edith Helman, en un inspirado artículo (*Hom. a Moñino*, I, 241-252), rotulado *Fray Juan Fernández de Roxas y Goya*: "De los muchos versos que compuso Fray
Juan Fernández, quedan inéditos casi todos. Algunos poemas publicados por el P. Conrado Muiños Sáenz, manifiestan la adhesión a las mismas convenciones poéticas en cuanto a temas y formas que se observan en todos los poetas de la Escuela salmantina. Se nota el mismo
erotismo platónico en la anacreóntica titulada 'A la niña Dorisa', o,
mucho más atenuado, en este soneto publicado por el P. Muiños" (CD,
1885, IX, 34), y reproducido por Helman (p. 245). Añade ésta: "El
P. Muiños, que había leído las poesías inéditas que se guardaban en
el Colegio de Valladolid, opinaba que Meléndez no habría desdeñado
firmar algunas de ellas. Y Menéndez Pelayo, que tenía en su posesión
más versos inéditos, consideraba que Fray Juan Fernández era uno de
los mejores discípulos de la Escuela salmantina. Sólo D. Leopoldo
Augusto de Cueto, Marqués de Valmar, encontraba sus versos fríos e
infelices, de poco valor literario; pero el caso es que él no conocía
más que unos cuantos versos juveniles que se encontraban entre los
papeles de Jovellanos en la Colección del Marqués de Pidal".

Luego lo que más le habrá atraído al investigador, aparte de los
juicios literarios, es enterarse por los datos anteriores de que podría encontrar poesías inéditas del poeta, en el Colegio Agustino de Valladolid,
en la B.M.P., y entre los papeles de Jovellanos en la Colec. del Marqués
de Pidal, acaso en la Acad. de la Historia de Madrid.

Consúltense A. Blanco, *Biblioteca bibliográfico-agustiniana del Colegio de Valladolid*, Valladolid [1909]; M. Artigas, *Catálogo de los manuscritos de la Biblioteca [de] Menéndez Pelayo*, Santander, 1930; Academia de la Historia, "Bibliografía", el *Manual*, II, 446-448; y para el
retrato de Fernández Rojas por Goya que se reproduce (p. 248), *v.* A.

Avellán, *Relación de los cuadros … de la Academia de la Historia*, BAH, 1913, LXII, 570-575, además del apuntado por Helman, de Sánchez Cantón, *Los cuadros de Goya en la R. Academia de la Historia*, BAH, 1946, 19-22. Y para la vida y la obra del poeta agustino, así como su ambiente de pasiones, pugnas, polémicas y antagonismos que describe y analiza Helman en su estudio, bien documentado, bien pensado y bien escrito, véanse, además del *Catálogo de escritores agustinos* y CD, aducidos, el *Catálogo bio-bibliográfico agustiniano*, del P. Bonifacio Moral, en el cual se basa el *Ensayo de una biblioteca iberoamericana de la Orden de San Agustín*, por G. de Santiago Vela, Madrid, 1913-1931, continuado por P. Abella, quienes habrán tenido en cuenta la obra anterior de Andrés de San Nicolás, *Historia general biográfica y bibliográfica de los religiosos de San Agustín de la Congregación de España e Indias*, Madrid, 1879. Se pueden consultar también las revistas ArA y RAg.

A la distinguida hispanista, Edith Helman, corresponde la ardua tarea de desentrañar las poesías inéditas de nuestro poeta y editarlas con un estudio crítico. No debe olvidarse el valioso papel ejercido por los poetas salmantinos de que nos habla el P. Muiños Sáenz, en su ensayo *Influencia de los agustinos en la poesía castellana*, CD, 1893, XVII, 323, refiriéndose también a otro poeta agustino, Fernando de Vera y Mendoza y, desde luego, a Fr. Luis de León (*v. Manual*, I, 184-186, n.° 1771).

Felipe Fernández Vallejo

(† 1800)

Memorias, hacia 1785, inéditas, de este Arzobispo de Santiago de Compostela (1798-1800). Ms. en la B.N.M. Fue quien descubrió (1785) el ms. del *Auto de los Reyes Magos* en un códice de Toledo, de cuya Catedral era canónigo, hacia el mismo año de 1785, en el cual redactaba sus muy curiosas *Memorias* (J. E. Gillet, *The Memorias of Felipe Fernández Vallejo and the history of the early Spanish drama*, en *Essays and studies in honor of Carleton Brown*, New York, 1940, p. 264-280). Sólo se han salvado 147 versos, "menos, acaso, de la mitad de la obra".

Juan Pablo Forner

(1754-1797)

Algunas obras suyas permanecen todavía inéditas. *V.* Pedro Sáinz Rodríguez, *Introd.* a su ed. de las *Exequias de la lengua castellana*, Madrid, La Lectura, 1925, p. 40; y María Jiménez Salas, estudio, Madrid, 1942. Muy excelente introducción de Sáinz Rodríguez, que se echa muy de menos en la bibliografía inserta por H. y P. en su *Hist. de la lit. esp.*, 5.ª ed., 1943, p. 1085. Sáinz Rodríguez lo inserta asimismo en el capítulo XVIII de *Las polémicas sobre la cultura española*, Madrid, 1919. *V.* también muy especialmente el galardonado estudio de María Jiménez Salas, que obtuvo premio discernido por la Academia Española, en 1942.

Vicente García de la Huerta

(1734-1787)

Dos obras manuscritas en la B.N.P. *V.* A. Rodríguez-Moñino, en *Curiosidades bibliográficas*, Madrid, 1946, *Catálogo de los manuscritos extremeños*, y *Catálogo de comedias en nuestro teatro: Poesías*, Bibl. Aut. Esp. LXI. Menéndez Pelayo, en *Obras de Lope*, Acad., VIII, 120, y en *Ideas estéticas*, 1940, III, 317. S. A. Stoudemire, *Metastasio in Spain*, HR, 1941, IX, 184. N. Alonso Cortés, "García de la Huerta" en *Sumandos bibliográficos*, Valladolid, 1939. V. García de la Huerta, *Catálogo alphabético de las comedias ...*, en su *Theatro hespañol*, Madrid, 1785. Tomo independiente en los dos ejs. que posee la H.S.A., uno de ellos con notas mss. con adiciones e indicación del nombre del autor, que falta en algunos títulos; esta información es de un incalculable valor. La colección completa del *Theatro hespañol*, 1785-1786, comprende 16 vol. más uno de bibliografía. "Las comedias de capa y espada", en su prólogo, t. V. "Los entremeses", p. 221-224. *Bibliotheca militar española*, Madrid, 1760, 129 p. R. Cansinos-Asséns, *La "Raquel" de García de la Huerta*, en *Los judíos en la literatura española* [Buenos Aires], 1937, p. 27-51.

Gómez Arias

(fl. 1745)

Vida y sucesos del Astrólogo Don Gómez Arias, escrito por él mismo, Madrid, 1744. *V.* Gallardo, *Ensayo,* 1863, I, col. 292 [interesante novelesca]. Por editar. *Nota*: Al internarse en los pasos de la investigación del presente tema se hallará sin duda más bibliografía que auxiliará a ésta inicial que aquí se da, y la completará. Así adquirirá práctica beneficiosa el joven investigador.

José Francisco de Isla y Rojo

(1706-1781)

Cartas inéditas del P. Isla. Para recoger, estudiar y analizar los múltiples datos que contienen estas cartas inéditas que se conservan en la B.N.P., en su "Collection de Le Sage", sobre el asendereado asunto del *Gil Blas. V.* Francesco Cordasco, *Llorente and the originality of the "Gil Blas",* en PhQ, 1947, XXVI, 206-218, especialmente, p. 214, n. 33. *Cartas inéditas del P. Isla,* ed. e intr. por Luis Fernández, Madrid, 1957, 408 p. Son 358 cartas. *V.* R. Ricard, BHi, 1959, LXI, 330. P. Gaudeau, *Les Précheurs burlesques en Espagne au XVIIIᵉ siècle,* Paris, 1891.

Gaspar Melchor de Jovellanos

(1744-1810)

"La correspondencia de Jovellanos, de enorme interés para el estudio de la Ilustración española y de los agitados primeros años del siglo XIX, espera todavía una edición completa, correcta e inteligentemente anotada...". Con estas frases empieza un artículo J. H. R. Polt, titulado *Una nota jovellanista: carta a desconocida persona* en el *Hom. a Moñino,* II, 81. Se refiere este trabajo al curioso y único caso de una carta *A desconocida persona* que escribió Jovellanos incompleta, pues faltan la firma, la fecha y el nombre de la persona a quien va dirigida. Consta de tres hojas autógrafas. "En ella se trata de la propagación de 'las grandes verdades', de la Inquisición, la revolución, el progreso social, la educación, William Godwin —en fin, de varios temas importantísimos para el estudio del pensamiento de D. Gaspar".

Polt trató de utilizar con anterioridad esta carta, en un trabajo intitulado *Jovellanos and his English sources: economic, philosophical, and political writings*, en "Transactions of the American Philosophical Society", new series, vol. LIV, part 7, Philadelphia, 1964, p. 12, 30, 63 y 66, o sea acerca de las fuentes inglesas de los escritos de Jovellanos, en economía, filosofía y política. El autor del presente artículo se propone precisar la fecha de la, al parecer, misteriosa carta y el nombre del individuo a quien va dirigida. Seguiré en mi resumen el orden de la disquisición de Polt y su bibliografía. Los críticos anteriores están de acuerdo en creer que el destinatario es Alexander Jardine (Hardings o Jardines), y cita y copia el comentario de Julio Somoza en su *Inventario de un jovellanista* (Madrid, 1901, p. 44), donde da el nombre de Hardings y la fecha de 3 de junio de 1794. Hardings era cónsul inglés en Oviedo de 1793 a 1794 y autor de un notable *Viaje por España*. Ángel del Río, en su estudio prel. a los *Diarios* de Jovellanos, ed. de Somoza (Oviedo, 1953-1955, 3 v.) no fecha la carta, pero acepta la conclusión de Somoza y corrige la ortografía del apellido, según el dato descubierto por Edith F. Helman. Jean Sarrailh vacila en el nombre, mas no en la fecha, v. *La España ilustrada de la segunda mitad del siglo XVIII*, trad. de A. Alatorre, México, 1957, p. 118, n. 37. Pero quien se lleva la palma es la citada profesora Helman, quien ya en 1952 declaró que la carta se había dirigido a Jardine hacia fines de mayo de 1794, y corrige todos los datos que tocan a Hardings, que es Jardine, cónsul en La Coruña, autor de *Letters from Barbary, France, Spain, Portugal, etc.* (*Some consequences of the publication of the "Informe de ley agraria" by Jovellanos*, en *Hom. a Huntington*, p. 262-265, especialmente p. 262, n. 20, y p. 263).

Polt pasa entonces a buscar la confirmación de estas autoridades en los textos, y empieza por copiar las frases iniciales de la carta en cuestión. Pero previamente descarta la hipótesis de Miguel Sánchez, que creía que la desconocida persona era D. Francisco Cabarrús (*v. Examen teológico-crítico de la obra del Excmo. Sr. D. Cándido Nocedal, titulada Vida de Jovellanos*, Madrid, 1881, p. 18-19, por Sánchez). Jovellanos había escrito otra carta a Cabarrús sobre el sistema de Godwin, el 17 de mayo de 1794 (*Diarios*, I, 428); aquí Polt critica, con sobrada razón, los defectos de M. Adellac, editor, 1911, acerca de quien dice: "Los caprichos de la edición contribuyen aquí, como en otras ocasiones, a oscurecer el texto" (p. 82, n. 5).

Explica Polt la causa de la conexión entre Cornide y Jardine, a que aluden nuestra carta (p. 83) y *Jovellanos en la Real Academia de la Historia*, n.º extraordinario del *Boletín, conmemorativo del centenario de tan insigne académico*, Madrid, 1911, p. 128. Con motivo de la discrepancia entre el académico de la Historia F. Cornide, de la carta que nos ocupa, y el naturalista José Andrés Cornide y Saavedra que supone Somoza (*Diarios*, III, 25), deduce Polt la inexactitud editorial de Nocedal y de Somoza.

Este cotejo de textos permite a Polt (p. 83), y nosotros no estamos muy distantes, creer "con toda seguridad, confirmando los juicios de los más autorizados jovellanistas, que la carta de la Bibl. Aut. Esp. L, p. 366-367 [donde se publicó íntegra por C. Nocedal, en su ed. de las *Obras publicadas e inéditas de Jovellanos*, II, de las mismas, 1859] se dirige a Alexander Jardine". Esta carta, añade Polt, según nota del referido editor literario, se conserva (o conservaba) en posesión de Alonso Fernández Vallín.

La segunda parte en que se puede dividir el artículo de Polt, se dirige a la tarea de determinar su fecha, y así lo hace, después de consideraciones muy atinadas. De ellas se obtienen varios datos bibliográficos nuevos, que aumentan los asentados en la primera parte, lo cual nos interesa sumamente. Por ejemplo, *Obras publicadas e inéditas*, IV, ed. M. Artola, Bibl. Aut. Esp. LXXXVI, 1956, p. 189-190. Además se revelan textos dispares: la carta estudiada, un resumen de la de 3 de junio de 1794 y otro resumen de la de 24 de mayo (p. 84), impreso también en la Bibl. Aut. Esp. LXXXVI, p. 190-192. Otra ed. de los *Diarios* publicada por el "Instituto de Jovellanos de Gijón", Madrid, 1915, que se precia de ser hecha a base de los originales autógrafos (de paradero hoy desconocido). Se habla de otra ed. abortada de 1861 para la repetida Bibl. Aut. Esp., y otra, al fin, en 1923 por Vicente Serrano y Puente, quien declaró que no había hecho otra cosa sino reproducirla (*v*. Julio Somoza, *Inventario de un jovellanista*, p. 69), cotejándola con el autógrafo. Sigue la bibliografía nueva de Polt: "Fe de erratas cometidas en la transcripción e impresión del *Diario* de Jovellanos por el P. de A.", BBMP, 1923, V, 329-330. Han intervenido Ignacio Aguilera, director de la B.M.P., y Somoza, que corrigió las pruebas y cotejó el texto de 1915 con los originales; y hoy se conserva, anotado por él, en la Biblioteca Pública de Gijón.

Por último, la carta incompleta es un borrador, que no se envió *A desconocida persona*, sino que se proponía dirigir a Alexander Jardine (Alejandro Jardines) y se preparó el 21 de mayo de 1794.

Una vez descubierto el misterio que envolvía la misiva de Jovellanos, el rasgo inquisitivo del espíritu humano empuja a Polt (p. 85) a preguntarse: ¿Por qué fue "a parar en manos de D. Alonso Fernández Vallín y [por qué es] la única publicada o conocida entre cuantas dirigió Jovellanos a Jardine"? Otra demostración de que no fue enviada es el hecho de que Jovellanos redactó y envió otra parecida tres días después, el 24 de mayo, cuyo contenido sólo se conoce por el resumen del *Diario*.

Y Polt entonces se hunde en suposiciones, que trata de resolver, y maneja fechas y discute ideas, y propone como causa el cambio de opinión, el contrapeso de la meditación, el propósito de un aplazamiento, el temor de opuestos resultados, sin llegar a una solución satisfactoria, dejando que continúe en el misterio, ya que lo misterioso de la epístola, sin nombre del destinatario, ni fecha ni firma, le comunica el atractivo de la curiosidad. Así ha alcanzado la distinción de ser publicada íntegra en la Bibl. Aut. Esp. Bien es cierto que los asuntos encerrados en la carta eran de gran importancia y trascendencia, como la Inquisición, la Revolución francesa, las leyes, la política, la agricultura, etc., y el autor sospechaba que le abrían la correspondencia. Existían, finalmente, discrepancias políticas y religiosas entre Jovellanos y Jardine. Tres años después, en 1797, las relaciones entre los dos parecían terminadas.

Terminado igualmente el interesante y erudito estudio del profesor Polt, podría repetir yo sus frases del principio: "La correspondencia de Jovellanos, de enorme interés ... espera todavía una edición completa, correcta e inteligentemente anotada". Con ese objeto, he recogido la siguiente información a fin de entregar tema de relieve y alcance a algún futuro investigador. Puedo añadir, para empezar, que los manuscritos de Jovellanos se encuentran en Inglaterra. Algunas cartas han visto ya la publicidad. Se conservan originales autógrafos. Es preciso buscarlos. En el *Manual* se encontrará bibliografía jovellanista, por ej.: *Carta sobre las romerías asturianas*, 8.ª carta dirigida a Antonio Ponz, en *Obras*, Bibl. Aut. Esp. II. J. Gómez Centurión, *Jovellanos y los*

Colegios de las órdenes militares en la Universidad de Salamanca, BAH, 1913-1914, LXII-LXV. *Memorias sobre las diversiones públicas* (1796), Madrid, 1817, en *Memorias de la Academia de la Historia*, 1817, V, 360-425. *Teatro: Juegos escénicos*, id., p. 386-398; *Teatros: Reforma*, id., p. 410-425. *Memoria para el arreglo de la policía de los espectáculos y diversiones públicas, y sobre su origen en España* (1790), en Bibl. Aut. Esp. XLVI, 1858, p. 480-500, ed. de C. Nocedal; la 1.ª ed. es de Madrid, 1812, 124 p. Otra ed. de *Los juegos escénicos*, en sus *Obras*, Barcelona, 1839, II, 262. *Cartas de Jovellanos y Lord V. Holland, sobre la guerra de la Independencia* (1808-1811), ed. de J. Somoza, 1911, 2 v. *Cartas y memoriales*, en RABM, 1906, 65. *Cartas inéditas a Antonio Ponz, Epístola a Batilo*, en *Antología española*, revista, 1848, 9, n.° 3, 51. *Memorias familiares*, extracto de los *Diarios*, en *Jovellanos, nuevos datos para su biografía*, por J. Somoza García-Sala, La Habana, 1885 (ej. B.N.P.). *Diarios*, ed. de Miguel Adellac, Madrid, 1915. *Cartas*, sacadas de su correspondencia, en *El secretario español*, por Carlos Pellicer, nueva ed., Paris, 1864 [ej. B.N.P.]. *V. Cancionero del Conde de Haro*, ms. del siglo XV, en el *Manual*, II, 808-810, n.° 7725 y n.ᵒˢ 7784 y 7785. Julio Somoza, ed., *Escritos inéditos*, Madrid, 1891. M. Artigas, *Los manuscritos en la Bibl. de Menéndez Pelayo*, en BBMP, 1921, mayo y jun. Ceán Bermúdez, *Memorias*, Madrid, 1814. Ernest Mérimée, *Jovellanos*, RHi, 1894, I, 34. J. Somoza, *Documentos para la biografía*, Madrid, 1911. J. Juderías, *Su vida, su tiempo, sus obras, su influencia social*, Madrid, 1913. G. de Artiñano y de Galdácano, *Jovellanos y su España*, Madrid, 1913. J. Rubió y Ors, *Considerado como poeta y como prosista*, RCont, 1896, CI, 132, 267, 358 y 480. M. Adellac, *Manuscritos inéditos*, Gijón, 1915.

Me escribe Lorenzo Rodríguez Castellano, bibliotecario de la Univ. de Oviedo, a quien consulté, que no existe una sociedad ni revista jovellanistas; pero, en cambio, se ha fundado un "Instituto de Estudios Asturianos" con domicilio en Oviedo, el cual publica un boletín cuatrimestral con el título de *Boletín del Instituto de Estudios Asturianos* consagrado al estudio y publicación de los trabajos sobre temas relacionados con Asturias, incluso de tipo jovellanista. No existe, pues, publicación alguna dedicada exclusivamente al estudio de Jovellanos. El profesor Rodríguez Castellano es miembro del Instituto, y al director o a él pueden dirigirse las consultas acerca de Jovellanos u otro asunto relacionado con Asturias.

Ignacio de Luzán

(1702-1754)

La bibliografía de sus obras éditas e inéditas se halla en I. de Luzán, *Memorias de la vida de D. Ignacio de Luzán*, al frente de la *Poética*, 2.ª ed., Madrid, 1789. Su única comedia original, *La virtud coronada*, permanece todavía inédita. *V.* Mérimée-Morley, *A hist. of Span. lit.*, p. 415. Su *Poética* fue editada modernamente por J. Cano, Toronto, 1928. Ya existía la 2.ª ed. excelente de Llaguno y Amírola, Madrid, 1789, mejorando la 1.ª ed. del autor, Zaragoza, 1737, quien también puso mano en la de su discípulo. *V.* Menéndez Pelayo, en las *Ideas estéticas*, 1940, III, 216; *Memorias literarias de París*, Madrid, 1751, y Latassa, *Bibl. nueva*, V, 12.

Francisco Méndez

(1725-1803)

Typographia española, t. I, 1796. La papeleta del Catálogo de la L. C. dice: "The second volume, on the XVI century, existing in manuscript [1796] has not been published". El primero, único publicado, comprende sólo el siglo XV. Dionisio Hidalgo dio de éste a la estampa una 2.ª ed. corregida y adicionada, Madrid, 1861. Méndez había incorporado a Floranes.

Leandro Fernández de Moratín

(1760-1828)

Orígenes del teatro español. El manuscrito sin las tachaduras de la censura se conserva en la B.N.M. *V.* R. Foulché-Delbosc, RHi, 1916, XXXVI, 494-495. Faltan ediciones modernas de sus obras. *La derrota de los pedantes* (1789), por ejemplo no se ha editado aún en edición crítica, con notas y estudio. *V.* F. Ruiz Morcuende, ed., Clás. Cast.

Martín Sarmiento

(1695-1771)

Catálogo de algunos libros curiosos, por Martín Sarmiento. Un tomo en fol. manuscrito en la Bibl. de la Univ. de Salamanca, *ap. Catálogo de los libros manuscritos que se conservan en la Biblioteca de la Universidad de Salamanca* [por Vicente de la Fuente y Juan Urbina], Salamanca, 1855, p. 63. "Muchos escritos suyos de Pedagogía, Historia y otras materias eruditas se conservan inéditas", H. y P., *Hist. de la lit. esp.*, 5.ª ed., 1943, p. 754 y 796. Chacón y Calvo, *Las obras manuscritas de Fr. Martín Sarmiento*, RFE, 1934, 142-157; p. 157: la antología de su obra está en su mayor parte inédita. *V.* también EM, 1911, CCLXVI, 90, n. Menéndez Pelayo, en sus *Orígenes de la novela*, 1905, I, ccxxi, n., apunta como "todavía inédita" una disertación de Sarmiento sobre el *Amadís de Gaula*, citada por Gayangos.

Jaime Villanueva

(1765-1824)

y

Joaquín Lorenzo Villanueva

(1757-1837)

Viaje literario a las iglesias de España, Material inédito del viaje por Jaime, por Zacarías García Villada, RyF, 1917, XLVII, 48-55, en el cual pone de relieve el señalado por Fuster en su *Biblioteca valenciana*, 1827-1830, II, 438, y del examinado por el propio García Villada en la Bibl. de la Acad. de la Hist., y declara que Jaime Villanueva

ha sido un investigador de primera talla y sin embargo aún no se ha encontrado quien haya hecho un estudio serio acerca de su vida y de su obra. Es uno de los investigadores de más profundo sentido crítico que han existido en España, y cuanto él ha escrito merece darse al público. Documentos, hoy desaparecidos, se conocen gracias a las inscripciones de Villanueva en su *Viage*. Entre el material inédito figuran las *Adiciones* a la "Bibliotheca" de Nicolás Antonio, y a la de Quetif y Echard, *Scriptores Ordinis Praedicatorum*, Paris, 1719; tres cartas dirigidas a su hermano sobre la Biblioteca Colombina, con la descripción pormenorizada de algunos libros y mss. inéditos, y numerosos legajos de apuntes y documentos. (RyF, art. cit., p. 48)

El *Viaje literario* de Jaime lo publicó con algunas observaciones, su hermano Joaquín Lorenzo Villanueva, Madrid, 1803-1852, 22 v. Los doce últ. fueron editados por P. Sáinz de Baranda y los imprimió la Acad. de la Hist., 1850-1852. Otra ed., 1902, 22 v. (reprod. de la 1.ª ed.) con una *Noticia del viaje literario a las iglesias de España* por Jaime Villanueva, escrita en 1814. La *Noticia* se publica por un amigo del autor (Pedro Juan Mallén), Valencia, 1820. Reproducida en la Col. Doc. Inéd. Hist. Esp., XXI, 383-437. Contiene la relación detallada de los documentos literarios recogidos por el viaje, algunos de los cuales no incluyó en su obra. *V.* Salvá, II, 564, n.º 3226. Parte fue a parar a la Acad. de la Hist. y parte quedó en poder del P. Ignacio Herrero, y a su muerte (1844) pasó a la misma Academia. Joaquín Lorenzo Villanueva escribió *El Kempis de los literatos*, Madrid, 1807, xvi, 278 p. Hay ej. en la C.U.L., sign. 86V7114-S4. Del *Viaje* debería integrarse el índice analítico general, asociando y fundiendo los veintidós índices parciales de los 22 tomos. *V.* H. Serís, RFE, 1934, XXI, 178-186, y los estudios de Bonilla y San Martín, Marqués de Laurencín y Pérez de Guzmán y Gallo.

SIGLOS XIX Y XX

Del siglo anterior, recibe el XX la herencia de los escritores llamados de la generación del 98, es decir, de los polémicos, literatos, poetas y prosistas, que constituyeron la generación de 1898. Su bibliografía es muy dilatada. Mucho es lo que ha salido de la máquina de escribir de críticos e historiadores literarios, pero muy abundante también lo que se han dejado en el tintero. Toca al joven crítico historiador retornar a recorrer el campo y colocar las cosas en su punto.

Así ha pasado inadvertido el primer novelista que ha rechazado la influencia de la enfermiza literatura extranjera y únicamente bebe en la pura "fonte que mana y corre", en el manantial castizo y cristalino español. Así ha cruzado casi ignorado el fundador y director de una ilustre revista, el creador y alentador de una importante colección de textos literarios y autor de galardonadas obras propias. He nombrado a Francisco Acebal.

Francisco Acebal

(1866-1933)

Novelista, fundador y director de la notable y leída revista *La Lectura*, Madrid. Creador y fomentador de la conocida y ya clásica colección de textos y estudios designada con el rótulo de Clásicos Castellanos de "La Lectura". Fue colaborador, adjunto con José Castillejo, de la "Junta para Ampliación de Estudios e Investigaciones Científicas". Tan modesto y discreto como Castillejo, no fue menos útil y provechoso para el progreso de la investigación de la cultura española, orientando, guiando y auxiliando a cuantos jóvenes estudiantes laboraron y solicitaron el apoyo y dirección de la Junta. Formado en la inolvidable y siempre moderna escuela de Francisco Giner de los Ríos, la "Institución Libre de Enseñanza", se distinguió como uno de sus más talentosos y entusiastas continuadores.

Como literato, descuella en la novela y en el teatro. Sin ser fecundo, lo que engendra su inventiva se distingue principalmente por el casticismo, corrección y elegancia del estilo, por el apropiado uso del léxico, ajustado a la tersura y perfección de la idea, aceptando el superior de los nuevos gustos, el que no se haya despojado de la belleza y decencia y el que florece en la pluma de los buenos escritores de hoy, como floreció en los pensamientos de los de ayer y como florecerá en el espíritu de los de mañana.

Ahí se hallan para comprobarlo sus novelas, comedias y cuentos, solicitando de los jóvenes críticos, de los estudiosos y de los historiadores literarios, lectura, examen y fallo. Nada más oportuno para aprovechar la ocasión que se les presenta a quienes se hallen en la necesidad de escribir una tesis doctoral, disertación, monografía, artículo o conferencia. Léanse, estúdiense las obras de Acebal, una lista de las cuales se copia al final de esta reseña biográfica y bibliográfica.

Francisco Acebal nació en Gijón en abril de 1866. Estudió Derecho en la Univ. de Madrid y se graduó de abogado. Antes de dedicarse a la literatura, ejerció la abogacía. Empezó a escribir poesías. Luego descolló en prosa, componiendo novelas. En 1901 obtuvo el primer premio en un concurso literario de la revista madrileña ByN, con una novela titulada *Aires de mar*. Fueron jueces del tribunal Pérez Galdós, Echegaray y Ortega Munilla. En el mismo concurso se concedió el segundo premio a Navarro Ledesma, por su novela *Raza de héroes*. Ambas se publicaron en ByN, primorosamente ilustradas y muy bien impresas. *Aires de mar* empezó en el n.º 512 de 23 de febrero de 1901, con su continuación en el n.º siguiente 513, de 2 de marzo, y terminó en el n.º 514, de 9 de marzo. La novela de Navarro Ledesma apareció en los n.ᵒˢ 515 y 516, de 16 y 23 de marzo, respectivamente. Su retrato se puede ver en un grupo que representa al jurado calificador y a los autores premiados. En la fotografía aparecen también los amigos Moret, Fernández Shaw y Luca de Tena, que habían asistido a la velada literaria que se celebró en la casa de ByN en honor de los dos escritores, el 12 de enero de 1901. Acebal no había publicado hasta entonces sino algunos versos. Al tiempo del concurso se dedicaba a la abogacía en Madrid, aunque el año anterior había fundado una revista literaria asimismo, *La Lectura* (1900), *v. infra*. Colaboró en *Hojas sueltas*, *Helios*, IEA, ABC y Nac. Falleció en 1933.

Debo, tanto estos datos biográficos como los bibliográficos de la lista final, a mi generoso y muy estimado amigo y colega Jenaro Artiles, antiguo bibliotecario del Ateneo de Madrid y después catedrático de la Univ. de Southern Illinois. Él me comunica la siguiente ficha: Andrés González-Blanco, en su obra *Los contemporáneos*, apuntes para la historia de la literatura hispanoamericana a principios del siglo XX, Paris, 1907-1909, 3 v., I, 75-146. No es muy informativa, me previene, sino difusa, profusa y engolada.

Aparte de la gestación de sus obras, la vida intelectual de Acebal se centraba en los deberes que le imponía la dirección literaria de la revista *La Lectura*. Examen de los originales sometidos por los colaboradores, la aceptación o negativa, la selección, etc. Sólo como un detalle curioso, recojo aquí el hecho de haber rechazado un cuento de Valle-Inclán (éste lo llama "relación") titulado *Rosita*. Se recuerda hasta la fecha del suceso: junio de 1903. Lo refiere Delia M. de Zaccarda en una "Síntesis cronológica de la vida y obra de Valle-Inclán", que forma parte del libro *Ramón del Valle-Inclán, Estudios*, Univ. de La Plata, 1967, p. 41.

Finalmente, el buen éxito logrado con la revista le sugirió, acaso, la idea de formar una colección de publicaciones anejas, patrocinadas por la revista misma, y de allí brotó la serie de Clásicos Castellanos de "La Lectura".

Con el objeto de poner en práctica y en marcha esta importante empresa — pero dejemos la palabra a Tomás Navarro, primer editor de la serie, admirado y fraternal amigo mío. El ilustre filólogo dice:

> La idea respecto a la selección de obras y autores, tipo del comentario en notas y prólogos y hasta tamaño de libro y clase de papel se fue madurando en las reuniones nocturnas que celebrábamos con Acebal, en su casa de la calle de Lista, cerca del paseo de la Castellana, Felipe Clemente Velasco, que era el propietario de *La Lectura*, Américo Castro y yo.
>
> Resultado de aquellas reuniones fue el libro de *Las moradas* de Santa Teresa, con que yo inauguré la colección en 1910, y el de las *Poesías* de Garcilaso, que publiqué en 1911. Alternando con los míos salieron los del *Buscón* y *Teatro* de Tirso de Molina, de Castro.
>
> El plan era que Castro y yo, que aún no habíamos hecho oposiciones ni ganado plaza, nos dedicáramos plenamente a ir dando cada uno dos o tres volúmenes anuales para la colección. Yo tenía ya en el telar el de *Poemas breves medievales: Auto de los Reyes Magos, Razón de amor, Santa María Egipciaca, Disputa del alma y el cuerpo*, etc. Las oposiciones, los viajes, el trabajo en el Centro de Estudios Históricos, fundado poco después (1912) y otras actividades interrumpieron nuestra colaboración y obligaron a buscar la de otros muchos autores.
>
> Recuerdo a Acebal sobre todo como un verdadero caballero en la corrección de su trato y en la distinción de sus maneras; lo era también en las líneas de su fisonomía y en la compostura de su figura.

Además de los Clásicos Castellanos, *La Lectura* patrocinó las series de publicaciones "Ciencia y Educación" y "Biblioteca Juventud". Sobre autores modernos circularon unos *Cuadernos literarios de "La Lectura"*, Madrid, 17 v. La colección de la revista sumaba 59 tomos, de 1901 a 1920 (dos tomos en 1901 y tres anuales desde 1902 a 1920), y la serie de los Clásicos Castellanos alcanza hoy el subido total de 164 v. desde 1910-1969. Actualmente está en curso de publicación por una casa Editorial de Madrid que adquirió los derechos.

En resumen, paréceme a mí que esa continuidad demuestra la aceptación favorable del público lector y la aplaudida aprobación del profesorado y de la crítica. Los editores de los textos eran elegidos entre los mejor preparados; entre ellos figuran los nombres de Menéndez Pidal y Rodríguez Marín. Una colección completa de la revista *La Lectura* se halla en la bibl. del Smith College, Northampton, Mass.

OBRAS DE ACEBAL. Se reparten en novelas, cuentos y comedias, desde 1901 hasta 1924; después lo que produce se imprime sin fecha.

Novelas: *Huella de almas*, Madrid, 1901 (Bibl. de La Lectura); *Aires de mar*, Madrid, 1901, ByN, n.⁰ˢ 512, 513, 514; *De buena cepa*, Madrid, 1902 (Bibl. "Migon"); *Dolorosa*, Madrid, 1904, trad. al portugués por "Catel"? (Alicia Pestana), Lisboa, 1905, trad. al inglés por M. Hume, 1906; *El Calvario*, novela de costumbres, ilus., tr. de Salvador Aspiazu, Barcelona, 1905 (Montaner y Simón); *Rosas místicas*, Madrid, *Los Contemporáneos*, 3 enero, 1909; *Penumbra*, Madrid, *La Novela Semanal*, n.° 152, jun., 1924; *Frente a frente*, en la revista *Hojas selectas*, trad. al inglés.

Cuentos: *De mi rincón*, Salamanca, 1902 (colec. de cuentos publicados antes en ByN y en el *Almanaque* de la IEA).

Teatro: *Nunca*, comedia dramática en 4 actos, Madrid, 1905; *A la moderna*, comedia en 2 actos, estrenada en el Teatro Lara el 12 de marzo de 1914, Madrid, 1914 ("Renacimiento"); *El amigo manso*, adaptación escénica en 3 actos de la novela de Pérez Galdós, Madrid, 1917; *Los antepasados*, comedia en 2 actos, estrenada en el Teatro Español, Madrid, 1920; *Ráfaga de pasión*, comedia en 3 actos, estrenada en el Teatro Lara, Madrid, 1924; *Muñecos de barro*, comedia en 3 actos, Madrid?, s.a.; *El premio a la caridad*, cuento en acción, Madrid, s.a. ("El teatro en casa"); *Misericordia*, comedia en 1 acto, Madrid, *Helios*, jun., 1903 (acaso escenificación de la novela de Pérez Galdós); y *Un buen querer*, drama en 3 actos, Madrid?, s.a. Ha dejado un drama inédito, *Rebelde*.

Leopoldo Alas

(1852-1901)

Para los trabajos de menor cuantía, habrá que recorrer las revistas mencionadas y algunas otras. Se encuentran, por ejemplo, *Los paisajes de Clarín*, en la *Revista Popular*, Oviedo, 1.° jul., 1901; *El porvenir de la novela*, respuesta a una encuesta en NT, 1902, II, 2.º semestre; *La literatura narrativa asturiana en el siglo XIX*, en *Rev. de la Univ. de Oviedo*, Fac. de Fil. y Letras, 1940. *V*. Mariano Baquero Goyanes, *La novela española en la segunda mitad del siglo XIX*, citado en t. V de la *Historia de las literaturas hispánicas*, ed. por G. Díaz-Plaja; allí dice Baquero Goyanes, hablando de Clarín, que fue éste "por oriundez, afincamiento y espíritu genuinamente asturiano, quizás el que mejor representa y define la que ha sido llamada escuela o modalidad narrativa asturiana del siglo XIX [e incluye a] Alas, Palacio Valdés, Francisco Acebal, Juan Ochoa, y después Ramón Pérez de Ayala" (p. 120).

Dejó, al morir en Oviedo en 1901, el ms. de una novela inédita titulada *Speraindeo*. Debe publicarse por los descendientes del gran crítico.

Un nuevo libro sobre Alas se imprimió (1968) en Madrid, por la editorial Gredos, que dirige Dámaso Alonso: *Leopoldo Alas, crítico literario*, por Sergio Beser.

Manuel Azaña

(1880-1940)

Al morir en Francia, Manuel Azaña dejó en aquel país dos cajones repletos de documentos políticos y de manuscritos literarios. Como éstos son los que nos interesan, voy a seguir la narración que a este respecto entrelaza Juan Marichal, el cabal conocedor de todo lo que concierne a la doble vida y obra de quien llegó a ocupar la Presidencia de la República Española. Sospecha Marichal en *El aprendizaje "ortodoxo" de Manuel Azaña (1900-1903)*, *Hom. a Moñino*, I, 383, que los dos "cajones de papeles personales que permanecen aún cerrados en Francia [contengan] manuscritos inéditos, completos o inacabados, de obras de 'ficción'" (de imaginación y fantasía) de sus años juveniles en los cuales se dedicó a su aprendizaje literario. Se refiere Marichal a 1901 y 1902, en los cuales publicó dos cuentos, uno bajo el título de *Esbozo*, en las columnas de la revista madrileña *Gente Vieja*, de 30 de octubre de 1901, y el otro *En el ventorro del Tuerto*, el 30 de enero de 1902.

Además, aspiraba entonces a escribir una novela y quizá algunas piezas teatrales, según se desprende del texto de las cartas que dirigió a un amigo suyo alcalaíno, conservadas en el epistolario en posesión de

Rodríguez-Moñino, puesto generosamente por éste a disposición de Marichal.

En aquellos años usaba Azaña el seudónimo de "Salvador Rodrigo" tras el cual colaboró primero (1897-1898) en la revista de Alcalá, bautizada con el poético nombre de *Brisas del Henares*, y luego (1901-1903) en la de Madrid, *Gente Vieja*, ya aludida, de la cual era colaborador por habérsele conferido el título de "viejo honorario", conforme figura en la portada de 1903. Muy lejos estaba todavía de cumplir los cincuenta años que se exigía para ello. Nacido en 1880, había cumplido pues 23 años. Ese aprendizaje produjo luego la novela *El jardín de los frailes*. Acaso se encierren los manuscritos de otras novelas en esas cajas. ¿Quién tendrá la buena suerte de editarlas?

Otra vida de acción le esperaba. Presidente del Ateneo de Madrid en 1930, era Jefe del gobierno en 1931, y Presidente de la República de 1936 a 1939. Marichal escribe de mano magistral la biografía de Azaña, en las introducciones de los cuatro enormes tomos de la ingente edición de las *Obras completas*, impresas por Ediciones Oasis de México, desde 1966 a 1968. Cada uno de los cuatro tomos va precedido de su correspondiente y oportuno prólogo acerca de las obras comprendidas en él. Se deben al mismo Marichal, el gran conocedor del autor de *El jardín de los frailes*, y el inmejorable intérprete de sus obras.

Nada más acorde con el objeto que persigue esta *Guía*, que la publicación de las verdaderas obras completas de Manuel Azaña. Pues de la hermosa, cuidada y erudita edición que ha dado a luz Juan Marichal, actualmente catedrático de la univ. de Harvard, escribe el autor en el "Prefacio general" de su citada ed.: "En estas *Obras completas* no figuran ciertos textos importantes a los cuales no ha podido tener acceso el compilador. Esperemos que ... [se haga] posible la edición verdaderamente definitiva de las obras de Manuel Azaña".

Sobre lo que comprenden estas *Obras completas*, léase lo que sigue: "Convergencia bien visible ... pues abarcan dominios de la expresividad humana tan dispares como la literatura introspectiva de *El jardín de los frailes* y los discursos pronunciados 'en campo abierto'. Azaña [observa Marichal] veía en la generación literaria española anterior a la suya 'la interior desolación producida por el análisis'" (*Estudios de política francesa contemporánea*, p. 197). O sea que, finalmente, "la formación interior del hombre nuevo había de completarse ... en la acción" (Pl, n.º 10, 185).

Marichal da constancia de las referencias bibliográficas y de las fuentes en el tomo III, lii-liv. La cuarta parte de él es totalmente inédita: el epistolario, sus discursos y artículos; la sección enteramente literaria, que comienza con los "Escritos juveniles y cartas familiares" (1898-1929); su tesis doctoral (1900) sobre "La responsabilidad de las multitudes", de honda doctrina y bella forma (p. 615-641). "Además", nos advierte Marichal en la solapa posterior del tomo III, acerca de los numerosos escritos correspondientes al período 1934-1940, "en este volumen se incluyen (en su mayoría inéditos) varios e importantes", *Diarios íntimos* y *Cuadernillos de apuntes* (1911-1928). Sabido es que en la literatura castellana, o mejor española, escasean los *diarios* y otros géneros autobiográficos, pero la novela que Marichal llama "impersonal", *El jardín de los frailes*, hará figurar desde ahora a su autor —decimos nosotros— encuadrado en el marco de oro que le ha entallado Marichal, como uno de los raros "diaristas" en la historia literaria de las naciones de lengua española.

Sobre la actualidad de las obras de Azaña, declara Marichal: "De ahí que adquieran actualmente —limpias ya de adherencias locales y de explotaciones partidistas— su verdadera significación universal: la de ser uno de los testimonios más totalmente reveladores del drama de una conciencia liberal". La competencia, el conocimiento profundo, el entusiasmo y admiración que han guiado al editor político y literario en su labor le han elevado a un nivel pocas veces alcanzado en casos similares. Su prólogo general y sus cuatro introducciones particulares han proyectado una verdadera luminaria esclarecedora y metódica en toda la obra.

Manuel Tuñón de Lara es autor de un artículo de la revista *Ibérica*, New York, sept., 1968, XVI, n.ᵒˢ 8 y 9, 3-7, titulado *Don Manuel Azaña en la historia de la cultura española*, que toma como punto de partida la obra de Marichal. [*V*. también F. Sedwick, *The tragedy of Manuel Azaña*, Ohio State University, Columbus, 1963, lx, 295 p.]

Francisco Asenjo Barbieri

(1823-1894)

Comediantes de los siglos XVII y XVIII. Biografías inéditas, en la B.N.M. Teatro en general además: historia, histrionismo, biografías, representaciones, teatros, epistolarios, libretos, música, documentos originales e inéditos, reunidos por Barbieri y depositados por él en la B.N.M. *V.* el detalle descriptivo en el *Catálogo musical de la Biblioteca Nacional,* por H. Anglés y J. Subirá, Barcelona, 1951, III, 355-381, y también H. Serís, *Nuevo ensayo de una biblioteca española de libros raros y curiosos,* 1.ᵉʳ fasc., New York, 1964, Epistolario.

Cayetano Alberto de la Barrera y Leirado

(1815-1872)

El suplemento al *Catálogo bibliográfico y biográfico del teatro antiguo español,* Madrid, 1860, "por carencia de fondos ... permanece todavía inédito" (Fitzmaurice-Kelly, *Hist. de la lit. esp.,* trad. de Bonilla y San Martín [1901], p. 545). Significaría un gran adelanto y ahorro de tiempo para la consulta, la refundición y fusión del catálogo de Barrera y los de Paz y Melia, y Paz y Espeso. Quien por primera vez sugirió esta idea acerca de los dos catálogos fundamentales fue A. Restori, en *Piezas de títulos de comedias,* Messina, 1903, p. 4. Los papeles mss. destinados al supradicho *Suplemento,* descansan en la B.M.P de Santander. [La edición de Barrera de 1860 se publica en facsímile por Libros Támesis, Londres, 1968.]

Gustavo Adolfo Bécquer

(1836-1870)

Los estudios sobre la vida y la obra de Bécquer requieren todavía investigaciones. Para realizarlas de una manera fructífera, precisa conocerse el estado a que han llegado en la actualidad. Poeta de personalidad y valía artística tan extraordinarias, atrae constantemente la actividad de los críticos e investigadores. Al bibliógrafo corresponde tener a éstos al corriente de las nuevas publicaciones que aparezcan, de modo que se hallen informados del estado actual de los estudios sobre Bécquer. Por consiguiente, estos estados deben sucederse, siempre que haya una adición o un cambio en dichos estudios. Cumpliendo este criterio, repetimos aquí, completándolo o aumentándolo, el *Estado actual de los estudios sobre Bécquer* que dimos a luz en el *Hom. a Sarrailh*, p. 377-388.

La verdadera crítica moderna, principalmente la novísima, mediante el empleo de los métodos rigurosos y científicos de investigación, basados en la documentación, ha llegado a conclusiones muy distantes a las antiguas. Se ha venido descubriendo una serie de documentos fehacientes, que nos han suministrado datos auténticos y convincentes. Voy a enumerar brevemente los que ya poseemos y han llegado a mi conocimiento. La mayor parte ha sido hallada por Rafael de Balbín Lucas, quien ha logrado reunir treinta y tres documentos fidedignos relativos a la vida de Bécquer, y los ha dado a la publicidad en la RBN (1942, III, 133-165 y 1944, V, 5-33 con 6 láms.). Los ha precedido de dos estudios. En el primero refleja la vida oficial del funcionario (1864-1868), y en el segundo, el último tercio de la existencia familiar e íntima del poeta. Titula el primero: *Bécquer, Fiscal de novelas*, y se basa en 22 documentos indubitados que halló en el archivo del Ministerio de la Gobernación. Merced a ellos, reconstruye los servicios prestados desde el 19 de dic. de 1864 hasta el 10 de oct. de 1868. Acompaña los textos con 9 láminas de facsímiles de los escritos autógrafos y firmados por Bécquer. Recuerda Balbín, al final, "El mecenazgo de González Brabo". Dos de estos documentos son: la "solicitud de licencia de mes y medio para atender al restablecimiento de su salud" (12 de sept. de 1866), concedida al día siguiente, y una segunda "solicitud de licencia de 45 días, para tomar baños de mar, prescritos por varios facultativos, como único medio de restablecer su quebrantada salud" (26 de agosto de 1867), concedida el 29 del mismo mes y año.

Documentos becquerianos es el epígrafe de la segunda relación descubierta por Balbín Lucas. "Para remachar —declara éste— algunos hitos fundamentales en la biografía de Bécquer", ha recogido y ordenado 11 documentos custodiados en archivos oficiales, excepto una carta de procedencia particular; pero con garantías de autenticidad.

Anteceden a los textos transcritos, estudios sobre "El Bécquer familiar" y "La figura de Casta". He aquí los rótulos de los documentos: Acta de matrimonio de Bécquer y Casta, celebrado en la Parroquia de San Sebastián, de Madrid, el 19 de mayo de 1861. Partida de bautismo del hijo Jorge, en la misma iglesia, el 17 de sept. de 1865. Acta de defunción de Valeriano, ocurrida el 23 de sept. de 1870, "a consecuencia de una hepatitis aguda, según certificado facultativo" sin constar su nombre. El Certificado facultativo de la defunción de Gustavo, extendida el 22 de dic. de 1870, por el Dr. en Medicina y Cirugía, Joaquín de Higuera, antiguo catedrático de término de la Facultad de Medicina de la Univ. Central de Madrid, "a consecuencia de un grande infarto de hígado, complicado con una fiebre intermitente maligna o perniciosa, que aunque contenida en sus accesiones periódicas, ha continuado con tipo continuo, precipitando la muerte del enfermo" (p. 26). He copiado los términos exactos de los certificados médicos de ambas defunciones por lo que más adelante se verá. Siguen el Acta de defunción de Gustavo, fallecido el 22 de dic. de 1870, y la documentación reglamentaria de su enterramiento en la Sacramental de San Lorenzo y San Juan, de Madrid, al día siguiente, 23 de dic. de 1870.

A continuación se colocan los documentos correspondientes a Casta Esteban Navarro: Parte facultativo de su defunción, expedido en Madrid, el 31 de marzo de 1885, por José Lacasa, profesor de Medicina y Cirugía del Hospital provincial de la Corte, quien certifica que "desde el 22 de marzo de 1885, la ha asistido en la enfermedad meningo encefalitis crónica, de la que falleció el 30 de Marzo". Partida de defunción, sin otorgar testamento, inscrita en el Registro Civil. Finalmente, el asiento de sepultura y enterramiento en la Sacramental de Santa María, el 31 de marzo de 1885.

En los textos de estos documentos, de los cuales sólo doy aquí los títulos y fechas, se hacen constar los nombres de los padrinos, testigos y demás personas que intervinieron en aquellos actos, así como también otros detalles de interés para precisar de manera definitiva la biografía de los hermanos Bécquer. He dejado para lo último la constancia de la carta de Gustavo a Casta. Es la única entre las múltiples que se citan a lo largo del presente artículo, en que no se habla de enfermedad ni de pobreza. En ella envía el marido a su mujer cierta cantidad de dinero. Debe ser de los primeros días de enero de 1870.

Tiene presente además, Balbín, dos cartas de Gustavo a Casta, citadas por Gervasio Manrique, en su libro *Soria, la ciudad del alto Duero* (Madrid, 1926, p. 296) y publicadas luego por Gerardo Diego en Nac (14 de junio de 1942), en las cuales surgen las estrecheces económicas. Se hace eco Balbín, al fin, de las *Memorias* de Julia Bécquer (RevBAM, 1932, IX, 76-91), particularmente en lo que toca a la separación de los cónyuges y a la tragedia de Noviercas. Acerca de estos lamentables sucesos, Heliodoro Carpintero descubre mayor número de detalles y los expone en su libro *Bécquer de par en par* (Madrid, 1957, 182 p.), detalles tan desoladores como la intervención del Rubio, el "antagonista" de Gustavo (p. 125), causante del desastre matrimonial.

El mismo año de la publicación de los *Documentos becquerianos* de Balbín Lucas, apareció otra serie al cuidado de Santiago Montoto, en BH, 1944, III, 1.ª pte., 470-478. Los agrupa bajo el título de *La mujer de Bécquer*, porque aclaran y completan documentalmente lo que se sabía de Casta. Algunos duplican los documentos anteriores. Comprende: Expediente matrimonial, de 3 de abril de 1861, conservado en el Archivo del Obispado de Madrid. La partida de matrimonio de igual fecha, asentada en los libros parroquiales de la Parroquia de San Esteban de Madrid, donde se celebró el matrimonio el citado 3 de abril de 1861. Las declaraciones e informaciones juradas del estado de soltería y libertad de los contrayentes. Declaración de la novia, ante notario, en la que consta su edad de 19 años, su residencia en Madrid, desde hacía 10 años, y haber dado su palabra de casamiento a Gustavo Bécquer un año atrás. Por su parte, él declara que hacía diez u once años que residía en Madrid, y uno que había dado su palabra de casamiento a Casta Esteban. Información de los testigos, entre ellos, Luis García de Luna y Augusto Ferrán. Sigue el consentimiento de los padres de la prometida, D. Francisco Esteban y D.ª Antonia Navarro. Partida de bautismo de Casta, nacida en Torrubias, obispado de Osuna [equivocación por Osma], provincia de Soria, el 16 de sept. de 1841. Partida de bautismo de Gustavo, nacido en Sevilla, el 17 de feb. de 1836, y bautizado el 25 del mismo mes. Despachos de no impedimento. Autos y testigos de justificación. Certificado posterior, de 19 de mayo de 1861, de la partida de casamiento, con nuevos datos, y al cabo las partidas sacramentales de enterramiento. Cierra Montoto con un comentario en el que nos da por primera vez una noticia que me sorprende y no veo justificada. "Se columbra, escribe, por la última vecindad, las causas que obligaron a los novios a casarse por despacho secreto" (p. 478). La última vecindad que declaró Casta fue la casa de la calle del Baño n.º 19 y la que declaró Gustavo fue la misma de la calle del Baño n.º 19. Esto no quiere decir que ambos tenían la misma vivienda. La casa podía contener varios pisos; en uno podía habitar Gustavo y en otro Casta con sus padres. Ya vimos que éstos dieron su consentimiento para el matrimonio. Además, el hijo primogénito vino al mundo doce meses después de la boda. Por otra parte, los trámites y actuaciones que se desprenden de estos documentos no denotan ni presuponen, a lo que yo entiendo, secreto alguno.

Años antes de esta compilación de Montoto, había ocupado él mismo varias páginas de *ByN* (29 de dic. de 1929) con unas *Reliquias becquerianas* y noticias del padre del poeta. Igualmente adicionó datos sobre el propio José Domínguez Bécquer en el ABC (Madrid, 15 de feb. de 1936). Los documentos atañederos a los padres y otros parientes de Gustavo Adolfo, no pueden servir de base para contradecir los testimonios referentes al hijo, de los documentos oficiales y de las cartas hológrafas de Bécquer. El padre pudo haber ganado dinero con sus cuadros, aunque no lo bastante para sobrepasar los gastos cotidianos de su numerosa familia, y mucho menos para acumular una fortuna que legar a sus hijos. Gustavo no heredó caudal alguno de quien le dio el ser.

He incluido aquí este índice o resumen de los documentos descubiertos por Balbín Lucas y por Montoto, con objeto, espero, de que sirva de clave o guía para futuros estudios e investigaciones.

Otras cartas de Bécquer se han dado a conocer con anterioridad en letras de molde. La primera que llegó a mi noticia fue la inserta por Everett W. Olmsted en la substanciosa y bien fundamentada introducción a su ed. antológica *Legends, tales and poems* de Bécquer, Boston, 1907, p. xxxix. Se trata de una carta inédita y autógrafa del poeta, dirigida a Francisco de Laiglesia, el 18 de jul. de 1869, facilitada por éste a Mr. Olmsted, en calidad de obsequio, durante un viaje suyo de investigación en Madrid. En ella, Gustavo Adolfo solicitaba de su amigo Laiglesia, y no era la primera vez, el préstamo de "tres o cuatro duros" para atender a la enfermedad de uno de sus hijos. El repetido tema de las enfermedades y de la falta de dinero, para decirlo con la crudeza que revela el texto de la carta. Laiglesia aportó más tarde datos de fuente directa sobre la vida de su amigo, en el folleto *Bécquer, sus retratos*, Madrid, 1921. De igual modo, recogió Olmsted noticias, en Madrid, de labios de Benigno Quiroga Ballesteros y de Julia Espín, su esposa, la mujer ideal que inspiró a Bécquer "si no todas, algunas de sus rimas", según cree Olmsted. La admiración del poeta por su musa, la demuestra el hecho de haberle dedicado y entregado dos álbumes con versos y dibujos suyos, que Julia y su esposo conservaban todavía. Olmsted los vio (p. xxii-xxiii) y fue autorizado para examinarlos y describirlos. Lo hace en su libro donde da cuenta del contenido. Ésta es una prueba de la presunción, respecto de Julia, acerca de la cual tanto se ha escrito. Últimamente, Augusto Martínez Olmedilla ha vuelto a relatar, con alguna variante, en su libro *El maestro Barbieri y su tiempo*, Madrid, 1941, p. 166-167, la escena en que por primera vez Bécquer oyó cantar a Julia Espín y Colbrandt; pero se equivoca al decir que ésta contrajo matrimonio con Rodríguez Correa, como asimismo manifiesta erróneamente Gerardo Diego en su artículo de la Nac (19 de julio de 1942); de donde lo recogió José Pedro Díaz en la 1.ª ed. de su obra *G. A. Bécquer, Vida y poesía* (1953), de que trataré (*infra*), mas lo corrigió en la 2.ª ed. (1958, p. 81, n. 110), atendiendo a la rectificación de G. W. Ribbans, en su reseña crítica, BHS, 1955, XXXII, 60. Ribbans conocía, sin duda, la información del libro de Olmsted. Olmedilla narra, además, la biografía del padre de Julia, Joaquín Espín y Guillén, en el capítulo de "Compositores españoles, contemporáneos de Barbieri" (p. 165-166). Un precioso libro ha compuesto María Teresa León de Alberti, a propósito de Julia Espín, bajo el título de *El gran amor de Bécquer*, y el subtítulo *Una vida pobre y apasionada* (Buenos Aires, 1951).

Ahora bien, Fernando Iglesias Figueroa encontró un "valioso material epistolar sobre el punto", según anuncia Díaz en su libro, 2.ª ed., 1958, p. 81 y 85-91. Lo incorporó aquél en un artículo con el epígrafe de *La mujer que inspiró a Bécquer las Rimas*, en las columnas de un periódico de Montevideo, cuyo título y fecha se desconocen todavía, pues lo que fue a dar a manos de Díaz, en una de sus pesquisas, fue un recorte sin identificar (p. 86, n. 116). Iglesias Figueroa había exhumado tres cartas autógrafas de Gustavo a Rodríguez Correa y un fragmento de otra de Correa a Fernández Espino, que testimonian el amor del poeta por una nueva musa inspiradora. Se llamaba Elisa Guillén, hija de Esteban Guillén, sin parentesco, al parecer, con la familia de Julia Espín. Díaz copia los textos íntegros de estas cartas: la 1.ª de dic. de

1859 (p. 87); la 2.ª de enero de 1860 (p. 87), ambas de Toledo; la 3.ª de Soria, de mar. de 1861 (p. 88-89), y el fragmento de la 4.ª sin fecha (p. 89). Gamallo Fierros había impreso fragmentos de algunas de estas cartas (*Páginas abandonadas*, p. 25), sin que en ellos figurase el nombre de Elisa. Otra desdicha cayó sobre Gustavo Adolfo con el advenimiento de estos amores, cortados por ella con infidelidad y crueldad, según se deriva de los términos de dichas cartas.

Acabo de mencionar a Dionisio Gamallo Fierros, autor de la importante obra *Páginas abandonadas de G. A. Bécquer*, con ensayo biocrítico, apéndice y notas, Madrid, 1948, 526 p. Dámaso Alonso, autoridad en estos estudios, la recomienda como esencial para emprender todo futuro trabajo sobre Bécquer.

Documento interesante para asomarse a la juventud del poeta del amor, es *Un diario adolescente de Bécquer*, autógrafo e inédito hasta su publicación por Dámaso Alonso, en su libro *Del Siglo de Oro a este siglo*, Madrid, 1962, p. 107-113. Abraza únicamente cuatro días, del 23 al 26 de feb. de 1852, y lo ocupa todo un amor incipiente y juvenil. Santiago Montoto había desempolvado este diario en Sevilla, en 1929; pero se abstuvo de darlo a las prensas, juzgándolo, sin duda, de poca importancia. Hoy se consideran los documentos, cualesquiera que sean, indispensables para el cabal conocimiento de la biografía y de la bibliografía de un escritor. De ahí mi afán de indicar toda la documentación de que tengo noticia, ya sean expedientes oficiales, ya cartas particulares.

Nadie puede llamarse a engaño ni invocar ignorancia en lo tocante a la vida y a la obra de Bécquer, después de la publicación de dos excelentes libros, que abarcan el conjunto de lo que se sabe hasta hoy de la personalidad y de la creación del autor de las *Rimas*. Me refiero a *G. A. Bécquer, Vida y poesía*, por José Pedro Díaz, 1.ª ed., Montevideo, 1953, 289 p.; 2.ª ed., aum. y refundida, Madrid, 1958, 374 p. (Bibl. Rom. Hisp.). Ha sido comentado por la insigne poetisa Concha Zardoya, RHiM, 1955, XXI, 149, y reseñado por G. W. Ribbans, BHS, 1955, XXXII, 59-60, muy favorablemente. La segunda obra es un *Ensayo de una bibliografía razonada de G. A. Bécquer*, por Rubén Benítez, impresa primero en Montevideo en 1960, y luego en Buenos Aires, 1961, editada por la Univ. de la capital argentina. Es una verdadera guía comentada y crítica, con resúmenes y traducciones, en la cual aspira el autor a agotar la producción hasta 1960. Contiene 298 títulos en 158 p. Como en toda bibliografía, es inevitable que haya algunos huecos. En la introducción afirma Benítez que "la investigación de la vida de Bécquer sobre bases documentales apenas está en sus comienzos" (p. 4 de la 2.ª ed.). Una continuación con adiciones se encuentra en la muy favorable e imprescindible reseña escrita por Edmund L. King y publicada en la HR, 1964, XXXII, 273-276. Aun se pueden añadir a ambas, la nota de José María de Cossío sobre las *Impresiones y recuerdos de Julio Nombela*, que vio la luz en el BBMP, 1923, V, 287-288; el artículo de José María Martínez Cachero acerca de *La viuda de Bécquer, escritora*, en el *Hom. a Dámaso Alonso*, 1961, II, 443-459; el de Robert Pageard, *Variantes des "Rimas" XV et V*, en BHi, 1961, LXIII, 259-265; y el del mismo autor, *Les premiers articles littéraires de Bécquer*, en BHi, 1962, LXIV, 260, descubiertos por D.ª María-Concepción de Balbín y reproducidos en la *Rev. de Literatura*, 1960, n.º 36, 249-256; se trata de dos artículos de crítica literaria, insertos en el diario *La Época*, de 23 de ag. y 14 de sept. de 1859, respectivamente. Falta una reseña importante de Harvey L. Johnson, sobre las *Páginas desconocidas*, por Fernando Iglesias Figueroa, con juicio desfavorable, en la NRFH, 1951, V, 447-448, y, aunque no se han incluido traducciones, son dignas de citarse las inglesas de las rimas II, IX, X, XIII y LXVII, por Alice Jane McVan, en *Translations from Hispanic poets*, New York, H.S.A., 1938.

En lo que respecta a la cronología, es preciso consultar, además de las conocidas *Tablas cronológicas de las obras de G. A. Bécquer*, por Franz Schneider, RFE, 1929, XVI, 389-399, las adicionadas por Balbín Lucas en las notas de sus *Documentos becquerianos; La tabla de la producción becqueriana del ciclo soriano*, por Heliodoro Carpintero, en su libro ya señalado (1957, p. 147-148), y la *Cronología becqueriana*, de su vida, en el "Apéndice" del mismo libro (p. 173-175). Todos estos trabajos son de suma utilidad.

He ahí, según se me alcanza, el estado actual de los modernos estudios sobre Bécquer, cimentados en documentos oficiales y particulares. El libro de Díaz, bien documentado, corrobora, enriqueciéndola, en la parte consagrada a la *Vida* del bardo de las *Rimas*, la biografía metódica por Schneider, inserta en su famosa y erudita tesis doctoral *Leben und Schaffen* ..., Borna-Leipzig, 1914. De ella se infiere que Bécquer fue débil de salud desde su infancia, enfermizo y pálido de color (p. 33). No se repuso de su primera dolencia grave, para atender a la cual —y ya empezó a manifestarse su miseria— fue preciso que su amigo Correa lograra, como logró (p. 36), la publicación de la leyenda *El caudillo de las manos rojas*, 1857. El matrimonio influyó en su vida, y no fue feliz (p. 39). Desgracia tras desgracia. La seriedad de las investigaciones de esta autoridad es bien conocida.

Aun han aparecido más cartas. Jesús de las Cuevas dio a la estampa una desconocida: *Sobre una carta inédita de Bécquer*, en AH, 1956, XXV, 179-190, dirigida a un amigo suyo, a quien llama Ramón. Lo identifica Cuevas con Ramón Rodríguez Correa; pero la distinguida hispanista inglesa, Rica Brown, especializada en los estudios becquerianos, ha rectificado (AH, 1957, XXVI, 217-222) tal identificación, demostrando que se trata de Ramón Sagastizábal, de quien habla Julia Bécquer como amigo de Valeriano y de Gustavo. También rectifica la Sra. Brown el año de 1869 que supone Cuevas para datar la carta, por el de 1866, mediante deducciones muy atinadas, basadas en los documentos de Balbín Lucas y de las cartas publicadas. En el texto de esta misiva, sumamente interesante, se hace referencia, como en las anteriores, a la escasez de numerario, puesto que el poeta escribe: "El dinero es el que viene estiradillo" (p. 182). La Sra. Brown considera, con razón, que esta carta representa "una valiosísima contribución a la biografía de Bécquer, y las aclaraciones ... no hacen más que acentuar el valor de este documento, *profundamente conmovedor*, de la vida íntima de un gran poeta" (p. 222). Me es grato subrayar esas dos palabras.

La última carta de Bécquer que conozco, hasta ahora, es la que transcribo a continuación, inédita y autógrafa. Philip H. Cummings halló en Madrid, en la Librería de García Rico, una carta manuscrita de Gustavo Adolfo Bécquer. La adquirió y tuvo la afabilidad de ponerla a mi disposición, permitiéndome estudiarla y copiarla. Se trata de una carta dirigida a "Casta" y firmada con el nombre de "Gustavo". He cotejado la letra y la firma con las de los facsímiles que acompañan a algunas de las publicadas. Balbín Lucas reproduce fotográficamente letra y firma de Bécquer en varios facsímiles (*op. cit.*, 1942, III, 148 y sig.); Jesús de las Cuevas (AH, 1956, XXV, 188-189) intercala cuatro láminas fotocopiadas de dos páginas de la carta que edita del bardo sevillano, la segunda con la firma y las restantes con dibujos de los que solía trazar cuando escribía. Después del examen crítico externo e interno, he llegado a la convicción de su autenticidad. El papel luce, a manera de membrete, las iniciales impresas *G. B.* En el espacio superior se lee, escrito a mano, con tinta más oscura: "Carta de Gustavo Bécquer. Me la dio su hijo Jorge en Zamora el 13 de Octubre de 1891". Sin firma. De Jorge, segundo hijo del poeta, se sabe que nació en Madrid, el 17 de sept. de 1865 (Balbín, 1944, V, 23), que fue pintor y marchó a Cuba y luego a Orán, donde vivía en 1908. Se ignora el lugar y fecha de su muerte (Carpintero, p. 175).

He aquí el texto, copiado fielmente:

> Querida Casta: he recibido tu tarjeta y siento que ni tú ni el chiquitín estéis perfectamente buenos.
>
> Aquí hemos tenido un gran trastorno con una grave enfermedad de mi hermano que ha tenido el tifus, y después de veinte y siete días aún está en la cama. Como la enfermedad nos ha ocasionado muchos gastos y la convalecencia parece que será muy larga volvemos a encontrarnos envueltos en el gran atraso de que con mil trabajos íbamos saliendo. No obstante, yo procuraré este mes que entra enviarte alguna cosa, pero en este momento ni de los 36 reales de la suscrición de que me hablas, puedo disponer. Los niños están buenos y me alegraré que lo estés tú también y el Emilio. Dale un beso y manda lo que gustes a Gustavo.

Debajo, un niño ha escrito con letra vacilante *Mamá*, y firmado *Gustavín*.

Al pie de la carta ha perfilado el poeta una de las figuras que acostumbraba dibujar al final o en las márgenes de sus escritos. Representa a un jinete con uniforme, banda al pecho y casco con plumas al viento.

La carta carece de lugar y fecha. Es contestación, según se deduce, a una tarjeta que le dirigió Casta solicitando dinero, aludiendo para ello al importe de las suscripciones de cierta revista de que él no podía disponer. Esa revista sería quizá *La Ilustración de Madrid*, de la cual fue director desde el 1.º de enero de 1870. En tal caso, esta fecha, u otra cercana, sería la de la carta, y el lugar, Madrid. Seguían, pues, separados los esposos, aunque ya se había efectuado la reconciliación. El "chiquitín" del principio de la carta y el Emilio del final corresponden al mismo niño, o sea el tercer hijo de Casta. Después de la separación, fue el único que conservaba la madre. Gustavo al abandonar el hogar se llevó consigo a sus dos hijos "Gustavín", el que firma la carta, el primogénito, y Jorge el segundo, a quien no se cita por nombre; pero queda sobreentendido al escribir el padre: "Los niños están buenos". Si la fecha de la carta es enero de 1870, Gustavín, nacido el 9 de mayo de 1862, habría cumplido siete años y ocho meses; podría, por lo tanto, firmar, aunque no con muy firme pulso. Jorge, en cambio, venido al mundo el 17 de sep. de 1865, no contaba sino cuatro años y cuatro meses, y no habría podido escribir su nombre.

La dolencia que con tanta gravedad atacó a Valeriano, y que ahora se sabe por primera vez, fue, según Gustavo, el temible tifus, enfermedad infecciosa y contagiosa, que a menudo conduce a la muerte. ¿Sería ésta la causa del fallecimiento temprano e imprevisto de Valeriano, y acaso también la del de Gustavo, por contagio? Éste es un dato sumamente importante. La muerte producida por este padecimiento sobreviene principalmente a individuos depauperados por privaciones y escaseces. Se notará, no obstante, una discrepancia entre este testimonio de Gustavo sobre el mal de su hermano, y los términos del certificado médico de defunción del mismo, que dice, como hemos visto, fallecido "a consecuencia de una hepatitis aguda". Si se acepta la fecha de los primeros días de enero de 1870 para nuestra carta, transcurrieron cerca de nueve meses entre ella y la muerte de Valeriano, acaecida el 23 de sept. del mismo año. Tiempo suficiente para haberse curado del tifus, que ya lo había retenido en cama 27 días, y de haber pasado la convalecencia, aunque Gustavo la esperaba larga. Podía haber luego recaído o contraído otra enfermedad, que lo llevó al sepulcro. Pero si el tifus fue la verdadera causa de su fallecimiento, éste ocurriría muy corto tiempo después del ataque a que se refiere la carta de Gustavo, y la fecha de ésta sería, en ese caso, de mediados de septiembre.

Solamente tres meses quedaban de vida a Gustavo y en ese espacio de tiempo, si se piensa en la posibilidad del contagio, pudo haberse incubado la terrible infección. Pero existe igualmente disparidad con el texto del certificado médico, que es, en este punto, mucho más específico. Recuérdense sus palabras: "a consecuencia de un grande infarto de hígado, complicado con una fiebre intermitente maligna o perniciosa que, aunque contenida en sus accesiones periódicas, ha continuado con tipo continuo, precipitando la muerte del enfermo". Esa complicación con una fiebre maligna o perniciosa ¿se debería a restos de fiebre tifoidea contagiada del tifus de su hermano? Dejo la palabra a los médicos para resolver este problema técnico de su profesión.

El texto de la presente carta es el más explícito y doloroso de cuantos conozco concernientes a las publicadas hasta ahora. El enfermo es Valeriano, todavía en el lecho después de veintisiete días de guardar cama. Los gastos ocasionados por los cuidados extraordinarios que ha requerido, han agotado las economías que, con "mil trabajos" iban reuniendo para salir de "el gran atraso" en que se hallaban envueltos. Este atraso volverá a presentarse, ya que la convalecencia del enfermo "parece que será muy larga". Por todo lo cual se ve Gustavo imposibilitado para enviar a Casta cantidad alguna, ni siquiera los 36 reales, nueve pesetas, de la suscripción recordada por ella. No podía presentarse situación más angustiosa.

Esta epístola de puño y letra de Bécquer es una prueba documental; es un testimonio fehaciente, una confesión personal, del estado desdichado de su vida íntima. Es un documento redactado y firmado por un marido y un padre, ajeno a la idea de que cierto día vería la luz pública, y por ello no hay duda de que es veraz. Un padre imposibilitado de enviar a su mujer y al chiquitín la más mínima ayuda económica. Un jefe de familia incapacitado, por la ausencia, de suministrar el más leve calor a su hogar. El frío en el cuerpo y el frío en el alma.

Triste y descarnada realidad. Los documentos van coincidiendo con las memorias y recuerdos. En casos como el presente caben los hechos paralelamente a las frases sentimentales. El erudito, el investigador, el crítico, no ha de ser un ente seco e inconmovible; ha de tener sentimiento y corazón; ha de ser, en una palabra, humano, aun cuando cuide de que la forma de exposición de los hechos sea no sólo clara y exacta, sino también literaria y elegante. Tal la biografía de Campillo, y las memorias y recuerdos de Nombela, Rodríguez Correa, Ferrán y otros, que ahora se van confirmando, en gran parte, con los documentos que salen a luz.

Con la presente enumeración de cartas y documentos en que constan las penalidades físicas, las escaseces de medios y los tormentos morales del excelso poeta; con estos nuevos descubrimientos documentales se añaden y modifican los datos bibliográficos y narrativos de la biografía de Bécquer. Todavía faltan noticias muy importantes acerca de la mujer que inspiró a Bécquer sus rimas. Estas noticias se publicaron en un artículo de Fernando Iglesias Figueroa en un periódico de

Montevideo, cuyo título y fecha se ignoraban aún. Es menester recorrer en Montevideo todos los periódicos hasta dar con el artículo desconocido.

Más bibliografía: *Bécquer*, por Rica Brown, Barcelona, Edit. Aedos, 1963, xvii, 413 p. Prólogo de Vicente Aleixandre, intitulado "Gustavo Adolfo Bécquer en dos tiempos". Empieza Aleixandre con estas palabras: "... la nueva biografía becqueriana de Rica Brown, por innovadora y completa muy justamente galardonada" [con el premio de biografía "Aedos"]. Si el lector desea conocer algunos datos referentes a la vida y a la obra de la autora, los cuales esperaba encontrar yo en el prólogo, según es costumbre, ha de acudir a la solapa del libro, donde los editores publican una breve biografía de Rica Brown y una sucinta descripción de la obra.

La autora de este libro se ha impregnado del alma del poeta a tal hondura, que luce en sus páginas como un eco de la poesía becqueriana. Más aún que una inimitable biógrafa, es una poetisa que inspira. No es su obra solamente la narración palpitante de la vida de Bécquer, sino además un estudio crítico-literario, escrito, para más alto mérito, en el mismo idioma del autor de las *Rimas*.

Edmund L. King, *Gustavo Adolfo Bécquer, from painter to poet*, together with a concordance of the *Rimas*, México, 1953, 334 p., tesis doctoral, Univ. de Texas, 1949. Original y artística. Seis de las poesías que incluye son de otros autores, según ha demostrado Gómez de las Cortinas.

Obras completas, ed. y pról. de J. García Pérez, Barcelona, 1966, 690 p.

Rimas, estud. y ed. de Juan María Díez Taboada, Madrid, 1966, 129 p.

Carolina Coronado

(1823-1911)

"Cuando en 1844 corrió la falsa noticia de su muerte, Carolina Coronado escribió un libro que por su voluntad, había de ser su obra póstuma". La poetisa vivió 67 años más, murió en 1911, a la avanzada edad de 88 inviernos, en su quinta de la Mitra, cerca de Lisboa. Obligatorio es cumplir su última voluntad y publicar ya su libro póstumo, que debe almacenar sabrosas memorias. Sus herederos tienen la palabra.

Sus poesías vieron la luz en 1843. A. Fernández de los Ríos publicó unos *Apuntes* de la autora. N. Díaz y Pérez, *En honor de una extremeña*, en RCont, 1890, II, 601; y E. Castelar, *D.ª Carolina Coronado*, en *La América*, V, 14.

Joaquín Dicenta

(1862-1917)

Toda la parte biográfica y bibliográfica referente a este vigoroso e independiente escritor, a este famoso y aplaudido dramaturgo, cimentada en una labor seria e imparcial de investigación y estudio, está por hacer. Se conocen breves juicios y comentarios en *Antologías* por críticos e historiadores tan excelentes y realistas como A. González-Blanco, E. Gómez Carrillo, Manuel Bueno, Ch. A. Turrell, E. S. Morby y otros.

Pero un estudio compacto, un libro especialmente consagrado a su vida y a su obra, no se ha publicado, o lo desconozco. Existe una tesis doctoral, manuscrita e inédita, presentada y sostenida en la Univ. Central de Madrid, por una estudiante extranjera.

Allá, alrededor del año 1925, una estudiante norteamericana, llamada Grace R. Hesse, asistía a las clases del curso del doctorado en la Facultad de Filosofía y Letras de la Univ. madrileña. Al mismo tiempo, preparaba la redacción de su tesis doctoral, cuyo tema era la *Vida y obra de Joaquín Dicenta*. Para recoger sus materiales, logró tener entrada en la casa de la viuda de Dicenta (éste había fallecido en 1917). En tan excelente ambiente pudo la Srta. Hesse realizar sus investigaciones. La dueña del hogar se prestó con beneplácito y cordialidad a auxiliarla en sus pesquisas. La Srta. Hesse tuvo acceso a la biblioteca y archivo particulares del escritor, a sus manuscritos y papeles, a su epistolario, etc. El resultado fue que pudo reunir información biográfica, bibliográfica y crítica acerca del popular y aplaudido autor de *Juan José*.

Empezada la redacción de la tesis ca. 1927, no la terminó la Srta. Hesse hasta cinco años después, en 1932, fecha en que la presentó y sostuvo ante el tribunal, obteniendo la calificación de "Sobresaliente". Esta nota es cierta garantía de buena calidad. Se puede consultar, solicitando permiso a la Facultad de Filosofía y Letras, en la bibl. de la Universidad de Madrid, donde es obligatorio depositar un ejemplar de cada tesis. Es más, esta tesis inédita debería publicarse. Acaso el hijo del dramaturgo, que lleva el mismo nombre de su padre, Joaquín Dicenta, y que, como él, es escritor, podría encargarse de editarla.

Véase alguna bibliografía: E. Gómez Carrillo, "Dicenta", en *Cuentos escogidos de los mejores autores castellanos contemporáneos*, Paris, 1894. Manuel Bueno, "Dicenta", en *Teatro español contemporáneo*, Madrid, Renacimiento [1909]. A. González-Blanco, "Dicenta", en *Los dramaturgos españoles contemporáneos*, Valencia, 1917, con retr. Ch. A. Turrell, "Dicenta", en *Contemporary Spanish dramatists*, Boston [1919], tr. en inglés.

Mientras permanezca inédita la tesis de Miss Hesse, podremos obtener cierta información de la obra de Dicenta a través de un artículo de 10 páginas por el profesor de lengua y literatura españolas de la Univ. de California en Berkeley, Edwin S. Morby, quien lo intitula *Notes on Dicenta's material and method*, HR, 1941, IX, 383-393. Es lo único que conozco, si se exceptúan las reseñas a cargo de los redactores de los periódicos de Madrid, pergeñadas a vuela pluma, y publicadas al día siguiente del estreno de las representaciones de sus dramas en los teatros de la capital. Claro es que se podrían reunir, copiándolas de los diarios aludidos, que se conservan en la Hemeroteca de Madrid, aun cuando su carácter volandero e improvisado les resta importancia y autoridad.

Otro valor posee el reposado artículo de Morby, y por ello voy a dar cuenta de su contenido que me parece justo y ceñido. Dejo, no obstante, libre el camino a los investigadores y críticos que deseen desarrollar el tema. La historia del drama español contemporáneo quedaría trunca sin la inclusión de la obra del autor de *Juan José*.

El material que empleaba Dicenta para tejer sus dramas lo encontraba en sus propias obras, cuentos, artículos y novelas. Repetía a menudo sus asuntos dramáticos. Utilizaba escenas, situaciones y aun lenguaje una y otra vez. No lo tiene a mal el crítico Morby. Recuerda que otros literatos hacen lo mismo. Extraía un drama de una novela y una novela de un drama. También hallaba material en su propia vida, en su autobiografía. Tal era su método creativo. Su vitalidad sobrepasaba a la de sus contemporáneos. Morby pasa a examinar este aspecto importante de su inspiración. Invoca como testigo a su íntimo amigo y colaborador Pedro de Répide, quien nos informa de la increíble velocidad con la cual escribía Dicenta en ciertas ocasiones, si no en todas. Así nos cuenta que en una tarde y una noche del verano de

1906, en la costa de San Vicente de la Barquera, completó el último acto de su drama *El crimen de ayer*, estrenado en 1908, 2.ª ed., Madrid, 1912, y después de leerle el trabajo del día a su compañero, se sentó y trazó el plan para su *Lorenza*, Madrid, 1907. *Lorenza* es una pieza teatral de diferente naturaleza y Répide se admiró, no sólo de la rápida composición de Dicenta, sino de su versatilidad.

En el presente caso, explica Morby, los argumentos de ambos dramas los había utilizado y ahora los elaboraba e introducía el diálogo. De este verano de 1906 compuso Dicenta una relación en sus ensayos *Desde los rosales* (Madrid, 1906; 2.ª ed., 1912), publicados primero, sin duda, en periódicos. Uno de los esbozos incluidos se titula *Para un drama* (p. 91-97), la niña de la Barquera, cuyo drama es, según las palabras de Dicenta, "el drama ... de todas las mujeres destinadas por la suerte a vivir dentro de aldeas, con hermosura, con educación, y sin capital" (p. 95). Y, en realidad, encuentra que son dos tragedias, la de la muchacha rebelde, que se escapa con el primer recién venido y sufre una desilusión, y la otra, más trágica aún, de la que se resigna. Éste es el argumento de *Lorenza*, nos dice Morby, sin los detalles que luego introduce el autor en el drama, que pasa del artículo al cuaderno del drama, con la variante de ser hermanas las muchachas; Lorenza huye con un artista; Mónica, por su timidez, no huye; será como Ernestina, una beata chismosa, y Gertrudis, una figura ridícula que se niega a envejecer. En *Para un drama* se encierra todo esto en embrión. Morby ha aclarado así el cambio rápido de *El crimen de ayer* a *Lorenza*.

De la misma manera, se encuentra otro boceto de *El crimen de ayer* en el volumen *De la batalla* (p. 57-63), con más adiciones en los dos primeros actos. Otras ligeras modificaciones se notan en la versión para el escenario. Esto indica, me parece a mí, su ansia de perfeccionamiento.

La técnica adoptada en *El crimen de ayer*, no fue la primera vez que Dicenta la empleó. Sin embargo, Morby empezó su estudio con este drama porque se presta con claridad a tomarlo como modelo. Además en ningún drama anterior hizo uso de tal sistema.

El drama *Luciano*, estrenado en 1896 y publicado en Madrid, 3.ª ed., 1906, y en *De la batalla*, p. 57-63, lo basó en el cuento *Un divorcio*. Este drama representa el primer paso dado por Dicenta para volver a usar el tema, pero no lo llevó a efecto; *Luciano* drama es la continuación de *Un divorcio* cuento. He aquí el argumento: un pintor se entera antes de su luna de miel de que su mujer Julia no concibe los ideales del artista. En lugar de sentir el orgullo de compartir la producción de una obra maestra, espera sólo que alcance un alto precio. Sus palabras materialistas sellan el divorcio de dos corazones. Luciano, aquí escultor, y Julia, su mujer, después de una vida de incompatibilidad llegan a la separación espiritual y física.

El señor feudal (Madrid, s.a.; pero incluido por Juan Valera, *Obras compl.*, XLIII, 8, en la lista de libros publicados en 1896 [estrenado el mismo año] dos años después que *Luciano*) avanza otro paso hacia el método de *Lorenza*. Aquí es la doctrina social la que impera. Roque, habiendo arruinado al viejo Marqués de Atienza, lo abandona solo en su castillo en ruinas. *Plomo* parece ser la segunda parte de un libro titulado *Espumas y plomo* (Madrid, 1903). Morby lo compara con *Daniel*. Del mismo modo va analizando la gestación de la obra de Dicenta, con testimonios de breves pasajes que reproduce, y saca a relucir la influencia del naturalismo de Zola, especialmente con su novela *Germinal*.

Estudia también Morby *El lobo* (1917), incidente de la vida en una cárcel. Luego, un cambio: *De tren a tren*, en un acto; *Juan Francisco*, zarzuela en verso en 3 actos; *Los majos de plante*, en colaboración con Répide, sainete lírico; *El idilio de Pedrín*, piezas insignificantes llamadas así, con razón, por Morby, como variantes finales de su método primitivo. Ahora son novelas derivadas de ensayos, como *El hampón* (1913) que describe a un rudo minero, cuya vida se asemeja a la del protagonista de *Juan José*; pero con éste retorna a su primitivo procedimiento.

De *Juan José*, su obra maestra, con verdadero héroe y heroína, no hace un análisis detallado Morby, porque "en artículos de la naturaleza del presente, sólo cabe el eco de la descripción de la protagonista como un ejemplo". Así lo efectúa y son éstas las palabras: "Encarnación es toledana y dulce hasta el del jugo de los albaricoques del país, por parecérseles en todo, tenía en la cara el color de oro ..." (de *Idos y muertos*, p. 127). Y continúa: "Es un albaricoque con el huesecito dulce ... . Por no ser menos que ellos ... luce en la tez de su cara pelusilla terciopelosa y pintitas de oro" (*Encarnación*, p. 37). Pero de ahí nace el drama, la tragedia; es preciso añadir que *Encarnación* es una novela y de ella copia (se copia a sí mismo) Dicenta, como suele hacer con temas y con palabras. Aunque copie las obras ajenas, no es un plagiario. La más aceptable hipótesis —propone Morby— es que Dicenta fue y continuó siendo un periodista en cualquier forma en que se expresara. Dicenta no se repitió. Lo que hizo fue tratar un mismo tema con dos formas diferentes. Parece que no era fecundo en la creación de la trama de los asuntos. Quizá le fuera difícil crear una intriga, una urdimbre, una sinopsis sin basarse en un hecho real autobiográfico, como los registrados en *Plomo*, o *Desde los rosales* o en *Idos y muertos*. También podría inspirarse en un suceso real, como en *El crimen de anoche*, *El león de bronce*. Este rasgo periodístico es una de las características de Dicenta. El drama *Aurora* (estrenado en 1902, publicado en Barcelona, 1913) pudo haberle sido sugerido por la real Encarnación. *Resurrección*, selección de la serie *Traperías* (1905, p. 93-99) contiene un lance ocurrido en la Cárcel Modelo de Madrid, idéntico en espíritu al tema de *El lobo*. No siempre tomó como modelo su propia experiencia: *El suicidio de Werther* se basa en Goethe, y para *Los tres maridos burlados*, en colaboración con Répide, acude a Tirso. Dicenta deja de ser Dicenta cuando escribe en colaboración sainetes y zarzuelas, como *El idilio de Pedrín*, escrito con su hijo Joaquín, y *Curro Vargas* y *La cortijera*, con Manuel Paso.

Al profesor Morby debemos agradecer su interesante y bien documentado estudio de una parte del aspecto de la personalidad literaria de Dicenta. Resta, pues, abierto el camino para otros estudios, en tanto que no se publique la tesis doctoral de Miss Hesse.

Luis de Eguílaz

(1830-1874)

Dejó sin terminar los dramas *San Fernando y Roncesvalles*; las comedias *No basta*, *La guitarra de Espiel* [Espinel?], y las zarzuelas *Los bruneiros de Galicia* y *El salto del pasiego*. Esta última se representó después de su muerte, en 1878. La mejor ed. de sus *Obras dramáticas* es la de Baudry, Paris, 1864.

Félix Enciso Castrillón

(fl. 1807)

"En la B.N.M. hay ocho piezas suyas manuscritas", Cejador, *Hist. de la lit. esp.*, VI, 305. Dramatizó o arregló para el teatro *La Dorotea* de Lope de Vega, con el mismo título de *Dorotea*. Refundió las comedias de Pérez de Montalbán *La doncella de labor*, bajo el título de *Marica la del puchero*, y otra, *La toquera vizcaína*; también la de Rojas Zorrilla, *Obligados y ofendidos* con el de *El gorrón de Salamanca*, y además *Abre el ojo* con el de *Aviso a los casados*, representada en 1807.

Patricio de la Escosura

(1807-1878)

Deben reimprimirse y agruparse en forma de libro sus *Recuerdos literarios: reminiscencias biográficas del presente siglo*, atractivos artículos que empezó a enviar a la IEA, en enero de 1876, hasta el número de diez. *V.* M. Núñez de Arenas, *Génesis de unas memorias*, BHi, 1947, XLIX, 395-399; *Memorias de un coronel retirado*, Madrid, 1868; *Epistolario*, en *Correspondencias literarias del siglo XIX, en la Biblioteca de Menéndez Pelayo*, por J. María de Cossío, Santander, 1930; *Estudios históricos sobre las costumbres españolas* "novela original", Madrid, 1851, 331 p. (serie en forma de cuentos, ej. H.S.A.).

Fernán Caballero
Cecilia Böhl de Faber

(1796-1877)

"No será posible un buen comentario de la obra de 'Fernán Caballero' mientras su correspondencia no sea accesible. El número de cartas que permanecen inéditas es sobremanera crecido". Hespelt, REHisp, 1928, I, 163, n. 8, advierte que la Bibl. de la Univ. de Chicago está en posesión de unas 500 cartas. En España existirán, sin duda, muchas más. Los epistolarios que han visto la luz deben multiplicarse, dice José F. Montesinos, VKR, 1930, III, 232, n. 2.

Ángel Ganivet

(1865-1898)

La conquista del Reino de Maya, 1897. El título completo añade *por el último conquistador español Pío Cid*. "Éste es un libro único *sui generis*". Con estas palabras se entra en materia en un interesante y fino artículo en inglés por Robert E. Osborne. Son unas *Observations on Ganivet's "La conquista del Reino de Maya"*, ofrecidas por el autor como contribución al *Hom. a Moñino*, II, 39-45. Traduzco: "No existe, que yo sepa, obra similar en toda la literatura española, sobre la cual pueda basarse o en la cual pueda haberse inspirado la de Ganivet. En un verdadero sentido *La conquista* es única. Puesto que es un libro que puede llamarse *sui generis,* merece un escrutinio más cuidadoso que el que se le ha dedicado hasta ahora. Se presta fácilmente a interpretaciones, y hay mucho que puede y debe decirse acerca de él" (p. 39).

No voy a traducir todas las observaciones; sólo deseo llamar la atención acerca de uno o más temas cimentados en obra tan original de escritor tan famoso y fascinador, de pura cepa castiza y patriota como Ganivet en su faceta de humorismo. Los asuntos principales tratados se refieren sólo al significado del título, a la influencia de Henry Stanley, al influjo de Jonathan Swift y a un aspecto de Ganivet humorista.

Puesto que Osborne se queja de la restricción concerniente al espacio de que dispone (seis páginas), estos temas no han logrado extenderse en su requerida amplitud, y quedan abiertos a la posibilidad de ser desarrollados y terminados, ya sea por la pluma del propio Osborne, ya por la de otros críticos interesados en lo curioso y sugestivo del asunto. No creo que se puedan invocar los derechos de autor antes de escrita una obra. Eso sí, una vez escrita ésta, ha de confesarse el nombre del inspirador. Traduzco de las págs. 39-40:

Tres puntos han de aclararse antes de intentarse el análisis. El primero y más obvio es que Ganivet se proponía escribir, entre otras cosas, un buen y atractivo relato de aventuras. Este aspecto de su novela no debe desestimarse; lo que ha hecho Hans Jeschke (*Ángel Ganivet, seine Persönlichkeit und Hauptwerke*, RHi, 1928, LXXII). Y debe tenerse siempre presente, pues podemos estar seguros de que es en parte el cuento mismo el que mantiene nuestra atención, precisamente cuando nos intrigan las peleas de Robinson Crusoe o los fantásticos viajes y peripecias de Gulliver. Pocos de nosotros somos tan viejos e insensibles que no podamos ser estimulados por aventuras en un reino vedado. Ganivet, en una palabra, es un excelente narrador de cuentos, y *La conquista* es una buena novela de aventuras.

El segundo punto depende de que todos los escritos maduros de Ganivet lo fueron entre 1895 y 1898, y que *La conquista* fue el primer libro suyo que se imprimió. Es decir, que no poseemos un abultado cuerpo de obras esparcidas en un período de años, sino únicamente el esfuerzo inicial de un joven que se suicidó a los treinta y tres años de edad. Sus numerosas observaciones acerca de la vida, la muerte, el amor, la literatura y la filosofía representan sus pensamientos y emociones en un período particular de su existencia. Debemos también pensar que estos años los vivió fuera de su patria. Por consiguiente, tuvo poco contacto con otros escritores de su generación y fue poco conocido hasta su muerte. Si hubiera Ganivet vivido una vida de duración normal, como Unamuno, hubiéramos presenciado cambios y desarrollos en sus ideas, así como críticas, comentarios y observaciones de sí mismo y de sus contemporáneos. No fue de tal modo. Por ello, la tarea del crítico se ha dificultado.

El tercer punto consiste en que *La conquista* no es una obra cuidadosamente pensada. Cuando se ha pretendido hallar un sistema o una consistencia en las ideas de Ganivet, surge inevitablemente la conclusión de que ello es precisamente lo que falta. Por lo tanto, cualquier ensayo de estructurar una clara y lógica explicación de, por ejemplo, las reformas en *La conquista*, lleva al fracaso. Se puede idear la novela como un cesto en el cual Ganivet ha volcado un vasto número de ideas sobre muchas materias sin orden ni concierto. Mirado desde este punto de vista, la novela está mal compuesta, es confusa a menudo, y no se sabe con exactitud lo que el autor trata de demostrar. Con frecuencia, más que una novela en el sentido usual, es una serie de escenas. Si buscamos una comparación, Swift es un modelo de claridad.

A continuación ofrece Osborne un breve resumen del argumento de la novela, del texto de la edición de sus *Obras completas*, t. I (Madrid, Aguilar, 1943), y al final, un brevísimo análisis del influjo de Swift, donde cita también a Rabelais.

Como bibliografía en auxilio de los estudiosos e investigadores, extracto la siguiente: Osborne nos da, además de Hans Jeschke, lo más reciente, como las *Obras completas* citadas; lo de Francisco García Lorca; lo suyo: *Ángel Ganivet and Henry Stanley*, HR, 1955, XXIII, 28-32; Antonio Espina, *Ganivet: el hombre y la obra*, Buenos Aires, 1942; y Francisco Elías de T. Spínola, *Ideas políticas de Ángel Ganivet*, Madrid, 1939. Bueno es, sin embargo, repasar los estudios antiguos como L. Rouanet, *Ángel Ganivet*, RHi, 1898, V, 483; F. Navarro Ledesma, *Ángel Ganivet*, Valencia, 1905; *Epistolario*, pról. de Navarro Ledesma, Madrid, 1904 (*v. La Lectura*, 1903, II, 405, 558; 1904, III, 448); M. Legendre, *El cristianismo español según Ángel Ganivet*, EM, may.-jun., 1909; A. Gallego y Burín, *Ganivet*, Granada, 1921; A. Bonilla y San Martín, *Ganivet*, RHi, 1922, LVI, 530-540; M. Fernández Almagro, *Vida y obra de Ángel Ganivet*, Valencia, 1925; M. Pérez, *Ángel Ganivet, universitario y cónsul*, Madrid, 1926; N. González Ruiz, *Ángel Ganivet*, BSS, 1924, I, 56; C. Armanni, *Ángelo Ganivet e la rinascenza spagnola del '98*, Napoli, 1934; M. Azaña, en *Plumas y palabras*, Madrid, 1930; *El porvenir de España* (epistolario), Madrid, 1905 (obra póstuma), 2.ª ed. aum. con 4 cartas más y las de Unamuno, 1912, otra ed. Buenos Aires (Col. Austral), 1943; J. García Mercadal, *Ideario español: Ganivet*, recopilado por, Madrid, 1919; A. Ganivet, *España filosófica contemporánea*, Madrid, 1930, obra póst., y en sus *Obras completas*, pról. de M. Fernández Almagro, Madrid, 1943, II, 587-672 ("Este trabajo lo empezó a escribir y dio fin Ganivet siendo estudiante en Madrid"). *V.* también HispCal, 1966, XLIX, 340. Para la *Conquista*, y el folclor y la mitología maya, *v.* Richard J. Callan, *Babylonian mythology...*, HispCal, 1967, L, 417-424; Javier Herrero, *Ángel Ganivet, un iluminado*, Madrid, 1966, 346 p. *V.* J. W. Schweitzer, HispCal, 1967, L, 605-606; Juan Ventura Agudiez, *Ganivet en las huellas de Galdós y Alarcón*, BICC, 1966, XXI, 89-95. En Alemania se conoce a Ganivet al través de la obra de Hans Jeschke, que debía traducirse al español.

Ganivet dejó sin terminar sus estudios críticos sobre Ibsen, Jonas Lie y Björnstjerne Björnson. Acaso se pudieran encontrar los manuscritos en poder de sus herederos.

Juan Eugenio Hartzenbusch

(1806-1880)

Su drama, *Doña Juana de Coello*, se conserva inédito. Trata de la vida del secretario de Felipe II, Antonio Pérez.

José Lázaro Galdeano

(1862-1947)

Debiera ensancharse el área de los temas de letras a otros sectores de la cultura española. Además de los atañederos a la historia de la literatura hispánica, sería provechoso igualmente estudiar y analizar el desarrollo y progreso de la historia política, de la filosofía, de la jurisprudencia, por ejemplo, y, en general, de toda actividad intelectual que haya contribuido al adelanto del país y de sus instituciones. Habría de añadirse desde luego la pesquisa de la obra de las personalidades originarias y colaboradoras de tal adelanto.

Suele existir, entre ellas, una persona de poderosa inteligencia y recia voluntad, que haya dado el primer impulso y haya formado después un foco de actividad y energía, desarrollado por otros amantes de la ilustración. Ese hombre brilló en España durante el siglo XIX, dotado de un innato patriotismo, que empleó la inmensa fortuna que poseía en el fomento de la cultura española.

Me estoy refiriendo a José Lázaro Galdeano, quien cumplía todas estas condiciones en grado sumo, y se convirtió en un foco, cuyas luces se irradiaban en torno de su labor en la senda del progreso y de la civilización.

Nació mediado el siglo, el 30 de enero de 1862, en Beire, Navarra. Llegó a ser jurisconsulto de nota y publicista emprendedor, se aficionó a las bellas artes, de las que fue perito y formó más de una colección en Madrid y en París con cuadros, entre ellos del Greco y de Goya, así como con preciosas joyas, esmaltes y orfebrería, y libros raros, todo catalogado. Con estas obras de arte, fundó un rico y selecto museo, como director del cual nombró al eminente y entendido crítico Antonio Rodríguez-Moñino, con quien le unía una estrecha amistad, hasta llegar a designarlo su Albacea Testamentario, que cuidara del cumplimiento, a su muerte, del legado que hizo de sus museos y de su fortuna a España, al Estado Español. Éste creó una Fundación de la cual nombró Bibliotecario jefe al Sr. Rodríguez-Moñino.

De la competencia e ilustración de Lázaro Galdeano dan testimonio las siguientes obras de que fue autor: *El robo de la Real Armería y las coronas de Guarrazar*, Madrid, 1925; *Un supuesto breviario de Isabel la Católica*, comunicación al Congreso de Historia del Arte, celebrado en París en 1921, sobre el manuscrito adicional n.º 18.1851 del Br. Mus. llamado "Isabella book" o Breviario de Isabel la Católica, Madrid, EM, 1928, 27 p., il.; *La colección Lázaro de Madrid*, Madrid, EM, 1926-27, 2 v., il., "La magnífica colección formada en Madrid por la señora doña Paula Florido de Lázaro y su marido, don José"; *Le Livre espagnol: son esthétique depuis les premiers manuscrits jusqu'à la fin du XVIᵉ siècle*, Paris, 1936 (Maggs Bros., 1936). "Son 118 mss. e impresos raros, entre ellos un 'Recueil de 94 lettres autographes de Lope de Vega au Duc de Sessa'"; *Un retrato de Gilbert Stuart en España*, Madrid, 1925; *Los incunables bonaerenses*, Madrid, EM, 1925. Hay ejemplares de todos en la H.S.A.

Las actividades de Lázaro Galdeano, hombre de sana energía y recto juicio, con una enorme fortuna a su disposición, se vigorizaron entonces, tomando un camino esencialmente práctico. Dotado, como se ha dicho, de un enraizado patriotismo, se propuso actuar en gran escala en favor del progreso cultural de España. Era uno de esos raros hombres propulsores, fomentador, alentador, fundador, sin carácter partidista, ni político, ni religioso, sólo literario y científico para la instrucción del pueblo español en general. Así empezó por fundar, mantener y dirigir una revista literaria a la que bautizó con el título de *La España Moderna*. Nada más apropiado. Se rodeó de lo más granado entre los escritores de aquel tiempo, como redactores y colaboradores, a quienes fijó un sustancioso sueldo permanente. Lo fueron Pérez Galdós, Valera, Pereda, Palacio Valdés, Pardo Bazán, Alarcón, Benavente, Campoamor, Núñez de Arce, Zorrilla, Menéndez Pelayo, Alas, Unamuno, Benot y otros. Fundada en 1889, la mantuvo y dirigió durante veinticinco años, cesando en 1914 a causa de la guerra mundial. Aparecieron 312 tomos. Costeó todos los gastos de colaboración, composición e impresión. Compiló un índice de autores y materias, que comprende desde el tomo primero hasta el 264, de enero de 1889 a diciembre de 1910, de unas 400 páginas, el bibliotecario archivero R. Gómez Villafranca. Una serie completa de la revista se halla en la H.S.A, y otra en la N.Y.P.L., e igualmente el Índice parcial. A propósito: deberíase completar.

Se propuso Lázaro Galdeano con la publicación de *La España Moderna* dar a conocer en el extranjero a los mejores intelectuales nuestros. Para contrarrestar este deseo, ideó fundar, como fundó, otra revista de contrapeso a fin de dar a conocer a los escritores extranjeros en España. La tituló *Revista Internacional,* también costeada por él, y en ella aparecieron artículos de los mejores autores extranjeros. He visto los nombres de Bréal, Bergson, Carlyle, Fouillée, Baldwin, Bunge, Burnouf y otros, incluyendo autores del Norte de Europa, como Ibsen y otros noruegos y suecos poco leídos en España. Con este mismo designio, creó una biblioteca de obras originales y traducidas de Mommsen, Nisard, Nietzsche, Papini, Quinet, Renan, Rossi y otros como Ruskin y algunas nuestras como la *Vida de Núñez de Arce* y *Vida de Martínez de la Rosa,* por Menéndez Pelayo; *Vida de Bretón* por Molíns.

Especializadas en su profesión dio a la estampa la revista *La Nueva Ciencia Jurídica* sobre los progresos del Derecho, y a la par una *Biblioteca de Jurisprudencia, Filosofía e Historia* con obras de Lombroso, Garofalo y otros, hasta alcanzar la crecida cifra de 576 v.; la lista se publica en *La España Moderna* (cubiertas). Tarea editorial ciclópea.

Ya habéis visto lo que España debe a su ilustre hijo, José Lázaro Galdeano. El progreso y adelanto de la cultura española le son deudores en gran parte en el siglo XIX, al cual contribuyó a dorar. Véase a este respecto mi disquisición acerca de *La segunda Edad de Oro de la literatura española,* en esta misma *Guía.* Asimismo le son acreedores los más brillantes literatos españoles que florecieron en el siglo XIX, por producir y publicar sus nuevas ideas en *La España Moderna* y en su *Biblioteca de Jurisprudencia, Filosofía e Historia.* Le son deudores también los autores extranjeros por haberles proporcionado igualmente una revista que los diera a conocer en España. En la primera revista había dado a conocer los escritores españoles en el extranjero.

Este hombre culto y práctico a la par fundó, costeó y dirigió durante veinticinco años las citadas revistas literarias y eruditas, rodeándose de los más afamados escritores y literatos, y además creó la espléndida colección de los mejores autores extranjeros, autoridades en sus respectivas materias. Muchas de las obras que encargó traducir al español sirvieron de textos de estudio en nuestras universidades y de consulta a los iniciados entendidos. Todo, en fin, fue el resultado de su actividad e influencia extendidas hacia el fomento del engrandecimiento de España, lo cual obtuvo tras extraordinario empeño y éxito. El desenvolvimiento cultural, tanto literario como científico, en España, contó, en gran proporción, con la poderosa actuación e influencia de José Lázaro Galdeano. Merece que se le dedique un estudio pormenorizado o disertación, a cargo de un joven estudiante amante de España y de su cultura. Aquella bella y útil vida alcanzó por suerte ochenta y cinco años. Lázaro Galdeano falleció en Madrid el 1.º de dic. de 1947.

Julio Monreal

(1839-1890)

Insistiendo en la materia de la historia amena de las costumbres antiguas del pueblo español, existe la posibilidad de servir al lector un plato sabroso y picante, salpicado de sal andaluza, origen del adjetivo *salada* que se suele colgar del cuello de las mujeres de Andalucía. Así J. Monreal ha condimentado sus *Cuadros viejos, colección de pinceladas, toques y esbozos, representando costumbres españolas del siglo XVII*, Madrid, 1878, continuado por sí mismo en IEA y su *Almanaque*, hasta 1891. Muy útil además, según el hispanista M. A. Buchanan, quien recomienda se reproduzcan especialmente los de la *Ilustración* que nunca lo fueron en forma de libro (v. HR, 1935, III, 75, donde se indican las págs.).

Francisco Navarro Ledesma

(1869-1905)

Interesante e importante resultaría, para conocer detalles de la sociedad literaria de su tiempo, la biografía de este descollante escritor, crítico y profesor. *V.*, por ejemplo, las *Cartas a Galdós*, ed. por Soledad Ortega, Madrid, 1964, p. 18 y *passim*.

José Nogales

(1856-1908)

En una mañana soleada y fría de Madrid se levantaron temprano los madrileños, ávidos de conocer el nombre del literato premiado en el concurso del cuento organizado por *El Liberal*. Era el 1.º de enero de 1900. Los periódicos habían anunciado la víspera publicar el secreto en las ediciones madrugadoras. Existía gran expectación en vista de lo reñido del certamen, abierto a todos los cuentistas españoles, entre los cuales se contaban escritores tan ilustres como Valera, Echegaray, la Pardo Bazán, Fernanflor (Fernández Flórez), Munilla y otros. Pronto se satisfizo la curiosidad popular. Los diarios publicaron, como autor premiado el nombre de José Nogales.

¿Quién era José Nogales? Nadie lo conocía. Era un desconocido en el mundo literario. Pero de improviso, desde entonces, se dio a conocer. Con rapidez circuló su nombre y apellido, no sólo por Madrid, sino también por toda España, y llegó a atravesar el Atlántico y difundirse por todos los países hispánicos. ¿Cuál era el título del cuento? *Las tres cosas del tío Juan*. *El Liberal* lo insertó íntegro. Milagro literario, dijeron algunos. Un momento de inspiración, explicaron otros. Pero quienes leyeron el cuento basaron su mérito en la acertada elección del tema, en la oportunidad que revelaba la alusión al estado político y social por el cual atravesaba España en aquellos momentos (1898), y el ansia de su mejoramiento mediante la aplicación de un remedio eficaz e inmediato. ¿Cuál era éste? Nogales tenía, veladamente, plena confianza en la virtud de su panacea, en la curación con ella de todos los males que afligían a los españoles. La integraban tres cosas. De ahí el título de su cuento.

Aquí surge el artista, el gran artista que había en Nogales. De una manera simbólica se vale de una bella historia de amor entre una aldeana, Lucía, y un lugareño, Apolinar. Éste se decide a pedirla en matrimonio al padre, el tío Juan, quien exige, para otorgar su consentimiento, que Apolinar ejecute tres cosas. ¿Cuáles son esas cosas? Primera, que se levante al alba para "que me traigan todos los días la primera gallinaza que suelte el gallo al romper el alba". Segunda, que cultive la tierra: "trincar un bocado de hierba sin doblar los corvejones", y tercera, que le salga un callo en la mano a fuerza de trabajar: "que me dé candela en la palma de la mano". Más claro explica el tío Juan las tres cosas que desea: la primera la quería "como remedio del mal de ijares" aunque en realidad "ni yo tengo dolor de ijares ni cosa que se le parezca"; lo imaginaba para que madrugara. La segunda, trincar un bocado de hierba "sin ... acularse ni tenderse", y la tercera "que me dé candela en la palma de la mano el día de mi santo por la mañana, y esto ha de ser con sosiego, sin hacer bailes, ni meneos, ni soplar, ni sacudir".

El símbolo está pintado. De él se deduce, junto con apropiadas y bien pensadas frases, lo que recomienda Nogales para mejorar la situación de España. Su patriotismo se desborda, aunque veladamente. Tiene esperanza en el porvenir del pueblo español. "En el mundo todas las yuntas humanas han de abrir un surco ... labor más dulce". Basta con madrugar, cultivar la tierra, "echar un espinazo que sea a la vez tronco de olivo y vara de mimbre". Abandonar la vida de la ciudad: "¡Maldito sea el casino y las cartas y quien las inventó! ¡Malditos los tabernáculos que nos chupan el tiempo y no nos dejan ver esta gloria, esta bendición ... derramada por los campos! Apolinar sintió que otro amor sano y fuerte se le entraba en el alma: el amor a la tierra, el amor a lo suyo, el gozo íntimo y callado del que posee, ... ¡Al campo, al campo! Esa es la ubre". Y termina: "... el alegre repique de las campanas parecía responder allá, en lo alto, al alborozo de la raza nueva, de la raza fuerte, que abría su fecundo surco de amor en la llanura humana".

Con razón y justicia ganó, pues, José Nogales el premio del concurso. Inolvidable día para él, día de alborozo y de triunfo, de felicitaciones y de parabienes, de apretones de mano y de abrazos. Gozó Nogales un día de popularidad y de fama. Hasta entonces la celebridad no había llamado a su puerta. Era casi desconocido. Sin embargo, había escrito y publicado varias novelas y algunos cuentos. A su pluma se debe, por ejemplo, *Mosaico*, colección de artículos, cuentos y tradiciones de la Sierra, Huelva, 1891; *En los profundos infiernos, o Zurrapas del siglo*, 1896; *Mariquita León*, novela, Barcelona, 1901; *Tipos y costumbres*, Barcelona [1900]; *Cosas nuevas y viejas (apuntes sevillanos)*, Sevilla, 1904. *Las tres cosas del tío Juan* alcanzó tres ediciones desde 1900 hasta enero, 1916, dedicadas "en homenaje al genio inmortal del excelso autor del *Quijote* y a la sublime grandeza del habla y del carácter nacionales", según reza la portada. En efecto, era un gran admirador de Cervantes. Era un clásico y, a la par, un renovador. El

19

crítico Zozaya habla de su renovación. Era un artífice de la prosa, un artista ante todo, un esteta, un estilista, y no fue fecundo por propia voluntad. Ello explicaría el desconocimiento en que le tenía el gran público antes de la publicación del cuento premiado, *Las tres cosas del tío Juan*, uno de los mejores de los tiempos modernos en España. Con él atrajo la atención de críticos y lectores.

Merecen reproducirse las elegantes frases del co-redactor de Nogales en *El Liberal*, el poético, exquisito e inimitable cronista Enrique Gómez Carrillo, en una crónica sobre el "Arte de trabajar la prosa": "Esto de la inferioridad de la prosa con relación al verso es una idea muy universitaria y hasta puede decirse que muy universal, por lo menos en España. Y sólo a un compañero le he oído protestar contra ella, al querido Nogales. La prosa —solía decir aquel singular artista— es una sacrificada. Para dar todo el reino al verso, la han ido a perder en los montes de lo vulgar y de lo abyecto. Yo la busco con un amoroso cuidado, porque creo que los que la instauren en su trono definitivamente habrán hecho una obra más grande que la de todos los conquistadores y todos los profetas'" (Enrique Gómez Carrillo, *El primer libro de las crónicas*, Madrid [1919], p. 196).

Lo registra Bleiberg en su diccionario; lo trae Espasa; lo incluye Sáinz de Robles en su *La novela española en el siglo XX*: Acebal, Sofía Casanova, Carlos Luis de Cuenca, Gutiérrez-Gamero, López Ballesteros, el Conde de las Navas, Enrique Menéndez Pelayo, etc. (datos de Jenaro Artiles, ByN, 12 de dic., 1908).

En cuanto a su biografía todos están contestes en que nació en Aracena (Huelva), aunque Sáinz de Robles (*ut supra*) lo hace nacido en 1858, mientras Bleiberg en 1860, con un interrogante. Espasa no da año de nacimiento. Todos se vuelven a poner de acuerdo en fijar la fecha de la muerte, 7 de dic. de 1908.

He tenido la fortuna de hallar en la H.S.A. un ejemplar de una 3.ª ed. del cuento *Las tres cosas del tío Juan*, Madrid, enero, 1916, 11 p., edición al parecer debida a la redacción de *El Liberal* ("Cuento premiado en el concurso de 1900"). A ella acompaña en el mismo opúsculo una "Nota biográfica" anónima, aunque suscrita por "*El Liberal*, martes 8 de diciembre de 1908". Igualmente la Esquela mortuoria por la viuda, D.ª Manuela Bravo, y sus hijos Valeriano y Josefina, hermanos, primos y demás parientes y encabezada por la Redacción de

El Liberal. Estos son los datos fidedignos: nació en 1856 en Aracena, Huelva. Allí hizo sus primeros estudios. Luego realizó los universitarios de Derecho, obteniendo el título de Licenciado; pero abandonando pronto su profesión, ingrata para él, y consagrándose por entero al cultivo de las letras, su ardiente afición. Marchó a Madrid, donde laboró como periodista, escribiendo en *La Época* y *El Nacional.* Fue secretario particular de Manuel de Burgos, director general en el Ministerio de Ultramar. Colaboró en ByN, donde publicó cuentos en 1905, 1907 y 1908 (Artiles), en Lect y en otras revistas.

De repente, trocó el curso de su existencia, y la desgracia le persiguió, la fatalidad le acechó. Una enfermedad de la vista le produjo la ceguera total. No se dejó vencer y continuó la labor. Sus últimos trabajos se escribieron al dictado. Finalmente un ataque de hidropesía le llevó al sepulcro antes de alcanzar la vejez, el 7 de dic. de 1908, a los 52 años. (Se considera, en la mayor parte de los países cultos, que la vejez empieza a los 65 años, como límite de edad para la concesión de la jubilación, el retiro, etc.) Después de su muerte, la Casa de Velázquez de Sevilla publicó las *Tradiciones de Aracena, El Cristo de la playa, La Julianita, Zulema,* Sevilla, 1926, 78 p.

Sorprende que no lo incluyan los autores de historias de la literatura española. Los únicos que hablan de él son H. y P., 5.ª ed., 1943, p. 1006, quienes le asignan sólo los dos renglones siguientes: "José Nogales, escritor también sobre temas andaluces, verbigracia *Mariquita León,* premiado por su cuento *Las tres cosas del tío Juan".* Valbuena Prat ni siquiera le nombra.

En el mismo número de *El Liberal* en que se lee la necrología, el 8 de diciembre de 1908, al día siguiente de la muerte de Nogales, apareció un primoroso artículo crítico, sumamente favorable, por Antonio Zozaya, reproducido en la citada 3.ª ed. de *Las tres cosas del tío Juan.* Por considerarlo lo mejor que conozco se haya escrito sobre la obra de nuestro novelista, reproduzco algunos pensamientos y juicios del ejemplar de la 3.ª ed. del cuento, ej. raro conservado en la H.S.A.:

> Después de luchar por el ideal más excelso, por la belleza artística ... después de cincelar y pulir el habla castellana ... cuando muere un artífice de la idea y de la palabra ... los hombres como Nogales dejan un germen palpitante, que es vida y fecundidad y progenie. Su palabra no ha muerto porque ha sido renovación. En sus crónicas hay todo un decálogo, y en esas tablas

que parecen de papel y que son de piedra está el credo de toda
la juventud literaria. Habrán existido escritores más ampulosos,
más retóricos, más hueros que Nogales; más artistas, jamás. Nunca
se han llevado al espíritu sensaciones más hondas e intensas, vi-
braciones más exquisitas. Su prosa ha sido luz, transparencia, to-
nalidad; su frase, espasmo, su palabra, aleteo. Y sus crónicas no
han pasado.

Anuncióse un certamen de ingenios ... su verbo fue resurrección. A su evocación renacieron las letras castizas, la rancia fa-
cundia del viejo solaz; su trabajo fue un grito de esperanza en
el porvenir. [Coincido con Zozaya en mi comentario expuesto
ut supra. Esa esperanza fue una de las razones que determinaron
la concesión del premio, y sobre todo por enseñar los medios de
alcanzar esa esperanza.] De entonces acá no hizo sino esculpir
la belleza inmortal.... Todo el resurgimiento actual, que depura
el estilo, huye de lo afectado y pomposo, y busca la serena ma-
jestad de la línea helena, tiene su fuente y manantial en Nogales.
[Este es el más ajustado juicio que la crítica, representada por
Zozaya, ha formulado.]

Éste era Nogales, hidalgo y caballero, altivo y desdeñoso con
la pequeñez, idólatra de todos los cultos que tuvieran la belleza
por ara, entusiasta de las cosas viejas y nuevas que supieron ser
grandes, reverente ante todos los atrios en cuyas archivoltas no
estuviera esculpido el escudo de lo vulgar.

He traído a esta *Guía*, como temas literarios, los nombres de Francisco Acebal (p. 255-258) y de José Nogales, por nuevos y olvidados, y
dignos de que se les recuerde en sendas tesis doctorales que estudien su
personalidad y su obra y les coloquen en los puestos elevados que les
corresponden en la historia de la literatura española. Los jóvenes historiadores cuentan con dos fuentes de información, principalmente en
las páginas de *La Lectura*, para el primero, y en las columnas de *El
Liberal*, para el segundo. He aquí lo que dice a este respecto Zozaya:

En este *Liberal*, que le abrió los brazos y le creó un pedestal
digno de su fama, se conservan maravillas escritas, que serán per-
durablemente el orgullo de la patria a quien supo ensalzar. Todas
son bellas, con la impasibilidad de la belleza clásica. ... Sus amigos coleccionarán sus trabajos. Son éstos manjares exquisitos que
pueden apreciar todos los paladares.

Multitud de cuentos y tradiciones, descripciones de costumbres y novelas cortas se encuentran en las columnas de *El Liberal* de Madrid, del cual fue redactor, y en las de *El Liberal* de Sevilla, del cual fue director. A ambos importantes y leídos diarios deberán acudir quienes se propongan editar sus obras completas. Para ello, o para su lectura y estudio crítico, como fundamento de una disertación, deberá recorrerse la colección de *El Liberal* de Madrid y la del de Sevilla, de 1900 a 1908, en la Hemeroteca Municipal de Madrid.

Manuel Ovilo y Otero

(1826-1885)

Catálogo biográfico-bibliográfico del teatro moderno español, desde el año 1759, ms. inédito en la B.N.M. *Memorias para formar un catálogo alfabético de los españoles, americanos y extranjeros célebres, que más se han señalado en España desde el año 1200 hasta nuestros días, en todas las carreras*, I, Segovia, 1854. Completado con el título de *Diccionario biográfico contemporáneo*, Madrid, 1867. Otro *Diccionario* inédito en la B.N.M. De él publicó un extracto titulado *Manual*, la casa editorial de Rosa y Bouret, de París. *Historia de las Cortes, de las armas, de las letras y artes españolas, o sea biografías de los senadores y diputados, militares, literatos y artistas contemporáneos*, Madrid, 1851. Menéndez Pelayo menciona el *Diccionario bibliográfico* en *La ciencia española*, 3.ª ed., 1887, I, 53-54. ¡Qué masa de datos y noticias se podrán encontrar en esos libros impresos y manuscritos! ¿Serán todos fidedignos? El nombre de Menéndez Pelayo parece protegerlos en cierto modo.

Emilia Pardo Bazán

(1852-1921)

Crítica literaria. ¡Qué ahorro de tiempo y de trabajo se obsequiaría al estudioso y al pichón de crítico si se atasen en un ramillete los múltiples trabajos de crítica de D.ª Emilia! Por ejemplo, *La cuestión palpitante, las polémicas y estudios literarios críticos, Retratos y apuntes literarios, Nuevo teatro crítico, Feijoo, Rosalía de Castro.* Y luego compilarle el índice general analítico y alfabético. Reúnanse sus artículos de *La Ilustración Artística* de Barcelona. *V.* Menéndez Pelayo *Estudios de crítica literaria*, 1942, V, 27.

José María de Pereda

(1833-1905)

Ensayos dramáticos, Santander, 1869, 323 p. (cinco comedias en verso). Sólo publicó 25 ejemplares no puestos a la venta. Son rarísimos. Existe uno en la B.M.P. en Santander, sign. R-IX-4-24. Se deben reimprimir. *Obras inéditas de Pereda, ap.* James O. Swain, en BAbr, Spring, 1939, 210. *V.* José María de Montero y Cossío en Lect.

José María Sbarbi

(1834-1910)

Sus papeles y manuscritos fueron a parar, a su muerte, sobrevenida en 1910, a poder de sus sobrinos, herederos, los Sres. García. Manuel José García, profesor de lengua y literatura españolas, dirigió, ordenó, corrigió y dio a las prensas el conocido *Diccionario de refranes de la lengua española,* obra póstuma. Le puso prólogo Gabriel María Vergara. Se reimprimió en Buenos Aires, en 1943. Los títulos de las variadas obras manuscritas que ha dejado, algunas de utilidad, son *Ensayo bibliográfico acerca de las obras de consulta para el estudio de la lengua castellana;* un *Diccionario de andalucismos;* un *Texto del "Quijote" reducido a su pristina pureza* [!], con notas filológicas; un *Diccionario de la música;* la *Filosofía de la música; La fábula y los fabulistas españoles;* un *Tratado de castellano; Estudios técnicos críticos acerca de los cantos populares de algunas provincias españolas* (importante); un *Tratado de retórica y poética* y algunos más. Finalmente sería de interés reunir sus artículos de IEA, *La Ilustración Artística,* RCont, EM, *La Correspondencia Musical,* y de los diarios *El Imparcial, El Siglo Futuro* y algún otro.

José Selgas

(1822-1882)

Vida y obra de José Selgas y Carrasco. *V*. RBD, 1950, IV, 89. A. Palacio Valdés, "Selgas", en *Semblanzas literarias*, Madrid, 1878; otra. ed., 1908.

Ricardo Sepúlveda y Planter

(1846-1909)

El Corral de la Pacheca, apuntes para la historia del teatro español, Madrid, 1888, xxii, 667 p., il.; "Autores dramáticos del siglo XVIII y XIX", p. 195-214; "Saloncillo del teatro español", p. 317-324; "Relación biográfica de comediantes, siglos XVI, XVII y XVIII", p. 397-442; "Listas de compañías", p. 443-534 y sig. hasta la p. 641.—*Antiguallas*, crónicas, descripciones y costumbres españolas en los siglos pasados, Madrid, 1898, xx, 395 p., il., colofón, 1897.—*Madrid viejo*, crónicas, avisos, costumbres, leyendas y descripciones de la villa y corte en los siglos pasados, 2.ª ed., Madrid, 1888, xxviii, 475 p. Preferibles a estos trabajos sobre costumbres en prosa, son sus poesías. Sepúlveda fue un buen poeta romántico, de quien se recitan poesías que fueron muy aplaudidas y rememoradas, como aquella que empieza

Cae una piedra en las tranquilas aguas del anchuroso lago ...

Es preciso buscarlas, recogerlas, estudiarlas y editarlas, con un estudio literario-crítico y biográfico. Así habrá sobrenadado una tesis atrayente y aceptable.

Narciso Serra

(1830-1877)

Se hallan depositadas inéditas en la B.N.M. comedias, manuscritas autógrafas de Narciso Serra, que usó este nombre abreviado del completo Narciso Sáenz Díez Serra, que le correspondía. *V*. N. Alonso

Cortés, RevBAM, 1930, VII, 197-198, y además en su *Quevedo en el teatro y otras cosas*, Valladolid, 1930, p. 129-202. *V.* también J. Fernández Bremón, *Autores dramáticos contemporáneos*, 1882, I, 347. Serra compuso, por otra parte, *Poesías líricas* (1848) y *Leyendas, cuentos y poesías* (1877).

José Zorrilla

(1817-1893)

No se han dado a la publicidad todavía las obras completas del poeta émulo de Lope de Vega, en las vidas paralelas que entrecruzó H. Serís, al publicar su ensayo sobre *La segunda edad de oro de la literatura española* (siglo XIX), contribución al *Hom. a Martinenche*, 1939, p. 196-215. *V.* N. Alonso Cortés, pról. a las *Poesías* de Zorrilla, Madrid, Clás. Cast., 1925, p. xviii.

ÍNDICE ALFABÉTICO DE TEMAS

300 HOMERO SERÍS

I

Inquisición, **83**
Isidoro de Sevilla, San, 40, **115,** 126
Isla y Rojo, José Francisco de, **247**

J

Jiménez, Fray Francisco, 53, **119**
Jiménez Patón, Bartolomé, **210-211**
Jiménez de Urrea, Jimeno, *v.* Urrea,
  Jerónimo de
Jovellanos, Gaspar Melchor de, 62, 244,
  247-251
Juan Manuel, El Infante, 93, **119-123**
Judíos, 147, 153, 178, 246

L

Laínez, Pedro, **180-181**
Lasso de la Vega, Garci, *v.* Garcilaso
  de la Vega
Lázaro Galdeano, José, 56, **284-287;** *Bi-*
  blioteca de Jurisprudencia, Filosofía
  e Historia, 286; *España Moderna,*
  285, 286; *Nueva Ciencia Jurídica,*
  286; *Revista Internacional,* 286
Ledesma, Francisco Navarro, *v.* Nava-
  rro Ledesma, Francisco
León Pinelo, Antonio de, 28, 60, **211,**
  216
Libro de la caza, 119-121, 122
Libros de caballerías, 53, **83-85,** 190, 193;
  Amadís de Gaula, 84-85, 241, 253;
  Don Clarisel de las Flores, 193; *Don*
  Florindo de Castilla, 85; *Esplandián,*
  84; *Florando de Inglaterra,* 85, 169;
  Palmerín de Inglaterra, 85; *Prima-*
  león, 85; *Rosián de Castilla,* 190
Liñán de Riaza, Pedro, 61, **181-182**
Litala y Castelví, José de, *v.* Delitala y
  Castelví, José
Lope de Vega, *v.* Vega Carpio, Lope
  Félix de
López de Ayala, Pero, **123**

López de Hoyos, Juan, **182**
López de Mendoza, Íñigo, *v.* Santillana,
  Marqués de
López Remón, Alonso, *v.* Remón [de
  Araque], Fray Alonso
López de Vega, Antonio, **211**
Lucidario, **117**
Luque Fajardo, Francisco de, 71, **211-**
  212
Luzán, Ignacio de, **252**

M

Martínez de Toledo, Alfonso (Arcipres-
  te de Talavera), 39, 119, **126-127,**
  149-150
Mascarón, El, **117**
Medina, Francisco de, **182**
Medina, Pedro de, **183**
Medrano, Julián de, **183**
Mejía, Luis, *v.* Mejía de la Cerda, Luis
Mejía de la Cerda, Luis, **212**
Melo, Antonio de, **212**
Mena, Juan de, 53, 63, **127-128,** 129, 134,
  241
Méndez, Francisco, 28, **252**
Mendoza y Bobadilla, Francisco de
  (Cardenal Arzobispo de Burgos), **184-**
  185
Método de investigación, **44-46**
Metodología, **19-26**
Mexía, Diego, **185**
Mingo Revulgo, **128-132**
Misterios, **85-86**
Moncada, Francisco de, **212-213**
Monreal, Julio, **287**
Montalvo, Luis Gálvez de, *v.* Gálvez de
  Montalvo, Luis
Montemayor, Jorge de, 49, **185-186**
Moratín, Leandro Fernández de, 29, 38,
  124, 163, 164, **252**
Moreto, Agustín, v. Moreto y Cabaña,
  Agustín
Moreto y Cabaña, Agustín, **213**
Moros y cristianos, 70-71

ÍNDICE ONOMÁSTICO

Mogrovejo de la Cerda, Juan, 239
Moir, Duncan W., 201
Molinaro, J. A., 112
Molíns, Marqués de (Mariano Roca de Togores y Carrasco), 195, 286
Mommsen, Theodor, 286
Monaci, Silvio, 108
Monardes, Nicolás, 55, 57
Moncayo, Pedro (de), 92, 97
Monella, Bartolomé, 172
Monella, Pedro Antonio, 172
Montaigne, Michel Eyquem de, 174
Montalbán, Juan Pérez de, v. Pérez de Montalbán, Juan
Montalvo, Garci Rodríguez de, v. Rodríguez de Montalvo, Garci
Montaner y Simón, Casa Edit., Barcelona, 258
Montaños, Alfonso de, 63
Montealegre, Marqués de (Pedro Núñez de Guzmán), 55, 88
Montemayor, Abad Juan de, 137
Montero y Cossío, José María de, 294
Montesinos, José F., 18, 36, 67-68, 69, 71, 73, 80, 92, 93-94, 95-99, 100, 105, 209, 217, 219, 224, 281
Montiano y Luyando, Agustín de, 236
Montoto de Sedas, Santiago, 167-168, 202, 203, 265, 266, 268
Moñino, Antonio Rodríguez, v. Rodríguez-Moñino, Antonio
Moraes, Francisco de, 85
Moral, Bonifacio, 245
Morales, Ambrosio de, 59, 69
Morante, Marqués de (Joaquín Gómez de la Cortina), 57, 124, 170
Morbecq, 7.º Marqués de (Manuel Pérez de Guzmán y Sanjuán Boza y Garvey), 86
Morby, Edwin S., 167, 275, 276, 277, 278, 279
Morel-Fatio, Alfred Paul Victor, 54, 56, 57, 58, 167, 176, 185
Moreno, J. A., 137
Moreno Maldonado, José, 54
Moret, Segismundo, 256
Morize, André, 25

Morley, Sylvanus Griswold, 16, 17, 92, 103, 135, 165, 193, 194, 196, 224, 229, 252
Morton, Fernando Huarte, 31, 51, 90
Mosquera de Figueroa, Cristóbal, 182
Moya, Marqués de (Francisco Pérez de Cabrera y Bobadilla), 58
Moyano, Claudio, 109
Moyano, Rodrigo, 109, 110
Muiños Sáenz, Conrado, 244, 245
Munk, Salomon, 154
Münz, Isak, 40
Muñoz y Manzano, Cipriano, v. Viñaza, Conde de la
Muñoz Peña, Pedro, 232
Muñoz de San Pedro, Miguel (Conde de Canilleros y de San Miguel), 35, 89
Muñoz y Soliva, Trifón, 122
Murguía, Manuel, 137

N

Nachbin, J., 117
Nadal, Emilio G., 76, 78
Nagy, Edward, 209
Narváez, Mrs. Martha Margarita de, 18
Navarrete, Martín F. de, v. Fernández de Navarrete, Martín
Navarro, Antonio, 218
Navarro, Esteban, 264
Navarro, Martín, 199
Navarro de Esteban, Antonia, 265
Navarro Tomás, Tomás, 18, 21, 36, 54, 77, 106-112, 171, 257
Navas, Conde de las (Juan Gualberto López - Valdemoro y de Quesada), 290
Nebreda y López, Carlos, 108
Nebrija, Elio Antonio de, 40, 53, 91
Nevizzano, Giovanni, 148
Nicolay, Clara Leonora, 164
Nieremberg, Juan Eusebio, 217
Nietzsche, Friedrich Wilhelm, 286
Nisard, Désiré, 286
Nocedal, Cándido, 248, 249, 251
Nogales y Bravo, Josefina, 290

OTRAS OBRAS BIBLIOGRÁFICAS DE HOMERO SERÍS

La *Colección cervantina de la Sociedad Hispánica de América. Ediciones de "Don Quijote"*. Urbana, University of Illinois, 1918.

Índice de materias de la Revista de Filología Española, 1929-1936, XVI-XXIII. (Al final de cada tomo y en tirada aparte.)

Bibliografía hispánica: Ramón Menéndez Pidal, 2.ª ed. New York, Instituto de las Españas, 1938. (En colaboración con Germán Arteta.)

Manual de bibliografía de la literatura española. 2 tomos. Syracuse, New York, Centro de Estudios Hispánicos, 1948-1954.

Bibliografía de la lingüística española. Bogotá, Instituto Caro y Cuervo, 1964.

Nuevo ensayo de una biblioteca española de libros raros y curiosos. 2 tomos. New York, The Hispanic Society of America, 1964-1969.